심리영성발달의 이해

호모 스피리투스 되어 가기

| 가요한 저 |

학지사

머리말

책을 쓰게 된 계기: 개인적 의문

이 책을 쓰게 된 계기는 크게 두 가지이다. 첫째는 어린 시절부터 교회에서 자라나면서 경험하고 관찰한 기독교인들의 신앙 성숙과 영성에 관한 의문이고, 둘째는 최근 신종 코로나바이러스 감염 상황에서 교회의 모습을 관찰하고 기독교인들의 행동을 분석하면서 들었던 성찰이다. 태어나면서부터 교회에서 자란 나에게 교회는 너무나도 익숙하고 편안하며 즐거운 추억이 깃든 마음의 고향과 같은 공간이기도 했고, 동시에 나의 마음에 깊은 의문과 고민과 갈등을 불러일으킨 기독교인들의 공동체이기도 했다. 교회를 통해서 하나님을 알게 되고 신앙생활을 하면서 누린 마음의 평안함과 감사는 지금도 내 삶의 가장 큰 부분을 차지하고 있다. 하지만 내성적인 성격에 늘 조용한 시간과 공간을 늘 좋아하던 나에게 많은 사람이 모여서 예배와 다양한 모임을 열정적으로 하던 교회는 때로 불편하며 당혹스러운 경험을 하게 하는 곳이기도 했다.

아이답지 않은 신중하고 진지한 성격에 조용하고 정확한 관찰자였던 나는 언제부터인가 마치 사람 내면의 경험과 삶의 현상을 주의 깊게 연구하는 어린 질적 연구자처럼 교회에 다니는 어른들을 유심히 관찰하기 시작했다. 어린 나에게는 그 어른들이 본받아야 하고 따라야 하는 롤모델이었다. 본격적인 관찰이 시작되고 시간이 어느 정도 흐르면서 교회에는 내가 닮고 싶은 자상하고 성숙하며 인격적으로나 영적으로 훌륭한 어른들도 많았지만, 분명히 나이로는 어른이더라도 어른답지 않은 미성숙한 어른들 또한 많다는 사실이 내 눈에 들어오기 시작했고, 그 사실이 순수하고 어린 내 마음에 당혹감과 불편함을 일으키기 시작했다. 게다가 성숙해 보이지 않던 어른이 교회에서 다른 교인들의 지도자 역할을 하는 경우를 보면서 나의 실망감과 의구심은 점점 더 커져만 갔다.

'왜 그럴까?' '신앙을 가진다는 것, 영성 생활을 한다는 것은 분명히 사람을 모든 면에서 성숙하게 하는 과정일 것 같은데, 어떻게 꽤 긴 기간의 신앙생활을 하고도 여전히 미성숙할 수가 있을까?'라는 생각을 자주 했다. '개인적으로나 공동체적으로 어려움, 고통, 위기를 맞이하는 상황에서 사람들의 마음속에 깊은 신앙이 있다면 힘든 상황이라도 의연하고 성숙하게 그 과정을 감내하면서 잘 극복하고 성장할 것 같은데, 왜 저렇게 불안해하고, 강박적이 되며, 두려워하고, 고통스러워할까?' '신앙을 먼저 가진 어른들이 저렇게 불안하고 두려운 모습을 보인다면, 어린 나는 어떻게 해야 할까?'와 같은 고민도 했던 기억이 난다. '왜 저 어른은 저렇게 화를 참지 못하고 욱할까?' '왜 저 어른은 저렇게 말을 함부로 할까?' '왜 저 어른은 자기가 들어야 할 말을 남에게 들으라고 하면서 끊임없이 이야기를 멈추지 않을까?' 등 꼬리에 꼬리를 무는 의문이 있었다. 그러면서, 어렴풋이 어른들의 불안과 두려움과 분노의 모습은 어쩌면 신앙과는 무관한 개인의 심리 문제일 수도 있겠다는 생각까지 하게 되었다.

또 다른 계기는 2020년 이후 전 세계의 사람들이 힘겹게 경험하고 있는 코로나바이러스로 인한 상황이다. 대면접촉과 대규모 모임이 지양되고 금지되는 상황에서 한국 사회 전반에 큰 혼란이 일어나고 있고, 전 세계적인 여행, 이동의 어려움과 그로 인한 경제활동의 제약으로 인해서 지금은 IMF 시절보다 더 극심한 경제적인 어려움으로 많은 사람이 고통받고 있는 때이다. 교육을 어떤 것보다 중시하는 한국 사회에서 초 · 중 · 고등학생들도 등교하지 못하는 초유의 사태가 벌어졌고, 12년의 교육과정을 고생하면서 마치고 힘들게 대학에 입학한 2020학번 학생들은 스무 살의 찬란하고 아름다운 봄의 낭만을 캠퍼스에서 경험하지 못하고 집에 머물거나 카페를 전전하며 온라인 수업을 듣느라 몸과 마음의 고생을 했다. 특히 여행산업과 항공업에 종사하는 사람들이 직장을 잃거나 수입의 급격한 감소로 인한 고통을 경험하고 있고, 식당 등 자영업자들은 매출 감소로 인한 생존의 기로에 서 있다.

그동안 여러 감염 경로를 통해서 코로나바이러스가 한국 사회 전반에 퍼졌는데, 그중 종교계에서는 불교 사찰과 가톨릭 성당을 매개로 한 감염도 있었지만, 이상할 정도로 개신교회를 통한 감염 사례가 전국에서 지속적으로 발생하였다. 결국 2020년 7월 10일부로 정부로부터 교회 내 소모임 금지 및 단체식사 금지 조치를 받는 안타까운 상황이 벌어지고 말았다. 그 조치로 정규 예배를 제외한 기도회, 성경공부 모임, 성가대 연습, 수련회, 부흥회 등과 같은 소규모 모임이나 행사가 전면 금지되었고, 교회에서 음식을 제공하거나 여러 사람이 모여 단체로 식사하는 것도 금지당하는 상황이 벌어졌다. 이후 그 조치가 풀렸다가 8월 15일 광화문 집회 이후에 다시 감염이 늘어나게 되었고, 이 책을 마무리하고 있는 지금도 주일 대면 예배가 제한된 상태이다.

한국의 주요 종교 가운데 유독 개신교만 이런 조치를 받게 된 것이 개인적으로 유감이지만, 한편으로는 '왜 개신교회를 통한 감염이 끊이지 않고 전국적으로 지속이 될까?'라는 진지한 고민과 성찰을 해 보아야 할 것으로 보인다. 일부 기독교인들과 목회자들은 이번 사태가 특히 개신교에 대한 종교탄압이라고 주장하고 있지만, 사회적 거리 두기 조치가 완화된 이후로 교회의 예배와 모임이 조금씩 늘어난 것도 사실이고, 교회가 감염의 경로가 된 사례들이 계속해서 나오고 있기에 종교탄압의 관점에서만 접근하기에는 설득력이 떨어져 보인다. 특히 정책을 결정하는 정부 조직의 고위층에 개신교인들이 꽤 많다는 점을 고려해 보면 이 금지 조치를 종교탄압으로 보기에는 어려운 점이 많다. 개인적인 의견이지만, 불교나 가톨릭과 비교해서 개신교회가 예배 이외의 소그룹 모임 등 다양한 모임의 횟수가 원래 많았고, 그렇기에

모임을 축소하는 것이 다른 종교에 속한 신도들보다는 개신교 교인들에게 있어서 신앙생활에 훨씬 더 큰 어려움을 준 것으로 보인다.

또 다른 원인으로는, 교회에서 그동안 강조했던 성경 구절들이 영향을 주었다고 볼 수 있을 것 같다. 그동안 개신교 신앙공동체에서 늘 강조해 오던 성경 구절 중 히브리서와 사도행전 구절들이 있다. 아마도 이 구절들은 기독교인들의 경우 누구나 다 아는 내용일 것이고, 그동안의 신앙생활에서 이 가르침을 실천하기 위해서 많이 노력했을 것이다. 하지만 코로나 상황에서는 예배와 교제로 모이지 않는 것을 반대하는 합리화의 구절로 자주 인용되었을 것으로 보인다. 히브리서 10장 25절에는 "어떤 사람들의 습관처럼, 우리는 모이기를 그만하지 말고, 서로 격려하여 그날이 가까이 오는 것을 볼수록, 더욱 힘써 모입시다."라는 가르침이 있다. 그날, 즉 세상이 점점 더 타락해 가고 종말이 가까이 올수록 어떤 사람들은 신앙생활을 위해서 모이는 것을 그만두는 경향이 있는데, 신앙공동체로서 모이기를 자꾸 줄이거나 점점 더 나태해지지 말고 더욱 힘써서 모이자는 의미이다.

또 다른 구절은 사도행전 2장 46-47절인데, 초기 기독교인들이 "날마다 한마음으로 성전에 열심히 모이고, 집집이 돌아가면서 빵을 떼며, 순전한 마음으로 기쁘게 음식을 먹고 하나님을 찬양하였다. 그래서 그들은 모든 사람에게서 호감을 샀다. 주님께서는 구원받는 사람을 날마다 더하여 주셨다."라는 내용이다. 초기 기독교인들이 로마제국과 황제의 극심한 정치적인 핍박과 그로 인한 개인과 공동체의 환란 중에도 더욱 열심히 모이고 예배하고 교제했던 이상적인 모습을 묘사한 구절이다. 이 두 구절에 비추어 볼 때, 코로나바이러스 감염으로 인한 전 세계적인 대유행 상황이라 할지라도 모이기에 힘쓰고 기쁨으로 예배하며 음식을 나누는 모습을 지키는 것이 믿음을 유지하는 것이라고 느낄 수도 있을 것 같다.

최근에 내가 출석하는 교회 담임목사님의 설교 말씀을 통해서 코로나로 인해 예배를 드리지 못하는 상황에 대한 일선 목회자들의 공통적인 우려에 관한 이야기를 들은 적이 있다. 그 당시 개신교를 비판하던 사람들이 교회들이 계속해서 모이려는 모습을 보면서 그 이유가 헌금의 감소로 인한 교회 운영의 어려움이라는 의심 어린 분석을 하는 것이 자주 언론에 등장할 때였다. 그런데 사실 목회자들이 가장 걱정했던 점은 주일에 교회에 나와서 예배드리지 않는 일상이 점점 더 편하게 느껴지고 아예 습관이 되면 앞으로 신앙생활이 더 어려워질 것이라는 점이었다. 보통 사람들이 다 쉬고 놀러 다니는 휴일인 일요일에 교회 출석과 봉사를 하지 않는 생활이 몸에 배면 앞으로의 신앙생활에서 몸과 마음의 저항이 더 심해질 수 있다는 이야기이다. 맞는 말씀이고, 나 자신을 솔직하게 돌아볼 때 신앙생활은 물론 학교생활도 대면접촉이 더 적어지는 상황이 편한 측면이 있기는 하다.

신앙생활을 훈련과 헌신의 관점으로 본다면 분명히 예배와 봉사에 직접 참여하지 않음으로써 몸이 편해지는 일상이 신앙생활에 흔들림과 어려움을 줄 것이다. 하지만 신앙생활을 깊은 영성(spirituality)과 하나님과의 관계의 본질에 대한 관점에서 보고 오히려 위기를 기회로 생각해 본다면, 오프라인 예배에 실제로 참석해서 신앙생활을 지속하는 것과 온라인 예배에 참석하며 자기의 영성이 깊이 성숙하는 것을 추구하는 일 사이에 차이가 크지 않을 수 있다. 또한 조용한 가운데 기도, 성경 읽기, 묵상 등의 개인적인 영성훈련을 통해서 하나님과 깊은 영적인 관계를 경험해 보는 것도 좋은 기회가 될 수 있을 것으로 보인다. 그동안 누구도 하나님을 직접 대면하여 본 적은 없기에 어쩌면 신앙공동체에서 목회자와 다른 사람들을 통해서 듣고 느끼던 하나님을 혼자서 조용한 가운데 느껴 보는 것도 좋은 훈련이 될 것이다.

책의 구성과 읽기

지금까지 나눈 것처럼 이 책은 교회에서 자라면서 관찰한 개인적인 고민과 최근 코로나 상황에서 목격한 경험에서 출발이 되었다. 어린 시절부터 개신교인들의 미성숙한 모습, 하나님을 믿고 의지한다고 말하면서도 삶에서 여전히 불안함과 두려움을 느끼는 모습을 보면서 가졌던 답답함과 의문은 오랜 시간 먼 길을 돌아서 기독교 대학의 상담심리학 전공 교수가 되고 그 이후에도 계속해서 공부하고 연구하면서 하나씩 그 매듭을 풀어 가는 중이다. 나는 2010년 가을학기에 귀국해서 감리교신학대학교, 연세대학교, 이화여자대학교에서 시간강사로 강의를 시작했고, 이듬해인 2011년에 한동대학교 상담심리학 전공 교수로 부임한 후 심리학과 종교의 통합적 관점에서 강의하면서, 심리발달과 영성발달의 관계와 역동에 관심을 가지고 계속해서 그 주제로 논문을 쓰고 있다.

이 책에는 지난 10년 동안 심리영성발달에 관한 주제로 쓴 연구논문의 핵심 논제들이 잘 용해되어 담겨 있고, 그 논의들을 책으로 쓰면서 새롭게 추가한 고민과 성찰도 많이 포함되어 있다. 제1장과 제2장을 먼저 읽으면 심리영성발달의 중요한 주제에 대한 개관과 요약을 읽을 수 있다. 이후의 장은 한 장씩 따로 읽어도 이해가 가능하지만, 처음부터 끝까지 책 전체를 이어서 읽으면 심리영성발달에 관한 일맥상통하는 큰 틀의 논의를 이해하게 될 것이다. 이 책을 마무리하고 나니 내용이 빈약한 것 같아서 부끄러운 마음이 앞선다. 하지만 지난 10년간의 교수 생활을 개인적으로 정리하고, 앞으로 10년의 삶은 더 열심히 살아가야겠다는 스스로의 다짐의 의미도 있는 만큼 독자들이 너그럽게 이해해 주면 좋을 것 같다. 지금까지의 글쓰기가 그동안의 문제를 확인하고 기존의 이론들을 비평적으로 평가하고 활용하는 관점이었다면, 향후 글쓰기는 새로운 이론과 통합적인 심리영성발달 모델을 모색하는 방향으로 진행되기를 소망해 본다.

이 책의 주제인 심리영성발달의 이해가 개신교인에게만 해당하는 내용은 아니지만, 한국 개신교 신앙공동체와 개신교인의 경우를 관찰하고 분석한 내용에 근거해서 주로 논의를 이어 갔다. 혹시라도 개신교인이 아닌 분이 이 책을 읽는다면 소속된 종교 공동체와 상관없이 한국인의 종교성, 한국인의 심리영성발달의 문제에 공통된 경험과 어려움이 있기에, 이 책의 논의를 직접 자기의 삶과 종교에 적용해서 고민해 보고 심리영성발달 과정에 대해서도 충분히 성찰해 볼 수 있으리라 생각한다. 또한 2021년 현재 개신교회와 교인들에 대한 한국 사회의 깊은 불신과 오해를 개선하는 데에도 도움이 될 수 있으리라 기대한다. 개신교인이 이 책을 읽는다면, 자기가 속한 개신교 신앙공동체에 대해서 아픈 부위를 들여다보아야 하는 마음의 고통이 있을 수 있고, 또한 코로나 시대의 한가운데서 성숙하지 못한 일부 개신교회와 신도들의 민낯을 다시 들여다보아야 하는 쓰라림이 있겠지만, 지금 이 땅을 힘겹게 살아가고 있는 우리 모두의 성숙과 성장을 위해서 꼭 필요한 과정이라고 너그럽게 이해해 주면 좋을 것 같다.

이 책을 읽는 독자들에게 한 가지 부탁이 있다면, 이 글은 나의 기독교 신앙의 경험, 배경, 신학적 입장보다는 상담학자이자 상담사로서 그동안 학문적 작업이나 상담 임상에서 객관적으로 관찰하고 확인한 것에 근거해서 쓴 글이라는 점을 기억해 주면 좋을 것 같다. 어쩌면 이 글이 내가 평생 몸담아 왔고 사랑했던 개신교 신앙공동체의 연약함과 부족함을 가감 없이 드러냄으로써 누를 끼칠 수도 있겠다는 걱정도 앞서지만, 오히려 한국 교회에 대한 나의 무한한 애정과 고민을 담아서 글을 썼음을 이해해 주기를 부탁드린다. 늘 이런 주제의 연구는 나도 그 공동체의 일원이기에 어쩌면 나 자신에게 누워서 침 뱉기가 될 수도 있고 마치 부끄러운 가족의 치부를 드러내는 작업이 될 수도 있어서 조심스럽지만, 우리가 더 건강한 신앙공동체의 건강한 구성원이 되기를 기대하며 독자들의 진지한 글 읽기와 토론을 기대해 본다. 늘 고백하는 것처럼 '병든 자'이며 '죄인'인 우리가 꼭 들어야만 하는 바리새인들에게 하셨던 예수님의 말씀을 나누면서 머리말을 마무리해 본다.

예수께서 마태의 집에서 앉아 음식을 잡수실 때에

많은 세리와 죄인들이 와서 예수와 그 제자들과 함께 앉았더니

바리새인들이 보고 그 제자들에게 이르되

어찌하여 너희 선생은 **세리**와 **죄인들**과 함께 잡수시느냐

예수께서 들으시고 이르시되

건강한 자에게는 의원이 쓸데없고 **병든 자**에게라야 쓸데 있느니라.

너희는 가서 내가 **긍휼**을 원하고 **제사**를 원치 아니하노라 하신 뜻이

무엇인지 배우라.

내가 **의인**을 부르러 온 것이 아니요,

죄인을 부르러 왔노라 하시니라.

(마태복음 9장 10-13절)

차례

머리말 _ 3

제1부

심리영성발달의 이해

제1장 심리영성발달 주요 개념 • 19

심리영성발달과 호모 스피리투스의 의미 _ 19

심리영성발달의 핵심 개념 _ 21

대상항상성 _ 22

작용적 신학 _ 25

개별적-성찰적 신앙 _ 32

제2장 종교적 경험의 다양성과 심리영성발달 과정 • 39

에피소드 _ 41

종교적 경험의 다양성 _ 46

개인적 종교 경험 _ 48
정서의 성숙과 본질적 종교 _ 50
심리영성발달의 신학적 이해 _ 55
신앙발달의 기초 단계들 _ 57
개별적-성찰적 신앙과 결합적 신앙 _ 62
심리영성발달의 심리학적 이해 _ 69
3년의 법칙 _ 70
분리개별화 _ 72
재접근기 _ 75
대상항상성과 개별적-성찰적 신앙 _ 76
성격장애와 심리기제 _ 78
심리발달과 영성발달의 상호관계 _ 86
대상항상성과 임마누엘 _ 88
하나님 표상과 작용적 신학 _ 90
요약 및 맺음말 _ 93

제3장 신앙발달단계이론의 관점에서 본 심리영성발달 • 97

신앙발달단계이론에 관한 관심과 활용 부족 _ 100
파울러의 심리영성발달 과정 _ 104
신앙의 의미 _ 107
종합적-전통적 신앙에서 개별적-성찰적 신앙방식으로의 변화 _ 112
권위와 승인의 문제 _ 115
개별적-성찰적 신앙방식으로의 변화 과정을 방해하는 수치심 _ 118
신앙발달단계이론의 지속적 수정 과정 _ 122
요약 및 맺음말 _ 126

제4장 자기심리학에 내포된 심리영성발달 이해 • 131

코헛의 종교전통과 정체성 _ 136
코헛의 영성발달 _ 139
코헛의 아버지 상실과 실존적 두려움 _ 141

코헛의 자기 형성과 융합 관계 경험 _ 145
자기-자기대상 관계 _ 148
공감과 변이적 내면화 _ 153
종교의 기능과 역할: 심리영성발달을 위한 스케치 _ 158
심리영성발달로서의 건강한 자기애의 발달 _ 164
요약 및 맺음말 _ 168

제2부

심리영성발달의 적용과 실천

제5장 신앙발달단계이론의 적용과 심리영성발달 상담사례 • 173

상담사례 _ 178
자기 형성과 자기애의 문제인가? _ 183
정체성 형성의 문제인가? _ 185
신앙발달단계의 문제인가? _ 189
수치심의 문제인가? _ 195
요약 및 맺음말 _ 197

제6장 신앙공동체의 심리영성발달 사례 • 201

신앙공동체의 평화와 성숙의 의미 _ 205
신앙공동체의 갈등과 분쟁의 현상 _ 208
심리적 문제: 자기애적 지도자와 경계선적 구성원의 갈등 _ 212
신학적 문제: 신앙발달과 성숙의 지연 _ 221
심리발달 전략: 직면의 필요성 _ 223
직면의 의미와 가능성 _ 226
신앙공동체 사례 _ 229
영성발달 전략: 신학적 성찰의 필요성 _ 234

신앙하는 공동체 _ 237
신앙하는 공동체의 정체성 _ 241
요약 및 맺음말 _ 244

제7장 인류학 관점으로 본 심리영성발달: 커뮤니타스, 하비투스, 헥시스 • 247

자기 형성의 어려움 _ 251
정체성 형성의 어려움 _ 252
신앙의 체화와 실천의 어려움 _ 256
사회구조와 구성원의 역동적 관계 _ 258
커뮤니타스와 신앙하는 공동체 _ 260
하비투스와 헥시스 _ 263
자기와 정체성 형성을 위한 하비투스 _ 264
믿음의 체화와 실천을 위한 헥시스 _ 269
하비투스와 헥시스의 심리영성발달을 위한 함의 _ 270
수직적 vs. 수평적 _ 272
구조 vs. 비구조 _ 273
통일성 vs. 다양성 _ 274
객관적 질서 vs. 주관적 원리 _ 276
지식적 믿음 vs. 실천적 믿음 _ 278
요약 및 맺음말 _ 279

제8장 심리영성발달을 위한 집단모델: 집단상담과 영성훈련의 조화 • 283

집단모델의 친숙함 _ 288
웨슬리의 관심: 심리발달과 영성발달 _ 291
웨슬리의 심리영성발달 신학 _ 295
은혜를 통한 인지, 정서, 행동의 전인적 영성발달 _ 299
경제적 나눔을 통한 사랑의 실천 _ 301

웨슬리의 집단모델: 상호책임의 원리 _ 305
집단의 구성과 방법 _ 308
집단모델: 집단상담과 영성훈련의 만남 _ 311
요약 및 심리영성 집단모델 제안 _ 315
심리영성 집단모델 구성 및 방법 _ 316

책을 마치며 _ 321
참고문헌 _ 325
찾아보기 _ 331

제1부
심리영성발달의 이해

제1장 심리영성발달 주요 개념

제2장 종교적 경험의 다양성과 심리영성발달 과정

제3장 신앙발달단계이론의 관점에서 본 심리영성발달

제4장 자기심리학에 내포된 심리영성발달 이해

제**1**장

심리영성발달 주요 개념

심리영성발달과 호모 스피리투스의 의미

이 책의 제목이기도 하고 핵심 주제로서 책의 전반에 걸쳐서 사용한 '심리영성발달'이라는 용어는 자기의 형성, 자기의 형성을 기초로 한 정체성의 형성, 잘 형성된 자기와 정체성에 기반한 영성발달의 과정을 전 생애에 걸친 심리발달과 영성발달의 통합적 관점으로 보고, 심리발달과 영성발달의 시기와 영역을 명확하게 경계를 긋지 않는 의미로 사용하였다(가요한, 2019, pp. 12-13). 심리영성발달은 기본적으로 심리발달의 기초 위에 영성발달이 일어난다고 보는 발달 관점을 가지고 있기는 하지만, 심리발달과 영성발달이 인간의 전 생애에 걸쳐 서로 긴밀한 영향을 주고받으며 성장하는 상호 역동적인 과정이라는 점을 강조하는 의미가 있다.

이 책의 부제인 '호모 스피리투스 되어 가기(Becoming Homo Spiritus)'는 여러 의미를 담고 있다. 우선, 라틴어 호모는 사람이라는 의미와 '~과 같은'이라는 의미가 있고, 라틴어 스피리투스는 영어의 영(spirit)의 어원으로 호흡, 숨결, 얼, 정신, 마음, 영, 생기 등의 의미를 담은 굉장히 깊은 의미의 단어이다. 기독교 교리에서는 영(spirit)을 영어 대문자 S를 써서 하나님의 영, 거룩한 영이라는 의미의 성령, Holy Spirit 혹은 The Spirit으로 사용한다. 결국 하나님을 궁극적 스피리투스(Ultimate Spiritus)로 보고 인간을 호모 스피리투스, 즉 하나님을 닮은(like), 하나님을 따르는(following) 영적인 존재로 보는 의미이다.

구약성서 창세기 2장 7절에 "여호와 하나님이 흙으로 사람을 지으시고 생기를 그 코에 불어넣으시니 사람이 생령이 된지라."라고 묘사되어 있다. '생기' 혹은 '생명의 기운'으로 번역된 이 단어는 히브리어의 '루아흐'인데, 궁극의 영적 존재인 하나님이 인간을 흙으로 지으시고, 그 코에 하나님의 호흡, 생기를 불어넣으셨다는 의미이다. 결국 인간은 육신을 입은 육체적 존재이지만, 하나님의 호흡을 받은 영적인 인간, 즉 호모 스피리투스이다. 그동안 인간의 특성을 지칭할 때 일반적으로 사용되어 온 지혜가 있는 사람인 '호모 사피엔스(Homo Sapiens)', 기술로 문명, 문화를 발전시키는 사람인 '호모 테크니쿠스(Homo Technicus)'처럼, 태생적으로 그리고 본질적으로 영적인 호흡을 하고 하나님과 인간 대상과의 관계를 맺으며 지속해서 발달하는 인간이라는 의미로 '호모 스피리투스'로 명명하고 사용할 것이다.

'호모 스피리투스 되어 가기(becoming)'의 의미는 항상 현재진행형(-ing)의 의미를 담고 있다. 마치 '어른이 되어 가기(becoming adult)' '그리스도인이 되어 가기(becoming Christian)'의 과정이 끝이 없이 지속되는 과정인 것처럼, 호모 스피리투스는 나면서부터 영적인 관계를 맺고 성장하는 운명을 지닌 존재이기도 하지만, 일생 동안 끊임없이 발달하고 성숙해 나가는 책임을 지닌 존재이기도 하다. 인간이 호흡하고 있고 살아 있다는 것은 인간이 현재도 호모 스피리투스이면서 항상 호모 스피리투스가 되어 가는 과정 중에 있다는 의미이다.

심리영성발달의 핵심 개념

어린 시절 경험과 코로나바이러스 감염 상황에서 느낀 개인적인 의문들에 대한 가능한 설명은 몇 가지 중요한 심리학·신학 개념을 통해서 볼 수 있다. 그 개념들은 정서적 대상항상성, 작용적 신학, 개별적-성찰적 신앙으로 정리해 볼 수 있다. 이 세 개념은 이 책의 여러 장에서 계속 등장하겠지만, 책의 서두에서 각 개념의 의미와 상관관계를 설명하고 시작하면 좋을 것 같다. 이 세 개념은 그동안 해 왔던 개인적인 고민과 관련해서도 굉장히 중요하게 생각하는 개념이고, 이 책의 주제인 심리영성발달을 다루는 데에도 핵심적인 내용으로 볼 수 있는데, 이 핵심 개념들은 상호 밀접하게 연관된 개념이다.

정서적 대상항상성은 눈에 보이는 대상뿐만 아니라 눈에 보이지 않는 대상에 대해서도 신뢰와 정서적인 안정감을 느끼는 것으로서 한 개인에게 잘 형성이 되었는가 그렇지 않은가가 중요한 점이고, 작용적 신학은 개인의 내면에서 인지적·의식적 생각보다는 정서적·무의식적으로 강력하게 작동하는 하나님에 관한 이미지, 생각, 느낌이다. 개인의 작용적 신학은 교회의 교리와 가르침을 통해서 한 개인의 머리, 즉 인지적으로 배워서 말로 설명하고 고백하는 고백적 신학과 다른 경우가 많다. 고백적 신학과 작용적 신학의 차이와 부조화가 심한 상태라면 그 사람은 신앙이 몸과 삶에 체화되어서 실천이 가능한 상태로 보기는 어렵다. 개별적-성찰적 신앙은 타인에 의해 수동적으로 배우고 따르는 신앙방식이 아니라 개별적·자발적으로 깊은 성찰을 통해서 습득하고 깨달음을 얻은 신앙을 의미한다.

이 세 개념은 상호 연관된 개념이기도 하고, 발달 순서의 관계에 있기도 하다. 즉, 생애 초기 유아기와 아동기에 정서적 대상항상성이 비교적 안정적으로 형성되면, 작용적 신학이 불안, 두려움, 공포감의 영향으로 작동하기보다는 긍정적이고 안정적인 정서의 영향으로 작동하게 되고 머리로 배우고 인식하고 있는 고백적 신학과도 비교적 일치된 삶을 살 수 있다. 또한 작용적 신학이 안정적인 정서의 영향으로 작동할 때, 불안하거나 두려워하지 않고 자기 자신에 대한 확신과 자기승인에 근거한 개별적-성찰적 신앙방식의 경험이 가능하다고 볼 수 있고, 더 나아가서 결합적 신앙방식의 경험으로 지속적인 성장도 가능하다고 볼 수 있다. 자세한 내용은 이 장의 이어지는 부분과 책의 여러 장에 걸쳐 다시 설명되고 소개될 것이다.

대상항상성

우선, 하나님과의 관계 경험을 신앙의 본질로 보는 관점은 심리학적으로 보면 정서적 대상항상성의 의미로 이해할 수 있다. 비슷한 개념으로 프랑스 발달심리학자 피아제(Piaget)가 유아기 인지발달의 중요한 능력으로 강조했던 대상영속성은 아이 눈에 보이던 물건을 감추었을 때, 그 아이가 자기 눈에 보이던 물건이 없어진 것을 인지적으로 인식하고 찾으려고 시도하는 능력을 의미한다. 아이의 뇌와 인지발달을 통해 형성되는 인지적 대상영속성의 발달이 인간관계에서 믿음을 통해서 형성되는 정서적 대상항상성 발달에 전제조건이자 토대가 된다. 어떻게 보면 대상영속성은 유아가 성장하면서 인지발달을 경험하게 되면 큰 문제 없이 자연스럽게 발달하는 능력으로 볼 수 있지만, 대상항상성은 주 양육자와의 인간관계에서 느끼는 정서가 안정적으로 형성되어야만 하기 때문에 더 어렵다.

대상항상성은 현대 정신분석학 이론인 대상관계 이론에서 강조하는 용어로, 자라나는 유아가 그 발달 시기에 가장 중요한 대상인 부모와의 관계가 수많은 상호작용과 신뢰 경험을 통해 정서적으로 안정적으로 형성되어서, 대상이 눈에 보이든 보이지 않든 불안하지 않고 대상에 대한 믿음과 신뢰가 있는 안정적인 정서적 상태를 의미한다. 예를 들면, 대상항상성이 잘 형성된 아이는 엄마가 눈에 보이지 않을 때 궁금해하고 질문을 하지만, 엄마가 잠깐 어디에 갔고 곧 돌아올 것이라는 이야기를 들으면 금방 이해하고 안심하며 자기가 하던 일에 집중하는 모습을 보인다. 하지만 그렇지 않은 아이는 엄마가 눈에 보일 때는 안심하고 편안하게 집중하지만, 엄마가 잠시라도 눈에 보이지 않으면 정서적으로 불안함과 두려움을 느끼는 모습을 쉽게 볼 수 있다.

이렇게 생애 초기에 형성된 정서적 대상항상성은 이후의 발달, 성장, 대인관계에 매우 중요하다. 어린 시절 대상항상성 형성에 어려움을 겪었던 경우에는 신체적 · 인지적으로는 성장해서 성인이 되어서도 자신이 맺고 있는 대인관계에서 깊은 친밀감의 정서를 느끼지 못하고, 대인관계가 깨지고 버려질 것 같은 느낌이 드는 심한 불안과 두려움에 시달리는 경험을 하게 된다. 이런 경우에 경험하는 정서적인 고통은 친밀하게 느끼던 관계가 깨어질 것만 같은 두려움, 자기가 버려질 것 같은 유기불안 혹은 더 심한 유기공포로 인해 관계 형성의 어려움으로 이어질 수 있다. 삶에서 이런 느낌이 없는 사람들은 '그게 그렇게 힘들까?'라고 의문이 들 수도 있지만, 그 경험을 직접 하는 사람들은 정말 죽을 만큼 고통스럽고 두려운 경험으로 평생 그 느낌이 사라지지 않을 것 같아서 굉장히 절망감과 무력감을 느끼기도 한다.

이렇듯 정서적 대상항상성의 형성은 우리의 삶에 매우 중요하다고 볼 수 있는데, 대상항상성은 하루아침에 형성되는 것이 아니다. 주요 대상, 즉 정서적으로 비교적 안정적인 엄마 혹은 아빠가 실제로 아이의 눈앞에 존재해야 하고, 그 주요 대상과의 무수한 상호작용을 통해서 정서를 받아 주고 반영해 주는 경험을 하고 그 대상에 대한 깊은 신뢰를 느끼는 반복적인 경험을 통해서 가능하다. 또한 대상항상성이 형성되어 가는 과정에서 중간대상이 필요한데, 중간대상은 주로 곰 인형, 담요와 같은 부드럽고 정서적으로 위로해 주고 안정을 줄 수 있는 물건으로, 아이가 정서적으로 안정감이 필요할 때 중간대상을 만지고 보고 곁에 두는 경험을 통해서 대상항상성 형성이 촉진되고 강화된다고 볼 수 있다.

구약성서를 보면 팔레스타인 지역에서 하나님의 선택된 백성으로의 특권적 지위를 누렸던 이스라엘 백성들은 고난이 닥치고 어려움을 겪을 때마다 하나님을 원망하는 모습을 자주 보였다. 그런 일이 있을 때마다 마치 하나님이 존재하지 않는 것처럼, 하나님이 자기들을 떠나신 것처럼 두려워하고 불안해하며 무엇인가 눈에 보이는 명확한 기적과 표징(sign)을 요구했던 모습을 기억할 것이다. 그 모습은 특히 노예 생활을 하던 이집트를 떠나서 가나안 땅으로 향하던 여정, 즉 출애굽(Exodus)의 여정에서 두드러지게 나타났다.

출애굽기 32장 1-6절에 이스라엘 백성들이 자기들의 지도자인 모세가 산에서 오랫동안 내려오지 않고 자기들의 눈에 보이지 않으니 극도의 불안감과 두려움을 호소한 사건이 기록되어 있다. 사막에서 과연 죽지 않고 생존이 가능할 것인지, 가나안 땅에 살아서 들어갈 수 있을지 불안한 상황에서, 그들은 유기불안을 넘어선 유기공포를 느낀 것이다. 결국 그들은 모세의 형이자 또 다른 지도자였던 아론에게 몰려가서 "일어나서, 우리를 인도할 신을 만들어 주십시오. 우리를 이집트 땅에서 올라오게 한 모세라는 사람은 어떻게 되었는지 모르겠습니다."라고 소리치며 극심한 불안감과 두려움과 공포를 호소했다. 이에 모세의 형 아론은 백성들에게 귀에 달고 있는 금고리들을 빼서 가지고 오도록 지시했고, 그것들을 받아 녹여서 금으로 송아지 상을 만든 후에, "이스라엘아! 이 신이 너희를 이집트 땅에서 이끌어 준 너희의 신이다."라고 외쳤다. 그러고는 그 금송아지 신상 앞에 제단을 쌓고 하나님께 예배하듯이 절기를 지키고 예배를 드리도록 했다. 이스라엘 백성들이 정서적 불안감을 이기지 못하고 우상숭배를 한 뼈아픈 사건이다.

출애굽기에 기록된 이 사건은 안타깝게도 정서적 대상항상성이 부족한 유아기 아이가 겪는 어려움, 불안, 두려움의 경험과 매우 유사한 모습으로 보인다. 앞서 언급한 코로나 상황에서 자꾸 모이려고 하는 개신교인들의 모습에는 신앙생활을 성실하게 하고 헌신하려는 좋은 목적도 있겠지만, 어쩌면 눈에 잘 보이지 않는 우리의 불안감을 드러내는 면도 있는 것으로 보인다. 사실, 어느 종교에 속해 있든, 어떤 신을 믿든, 믿음을 가지는 것은 눈에 확실히 보이지 않는 것들을 바라고, 믿고, 확신하는, 쉽지 않은 일이다. 개신교인들이 종종 암송하는 신약성서 히브리서 11장 1절에서도 이러한 믿음의 본질을 강조했다. "믿음은 바라는 것들의 실상이요, 보지 못하는 것들의 증거니." 라는 구절인데, 현대 한국어로 쉽게 풀어 쓴 메시지 성경의 번역에 의하면 "하나님을 신뢰하는 이 믿음이야말로, 삶을 가치 있게 하는 든든한 기초입니다. 믿음은 볼 수 없는 것을 볼 수 있게 하는 단서입니다."라고 믿음의 본질에 대해서 묘사하고 있다. 즉, 믿음의 본질은 보이지 않는 하나님을 신뢰하고 평안함을 누리는 것이다.

우리 속담의 "백문이 불여일견"과 같은 의미의 영어 속담인 "Seeing is believing(보는 것이 믿는 것이다)."이라는 표현이 있다. 우리가 살아가는 현대 사회는 실제로 목격 가능한 현상에 대한 믿음이 만연한 경험주의적 세상이다. 확고한 신앙이 있다 하더라도, 보는 것이 믿는 것(seeing is believing)이 아니라 믿는 것이 보는 것(believing is seeing)이라는 신앙적인 역설을 믿고 살아가는 것은 어려운 일일지도 모른다. 특히 요즘처럼 생존이 보장되지 않는 어려운 상황, 한 치 앞의 미래가 보이지 않는 것과 같은 상황 속에서, 우리 눈에 보이지 않는 것이 정서적이고 실존적인 불안, 고통, 두려움, 공포를 불러일으키고 우리의 마음을 압도한다면, 우리는 그 느낌을 견디기는 더욱더 힘들 것이다. 그러기에 많은 개신교인이 어려운 상황 속에서 출애굽 당시의 이스라엘 사람들의 마음을 깊이 공감하고 비슷한 감정을 경험하는 것이나, 현대 사회의 많은 사람이 이전에 경험했던 트라우마가 현재 상황에서 두려움에 압도되며 공황발작을 종종 경험하는 현상은 그리 이상한 일은 아닐지도 모른다.

작용적 신학

앞서 언급한 정서적 대상항상성이 안정적으로 형성되는 것은 우리 일생의 대인관계와 정서적 안정감에 매우 중요한 조건이다. 우리가 세상을 살아가면서 만나는 사람에 대한 불신이나 그 사람이 나를 버리고 떠날지도 모른다는 유기불안만큼 우리의 마음을 불편하게 하고 고통스럽게 하는 것은 없을 것이다. 정서적 대상항상성 형성 시기에 안정적인 정서적 경험을 하지 못한 어린아이는 엄마가 잠시라도 자기 눈에 보이지 않으면 엄마가 자기를 두고 떠날지도 모른다는 불안감과 두려움 때문에 울게 된다. 그런 정서적 상태가 충분히 채워지지 않은 상태로 자란 아이는 성인이 되어도 대상에 대한 신뢰보다는 불안과 두려움이 앞서고, 청년기에 연애하고 결혼하는 과정에서 신뢰에 근거한 친밀감을 경험하기보다는 상대에 대한 의심과 끊임없는 확인을 하게 된다. 그 고통스러운 경험은 결혼해서도 배우자에게 이어져서 배우자에 대한 의심과 불안감, 즉 의처증, 의부증으로 나타날 수도 있고, 심지어는 영적인 생활에도 직접 연결되어서 하나님에 대한 신뢰와 믿음에도 어려움을 줄 수 있다.

이스라엘 사람들이 자기들을 이집트에서 탈출시켰던 지도자인 모세가 눈에 보이지 않고 사라졌을 때 그들이 경험했던 두려움과 공포의 감정과 그로 인해서 그들이 다급하게 보였던 행동은, 눈에 보이지 않는 하나님을 대신해서 눈에 보이고 마음의 의지가 되는 중간대상으로 믿고 따랐던 모세가 자기들의 눈앞에서 사라졌다가 돌아오지 않는 것에 대한 불신과 두려움의 표현이었을 것이다. 그리고 그들이 대대로 무려 430년 동안 남의 나라에서 노예의 신분으로 늘 불안하게 살아왔던 삶의 여정을 생각해 보면, 그들이 누군가를 절대적으로 믿고 따르는 정서적인 안정감과 편안함을 형성하기는 굉장히 어려웠을 것으로 보인다. 생존이 전적으로 이집트 왕과 관리들의 말과 손에 달려 있었고 이집트 군인들이 혹독하게 노예들을 감시하고 다루던 상황을 생각해 보면 충분히 이해가 가는 면이 있다.

이집트에서 노예 생활을 하던 이스라엘 백성들이 생존 본능의 수준에서 생활하고 자녀들을 낳아서 양육했다는 상상을 해 보면, 자녀들에게 안정적인 정서를 형성해 주기에는 역부족이었을 것이다. 그렇게 본다면 하나님이 이스라엘 백성을 선택하시고 보호하신다는 약속, 즉 언약(covenant) 관계에서 이스라엘 백성이 보였던 일종의 배신과 반역과 같은 행동은 하나님에 대한 이스라엘 백성들의 영적인 믿음의 문제였다고 볼 수도 있지만, 더 근본적으로는 그들의 마음의 상태, 즉 심리적으로 건강하지 못하고 정서적으로 불안했던 상태를 문제의 직접적인 원인으로 볼 수도 있다. 자신들의 심리 내면에 가득했던 불안, 불신, 두려움 때문에 하나님에 대한 이미지, 생각, 감정도 불안함과 두려움으로 가득 차 있었던 것으로 보이고, 그 상황에서 인간적인 방법으로 자기들의 감정을 잠재우려고 시도했던 것으로 보인다.

이러한 이스라엘 백성들이 가졌던 하나님에 대한 이미지, 생각, 감정은 그 사람의 내면에서 무의식적이고 자동적이며 강력하게 작용하는 작용적 신학(operational theology)이라고 볼 수 있다(권수영, 2007, p. 27). 그런데 안타깝게도 하나님과의 관계에서 강력하게 작동하는 이 작용적 신학은 관계의 대상인 하나님과는 전혀 상관이 없다는 점이다. 오히려 각 개인이 자기가 그동안 경험해 온 인간관계, 특히 유아기와 아동기에 경험한 돌봄을 제공하는 부모, 어른과의 관계에서의 정서적 경험이 마음속 깊이 박혀서 자기도 알지 못하는 사이에 현재의 하나님과의 관계에 영향을 주고 있다고 볼 수 있다. 작용적 신학은 오랜 기간에 걸쳐서 서서히 내면화된 경험과 감정이 현재의 삶에서 무의식적으로, 자동으로 작동되는 심리 내면의 메커니즘으로서, 하나님에 대해서 의식적 혹은 무의식적으로 어떤 생각과 느낌을 경험하게 되고, 그 생각과 느낌은 그 사람을 움직이는 보이지 않는 힘이 되어서 현재의 삶에서 인간관계를 맺는 패턴, 행동, 삶의 방향 전반을 강력하게 지배하기도 한다.

일부 사람들은 자기가 가진 작용적 신학에 대해서 명확하게 의식하고 있기도 하지만, 대다수 사람은 자기의 작용적 신학이 깊은 무의식 속에 자리하고 있어서 쉽게 인식하거나 이해하기 어려운 상태에 있는 경우가 많다. 또한 이 작용적 신학, 즉 하나님에 대한 생각과 감정은 인간에 대한 생각과 감정으로 이어져서, 각 개인의 일상생활에서 만나는 주변 사람들과의 관계에도 직접 영향을 주는 경우가 많다. 어린 시절의 인간관계 경험에 근거해서 하나님에 대한 생각과 느낌이 형성됨으로써, 신앙생활에도 영향을 끼치고 일상생활의 인간관계에도 지대한 영향을 미치게 된다. 작용적 신학이 긍정적인 생각과 감정인 경우도 있지만, 주로 부정적인 생각과 감정, 즉, 불안, 두려움, 공포, 트라우마와 같은 감정과 연결이 된 경우가 많아서 우리에게 큰 어려움을 준다. 작용적 신학은 인간의 내면에 숨겨져 있는 내재적 신학(implicit theology)으로 불리기도 하고, 인간의 삶에 실제로 작용하기 때문에 살아 있는 신학(lived theology)으로 불리기도 한다(권수영, 2007, p. 32).

작용적 신학과 대칭되는 개념은 신앙 고백적 신학(professed theology) 혹은 교리적 신학(doctrinal theology)이다. 이 개념들은 권수영(2007)의 저서를 통해서 한국에 상세히 소개되었고, 많은 내담자와 상담사에게 깊은 공감을 불러일으켰다. 이 개념들은 원래 보스턴대학교 교수였던 멀 조던(Jordan)이 저서『신(神)들과 씨름하다: 목회상담사의 지상과제(Taking on the Gods: The task of the pastoral counselor)』(1986/2011)에서 처음 소개했던 개념으로, 교회의 성경공부와 교리공부를 통해서 머리로, 인지적으로 이해하고 생각하고 외운 신학을 신앙 고백적 신학 혹은 교리적 신학으로 명명했고, 정서적으로 깊이 가슴을 울리며 삶에 영향을 주고 삶을 변화시키는 힘으로 작용하는 신학을 작용적 신학으로 명명했다. 고백적 신학도 신앙생활에 매우 중요하지만, 작용적 신학의 보이지 않는 힘의 중요성과 파괴성을 강조한 것이다(권수영, 2007, p. 27에서 재인용).

예를 들면, 우리가 교회에서 배우는 하나님의 본성을 '사랑의 하나님' '공의의 하나님'으로 배운다면 그 설명은 우리의 생각 속에 기억되어서, 누군가 우리에게 '하나님은 어떤 분이신가?'라고 묻는다면 우리는 성경과 교리를 통해서 배운 대로 '사랑의 하나님' '공의의 하나님'이라고 주저함 없이 대답할 것이다. 하나님은 우리에게 한없이 너그럽고 자비를 베푸시는 사랑의 하나님이시지만, 세상과 사람들의 불의에 대해서는 참지 않으시고 내버려두지 않으시는 공의의 하나님으로 배운 대로 잘 설명할 수 있을 것이다. 그런데 우리가 하나님을 마음속 깊이 정말 그렇게 생각하고 느끼는지에 대해서 고민하고 성찰해 본다면, 자신 있게 한번에 대답이 나오기는 어려울 수도 있다. 그 지점이 바로 작용적 신학이 작동하는 지점이다. 나는 그렇게 배웠고 믿는다고 말하지만, 내 마음에서는 불편하고 두려운 정서가 느껴져서 나를 강력하게 사로잡을 수도 있다는 의미이다.

나의 어린 시절 교회에서 배운 고백적 신학, 교리적 신학에 관한 기억을 떠올려 보면, 성경 이야기에 나오는 하나님이 내 눈에는 항상 사랑의 하나님, 공의의 하나님으로 느껴지지는 않았었다. 주일학교 선생님들이 분반 공부 시간에 재미있게 들려주시던 구약성서의 이야기에는 늘 하나님이 선택하신 백성인 이스라엘 백성을 하나님이 한없이 사랑하시고 보호하신다는 이야기 끝에 꼭 불의한 이방 민족들을 하나님의 능력으로 완전히 멸하셨다는 이야기가 세트로 등장했다. 구약성서의 모세오경과 예언서에 자주 등장하는 하나님은 하나님을 모르고 조롱하던 모압, 암몬, 구스, 앗수르, 블레셋 같은 이방 민족을 멸망시키시고, 하나님의 백성을 침범하고 훼방하는 교만한 이방 민족을 저주하시며, 그들이 사는 땅과 민족을 황폐하게 하시는 하나님이었다. 그때 내 마음속에는 '그러면 이스라엘 민족이 아닌 사람들은 어떻게 하지? 한국 사람들은? 나는?'과 같은 의문이 꼬리에 꼬리를 물고 들었었다. 그 생각이 나의 정서를 굉장히 불편하게 했지만, 아무도 묻지 않는 질문을 나 혼자만 주일학교 선생님께 하기도 어려웠다.

주일학교 선생님의 가르침에 왜 나는 이스라엘 민족과 동일시하면서 마음의 편안함을 느끼지 못하고, 이방 민족에 대한 짠한 마음이 더 컸는지 지금 생각해 보면 웃음이 난다. 지금 와서 생각해 보면 주일학교 선생님들이 우리에게 알려 주고 싶었던 내용은 하나님은 이스라엘 백성을 그만큼 아끼고 사랑하신다는 사실이었고, 이스라엘 백성도 잘못할 때는 이방 민족들처럼 벌을 받고 흩어질 것이라는 경고였다. 그러면서 꼭 붙였던 이야기는, 우리 한국 기독교인들은 '영적 이스라엘 백성'이기에 하나님이 한없이 사랑하시고 보호하신다는 이야기였다. 혈통으로는 유대인은 아니지만, 영적으로는 유대인과 같은 우리도 하나님의 무한한 사랑과 보호의 대상이라는 의미이다. 그렇지만 우리도 이방 민족들처럼 잘못하면 벌을 받는다는 의미이기도 했다.

이러한 작용적 신학으로 인해서 생긴 하나님에 대한 두려움은 기독교인들의 신앙생활에서도 자주 등장한다. 입으로는 하나님의 한없는 사랑과 보호하심에 대해서 편안함과 감사의 마음이 든다고 주저함 없이 고백하지만, 마음으로는 내가 뭔가 하나님께 잘못하고 있지는 않은지, 그래서 앞으로 다가올 처벌이 있지는 않을지 두려워하는 마음으로 살아가는 경우가 많다. 사실, 우리는 자신이 인지적으로 알고 입으로 대답하고 고백하는 하나님에 대해서는 비교적 확실하게 인식하고 있지만, 역설적으로 우리 내면세계에 존재하며 강력하게 작용하는 하나님 생각과 감정에 대해서는 잘 인식하지 못하는 경우가 많다. 더 역설적인 점은, 신앙생활을 오래 한 사람일수록, 더 오랜 기간 성경공부를 하고 설교 말씀을 듣고 교육을 받은 사람일수록, 다른 신도들에게 모범을 보여야 하는 리더의 위치에 있는 사람일수록, 고백적 신학을 더 화려하고 능숙한 언어로 표현하면서 다른 사람에게 영향력 있는 가르침을 주려 한다는 점이다.

긍정적으로 평가하면, 자기가 말로 고백하는 신학, 생각으로 믿는 교리적 신학을 굳건히 지키고 자기의 고백에 마음과 감정을 맞추어 가려고 노력한다고 볼 수도 있지만, 부정적으로 평가하면 그동안 마음으로 믿고 힘들게 지켜 온 신앙이 흔들리는 것에 대한 심리적인 방어가 강하고, 긍정편향이 심하며, 자기의 깊은 감정에 접촉하지 못한 채 거짓 자기를 가지고 괜찮은 척(pretending)하는 삶을 살아간다고 볼 수도 있을 것이다. 그런데 너무 황당하게도 오히려 이런 사람들이 대부분 말로 유창하게 하는 고백적 신학의 대답을 잘하기에 신앙적으로 건강한 사람으로 평가받게 되는 경우가 많다. 심지어 이런 내담자들을 만난 상담사들조차도 내담자가 잘 정리된 고백적 신학으로 막힘없이 답하는 것을 보면서, 이 사람은 신앙이 좋기에 영적인 측면에 관해서는 걱정할 것이 없다고 착각할 수도 있다. 문제는, 작용적 신학은 내담자의 대답으로 쉽게 알 수 있기보다는 여러 차례에 걸친 심층상담을 통해서 서서히 수면 위로 드러나기 때문에 우리가 생각하는 것보다 훨씬 알아내기가 어렵다는 점이다.

안타깝게도 기독교인 내담자들에게서 자주 등장하는 작용적 신학은 '무서운 폭군과 같은 하나님 이미지'이다(권수영, 2007, p. 38). 이 작용적 신학은 대상관계 이론에서 강조하는 유아기에 경험한 초기 돌봄제공자에 대한 심리내적인 경험과 직접 연관된 하나님 이미지이기도 하다. 어린 시절에 아버지에게서 만성적인 정서적 · 신체적 학대를 받고 자란 사람들의 경우, 하나님을 '하나님 아버지'라고 부르는 것 자체가 두려운 반응과 즉각적인 트라우마를 불러일으킨다. 예를 들면, 기독교 신앙이 없는 사람에게 전도할 때 하나님은 '아버지와 같이 자애롭고 우리를 사랑하고 보호하시는 분'이라는 이야기를 하는 순간, 듣는 사람이 아버지로부터의 학대 피해자라면 바로 몸과 마음이 얼어붙고 공포를 느낄 수 있다. 유아기와 아동기에 아버지로부터 수없이 반복해서 경험한 분리 경험, 폭력 경험, 유기 경험, 불안 경험이 쌓여서 형성된 뿌리 깊은 불안과 상처가 잘 변하지 않는 성격을 구성하기 때문이다.

특히 여성들의 경우에는 이렇게 구성된 성격이 인생의 어느 시점이든지 배우자인 남편을 어린 시절 폭력적이었던 아버지와 같은 모습으로 전이되어 느낄 수 있고, 하나님 아버지에 관해서도 같은 느낌으로 두려워할 수도 있다. 이런 정서적 경험을 한 사람이 기독교 신앙을 가지게 되고 교회에서의 배움을 통해서 고백적 신학으로 '은혜와 사랑의 하나님'을 배우게 되면, 하나님에 관해 이야기하게 될 때마다 더 강하게 방어적으로 하나님을 은혜와 사랑의 하나님으로 말로 표현하게 되는데, 그렇게 되면 자기 마음속에 있는 하나님에 대한 불안과 두려움에 근거한 작용적 신학과 인지적으로 믿고 말로 표현하는 고백적 신학 사이의 간격은 클 수밖에 없다. 그리고 인지적 고백이 아무리 확고하다고 하더라도, 정서적인 공포는 잠재우기가 쉽지 않다.

결국 한 개인의 내면에 있는 신학이 여러 갈래로 나뉘는 이유는 개인의 삶의 역사와 경험을 통해 오랫동안 형성된 심리구조의 영향을 받아서이기에, 작용적 신학과 고백적 신학이 통합되어 가는 과정은 신학적 작업보다는 심리치료적 작업을 필요로 한다(권수영, 2007, p. 32). 그런데 이 통합 작업을 무조건 개인 내면의 작용적 신학을 신앙 고백적, 교리적 신학의 방향으로만 통합하는 과정으로만 진행한다면, 그 사람의 두렵고 고통스러운 정서적 경험을 세심하게 배려하지 않는 굉장히 폭력적인 과정이 될 수 있다. 오히려 교리적 배움과 개인의 정서적 경험을 서서히 세심하게 조율해 가며 조금씩 서로 다가갈 수 있는 쌍방향적인 과정이 더 효과적이고 지혜로운 방법으로 보인다.

하나님에 관한 작용적 신학이 유기불안, 두려움, 공포와 같은 부정적이고 폭력적인 정서적 경험에 근거한다면, 교리적 · 고백적 신학에 근거해서 '당신은 하나님에 대해서 잘못 이해하는 것이다.' '당신의 생각을 긍정적으로 바꾸어야 한다.'는 식으로 인지적으로 논박하거나 급하게 교정을 시도하는 것보다는, 우선 그 사람에게는 자기만의 주관적 사실이자 진리일 수 있는 작용적 신학에 한동안 같이 정서적으로 공감하고 머물러 주면서 부정적 정서를 세심하게 경청하고 잘 다루어 주는 과정이 필요하다. 그 후 작용적 신학이 고백적 신학의 방향으로도 통합이 되어 가고, 고백적 신학도 작용적 신학의 방향으로 통합이 되어 가는 쌍방향적인 과정을 통해서, 그 사람의 삶과 몸에 충분히 체화되는 과정이 필요하다. 마치 하나님의 말씀이 예수의 몸에 성육신되는 과정처럼 말이다.

개별적-성찰적 신앙

앞서 논의한 것처럼 정서적 대상항상성이 긍정적이고 안정적으로 잘 형성되면 대상이 눈에 직접 보이지 않더라도 안전감을 느끼고 신뢰하며 의지할 수 있게 된다. 그런 경험이 있으면 작용적 신학이 부정적이거나 고통스러운 경험을 주는 것이 아니라, 오히려 하나님과 사람들에 대한 긍정적이고 편안하며 친밀한 경험으로 작용할 수 있다. 개별적-성찰적 신앙은 우선 정서적 대상항상성이 건강하게 형성되고, 이후 건강하고 균형 잡힌 대상항상성을 토대로 작용적 신학이 고백적 신학과 잘 통합이 되어 가는 건강한 과정에 의해 촉진될 수 있다. 특히 개별적-성찰적 신앙은 대상에 대한 신뢰뿐만 아니라 자기에 대한 신뢰가 있어야 경험할 수 있고, 자기에 대한 신뢰에 근거해서 자기에게 드는 생각과 감정에 대해 승인(approval)할 수 있어야 한다.

제3장에서 자세하게 소개하겠지만 개별적-성찰적 신앙과 대비되는 신앙은 종합적-전통적 신앙이다. 종합적-전통적 신앙은 어떻게 보면 고백적 신학, 교리적 신학과 같은 의미로 이해할 수 있다. 교회의 전통과 신앙공동체의 사람들에 의해서 종합적으로 정리되고 해석된 교리를 성실하게 믿고 따르는 신앙이 종합적-전통적 신앙이기 때문에, 종합적-전통적 신앙은 고백적 신학, 교리적 신학이기도 하다. 종합적-전통적 신앙에서는 목사, 장로, 부모님, 선생님 등 주변의 주요 인물들의 의견이나 조언이 삶에 중요한 부분을 차지하고 때로는 자기 생각과 다르더라도 순응하고 따르는 모습을 보이기도 한다. 종합적-전통적 신앙은 인간의 생애주기 발달로 보면 주로 청소년기(만 12~18세)에 나타나는 신앙방식으로 볼 수 있는데, 부모님이나 어른들에게는 모범적이고 성실한 신앙으로 보이기 때문에 한국 개신교인들은 성인기 내내 이 신앙방식에 머무르는 경우가 많다. 보수적이고 특별한 고민 없는 안전한 신앙으로 느껴지기 때문이다.

청소년기를 지나 성인 초기에 이르면 종합적-전통적 신앙의 토대에서 각 개인이 자기만의 고유한 삶의 경험과 관점을 가지고 성찰하고 구성하는 개별적-성찰적 신앙방식을 경험할 수 있다. 개별적-성찰적 신앙은 각 개인이 독립적인 관점을 가지고 자율적인 판단과 결정을 할 수 있을 만큼 어느 정도는 정체성이 잘 형성된 상태로 볼 수 있고, 개인의 관점과 의견에 따라서 비평적 성찰이 가능하고, 어느 정도 자기에 대한 신뢰와 정서적 안정성이 발달한 모습이다. 개별적-성찰적 신앙은 특히 그 개인이 인생의 어려움, 위기, 전환점을 맞을 때 그 상황을 잘 극복하는 신앙의 힘이 될 수 있고, 하나님을 더 깊이 이해하고 느끼며 인격적인 관계를 맺는 데 없어서는 안 될 요건이다. 하지만 개인적으로 성찰을 하고 중요한 결정을 내리는 것에 대한 부담감과 갈등을 지속해서 경험하기도 한다.

결과적으로는 종교전통과 신앙공동체에 의해서 형성된 종합적-전통적 신앙을 경험하는 한 개인이 개별적-성찰적 신앙을 경험함으로써 종합적-전통적 신앙의 범위 내에서 자기의 고유한 관점과 목소리를 낼 수 있고, 신앙공동체와 종교전통에 새로운 관점과 다양성을 제공할 수 있다. 결국 종합적-전통적 신앙방식과 개별적-성찰적 신앙의 관계는 항상 종합적-전통적 신앙에서 더 높은 단계인 개별적-성찰적 신앙으로의 이동해야만 하는 과제이기보다는, 두 신앙방식이 공존하면서 기독교 전통과 신앙공동체 내에서 통일성 있는 교리와 고백의 기초 위에 다양한 개인의 하나님 경험과 정서적 체험도 할 수 있는 균형 잡힌 경험으로 볼 수 있다. 즉, 기독교 신앙공동체와 구성원들의 내면의 삶에서 다양성 속의 통일성, 통일성 속의 다양성을 격려할 수 있는 선순환적인 관계인 것이다.

하지만 정서적 대상항상성 형성이 부족하고, 불안하고 두려운 부정적인 경험에 근거한 강력한 작용적 신학을 가지고 있는 사람의 경우에는 대상으로부터 건강한 정서적 분리개별화가 잘 이루어지지 않았기 때문에, 개별적으로 성찰하는 신앙방식을 경험하기는 어렵고 오히려 정서적으로 불안과 두려움에 휩싸일 수 있다. 특히 무서운 폭군과 같은 하나님 이미지의 작용적 신학을 가진 경우에 개별적으로 성찰하는 신앙과 자기만의 고유한 방식으로 하나님과의 정서적인 관계 경험을 하는 경우 마치 하나님으로부터 처벌을 받게 되거나 버려지는 것과 같은 막연한 유기불안, 유기공포에 시달릴 수도 있다. 또한 개별적-성찰적 신앙은 자기의 고유한 관점과 성찰에 대한 확신과 승인이 필요한데, 대상항상성과 동전의 양면과 같은 자기항상성, 즉 자기에 대한 관점의 통합과 정체성이 있을 때 가능한 경험이다. 그렇게 보면, 지금까지 이 장에서 논의한 정서적 대상항상성 형성, 건강하고 균형 잡힌 작용적 신학의 형성, 개별적-성찰적 신앙방식의 관계는 발달 단계적인 순서로 볼 수도 있을 것이다.

그런 관점에서 보면, 코로나 상황에서 개신교 신앙공동체가 다른 종교전통보다 더 많은 어려움을 겪은 이유는 어쩌면 지금까지 다수의 신앙공동체와 구성원이 종합적-전통적 신앙을 보수적이고 이상적인 신앙으로 생각하고 유지해 왔기 때문으로 보인다. 그동안 개별적-성찰적 신앙방식을 격려하지 않았거나 일부 사람들이 경험했더라도 교회의 전통과 가르침에 따라서 통일된 관점을 유지하는 종합적-전통적 신앙방식을 지켜 온 상황에서, 코로나로 인하여 갑자기 흩어져서 개별적-성찰적 신앙방식을 해야만 하는 다소 강제적인 상황이 매우 당황스럽고 힘든 일로 느껴졌을 것이다. 컴퓨터와 온라인 매체에 익숙한 젊은 학생들조차도 코로나 상황에서 학교 수업이 갑자기 전면 온라인으로 바뀌면서 처음에는 굉장히 힘들었던 것처럼, 신앙공동체로 모이지 못하고 각자 떨어져서 자기 삶의 자리에서 개별적으로 성찰하는 신앙을 강제로라도 해야만 하도록 내던져진 상황이 굉장히 힘들고, 두렵고, 고통스러웠을 것으로 보인다.

앞서 설명한 대상항상성이 형성되는 과정에서 한 가지 중요한 조건이 있는데, 이 조건은 개별적-성찰적 신앙에도 그대로 적용이 된다. 아이가 엄마로부터 분리개별화를 경험하는 과정에서 엄마가 아무리 열심히 돌본다 하더라도 엄마가 완벽한 존재가 아니기에 아이가 원하는 것을 지연하게 되고, 즉각적인 만족을 원하는 아이를 불안감을 느끼게 하고, 결국 좌절하게 만든다. 엄마가 의도적으로 하는 것은 아니지만 필연적으로 좌절을 줄 수밖에 없다는 의미이다. 그렇게 되면, 아이는 힘들지만 지연되는 만족을 참고 견디는 것을 서서히 배워야 하고 성장을 경험해야 한다. 결국 좌절을 주는 것이 대상항상성 형성과 개별적-성찰적 신앙의 전제조건이 된다는 의미이다.

대상관계 이론에서는 아이의 처음 성장기에는 성장에 해가 되지 않는 선에서 아이의 요구를 즉각 들어주는 것이 필요하지만, 어느 정도 성장한 아이의 경우에는 너무 큰 후유증이 남지 않는 범위 내에서 기다리게 하고 좌절을 경험하게 함으로써 자기애가 깨지도록 하는 것이 건강하게 성장할 수 있는 길이라고 본다. 이러한 좌절 경험을 '최적의 좌절(optimal frustration)'이라고 부르는데, 견디기 힘든 '압도적 좌절'로 인해서 트라우마를 경험하는 것이 아니라 '최적의 좌절' 경험으로 성장의 기회를 경험하는 것이 꼭 필요하다. 그런데 엄마가 자기의 심리발달 문제 때문에 아이가 분리개별화를 통해 성장하는 과정이 불안하고 자기가 버려지는 것 같은 느낌이 들어서 싫다면 그 과정을 은근히 방해할 수도 있다.

최적의 좌절 경험은 심리발달을 경험하는 아이뿐만 아니라, 영성발달 과정에 있는 기독교인에게도 꼭 필요한 조건이다. 종합적-전통적 신앙에서 개별적-성찰적 신앙으로의 변화를 경험하려면 개인적인 고난과 좌절 경험이 있을 때 목사나 다른 사람이 즉각적인 정답을 제시하거나 위로를 주는 것보다는 옆에서 조용히 지켜보며 기다려 주는 시간이 필요하다. 고통스럽겠지만 좌절이 있는 상황에서 개인적으로 성찰해 보고, 하나님과 대면하며 기다리는 경험도 중요하다. 즉, 영성발달에도 최적의 좌절이 필요하다는 의미이다.

그런데 기독교인 중에는 개인적인 고난과 좌절이 있을 때 이상화된 대상인 목사나 신앙공동체의 다른 어른들에게 전적으로 의지하고, 교리적 신학, 종합적-전통적 신앙에 근거한 정답과 지침, 기도와 위로를 즉시 받기를 원하는 경향이 있다. 개인이 그동안 경험한 신앙으로 좌절을 이겨 낼 힘이 없기에 눈을 가리고 좌절을 부정하면서 아무 일도 없는 것처럼 묻어 두기도 하고, 더 큰 고난과 좌절이 오면 하나님이 없다고 부정하고 내팽개치기도 한다. 사실 좌절의 순간에 누군가를 통해서 즉각적인 위로와 도움을 받게 되면 금방 안정되고 불안이 사라지며 괜찮아지는 것 같은 정서적 경험을 할 수도 있지만, 그런 과정은 궁극적이고 근본적인 해결책이 아니다.

오히려 영성발달을 위해서는 고난과 좌절 속에서 하나님과 개인적인 대면과 개별적 성찰을 통해서 더 단단해지는 경험이 필요하다. 신 앞에 선 단독자로서의 고난과 좌절을 회피하지 않고 직접 마주하는 과정이 있어야만 한다. 의지하는 이상화된 대상에 의한 즉각적인 정답과 위로는 순간적인 정서적 안정을 줄 수 있지만, 근본적인 성장의 기회가 되기보다는 오히려 아픈 만큼 더 성숙해지는 좋은 기회를 박탈할 수도 있다. 마치 과잉보호하는 부모가 아이가 어느 정도 성장한 후에도 즉각적인 만족을 줌으로써 분리개별화 과정을 본의 아니게 방해하는 것처럼, 목사나 장로가 교인들을 종합적-전통적 신앙 안에서 계속 품고 있으면서 답을 줌으로써 보호와 위로를 하려고 하면 오히려 교인들이 진지하게 고민하고 개별적-성찰적 신앙을 경험하게 되는 기회를 잃어버리게 될지도 모른다. 어쩌면 목사나 장로 자신이 분리개별화에 대한 불안이 있어서 교인들을 품 안의 자식처럼 안전하고 편안한 울타리 안에 보호하고 싶은 개인적인 욕구가 있을지도 모르겠다.

또한 이상화된 부모와 같은 대상인 목사가 세상에서의 삶에 지친 교인들에게 실망이나 상처를 주지 않으려는 마음에 실망스러운 대상보다는 만족스러운 대상으로의 역할에 집중하는 경향이 있는 것으로 보인다. 사실 엄마든 목사든 인간은 완벽하지 않은 존재이기 때문에 관계를 맺고 시간이 어느 정도 지나게 되면 상대에게 크고 작은 실망을 주게 되어 있는 것이 너무나도 당연한 일이다. 그런데 현실에서는 교인들이 실망하게 되면 그 좌절 가운데 성장하려는 마음을 가지기보다는 목사와의 관계를 깨고 교회를 떠나 신앙생활을 쉽게 그만두는 상황이 종종 벌어진다.

교인들이 실망을 주는 관계를 극단적인 방법으로 끊는 것은 그들 자신의 심리발달 과정의 문제로 볼 수 있지만, 목사 입장에서는 영적으로 성장하는 교인들이 좌절을 느낄 때 그냥 떠나게 하기보다는 즉각적인 반응과 위로를 통해서 일단 관계 안에 붙잡아 두고 보호하려는 마음이 큰 것 같다. 하지만 어느 정도 성장한 교인들이 고난과 좌절을 경험할 때 목사님이 옆에서 지켜봐 주고 기다려 주고 개인적으로 성찰하고 깨닫는 과정을 함께해 준다면, 마치 좌절을 경험한 아이에게 대상항상성이 형성되는 것처럼 교인에게도 개별적-성찰적 신앙이 잘 형성되어서 더 깊은 통찰과 신앙을 경험하게 된다. 그렇게 함으로써 목사님이 교인들의 심리영성발달을 촉진하고 돕는 역할을 할 수 있다. 이 주제에 관하여 책의 전반에 걸쳐서 더 자세히 논의하려고 한다.

제2장

종교적 경험의 다양성과 심리영성발달 과정

기독교의 가르침을 통한 종교적 심성의 발달, 즉 영성발달은 대부분의 한국인에게 비슷한 모습, 유사한 패턴으로 이루어질 수 있을까? 누구든지 기독교 복음을 접하면 신앙이 비교적 잘 형성되고 성격으로 건강하게 내면화가 될 수 있을까? 이 과정은 아마도 생애 초기의 심리발달 경험의 차이 때문에 개인적인 차이가 클 것이고, 어떤 사람에게는 특히 자기의 심리발달 과정의 문제 때문에 영성발달의 과정이 훨씬 복잡하고 힘들게 느껴질 것이다. 일반적으로 생각해 보면, 서양 문화권에 있던 사람들에게는 나고 자라나던 문화 속에서 유일신 하나님에 대한 인지적 이해와 정서적 경험을 발달해 가는 과정이 낯설지 않고 자연스러울 수 있다. 하지만 5,000년 이상의 긴 역사 속에서 자연적인 신 관념인 하늘, 하느님에 대한 믿음을 대대로 전수해 왔고, 적어도 지난 1,000년 동안 한국 문화 속에서 불교, 유교, 도교 전통의 영향을 의식적 · 무의식적으로 받았던 한국인들의 심성 때문에 심리영성발달 과정이 좀 더 복잡하고 어려울 것으로 짐작해 볼 수 있다.

1885년 개신교 선교활동이 한국에서 본격적으로 시작된 이후로, 기독교 집안에서 자라나면서 대대로 집안의 문화와 환경 속에서 기독교 신앙을 이미 자연스럽게 물려받은 3세대, 4세대 기독교인의 영성발달 과정과, 기독교 배경이 없는 가족에서 나고 자라면서 청소년기 혹은 성인기에 기독교 신앙을 접한 1세대 기독교인의 영성발달은 기존의 자기정체성을 재구성하는 과정을 거쳐야 하기에 매우 다른 패턴을 경험하게 될 것이다. 또한 각 개인이 자라난 특수하고 불안정한 사회 환경적 요인, 가족 요인 때문에 영성발달의 근간이 되는 심리발달의 과정에 어려움이 있었던 경우 영성발달의 과정에도 어려움이 생길 수 있다. 예를 들면, 한국전쟁 경험, IMF 시절 경제적 어려움과 가족의 해체 경험, 개인 트라우마 경험 등 같은 한국인이라도 개인이 자란 시대적 · 환경적 영향 때문에 심리발달 과정에서 어려움을 겪음으로써 영성발달 과정이 지연되거나 다른 사람들과는 다른 발달패턴을 경험하게 되기도 한다.

한국 개신교의 경우에 교회의 통일된 교리적 가르침, 즉 고백적 신학, 교리적 신학을 굉장히 중요시하는 경향이 있고, 교회에 속한 교인들이 같은 믿음, 같은 신앙고백을 하도록 강조하기 때문에, 각 개인의 심리적 상태에 따라서 믿음이 생기는 과정과 패턴이 다를 수 있다는 점을 간과하는 경향이 있다. 또한 복음을 듣고 신앙을 가지게 되는 회심의 순간과 구원의 경험을 더 강조하기 때문에, 신앙이 생긴 이후의 심리발달과 영성발달의 구체적 과정에 대한 진지한 고민을 덜 하는 경향도 있다. 그동안 한국 교회에서는 신앙을 가지게 될 때 하나님의 은혜 덕분에 우리가 죄인이지만 의로운 사람으로 인정을 받는 칭의(justification)의 순간이 평생 영성발달의 과정을 걸어가는 성화(sanctification)의 과정보다 더 강조되어 온 것이 사실이다. 일단 전도를 받아서 믿고 구원받는 것이 더 중요하고, 그 이후의 신앙 성숙의 과정에 대한 고민은 덜하다는 의미이기도 하다.

누군가가 와서 칭의의 순간도 중요하지만 성화의 과정이 굉장히 중요하다는 강조를 하게 된다면, 마라톤과 같은 인생의 경주에서 칭의의 순간은 출발점이고, 성화의 과정은 결승점을 통과하기 위해 달려 나가야 하는 고된 여정이라는 이야기를 듣게 된다면, 아마도 많은 사람이 심리적인 불편함을 느낄 것이다. '이게 도대체 무슨 소리야? 나는 칭의의 순간을 이미 경험했고, 나는 이미 구원을 받았다고 굳게 믿고 있는데, 그럼 나는 아직 구원을 못 받았다는 얘기야?'라는 당혹감과 함께 깊은 고민에 빠질 수도 있다. 신앙생활을 시작한 이후 성숙의 과정이 중요하고 그 과정이 꼭 필요하다는 느낌을 받는다면 마치 내가 뭔가를 덜 이룬, 구원이 보장이 안 된 찜찜한 마음이 들어서 불안하고 두려운 마음을 느낄 수도 있을 것이다.

예를 들면, 직장에서도 내 지위가 정규직이고 정년퇴임 때까지 자리가 보장된다면 우리는 심리적인 안정감과 편안함을 느낄 것이다. 그런데 정년보장이라는 생각에 안도감을 느끼며 살아가면서 사실상 퇴임할 때까지 내가 정말 살 수 있을지에 대한 생각이나, 퇴임도 하기 전에 젊은 나이에 사고나 질병으로 정년을 다 못 채울 수도 있다는 생각은 거의 마음에 두지 않는다. 뭔가 확실하게 보장받는 느낌을 받는 것은 우리에게 엄청난 마음의 평안을 줄 수 있는데, 반대로 보장되는 것이 없다고 한다면 굉장히 불안할 수밖에 없다. 그래서 열심히 연금도 들고, 보험도 들고, 저축도 하는 것이 아닌가? 그런데 직장의 문제도 아닌 영원한 시간이 달린 내 영혼 구원의 문제라면 어떤 느낌일까? 대부분 기독교인에게는 아마 생각조차 하기 싫은 주제일 것이다. 다음에 소개되는 두 에피소드를 통해서 이 주제를 조금 더 생각해 볼 필요가 있다.

에피소드

미국 유학 시절에 미국인 목사님으로부터 들었던 에피소드이다. 이 에피소드를 듣고 그때는 그 일이 굉장히 희한하고 드문 일이라고 생각했었는데, 이후에 그런 일들이 미국 교회에서 자주 있다는 이야기를 들었다. 그 목사님이 조용한 시골 마을의 한 교회의 담임목사로 부임하게 되었고, 그 교회에서 어느 정도의 시간이 흘렀다. 그러던 어느 날 동네 할아버지와 할머니가 손녀를 안고 목사님을 찾아왔다. 목사님이 얼굴은 알지만, 교회에는 출석하지 않는 동네 주민이었다. 어린 아기를 안고 와서 하는 이야기가, 곧 돌아오는 부활절에 자기 손녀에게 유아세례를 줄 수 있냐는 요청이었다. 목사님은 너무 난처해서 자세한 설명을 했다. 유아세례는 아이가 스스로 신앙을 고백하고 결단을 할 수 없어서 부모의 신앙이 중요하고, 부모가 교회에 와서 일정 시간 교육을 받고 이 아이를 기독교인으로 잘 돌보고 양육하겠다는 서약을 하면 유아세례를 줄 수 있다고 말해 주었다고 한다.

그랬더니, 그 할아버지와 할머니가 매우 실망하고 화난 목소리로 다음과 같은 이야기를 했다는 것이다. "We just want to get it done!" 이 말이 무슨 뜻일까? 아주 간단하고 짧은 표현이었지만, 말하자면 우리 손녀가 이번 부활절에 유아세례를 받음으로써 그 아이의 영혼 구원의 문제를 확실하게 보장받고 도장 찍기를 바란다는 의미 아닌가? 그 아이가 앞으로 어떤 심리발달 과정을 경험하고, 어떤 영성발달 과정을 경험할지, 어떤 삶을 살아가게 될지 할아버지와 할머니가 전혀 알 수도 없고 통제할 수도 없는데, 아이를 직접 기르는 부모도 아닌 할아버지와 할머니가 목사님께 요청해서 유아세례 의식을 거행한다고 해서 그 아이의 구원이 보장되고 확정될 수 있다는 것인가? 손녀가 앞으로 살아가면서 하나님의 사랑을 받으며 잘 살기를 바라는 할아버지와 할머니의 마음을 이해하지 못하는 것은 아니지만, 뭔가 한번에 해결하고 보장받으려는 듯한 그들의 욕심에 안타까운 마음이 든다.

그런데 그 목사님의 말에 의하면, 자기가 20년 넘게 목회하면서 그와 비슷한 경험을 몇 번 더 했다는 것이다. 나는 이 에피소드가 꼭 미국인들에게만 해당한다는 생각이 들지는 않는다. 한국 기독교인들도 '언제, 어디서, 어떤 계기를 통해서 구원받았는가?'라는 질문을 사실 많이 주고받는다. 나도 그런 질문을 개인적인 자리에서도, 때로는 공개 석상에서도 여러 번 받은 적이 있는데 굉장히 당황했던 기억이 있다. 일단, 나면서부터 교회에서 자란 기독교인이었기 때문에 나 자신이 스스로 어떤 장소에서 어떤 계기를 통해서 회심을 경험했다고 말하기가 어려웠고, 또한 항상 내가 뭔가를 이미 완성하고 이루었다는 느낌을 느끼지 못해서였다. 내가 앞으로 살아가면서 어떤 일을 겪을지 모르고, 영성발달 과정은 평생 진행되는 과정이기에 나는 그 과정이 완성되었다는 느낌을 받지는 못한다. 아마도 이런 태도의 대답을 하면, 한국교회에서는 믿음이 없는 사람이 되거나 고백적 신학을 잘못 배운 사람 취급을 받게 될지도 모른다.

또 다른 에피소드는 지금으로부터 거의 30년 전 육군 논산훈련소에 입대했을 때의 경험이다. 그 시절, 논산훈련소 연무대 교회에서는 대규모의 진중 세례식이 자주 있었다. 진중 세례식은 군 복음화를 위한 목적으로 논산훈련소에 갓 입대한 훈련병들에게 짧은 신앙교육을 하고 대규모 세례식을 거행하는 것이었다. 어떤 때는 하루에 300명의 훈련병이 세례를 받은 적도 있었다. 그 당시 개신교에서는 군을 '황금어장'이라고 표현하기도 했다. 거의 매주 수천 명의 훈련병이 새로 입소하고, 또 다른 수천 명이 훈련을 마치고 퇴소를 하기 때문이었다. 그렇게 말하는 의미는 알고 있었지만, '아무리 훈련병 신분이지만 우리를 물고기로 보다니?'라는 기분 나쁜 생각이 들기도 했다. 그것도 예리한 낚싯바늘이나 촘촘한 그물을 피해 가기 어려운 다 잡은 물고기 아닌가? 그 훈련병들이 군 생활을 시작하는 시점에 훈련소에서 개신교인이 되면 군에서뿐만 아니라 제대하고도 신앙생활을 할 수 있고, 이후에 결혼하고 가족을 이루게 되면 배우자와 아이들까지 기독교 신앙을 가지게 될 수 있다는 이야기까지도 들었던 기억이 난다.

내 기억으로는 그 당시 연대장, 대대장, 중대장 등의 훈련소 지휘관들이 매주 세례를 받게 될 훈련병의 숫자에 큰 부담을 느꼈던 것 같다. 그래서인지 내게도 훈련소 조교들이 세례를 받으라는 이야기를 여러 번 했는데, 내가 유아세례를 받은 개신교인임을 여러 차례 밝혔음에도 불구하고 한 번 더 받으면 안 되냐고 강요하고 화를 내기도 했다. 어떤 조교는 "에이씨!" 하고 말로 담기 힘든 욕설을 퍼부으면서 어차피 이미 세례교인인데 그냥 가서 머리한 번 숙이고 세례 한 번 더 받고 초코파이 하나 먹고 오면 되는데 뭘 그리 빳빳하게 구냐고 불같이 화를 내고 야단을 치기도 했다. 나에게는 그 모든 과정이 너무나도 폭력적으로 느껴졌고, 누가 세례를 그냥 가서 머리 한 번 숙이고 받고 초코파이를 얻어먹으면 되는 과정으로 생각하게 했는지에 대해 생각하면서 굉장히 분노했던 기억이 아직도 생생하다. 갖은 구박과 협박을 받으면서도 결국 나는 세례를 다시 받지는 않았다. 세례를 또 받아야 하는 이유를 개인적으로 전혀 느끼지 못했고, 그때나 지금이나 고집이 세기 때문인 것 같다. 덕분에 훈련병들이 그렇게 애타게 원하던 맛있는 초코파이도 하나 더 얻어먹지는 못했음은 물론이다.

그때 나는 진중 세례식을 하는 교회와 목사님들의 진심 어린 마음을 이해하지 못한 것은 아니었다. 선한 의도가 있었던 것을 잘 알고 있었다. 신앙교육을 통해서 복음을 전하고 세례식을 하게 되면, 그 의식 자체가 선언적 행동이 되고 하나님의 은혜를 전달되는 통로가 되어서 군인들의 삶에 전반적으로 영향을 줄 수 있고, 때로는 극적인 종교적 체험과 변화가 일어날 수 있다. 누구든지 교육을 받고 세례를 받는 행동을 먼저 함으로써, 그 결과로 인지와 정서에도 극적인 변화와 회심이 일어나는 경우도 많기 때문이다. 마치 유아세례가 유아 자신의 믿음과 결단이 없어도 그 예식을 통해서 부모와 주변 사람들이 잘 돌보겠다는 약속을 하게 되고 그 아이가 기독교 신앙을 유지하거나 그렇지 않거나 상관없이 하나님의 은혜의 통로가 되는 것처럼, 이제 막 고달프고 힘든 군 복무를 시작해서 언제 제대가 가능할지 앞날이 캄캄하고 불안한 훈련병들에게도 하나님의 보호와 은혜가 군 복무 기간 내내 함께하기를 기원하는 의식의 의미도 있었을 것이다.

하지만 꼭 짚어야 하는 부분은, 그런 본래의 의도와는 다르게 많은 훈련병에게 그 과정이 강압적이고 폭력적으로 느껴졌었다는 점과 오히려 개신교에 대해 부정적인 인상을 심어 주기도 했던 점이 굉장히 안타까웠다는 것이다. 한겨울에 입대해서 추위 속에서 매일 쉴 새 없이 이어지는 고된 훈련에 온몸과 마음이 아프고 고통스러운 상황에서, 세례 받으라는 집요한 설득과 강요를 당하는 상황이 개인적으로 너무 싫었다. 만약에 내가 타 종교인이었다면, 아마도 개신교의 극성스러움에 대해 심한 환멸을 느끼고 욕을 했을지도 모른다. 개신교의 공격적인 선교활동 때문에 같은 시대에 한국 사회를 살아가던 다수의 타 종교인 혹은 비종교인 훈련병 동료들에게 폭력적인 경험을 하게 한 것은 매우 안타깝게 생각한다. 지금이라도 그 친구들을 만난다면 개인적으로라도 정중하게 사과하고 싶은 마음이 간절하다.

사실, 앞의 에피소드에 등장한 할아버지와 할머니가 안고 왔던 그 아이에게 더 중요한 것은 지금부터 아이가 엄마, 아빠와 같은 돌봄제공자를 통해서 얼마만큼 안정된 정서적 경험을 하는가이고, 돌봄제공자에 대한 기초적인 정서적 안정과 신뢰를 형성한다면 결국은 부모와 같은 대상의 이미지로 느끼는 하나님에 대한 신뢰와 정서적 대상항상성의 형성에도 긍정적이고 지속적인 영향을 줄 것이다. 그렇기에 아이가 지금부터 얼마나 지속적이고 안정적인 심리발달과 영성발달의 과정을 잘 경험해 갈 수 있느냐가 더 근본적인 문제라고 볼 수 있다. 이렇듯 인지, 정서, 행동의 모든 부분이 균형 있게 포괄적으로 경험되는 심리발달의 과정이 있을 때 더 건강하고 성숙한 영성발달을 경험할 수 있다. 마찬가지로, 짧은 교육을 받고 대규모 진중 세례를 받았던 훈련병들에게도 그 교육과 세례식의 순간보다 어쩌면 더 중요한 것은 그 이후에 지속해서 신앙적인 돌봄을 받고 영적으로 성장하고 성숙하는 과정을 경험하는 것이었다.

생애 초기 심리발달을 위한 부모와 가족 구성원들과의 관계 경험이 가장 근본적이지만, 그에 못지않게 영성발달을 위해서 신앙공동체와 공동체 구성원들의 존재와 역할도 매우 중요하다. 마치 유아가 심리적으로 자라는 과정에서 건강한 부모의 존재와 안정적이고 일관된 상호작용이 중요한 것처럼, 건강한 신앙공동체의 구성원들이 대가족으로서 친밀한 상호작용을 통해서 종교적 심성, 신앙 인격을 형성해 나가도록 상호 돕는 과정이 매우 중요하다고 볼 수 있다. 어떤 경우에는 초기에 가족을 통한 정서적 발달 경험이 부족하거나 어려움을 겪은 사람들도 이후에 교회의 다른 구성원들의 지지와 도움으로 심리적으로 발달하면서 동시에 신앙적으로 성숙해 가는 과정, 즉 심리발달과 영성발달이 동시에 나타나는 과정을 경험할 수 있다.

하지만 현재 한국의 많은 개신교 신앙공동체처럼 내부적으로 갈등이 많고 건강하지 않거나 신앙공동체의 구성원 중에 심리적으로 건강하지 않은 구성원들이 있는 경우에는, 초기 성장 과정에서 심리발달에 어려움을 겪은 사람들이 뒤늦게라도 신앙공동체를 통해서 심리적으로도 영적으로도 성숙하기는 굉장히 어려운 상황으로 볼 수 있다. 이 장에서는 각 개인이 경험하는 고유한 심리발달과 영성발달의 과정에 관한 이해를 돕기 위해서, 영적 경험의 통일성과 다양성, 영성발달의 성숙도와 종교적 정서, 영성발달의 신학적 · 심리학적 이해, 심리발달과 영성발달의 상호적 상관관계를 차례로 논할 것이다. 이 장의 논의가 심리영성발달 과정을 전반적으로 이해하고 후속 장에서 논의되는 더 상세한 논의를 위한 개관이 되리라 기대한다.

종교적 경험의 다양성

이 장의 앞에서 사회문화적 상황과 가족 환경의 차이로 인해서 개인의 심리발달 경험이 다르고, 심리발달 과정의 차이점으로 인한 영성발달 경험이 매우 다를 수 있다는 이야기를 했다. 사실 어떤 종교든 교리와 정통 가르침을 엄격하게 전달하고 신도들이 통일된 신앙고백을 하고 같은 믿음을 가지기를 원한다. 가능하면 조금이라도 다른 믿음, 다른 표현을 하기를 원하지 않는다. 그래서 어떤 종교이든 '정통' '보수'라는 용어가 자주 쓰이는 것 같다. 유대교에서도 정통(orthodox) 유대교라는 용어를 사용하고, 개신교에서도 정통, 보수 신앙을 강조한다. 기독교인 것 같지만, 다른 교리, 다른 신앙을 가진 종파를 다를 이, 끝 단 자를 써서 이단(異端), 즉 비슷해 보이지만 사실은 끝이 다른 신앙, 조금이라도 다르거나 균형 잡히지 않은 교리의 경우에는 기독교 신앙이 아닌 이단 신앙으로 간주한다. 그만큼 모든 종교, 특히 개신교에서 통일된 교리는 중요하고 신앙공동체의 구성원들이 같은 믿음, 같은 고백을 하는 것은 아마도 목숨만큼 중요한 일일 것이다.

하지만 기독교 전통에서 이런 교리적·고백적 신학의 통일성이 곧 개인 경험의 다양성을 인정하지 않는 것은 아니다. 특히 각 개인의 영적 체험과 그와 관련된 정서적 경험은 각자 고유성을 가지고 있다. 신약성서의 많은 책을 저술했던 사도 바울도 초기 기독교인들의 문화적, 배경적, 인종적 다양성에서 비롯된 영적인 경험과 믿음의 다양성을 중요하게 여겼다. 즉, 교리와 믿음의 통일성 속에 개인의 정서적 경험의 다양성을 중요시했고, 개인적 경험의 다양성 속에 교리적·고백적 신학의 통일성을 강조한 것이다. 실제로 초기 기독교인 중에는 유대인들도 많이 있었지만, 타민족 출신 기독교인들, 즉 유대인 기독교인의 관점에서는 이방인들도 많이 있었다. 그들 중에는 그리스, 로마 문화권의 여러 도시와 국가에 거주하면서 다양한 신을 믿고 숭배하는 개인적 배경을 가지고 있었다.

종교적 경험, 영성발달의 과정은 심지어 같은 종교전통과 공동체에 속한 사람들이라 해도, 각 개인의 고유한 심리발달 과정과 성장 과정의 환경과 문화에 따라서 굉장히 다를 수 있다. 그렇기에 같은 신앙을 가진 기독교인이라고 해도 하나님 경험, 기도, 묵상 등 각기 고유한 개인적 경험을 할 수 있다. 한국보다 개신교 전통이 훨씬 긴 미국 사람들의 종교적 경험만 보더라도, 오랜 과거에는 신앙고백의 통일성과 교리적 가르침을 훨씬 더 강조하고 개인적 경험의 다양성은 별로 장려하거나 좋아하지 않는 분위기가 많았다. 하지만 1900년대 초부터 미국에서는 개신교인이었던 심리학자들이 같은 개신교에 속해 있는 사람이라고 할지라도 각 개인의 종교적 경험은 다양하다는 점을 강조하기 시작했다. 사실, 통일된 교리와 믿음이 있지만, 개인적 고백과 경험은 달라도 괜찮다는 점을 인정하고 강조한 것이다. 오히려 개인적 고백과 경험이 다른 것은 전혀 이상하지 않고 너무나도 당연하다는 의미이기도 하다.

개인적 종교 경험

미국 심리학계에서 종교적 경험에 관한 연구는 하버드대학교의 철학, 심리학 교수였던 윌리엄 제임스(James, 1842~1910)와 하버드대학교의 성격심리학 교수였던 고든 올포트(Allport, 1897~1967)에 의해 20세기 초반부터 시작되었다. 초기 연구의 두 가지 중요한 강조점은, 기독교라는 제도적 종교체계가 주는 성서적·교리적 가르침은 비교적 통일성을 유지하고 있지만 그 교리적 가르침을 각 개인이 체화하고 습득하는 과정에서 정서적 경험의 다양성이 존재한다는 점과 각 개인의 종교적 경험의 패턴을 구분해 보면 미성숙한 신앙과 성숙한 신앙의 지향점에 차이가 있다는 점이었다.

종교적 경험의 다양성에 관한 제임스의 고민과 연구의 출발은 그의 인생경험을 반영한다. 제임스는 어린 시절 가족과 함께 미국과 유럽을 옮겨 다니며 자란 경험과 미술, 화학, 의학, 생리학, 철학, 심리학 등 다양한 분야를 공부한 경험에서 비롯된 자기의 형성 문제, 정체성 형성의 문제로 인한 긴 방황과 갈등을 경험했다. 또한 시력 문제, 소화 문제, 불면증, 요통, 심한 우울증 등 심각한 신체적·심리적 질병으로 장기간 고통을 당하면서 자살 충동에 시달렸고, 영혼의 고통, 영적인 위기를 겪으며 각 개인이 가진 고유한 종교적 경험과 영적인 고통에 대해서 깊은 관심과 고민을 하기 시작했다(Wulff, 1997, pp. 473-476).

종교적 경험에 관한 연구는 제임스의 이러한 개인적 경험에서 시작이 되었는데, 그는 특히 1870년 초부터 극심한 영적 고통을 경험하게 되었고, 그 경험은 1902년에 출판된 명저인 『종교적 경험의 다양성(The varieties of religious experience: A study in human nature)』(James, 1902)에 상세히 묘사되어 있다. 이 책은 엄격한 과학적·실증적 연구를 강조하던 심리학계에서 중요한 역할을 하던 저명한 심리학자가 자기가 경험한 종교적 경험을 솔직하게 고백하고 나눈 것이라 당대의 많은 사람에게 충격과 영향을 주었다. 또한 그의 저서를 통해서 같은 종교를 가진 사람들이 공유하는 신학과 교리의 통일성도 중요하지만, 각 개인의 성장 경험에 따라서 다른 경험, 다른 고백을 할 수 있다는 점도 알게 되었다. 제임스는 책에서 '아픈 영혼의 우울증, 철학적 비관론과 영혼의 우울증의 상태'가 갑자기 자신을 덮쳐서 압도당하고 '자신의 존재에 대한 끔찍한 두려움'에 휩싸였을 때, '여호와는 나의 피난처' '수고하고 무거운 짐을 진 자들아 다 내게로 오라' '나는 부활이요 생명이니' 같은 성경 구절에 매달려서 고통스러운 상태를 탈출하게 된 신비스러운 경험이 있음을 묘사했다(Wulff, 1997, p. 479).

한편, 제임스는 자기가 속한 개신교의 전통과 예배에 적응하는 데 심각한 어려움을 경험했다. 종교적 관심이 강했던 제임스는 하버드대학교 교수로서 애플턴 채플에서 열렸던 아침 예배에 정기적으로 참석을 했는데, 예배 참석자들의 공통적인 경건의 표현에 열심히 참여하기가 굉장히 힘들고 감동이 전혀 느껴지지 않는 것을 고백했다. 특히 그는 기독교의 교리, 교회의 가르침대로 기도의 중요성을 잘 알았고 기도가 기독교의 영혼이고 본질이라는 점도 강조했지만, 자신의 개인적 경험으로는 "나는 기도할 수가 없다. 나는 기도가 어리석고(foolish) 인공적(artificial)이라고 느낀다."라고 기록했다(Wulff, 1997, p. 479). 기독교 문화에서 자란 제임스에게 이러한 일종의 부적응 경험은 기독교인들의 일반적인 경험과는 매우 다른 당황스러운 경험이었고, 이러한 경험은 각자 다양한 영혼의 갈등과 고통을 당하는 많은 사람의 역경과 삶에 깊이 공감하게 되는 계기가 되었다.

제임스의 이러한 깨달음은 1901년 스코틀랜드 에든버러대학교의 저명한 기포드(Gifford) 강연과 그 강연의 내용을 기록해서 1902년에 출판한 『종교적 경험의 다양성』에 고스란히 담기게 되었는데, 가장 중요한 강조점은 종교적 경험의 개인적 고유성, 정서의 중요성, 인간의 영적인 고통과 종교적 경험의 기이한 현상에 대한 공감적인 이해였다. 그는 무엇보다도 영적 경험에 대한 천편일률적이지 않은 여러 목소리가 있다는 점, 개인적인 영적 체험이 너무나도 다르고 특수하다는 점을 강조했고, 이러한 경험에서 개인적 특성이 나타나는 가장 핵심적인 이유는 각 개인의 심리발달 과정, 특히 정서적 경험이

다르기 때문임을 강조했다. 그렇기에 제임스는 기독교에서 강조하는 모든 종류의 도그마, 교조주의에 매우 비판적이었고, 제도적 종교에 의해서 교리적 가르침을 인지적으로 배우고 습득하는 통일성보다는 개인적 종교의 정서적 체험의 다양성에 훨씬 더 깊은 관심을 두게 되었다. 결국 제임스가 추구했던 종교적 경험의 본질은 인간 내면의 종교적 경험의 사적인 영역이었다. 그에게 있어서 제도적 종교는 집단적이고 교리적인 지배정신에 물들어서 자신들이 창조한 모습의 신에게 예배를 드리는 일에 주로 집중하는 것이었고, 그것은 그가 보기에 훨씬 덜 핵심적이고 덜 본질적인 일이었다(Wulff, 1997, pp. 483-485).

정서의 성숙과 본질적 종교

제임스의 종교적 경험의 다양성에 관한 연구는 일반 독자들뿐만 아니라 인간 내면과 종교적 경험을 연구하는 후학들에게도 큰 영향을 주었다. 제임스 사후에 하버드대학교 심리학과에서 공부하고 교수가 된 성격심리학자 올포트는 제임스로부터 깊은 영향을 받았다. 올포트는 제임스가 남긴 종교적 경험의 다양성에 관한 연구에 대해서 깊이 공감을 했고, 제임스의 연구를 '묘사적 과학의 걸작'으로 높이 평가하였다(Allport, 1942, p. 6). 올포트는 경건한 성공회 신자로서 그 당시 다수의 개신교인이 가진 미성숙한 신앙의 모습에 대해서 불만스럽게 생각했고, 성격심리학자로서 각 개인의 성격 형성과 성숙한 신앙의 형성에 대해서 깊은 관심을 가졌다. 제임스가 정형화된 형식의 예배에 참석하는 것과 공동기도에 대한 개인적 경험의 차이 때문에 어려움을 느꼈던 하버드대학교의 애플턴 채플에서, 올포트는 정기적으로 설교하는 경험을 하면서 종교의 긍정적 기능과 성숙한 신앙에 대해서 깊이 있는 개인적 경험과 연구를 진행하였다.

제임스가 종교를 개인적 종교와 제도적 종교로 설명했던 것처럼, 올포트는 외재적(extrinsic) 종교와 내재적(intrinsic) 종교의 측면으로 구분해서 설명하였다. 올포트는 외재적 종교를 비본질적 종교로, 내재적 종교를 본질적 종교로 부르기도 했다. 이렇게 두 가지 종교의 측면으로 선명하게 나누는 방법이 현대를 살아가는 우리에게는 너무 이분법적인 분류로 보일 수도 있지만, 제도적 종교와 외재적 종교의 측면이 당연시되고 강조되던 당시에는 그와 대비되는 종교의 다른 측면이 있음을 강조하는 의미로 사용한 것으로 이해하면 될 것 같다. 물론 제임스와 올포트가 말하는 종교의 다른 측면은 그들이 보기에는 더 성숙하고 더 건강한 측면이었다.

올포트는 신체적 · 심리적으로 건강한 성인들에게는 종교적인 것, 영적인 것을 추구하는 방향성이 있는 것이 자연스럽고 당연한데, 종교의 어떤 측면을 받아들이는 것은 성숙하고 유익하지만, 어떤 측면을 받아들이는 것은 해롭다고 강조하였다. 올포트는 외재적 동기를 가진 사람들은 특정 목적을 성취하려는 수단으로 종교를 도구로 이용하는 경향이 있고, 내재적 동기를 가진 사람들은 종교를 통해서 인생 자체를 누리고 살아가는 경향이 있는 것으로 비교했다. 즉, 신앙을 수단으로 여기는 사람과 신앙 자체에서 기쁨을 누리는 사람의 모습을 비교하고 구분함으로써 신앙을 삶의 안녕과 복을 위한 수단으로 여기기보다는, 깊은 깨달음과 영성을 통한 더 근본적인 기쁨과 평안임을 강조한 것이다(김동기, 2013, p. 319).

올포트에 의하면 외재적 · 비본질적 종교는 아동기로부터 전수된 미성숙하고 건강하지 못한 종교적 측면(unhealthy religion)이다. 신자들의 관심과 이익에 따라 자기들에게 필요한 신적인 존재가 만들어져서 그들에게는 마치 하나님이 아이들의 소망을 다 들어주는 산타클로스 할아버지와 같은 의미가 있다. '우리 교회가 너희 교회보다 낫다.' 혹은 '하나님은 너희 백성보다 우리 백성을 더 사랑하신다.' 등의 이분법적이고 아동 같은 생각 구조를 가지며, 잘 알려진 대형교회의 교인이 되는 것은 비즈니스에 유리해서 실제로도 많은 유익을 누릴 수 있다. 이러한 모습은 실질적 유익함 때문에 다수의 사람에게 잘 받아들여지는데, 결국 건강하지 못하고 미성숙한 사람들을 양성하게 된다. 올포트가 80여 년 전에 미국 기독교인들을 관찰하면서 확인한 현상은 놀랍게도 21세기 한국 개신교인에게도 공통으로 관찰되는 현상이기도 하다.

반면, 올포트에 의하면 내재적 · 본질적 종교는 성숙하고 건강한 종교적 측면(healthy religion)인데, 인간이 깊은 내면적 깨달음과 성찰을 얻을 수 있도록 해 주고, 성숙한 가치관을 형성해 주며, 사람들의 심리적 · 영적 성장과 성숙의 과정을 돕는다. 또한 세상의 많은 현상, 예를 들면 세상에 선과 악이 공존하는 것, 인간의 자유의지와 운명이 동시에 작동하고 충돌하기도 하는 것, 이 세상에 수많은 선한 사람, 무고한 사람들이 겪는 인생의 고통에 대한 설명을 공급해 주기도 한다는 것이다. 더 나아가서, 자기 종교의 우월성과 유일성뿐만 아니라 자기 종교, 민족과는 다른 종교전통을 가진 모든 인류와 종교에 대한 동질감, 동일시를 격려해 주기도 한다는 것이다. 사실 내재적 · 본질적 종교의 측면은 우리에게 힘들고 불편한 측면으로 느껴질 수도 있지만, 각 개인이 이런 이해와 체화의 과정을 경험하고 나면 더 성숙하고 의연한 신앙을 경험하는 유익을 얻을 수 있다.

실제로 올포트가 언급했던 선과 악의 공존의 문제, 즉 '이 세상에서 왜 선한 사람에게 나쁜 일들이 종종 일어나는가?'라는 전통적인 질문은 신학, 종교학, 철학 전통에서는 신정론(theodicy)의 문제, 즉 신의 정당함을 강조하는 이론의 문제이기도 하다. 사람들은 흔히 이런 질문을 한다. '신이 전능하고 선하신데 왜 이 세상에는 이렇게 악과 고통이 계속해서 존재하는가?' '신에게 악과 고통을 없애고 막을 수 있는 전능한 능력과 선한 의지가 있다고 믿는다면, 우리는 신이 고통을 허용하는 것을 어떻게 이해하고 설명해야 하는가?' 등의 질문을 제기한다. 사실 내재적 · 본질적 종교를 추구하는 사람들에게도 이 질문은 말문을 막히게 하는 질문이기도 하고 명확하고 자신 있게 대답할 수 없는 정답이 없는 질문이기도 하다. 하지만 내재적 · 본질적 종교를 추구하는 사람들은 종교를 통한 복이나 실질적 유익보다는 깊은 깨달음, 성찰, 마음의 기쁨을 추구하기에, 이런 질문들에 마주할 때 충격을 덜 받고 오히려 역설적인 삶의 상황 가운데 더 깊은 차원의 깨달음을 얻고 자기 삶을 겸허히 수용하는 기회로 삼을 수도 있다.

이 질문은 인류의 역사만큼 긴 질문이기도 하고, 구약성서 욥기에서도 등장하는 질문이기도 하다. 욥기에 보면 하나님이 보시기에도 당대의 선한 인물이었던 욥을 사탄이 시험하려고 할 때, 하나님이 사탄의 요청을 수동적으로나마 허용하시는 듯한 뉘앙스의 표현이 나온다. 그 이후, 사탄의 계략에 의해서 욥은 건강, 가족, 재산 등 모든 것을 잃고, 하나님을 차라리 원망하고 저주하라는 친한 친구들의 집요한 요구에도 불구하고 그 상황이 너무 고통스럽지만 인내하며 감내하는 모습을 볼 수 있다. 우리는 욥과 같은 상황을 원하지 않고, 실제로 이런 일이 내게 벌어진다면 어떤 반응을 보일지 장담할 수 없다. 하지만 현대인의 관점에서 욥의 마음과 경험을 마음속 깊이 공감할 수도 있다. 또한 욥과 그의 세 친구가 충분히 하지 못했던 욥의 억울한 입장에 관한 표현과 변호를 하는 마음을 가져 볼 수도 있다. 그러면서도 동시에, 하나님의 존재와 하나님의 성품에 관해서도 부정하기보다는 이해하고 공감하는 경험을 할 수도 있다. 이렇듯, 상반되는 듯한 입장을 통합적으로 이해하는 가능성은 우리에게 항상 열려 있다.

올포트는 인간 성격에서 인지와 정서를 결합한 영속적인 요소가 의미 있고 가치 있는 대상을 향해서 나아가는 포괄적인 태도를 '종교적 정서(religious sentiment)'로 명명하면서, 종교적 정서발달의 근원은 아동기와 청소년 시기에 있음을 강조하였다. 그는 성인 초기인 대학생들에 관한 연구에서, 사람이 평생 영속적인 종교적 정서, 즉 영적 대상항상성을 가지게 되려면 종교적 환경에서 성장하는 것이 매우 중요함을 확인하게 되었고, 특히 부모님의 종교적 필요와 욕구가 가장 중요한 요소임을 발견하게 되었다. 그의 연구대상인 대학생 중에서 70% 정도의 학생들에게 종교적 욕구가 있었는데, 놀랍게도 그들 중에 대다수가 제임스가 언급했던 제도적 종교에 대한 불만족이 있었고, 신학적으로 보수주의에서 벗어나서 좀 더 개방적인 개인적 종교의 관점을 가지고 있었다(Wulff, 1997, p. 586).

올포트는 성인 초기의 사람들이 성숙한 종교적 정서를 체화하기는 매우 어려움을 지적하면서, 연구대상자들에 대한 관찰과 자신의 개인적 성찰에 근거해서 성숙한 종교적 정서의 특징을 설명하였다. 그에 의하면, 성숙한 종교적 정서의 형성은 주로 아동기 후기와 청소년기에 시작이 되는데, 발달 과정에서 신체적·정서적으로 성장함에 따라서 점점 더 다양성을 내포하며 풍부해지고 복잡해진다는 것이다. 특히 아동기 후기와 청소년기에 접어들면서 개인의 비평적 성찰 능력이 발달하면서 아동기 초기의 지나치게 단순하고 간접적으로 접하고 배운 초보적 신앙에서 벗어나서 고유한 개인적 관점을 가지게 되는데, 시간이 흐르면서 지속해서 수정되고 재구성된 성숙한 종교적 정서는 더 다양한 이슈, 관점, 대상을 포용하고 종합적으로 받아들이며 유지할 수 있게 된다는 것이다.

성숙한 종교적 정서는 아동기 특징인 자기를 위한 기본적 욕구에서 벗어나서 자율적이고 독립적으로 됨으로써, 개인의 관심과 욕심을 뛰어넘어 공동체와 인류를 위한 더 숭고한 가치와 목적을 위해서 자기의 삶을 변혁시킬 수 있는 방향성을 제시한다. 즉, 개별적-성찰적 신앙과 결합적 신앙의 가능성을 경험할 수 있게 해 준다. 결과적으로, 성숙한 종교적 정서는 종합적인 삶의 철학을 제공함으로써 계속해서 삶의 방향성을 제시하고 도덕적·윤리적 행동과 삶의 결과를 맺게 하는데, 그중 중요한 요소는 깊은 개인적 성찰과 신앙을 통해서 관용의 태도로 삶을 살게 되는 것이다. 또한 성숙한 종교적 정서는 앞서 언급한 것처럼 어려운 통합의 과제를 실행하게 돕는다. 즉, 삶과 죽음, 기쁨과 고통, 선과 악의 문제, 선량한 사람들이 받는 고난 등 쉽게 이해할 수 없고 받아들이기 어려운 문제들에 의미를 부여하고 삶의 방향성을 제공해 준다(Wulff, 1997, pp. 587-588). 이 과제는 대부분의 사람에게 고통스럽고 힘든 과정이지만 성숙함을 향해서 나아가는 과정 중에 경험할 수 있다.

심리영성발달의 신학적 이해

올포트가 자신의 종교적 경험 연구에서 강조했던 내재적·본질적 종교의 성숙한 모습, 성숙한 종교적 정서의 특징에 대한 설명은 이후의 종교적 경험과 발달 연구에 중요한 기초를 제공하였다. 특히 내재적·본질적 종교의 측면을 수용해서 성숙한 종교적 정서를 발달한 종교인들의 모습은 이 책의 다음 장에서 살펴볼 신앙발달단계이론의 성숙한 단계인 개별적-성찰적 신앙(4단계), 결합적 신앙(5단계), 보편적 신앙(6단계)의 모습과 일맥상통하는 면이 있다.

제임스와 올포트가 종교적 경험 연구의 귀한 유산을 남기고 떠난 하버드 대학교에서 박사학위를 마치고 에모리대학교에서 신학 및 인간발달학 교수로서 활발한 연구 활동을 했던 제임스 파울러(Fowler, 1940~2015)는 유럽과 미국의 발달심리학자였던 피아제(Piaget), 콜버그(Kohlberg), 그리고 특히 에릭슨(Erikson)의 영향을 받아서 신앙발달단계이론을 구축하였다. 또한 감리교 목사였던 파울러는 자신이 속한 교파의 전통인 웨슬리 신학의 인간발달 관점을 근거로 해서 자기 이론을 전개하였는데, 하나님-인간관계, 인간-인간관계의 역동적 상호작용을 통한 성격과 신앙형성, 개인의 성격과 신앙형성에 신앙공동체 역할의 필요성, 평생 신앙의 발달 과정인 성화(sanctification)의 과정에 깊은 관심이 있었다.

파울러는 저서 『신앙의 단계들: 인간발달 심리학과 의미의 추구(Stages of faith: The psychology of human development and the quest for meaning)』(1981)에서 제임스가 강조했던 종교적 경험의 인종적, 종교적, 문화적 다양성에도 불구하고 제임스가 했던 연구의 방향성과는 반대로 오히려 종교적 경험을 범주화하고 예측할 수 있는 단계, 과정, 패턴이 존재함을 발견했다. 파울러 연구팀은 개신교(45%), 가톨릭(36.5%), 유대교(11.2%), 타 종교(7.2%)에 속한 359명의 연구대상자를 심층 인터뷰를 하고 얻게 된 일반인들의 삶의 이야기를 분석하여, 심리사회발달, 인지발달, 도덕발달의 단계들과 유사한, 예측 가능한 신앙발달단계로 구분 지었다(Fowler, 1981, pp. 313-323).

신앙발달단계 연구의 내용을 살펴보기 전에 언급해야 할 중요한 점은, 이 연구에서 파울러가 정의하는 신앙(faith)은 종교(religion), 믿음(belief)과 유사하지만 구별되는 개념이라는 점이다(Fowler, 1981, pp. 9-15). 파울러가 의미하는 종교는 제임스와 올포트가 구분했던 제도적 종교와 개인적 종교 중에서 제도적 종교의 의미로서, 오랜 시간 축적된 전통을 공유하는 사람들의 공동체와 그 공동체의 가르침, 경전, 율법, 규율, 상징, 음악, 신조, 예식 등을 의미한다. 믿음은 특정한 관념을 유지하는 것으로서 초월자와의 경험과 관계를 인지적으로 이해하고 믿는 노력을 의미한다. 그에 반해, 신앙은 좀 더 개인적 종교 혹은 종교적 정서의 의미로서, 종교나 믿음보다는 좀 더 깊고 풍부하고 개인적인 것을 의미하는데, 개인의 신앙은 제도적 종교전통 안에 있더라도 종교적 제도의 시스템보다는 개인적 경험의 질적인 차이점을 의미한다. 즉, 신앙은 자기 자신, 주변, 세상을 바라보는 개인적 관점이기도 하고, 자기의 마음(heart)과 의지(will)를 정하는 것이며, 삶을 헌신하는 것을 의미한다(Fowler, 1981, p. 14). 이러한 신앙의 개념이 신조나 교리를 이해하고 받아들이는 제도적 종교의 믿음으로 축소된다면 생동감과 역동성을 잃게 될 것이다.

신앙발달단계 연구에 관해서 또 다른 중요한 점은, 많은 사람이 신앙발달 과정을 한 단계에서 다음 단계로 마치 계단을 오르거나 사다리를 오르는 비유로 오해하는 것을 파울러 자신이 매우 경계하였다는 점이다. 그 이유는, 우선 신앙발달 과정의 가장 중요한 핵심 이슈는 더 복합적이고, 더 분화되고, 더 포괄적인 신앙의 방식(mode)으로 연속적인 진행을 경험하는 것인데, 계단 혹은 사다리를 오르는 비유는 신앙의 단계를 신앙방식이 아닌 신앙의 높음-낮음의 이분법적 사고구조로 묶어 둘 수 있기 때문이다. 또 다른 이유는 신앙발달의 전환과정을 실제로 한 개인이 근본적으로나 질적으로는 전혀 변하지 않은 경험이나 모습으로, 한 단계에서 다음 단계로 애쓰며 기어오르거나 힘겹게 매달리는 모습으로 생각해서는 안 되기 때문이다(Fowler, 1999, p. 46). 하지만 파울러의 우려와 설명에도 불구하고, 신앙발달단계에 대한 그의 논의는 그의 연구의 진의와는 다르게 많은 오해와 논쟁을 불러일으키기도 했다.

신앙발달의 기초 단계들

파울러의 연구결과에 따르면, 아동기와 청소년기에 나이에 따라 발달하는 인지발달의 직접적인 영향 때문에 만 0~6세와 7~12세 아동은 주로 신앙발달의 1~2단계에 속하고, 13~20세 청소년은 2~4단계에 포함된다. 즉, 인지발달에 기초해서 신앙발달이 일어난다는 의미이다. 파울러는 신앙발달단계를 직관적-투사적 신앙(1단계), 신화적-문자적 신앙(2단계), 종합적-전통적 신앙(3단계), 개별적-성찰적 신앙(4단계), 결합적 신앙(5단계), 보편적 신앙(6단계)으로 분류했는데, 이후에 미분화된 신앙(0단계)을 추가하였다. 이후에 추가된 0단계를 포함해서 1~3단계는 주로 아동의 신앙발달 과정이고, 이후의 세 단계(4~6단계)는 주로 청소년기부터 성인기까지의 발달 과정이다. 그런데 흥미롭게도 파울러의 연구결과를 보면 만 21~65세의 성인 집단은 연령층별로 큰 차이점 없이 3~5단계 사이에 골고루 분포되었는데, 이는 성인기에도 청소년기에 처음으로 경험하는 3단계 혹은 4단계에 머무르는 사람이 다수 있다는 의미로 볼 수 있다(Fowler, 1981, p. 318).

파울러가 설명하는 신앙발달단계의 출발점은 미분화된 신앙과 직관적-투사적 신앙이다. 이 두 단계는 대상관계 이론에서 강조하는 유아의 첫 3년(0~36개월)의 심리적 탄생과정과 평행 과정이다. 미분화된 신앙은 유아의 생애 첫 1년(0~12개월) 동안 유아와 돌봄을 제공하는 환경 간의 유대감, 애착, 기본적인 믿음 형성의 과정을 통해서 시작된다. 유아의 두 번째 해(만 1~2세) 동안 유아가 의지하는 엄마와 아빠는 일시적으로 부재하기도 하지만, 어딘가에 존재하고 있고 곧 돌아온다는 믿음을 주고, 부모와의 정서적 경험이 결국 초월적 힘과 지혜에 대한 희미한 첫 느낌을 준다. 또한 엄격함과 사랑이 공존하는 경험을 줌으로써, 3세 이후에 유아는 좀 더 독립적인 존재로 성장하면서 부모의 이미지 경험을 통한 하나님 이미지의 기초를 형성한다(Fowler, 1999, p. 41). 대상관계 이론의 관점으로 보면, 일시적으로 부재해서 보이지 않는 엄마와 아빠에 대한 신뢰가 형성되는 전환점은, 그동안 대상에 대해서 양가감정과 불안함을 느끼던 유아가, 대상이 눈에 보이건 보이지 않건 존재한다는 절대적인 신뢰인 대상항상성이 서서히 형성되는 만 24~36개월의 경험과 같은 것으로 볼 수 있다.

미분화된 신앙에 기초해서 발달하는 다음 단계는 직관적-투사적 신앙인데, 대상항상성 형성이 막 시작되는 만 2세(24개월)부터 학령기 전인 만 6세까지의 유아기에 경험하는 신앙이다. 이 시기의 유아는 자유롭게 걸을 수 있고 모든 것을 질문할 수 있다. 정서적으로 자기를 반영해 주는 거울 역할을 하는 엄마를 모방하고 반복하는 상호작용으로 서서히 언어를 습득하게 되고, 적극적으로 탐구하고 질문을 쏟아 내며, 지각, 정서, 상상을 통한 환상을 통해서 자기 경험을 알아 가고 이해하는 과정을 거친다. 우리가 그 시절을 기억하지는 못하더라도, 호기심을 가지고 많은 것을 궁금해하고 적극적으로 질문하던 그 시절 아이로서의 우리의 모습을 부모님들이 생생하게 기억하는 경우가 많다(Fowler, 1999, p. 43).

직관적-투사적 신앙을 2~6세 아동의 관점으로 보면, 그들은 자기를 세상의 중심으로 느끼고, 세상에 존재하는 모든 것이 자기를 위해서 눈앞에 존재한다고 느낀다. 지금은 대학생이 된 아들이 이 시기에 했던 인상적인 말이 기억난다. 어느 날 밤에 차를 타고 가던 중 카시트에 앉아 창밖을 내다보던 아이가 갑자기 "아빠, 근데 왜 달이 나를 계속 따라와?"라고 질문을 했다. 그 질문을 듣는 순간 귀엽기도 하고 너무나도 자기중심적인 말에 갑자기 웃음이 터지고 말았다. 사실 하늘에 달이 떠 있는 것도 자기를 위해서 존재하기에 달이 자기를 계속 따라온다고 느낀 우리 아이의 생각은 들에 핀 꽃도 향기를 맡으라고 거기에 존재한다고 느끼는 이 시기의 아이들이 가진 공통의 관점과 생각이기도 했다.

또한 이 시기의 아이들은 밤에 무서운 꿈을 자주 꾸기도 하는데, 그 꿈에서 벌어지는 일이 마치 자기 방에서 일어나는 실제 일처럼 느끼기도 하고, 어떤 때는 낮에도 꿈에서 본 내용과 같은 환상으로 인해 두려움을 느끼기도 한다. 세상에는 실제로 괴물이 존재하고, 사람들을 다치게 하거나 끌고 가기도 한다고 생각하기도 하고, 조심하지 않으면 내가 잡혀갈 수도 있다고 믿기도 한다. 그런 일이 생기면 엄마나 아빠가 자기와 함께하면서 보호해 줄 거라고 굳게 믿는다. 아이들은 많은 것을 객관적인 근거나 설명보다는 직관적으로 생각하고 느끼기도 하고, 자기의 내면의 감정을 투사해서 상상, 판타지를 만들기도 한다.

직관적-투사적 신앙방식을 가진 아이들의 가장 인상적인 특징은 신적 존재, 하나님에 대한 인식과 죽음에 대한 이해이다. 이 시기의 아이들은 어른들의 생각보다 하나님에 대해서 많이 생각하고 궁금해한다. 예를 들면, '하나님이 나를 볼 수 있을까?' '나에게 무슨 일이 생기면 하나님이 보호해 주실까?' '천국은 정말 있을까?' '죽을 때는 많이 아플까?' '돌아가신 할아버지는 지금 하나님과 함께 계실까?' 등 꼬리에 꼬리를 무는 의문이다. 어떤 아이들은 하나님은 공기처럼 어디에든 계실 것 같다는 표현을 하기도 한다. 하나님 존재에 대한 인식도 있고, 죽음과 사후세계에 대한 인식도 있다고 볼 수 있다. 아이들은 할아버지, 할머니와 같은 가족의 죽음을 목격함으로써 현실 세계의 너머에 있는 죽음의 신비에 대해서 서서히 자각하고, 이야기, 상징, 예배, 장례식 등을 통해서 오래 기억되는 인상적인 시각적 · 청각적 이미지를 가지게 된다(Fowler, 1999, p. 43).

한편, 아동기인 6~12세 사이에 주로 경험하는 신앙은 신화적-문자적 신앙이다. 이 단계는 발달심리학자 피아제가 언급했던 인지발달 과정의 구체적 조작기와 평행 단계인데, 공간, 시간, 인과관계 등 인지능력이 증가하면서, 이전 시기처럼 감정, 상상, 환상에 의존하는 모습이 많이 줄어들게 된다. 이 시기의 아동들은 자기의 관점과 다른 타인의 관점을 이해하고 받아들이게 되고, 이야기를 정확하고 풍부하게 할 수 있게 되며, 옳고 그름, 선과 악의 공존에 관한 개인적인 이해와 의견을 발달시킨다. 또한 자신의 가족이 속한 종교의 전통, 의미, 이야기, 믿음을 알게 되면서 '우리 백성'의 이야기를 알게 되어서 자기가 속한 종교전통과 신앙공동체에 대한 소속감과 배타성의 기초가 된다(Fowler, 1999, p. 43). 성경에 나오는 이스라엘 백성의 이야기들을 영웅담이나 신화처럼 상상하고 이해해서 우쭐함을 느끼기도 하고, 다른 아이들에게 자랑하거나 거들먹거릴 수도 있다. 성경 이야기에 나온 인물의 대사와 구절을 은유나 상징으로 이해하기보다는 문자 그대로 믿는다.

이 시기의 아동에게 '넌 누구니?'라고 물어보면, 대부분 아이는 자기 주변 인물들의 이름을 나열하면서 대답한다. "저요? 저는 ○○○인데요, 우리 아빠는 ○○○이고, 우리 엄마는 ○○○이에요. 내 동생은 ○○○이고, 우리 할아버지는 ○○○이에요."와 같은 식이다. 즉, 주변 인물들과의 관계를 통해서 자기 존재를 표현하는 것이다. 또한 "난 우리 반에서 제일 축구를 잘해요." "난 ○○교회에 다녀요."라고 표현하기도 한다. 하나님에 대해서도 훨씬 구체적으로 묘사한다. "난 하나님을 믿어요. 하나님은 예수님 같아요. 하나님은 할아버지 같기도 하고, 하나님은 우리를 심판하는 판사 같아요. 왕 같기도 하고 그런 분이에요." "하나님은 사람들이 싸우는 걸 엄청 싫어해요. 아이들이 거짓말하는 것도 너무 싫어해요. 친구가 어려운 일이 있을 때 도와주는 걸 좋아하구요." 등의 표현도 한다. 이 시기의 아이들은 신앙공동체과 종교전통의 믿음에 대한 구체적이고 문자적인 설명이 가능하지만, 아이의 자기와 정체성은 아이가 소속한 집단에 의해 정의되고, 자기 자신만의 이야기는 아직 구성되지 않은 상태이다. 그런데 파울러가 지적한 것처럼, 많은 청소년이 이 신앙방식을 가지고 있고, 심지어는 성인 중에도 종종 볼 수 있다(Fowler, 1999, p. 44).

청소년기와 성인기에는 3단계부터 5단계까지 신앙발달이 주로 일어나는데, 종합적-전통적 신앙(3단계)에서 개별적-성찰적 신앙(4단계)으로의 전환이 매우 중요하다고 볼 수 있다. 이 경험은 제임스와 올포트의 개념으로 보면 제도적 종교의 권위와 가르침을 따르는 신앙단계에서, 개인적 종교의 다양성, 포괄성, 신앙적 질문과 성찰을 경험하는 단계로의 중요한 전환점을 의미한다. 청소년기 초기, 즉 만 12세 전후에 이르면 종합적-전통적 신앙이 시작되는데, 청소년뿐만 아니라 사실은 다수 성인이 평생 이 단계의 신앙에 머물러 있기도 하다. 어떻게 보면, 종합적-전통적 신앙을 형성하는 것이 심리영성발달 과정의 필요충분조건으로 볼 수도 있고 이 관점을 가지고 생활하는 것이 일상에서 큰 문제가 되지는 않는다는 의미로도 볼 수 있다.

종합적-전통적 신앙의 형성은 피아제가 강조한 청소년기의 인지발달 단계인 형식적 조작기에 근거해서 가능한데, 그때 추상적 개념을 사용하는 것이 가능해지고, 타인이 자기를 보는 관점을 이해하며, 타인의 관점과 같은 관점으로 자기를 볼 수 있는 능력이 생긴다(Fowler, 1999, p. 46). 파울러는 이 단계의 신앙을 종합적(synthetic)이라고 표현했는데, 그 이유는 이 단계의 청소년들이 아직은 여기저기서 들은 흩어져 있는 이야기, 가치, 믿음, 확신 등을 하나로 통합하는 과정을 거치면서, 삶의 방향성을 주는 삶의 의미, 자기, 정체성을 종합적으로 형성하기 때문이다. 이렇게 각 개인이 자기만의 고유한 관점과 정체성을 서서히 형성해 가면서도 3단계 신앙이 여전히 전통적(conventional)인 이유는 통합하려는 믿음, 가치, 관점 등이 부모와 목사와 교회 어른들과 같은 핵심 주변 인물들로부터 공급되었기 때문이다. 즉, 종합적-전통적 신앙은 개인의 고유성이 있는 것 같으면서도, 아직은 독립적인 관점에서 독자적이고 자율적 판단을 하기 위한 자기정체성을 충분히 형성하지 못한 모습이며, 아직은 비평적 성찰 혹은 질문의 능력이 없는 상태라고 볼 수 있다.

결국 이 단계의 정체성과 신앙은 여전히 가족이나 주변의 중요한 인물들의 관점, 가치관, 신앙이 내면화되어서 주변 인물들의 가르침과 가이드의 영향 아래 있는 모습을 보인다(Fowler, 1999, p. 47). 종합적-전통적 신앙을 가진 청소년 혹은 성인에게는 가족, 친척, 직장, 교회, 친구 등 다양한 그들(they)이 존재하고, 그들이 말하는 것, 즉 제3자의 관점과 조언이 가장 중요하다.

그렇기에 종합적-전통적 신앙을 가진 사람들은 종종 3인칭 대명사를 주어로 사용한다. 예를 들면, "우리 아버지는 이렇게 말했어요." "다른 사람들은 다들 그렇게 생각해요." "우리 목사님은 신앙생활을 이렇게 하는 게 옳다고 했어요."라는 등의 표현을 자주 사용한다. 그들은 여전히 다른 사람들의 관점, 의견, 가치 등에 의존하는 성향을 보인다. 이러한 모습이 성인기까지 나타나게 되면 삶에서 갈등 상황에 놓이게 될 때 결국 다양한 타자 중에서 가장 강한 권위와 의견을 가진 사람의 생각에 종속되고, 자기 스스로 내리는 판단이 아닌 타인의 의견을 그대로 따르고 순종하는 성향의 신앙을 가지게 되는 문제가 생길 수 있다.

개별적-성찰적 신앙과 결합적 신앙

그런 면에서 볼 때, 종합적-전통적 신앙에서 개별적-성찰적 신앙(4단계) 방식으로의 전환은 인생과 신앙에서 결정적인 의미가 있는데, 개별적-성찰적 신앙으로의 전환은 대상관계 이론에서 강조하는 건강한 분리개별화를 통한 대상항상성 형성, 제임스가 강조했던 개인적 종교, 올포트가 강조했던 내재적·본질적 종교, 성숙한 종교적 정서를 경험하는 것과 같은 맥락의 의미가 있다. 개별적-성찰적 신앙은 청소년기가 끝나 가는 만 17~18세 즈음부터 좀 더 독립적이고 개인적으로 선택된 신앙의 모습으로 나타나는데, 파울러의 359명에 대한 심층 인터뷰 분석 결과에 의하면, 30~60대 성인도 다수가 이 신앙의 패턴을 평생 유지하며 살아가고 있다.

보수적인 개신교 선교의 관점에서 보면, 종합적-전통적 신앙을 유지하며 살아가는 것은 개인의 영혼 구원에는 아무 지장이 없기에 큰 문제가 아닐 수도 있으나, 개별적-성찰적 신앙을 경험하는 것은 인생의 위기의 순간과 고통의 순간에 자기에게 주어진 상황을 종합적으로 이해하고 신앙으로 극복해 나가며 고통 가운데 마음의 평안을 누리며 성장하는 좋은 기회가 될 수 있다. 개별적-성찰적 신앙은 제임스가 구분했던 제도적 종교보다는 개인적 종교에 가까운, 개인적으로 선택된 자율적 신앙이고, 다양한 그들(they)로부터 독립적으로 떨어져서 신앙적으로 홀로서기를 할 수 있는 능력을 경험하는 신앙이다. 파울러가 정의했던 신앙의 핵심이 종교와 믿음을 뛰어넘는 더 깊은 개인의 경험의 질, 개인적 관점, 헌신 등을 의미한다고 볼 때, 개별적-성찰적 신앙 이후의 신앙방식이 파울러가 의미를 두고 추구했던 진정한 신앙의 모습으로 볼 수 있다. 개별적-성찰적 신앙의 핵심은 자기정체성과 신앙을 확립하고, 인생의 중대한 결정을 내리는 과정에서 종합적으로 고민하고 결정할 수 있는 자기승인의 능력을 얻게 되며, 열정과 자기 선택에 대한 책임감을 가질 수 있게 된다(Fowler, 1999, p. 49).

개별적-성찰적 신앙을 경험한 사람은 '나는 누구인가?'라는 질문에 대해서 나는 누구의 자녀이고, 누구의 친구이고, 어떤 직업을 가지고 있고, 회사와 가족에서 내 역할은 무엇인가 등 관계, 역할, 기능에 의해서 자기를 정의하기보다는, 어떤 역할이나 기능으로만 고정하거나 동일시되지 않는 확고한 '나'가 있음을 느낀다. 그런 '나'에 의해서 믿음, 가치, 삶의 방식 등이 선택되고, 많은 것은 상대적인 가치가 있다고 느낀다. 또한 성서에 나오는 이야기들이 우리와는 다른 문화와 시대로부터 전해진 내용이기에 그대로 문자적으로 해석하고 적용하기보다는 신화적 세계관에서 분리될 필요가 있다고 생각하며, 그 이야기들이 현세대에 전하려는 진정한 교훈과 의미를 중요하게 생각하는 신앙이다(Fowler, 1999, p. 49).

개신교 신앙공동체에는 개별적-성찰적 신앙을 하는 사람들이 대체로 소수를 차지하는데, 공동체에 속한 사람들은 그들 중에서 개별적-성찰적 신앙을 가진 소수의 사람이 너무 많은 것에 대해 의문을 가지고 질문한다고 불편하게 느끼는 경우가 많다. 더 솔직하게 표현하면 공동체에 평화를 깨고 물의를 일으킨다고 느끼는 경우도 많다. 실제로 이 신앙방식으로의 변화가 일어나면 그동안 형성해 온 역할과 인간관계에 전반적으로 변화를 주어야 하기에 관계와 공동체 전체에 부담을 주는 상황이 벌어지기도 한다(Fowler, 1999, p. 49). 그래서 개별적-성찰적 신앙을 이미 경험한 사람 중에는 종합적-전통적 신앙방식을 유지하고 머무르려는 경향성이 종종 나타나기도 한다. 이는 오래 신앙공동체 생활을 같이 해 온 사람들이나 목회자와의 관계가 불편해지는 것이 오히려 더 힘들고 싫은 마음이 들어서일 것이다.

제1장의 개별적-성찰적 신앙에 관한 간략한 논의에서, 교인들이 고난과 좌절을 경험할 때, 신앙공동체의 영적 지도자인 목사나 장로가 곧바로 이상화되고 만족스러운 대상의 역할을 하면서 정답과 위로를 줌으로써 교인들을 과잉보호하는 현상에 대해서 언급했고, 그렇게 되면 개인의 영성발달을 위한 과정을 경험할 수 없어서 개별적-성찰적 신앙이 형성되기는 어렵다는 점을 설명했다. 또한 목사나 장로 자신이 분리개별화에 대한 불안과 두려움이 있어서 자기의 욕구로 인해서 그들이 '영적 자녀들'로 생각하면서 신앙적으로 보호하고 돌보는 교인들의 분리개별화를 힘들어하고 원하지 않는다는 경우도 있다는 점도 지적했다.

그 논의를 조금 더 살펴보면, 신앙공동체의 영적 지도자인 목사나 장로 자신이 종합적-전통적 신앙방식 안에 계속 머물러 있어서 교인들이 개별적-성찰적 신앙방식을 경험하도록 격려하거나 도와줄 수 없는 경우도 많다. 오랜 시간 기독교의 강력한 구조와 전통 안에서 신앙생활을 하고 교육을 받다 보면 나도 모르는 사이에 종합적-전통적 신앙방식을 통한 교리적 신학, 고백적 신학, 제도적 종교의 중요성을 자연스럽게 더 강조하게 된다. 개별적-성찰적 신앙을 한다는 것은 전통과 공동체의 가르침에서 벗어나는 것으로 느껴져서 불안감과 두려움을 느낄 수도 있다. 그래서 더 정통 신앙으로 생각하는 교리적 가르침을 교인들에게 강조할 수밖에 없다. 그런데 영적 지도자 자신이 개별적-성찰적 신앙방식의 중요성을 인정하지 않거나 경험해 보지 못했다면, 교인들에게 개별적-성찰적 신앙의 의미와 가치를 알려 주고 훈련하기는 어렵다.

영성을 굉장히 강조했던 심층심리학자이자 의사였던 카를 융(Jung)은 집안 전체에 목사가 많은 환경에서 자랐고 그의 아버지도 목사였다. 융을 비판하는 사람들은 그가 어린 시절 아버지가 목회하던 교회를 이미 떠났고, 종교다원주의에 빠져서 다양한 영성을 추구했기에 그에게는 기독교인의 정체성이 없었다고 말한다. 그가 기독교인이었는지 아니었는지보다는, 그가 어떤 경험 때문에 그런 상황이 생겼는지를 주목해 볼 필요가 있다. 융이 어린 시절 신앙적인 의문이 있을 때마다 아버지에게 질문했는데, 아버지에게서 자기의 질문에 대한 만족스러운 대답을 들은 적이 없다고 회고했다. 그 이유는, 아버지가 종합적-전통적 신앙의 관점에서 도그마, 즉 교리적 신학을 열심히 학습하고 설교로 설명하던 분이어서, 어린 융의 개인적인 고민이나 갈등에 대해서 명쾌한 답변을 주거나 개인적인 성찰을 도와줄 수 없었기 때문이었다. 융이 아버지와의 관계에서 경험했던 이 상황은 예수님이 비유로 하신 말씀을 생각나게 해 준다. "또 비유로 말씀하시되 눈먼 사람이 눈먼 사람을 인도할 수 있느냐 둘이 다 구덩이에 빠지지 아니하겠느냐. 제자가 그 선생보다 높지 못하나 무릇 온전케 된 자는 그 선생과 같으리라."(누가복음 6장 39-40절). 예수님의 비유의 말씀은 영적 지도자가 영적인 눈을 뜨고 사람들을 인도하는 것이 교인들에게 얼마나 중요한지를 알려 주는 말씀이다.

다시 파울러의 논의로 돌아가 보면, 파울러는 35세 이상 중년기 이후에는 결합적 신앙(5단계)과 보편적 신앙(6단계)을 경험할 수 있음을 제시했다. 하지만 보편적 신앙의 경우 삶에서 인간의 욕망을 초월한 극소수의 사람들만이 경험 가능한 신앙이기에, 대부분 사람이 삶에서 현실적으로 경험할 수 있는 가장 성숙한 방식의 신앙은 결합적 신앙임을 강조했다. 결합적 신앙은 '정반대되는 것의 공존'이라는 특징을 가지고 있는데, 모순되고, 양극이며, 역설적인 모든 것이 점진적으로 결합하고 통합되는 과정을 의미한다(Fowler, 1999, p. 51). 결합적 신앙에서는 이전 신앙방식이 가진 선명한 이분법적인 경계들이 서서히 희미해지는 경험을 하게 된다는 것이다.

이 신앙은 중년기 이후의 경험이기 때문에, 마치 해 질 녘에 낮과 밤이 묘하게 공존하는 것처럼 아직은 젊기도 하면서 이제는 서서히 나이가 들어 가는 두 가지 경험이 공존하는 것을 느끼는 것과 같다. 이전 단계인 개별적-성찰적 신앙방식에서 알던 것처럼 진리를 반드시 둘 중 하나(either-or)로 보아야 하는 것보다는, 적어도 두 개 혹은 그 이상의 각도에서 접근되어야 한다는 것에 대해 선명한 인식을 가지는 것을 의미한다. 그렇기에 자기가 속하고 믿는 종교전통에 대한 깊은 확신과 열정을 가지면서도 동시에, 타인이 가진 종교전통과 믿음에 대해서도 배척하고 공격적으로 대하기보다는 인정하고 존중하는 '훈련된 개방성'을 가지게 되기도 한다(Fowler, 1999, p. 54). 훈련된 개방성은 자기의 신앙에 대해 잘 훈련되어 있고 확고한 마음이 있어서 신앙이 흔들리지 않지만, 동시에 개방적인 태도를 보인다는 의미이다. 다수의 개신교인이 결합적 신앙방식을 경험할 수 있다면, 현재 한국 사회에서 개신교인과 타 종교인, 비종교인들이 경험하는 갈등과 반목은 많이 줄일 수 있고, 사회 내에서 평화를 추구할 수 있는 길이 열릴 수 있을 것으로 보이지만, 현실적으로는 각 개인이 경험하기에는 매우 어렵다.

파울러가 직접 언급한 것처럼 신앙의 방식 중에서 결합적 신앙을 경험하는 것은 종합적-전통적 신앙의 모습으로 신앙공동체의 가르침을 잘 따르는 보수적인 관점에서 보면 '진정한 신앙인(true believer)'의 모습으로는 보이지 않을 수도 있다(Fowler, 1999, p. 54). 결합적 신앙은 마치 진리는 하나 이상이라는 가치관을 가지는 것으로 보여서, 개신교에서는 절대 받아들일 수 없는 매우 위험한 신앙, 종교다원주의로 보기도 하고 경계하기도 한다. 자기 종교전통, 공동체의 진리에 대한 깊은 충성심과 헌신을 보이는 동시에 다른 종교전통의 진리와 가르침에 대해서도 존중하고 개방성을 가지는 것이 말도 안 되게 역설적이고 모순적으로 보이기도 한다. '그게 어떻게 가능한가?'라는 본질적인 질문을 던질 수도 있다.

하지만 이러한 경험은 올포트가 강조했던 내재적이고 본질적인 종교의 측면을 경험하고 성숙한 종교적 정서를 형성하게 된 사람들의 경험과도 같고, 결합적 신앙의 방식을 경험하던 파울러의 연구 참여자들이 중년기 이후의 삶에서 실제로 경험했던 것이기도 했다. 자기 종교의 가르침과 신앙을 성찰하고 자기 몸과 삶에 체화하는 깊은 영성이 오히려 역설적으로 자기 종교의 좋은 가르침을 세상에서 실천하고 비종교인이나 타 종교인과도 평화의 관계를 유지함으로써 사회 전반에 걸쳐서 궁극적으로 선한 영향을 끼치는 결과를 낳는 것으로 보인다.

이 장의 앞에서 군대 시절 에피소드를 나누었는데, 그 경험에서 당혹스럽고 힘들었던 느낌과는 정반대로 좋은 경험도 있어서 하나 더 나누려고 한다. 나는 논산훈련소에서 훈련을 마치고 전방 철책을 지키는 부대인 ○○ 사단에 배치를 받았다. 그곳에서 2년 반 동안 많은 경험을 했지만, 무엇보다도 평생 기억에 남는 영적 스승을 만나게 되었다. 지금 생각해 보니, 그 목사님은 개별적-성찰적 신앙을 초월해서 이미 결합적 신앙을 가진 훌륭한 신앙인이었다. 그 목사님은 사실 장로교 보수 교파 출신이셨는데, 자신의 기독교 신앙과 기독교에 대한 헌신이 깊고 믿음이 확고할 뿐 아니라, 타 종교전통과 믿음에 대해서도 전혀 배척하거나 공격하는 분이 아니었다. 늘 장교나 병사 한 명 한 명의 신앙과 관심을 인정하고 존중하는, 그야말로 파울러가 언급한 '훈련된 개방성'을 가진 분이었고, 그분의 진정성 있는 삶의 태도와 그 진정성이 그대로 묻어나는 설교 말씀과 기도로 인해 늘 내 영혼의 깊은 울림을 느꼈던 기억이 지금도 생생하다.

나는 그 목사님에게서 진정한 신앙인의 모습을 느꼈고, 목사님의 개방적인 태도에서 보수 기독교인들이 종종 경계하는 종교다원주의나 이단의 느낌은 전혀 들지 않았다. 개신교 신학의 스펙트럼으로 보면 가장 반대편에 있는 교파 출신인 나에게도 얼마나 열린 마음으로 존중해 주시고 깊은 대화를 나누어 주셨는지 모른다. 그 경험으로 나는 그 목사님이 속한 교파에 대한 선입견과 편견까지도 완전히 덜어 낼 수 있었고, 기쁜 마음으로 신앙생활을 하며 목사님으로부터 많은 것을 배울 수 있었다. 전역하고 몇 년이 지난 후 신앙발달단계이론을 공부하다가 '과연 파울러가 묘사한 결합적 신앙방식을 가진 분이 있을까?'라는 의문이 들었을 때, 불현듯 군 복무 시절 그 목사님의 신앙이 결합적 신앙이었음을 떠올렸던 기억이 있다.

사단 군종참모였던 소령 목사님은 당시 마흔도 안 된 나이로 지금의 내 나이보다도 10년 이상 젊은 분이셨는데, 어떻게 그렇게 사단에 속한 일만 명의 장병들의 영혼을 돌보는 영적 스승의 역할을 성숙하고 지혜롭게 잘하셨는지 지금 생각해도 놀라울 뿐이다. 무엇보다도 인상적이었던 부분은 계급이 낮은 대위 신부님과 중위 법사님과도 진정한 인격적인 관계를 잘 맺으셨고, 그 분들의 종교적 믿음을 늘 존중하고 세 분이 함께 전방을 지키는 부대원들의 심리적인 안정감과 영적 성숙을 위해서 최선을 다하셨던 기억이 난다. 세 종교 성직자들의 신앙과 생각이 서로 달라서 속상해하고 얼굴을 붉히는 순간도 있었지만, 서로에 대한 신뢰와 믿음으로 늘 평화롭고 따뜻한 관계를 유지하셨고 거의 요즘 말로 브로맨스에 가까운 느낌도 많이 들었다. 그분들의 인격적인 관계가 부대원 전체에게도 좋은 모범이 되었음은 물론이다.

지금까지의 신앙발달단계이론에 관한 논의를 마무리해 보면, 파울러의 신학적 관점과 신앙발달단계이론이 종교적 경험의 발달 과정에 대한 매우 중요한 정보를 제공하지만, 반면에 이 이론의 한계점 때문에 비판도 받아 왔던 것은 사실이다. 특히 그의 이론이 신앙발달의 인지적 측면에 주로 집중된 점과 종교가 있는 가족과 문화에서 유아기부터 성장하면서 신앙이 발달한 사람들과 성인기에 회심한 사람들의 신앙발달 과정의 경험적 차이점을 명시적으로 적용하지 못한 점 등이 한계점으로 보인다. 또한 파울러가 신앙발달의 단계들이 계단 혹은 사다리를 오르는 비유로 보는 관점을 경계하지만, 종합적-전통적 신앙은 앞으로 더 성장해야만 하는 아직은 미성숙한 신앙의 모습으로, 개별적-성찰적 신앙과 결합적 신앙은 바람직하고 성숙한 신앙의 모습으로 보는 평가적 관점으로 인해 여전히 신앙을 이분법적으로 평가하고 나누는 듯한 인상을 주기도 하는 문제도 있다. 이 문제에 대해서는 제3장의 논의에서 다루게 될 것이다.

파울러가 묘사한 신앙의 단계들이 영성발달 과정이기도 하지만, 실제로는 심리발달 과정의 분리개별화 단계와도 일치되는 부분이 있다. 종합적-전통적 신앙은 타인의 의견과 가르침에 여전히 의지 혹은 의존적(dependent)인 특징을 나타내는 데 비해, 개별적-성찰적 신앙은 자기 종교전통의 가르침을 잘 인식하고 비교적 독립적(independent)으로 성찰하고 개인의 고유한 관점을 형성하는 특징을 가진다고 볼 수 있다. 반면, 결합적 신앙은 자기와 타인, 자기 종교전통과 다른 종교전통 사이에 상생하고 상호의존(interdependent)하는 모습을 보인다고 평가해 볼 수 있다. 즉, 서로를 배타적으로 공격하거나 무시하지 않고, 한 사회를 구성하고 살아가는 서로의 존재와 신앙을 있는 그대로 받아들이고 수용하며 한 공동체를 평화롭게 이루어 가게 된다.

상호의존적인 심리상태와 신앙발달의 과정은, 중독심리학에서 문제점으로 지적하는 동반의존(co-dependency)으로 인해 중독에서 같이 벗어나지 못하는 것과는 굉장히 다른 의미이다. 오히려 상호의존은 자신의 고유성과 독립성을 잃지 않으면서 타인을 수용하고 받아들이고 배울 수 있는 능력을 소유한 모습으로 평가할 수 있다. 결국 이 모습이 이후에 논의할 심리발달에서 자기항상성과 대상항상성을 경험하는 성숙한 모습과 일치한다. 또한 심리적으로 성숙한 성인이 사용하는 가장 발달한 심리기제인 동일시를 사용하여, 자기의 고유한 정체성은 유지하면서 롤모델, 멘토와 같은 인물들의 성숙한 측면을 꾸준히 받아들이고 소화함으로써 지속적으로 성장해 나가는 사람의 성장 과정과도 일치한다고 볼 수 있다.

심리영성발달의 심리학적 이해

지금까지 논의한 파울러의 신앙발달단계이론의 중요한 강조점은 신앙발달 과정이 인간의 인지발달 과정에 기초해서 진행된다는 점이고, 그 점이 또한 파울러 이론의 단점으로 지적되기도 했다. 하지만 영성발달은 인지적 이해와 통찰과 더불어서 친밀한 정서적 경험을 동반하는 과정이기 때문에 정서적 경험의 과정을 잘 설명한 심리학적 관점을 통한 상호 보완이 필요하다. 심리영성발달은 인지, 정서, 행동의 변화와 성장이 유기적으로 종합된 경험이기 때문이다. 정서적 경험과 성숙은 자기와 대상 사이의 정서적 경험을 통한 발달을 강조했던 정신분석의 현대 이론인 대상관계 이론 관점을 통해 가능해 보이고, 행동의 변화와 성장은 제7장과 제8장에서 소개될 인류학의 개념과 신학의 관점을 통해서 상호 보완이 가능하다.

3년의 법칙

유아기와 아동기의 심리발달 과정에 관해서 중요한 통찰을 제공하는 정신분석적 대상관계 이론가들에 의하면, 유아는 '신체적 탄생'과 '심리적 탄생'을 통해서 성장하게 되는데, 신체적 탄생의 경우 수정란이 형성되어서 출생할 때까지 만 9개월간 이루어지는 과정에 비해서, 심리적 탄생은 출생부터 3세까지 36개월에 걸쳐서 무수한 대인관계 상호작용을 통해서 이루어지는 과정이라고 볼 수 있다(Hamilton, 1990/2007, p. 59). 물론 신체적 탄생도 출생 이후의 성장 과정이 중요하고, 심리적 탄생도 3세 이후의 성숙과정도 반드시 동반되어야 하지만, 우선 신체적 탄생이 일단 완성되는 시점은 출생 시점이고, 한 인간으로서 다른 사람과의 정서적 상호작용을 위한 최소한의 준비가 일단락되는 심리적 탄생의 시점은 만 3세경으로 볼 수 있다.

대상관계 이론에 의하면, 36개월 동안의 심리적 탄생을 9개월 동안의 신체적 탄생과 비교해 보면 무려 4배나 더 긴 기간이 필요하고, 이 기간에 유아는 돌봄제공자의 무수한 정서적 상호작용을 통해서 서서히 자기구조를 형성하고 그 구조의 내용물을 채우게 된다. 구조는 그릇과 같고, 내용물은 그릇에 담긴 음식과 같은데 주로 엄마의 애정, 공감, 지지, 신뢰의 경험을 통한 자기, 대상, 세상에 대한 사랑, 자신감, 신뢰 등 긍정적이고 따뜻한 이미지를 담을 수도 있고, 그 반대의 내용일 수도 있다. 대상관계 이론가들은 수많은 아동과 엄마의 관계에 대한 장기간 관찰과 임상경험을 통해서 심리적 발달이 자폐기(0~2개월), 공생기(2~6개월), 분리개별화[6~24개월: 부화기(6~10개월)-연습기(10~16개월)-재접근기(16~24개월)], 대상항상성 발달(24~36개월 이후)의 과정을 통해서 이루어진다고 설명하였다(Hamilton, 1990/2007, p. 59).

3년간의 심리적 탄생과정은 한국 문화에서 강조하는 애도의 과정, 정체성 형성의 과정 등과 같은 다른 심리적 과정에서도 일맥상통하는 부분이 있다. 3년 하면 바로 생각나는 한국 속담은 "서당 개 3년이면 풍월을 읊는다."이다. 사람도 서당에 가서 천자문을 떼고, 공자, 맹자 등 성현의 글을 읽고 깨달으려면 꽤 오랜 시간이 걸리고 힘든데, 심지어 사람이 아닌 동물도 글을 읽는 환경에서 3년 동안의 집중적인 훈련과 형성 과정을 거치면 어느 정도 능력을 계발할 수 있음을 암시한다. 정식으로 배우지 않고 어깨너머로 배운 짧은 지식으로도 어느 정도는 읊을 수 있다는 의미로 볼 수 있다. 요즘 표현으로는 '분식집 개 3년이면 라면도 끓인다.'라고 재미있게 말하기도 한다.

또 다른 예로는, 한국 문화에서 부모님이 돌아가신 경우 상주가 무덤 곁에서 초막을 짓고 삼년상을 치르던 풍습이 있다. 왜 그랬을까 생각해 보면, 이 풍습은 돌아가신 부모님을 위한 과정은 아니었을 것으로 보인다. 이미 돌아가셔서 무덤에 들어가 계신 분이 외롭거나 무서워서 그랬던 것은 아니었을 것이다. 오히려 그 풍습은 망자를 위한 과정이라기보다는 상주를 위한 것이었다. 서로 다른 사람의 집안일을 돌아가면서 도와주는 품앗이 전통이 있었던 마을 공동체에서 상주가 적어도 3년 동안 그 책임에서 벗어나서 오롯이 애도의 과정을 편안하게 경험할 수 있도록 했던 마을 사람들의 배려와 지혜로 볼 수 있다.

기독교인들이 생각을 떠올려 볼 수 있는 또 다른 3년의 예는, 신약성서에 묘사된 예수님이 사역하고 12명의 제자를 부르셔서 훈련했던 3년의 기간이다. 예수님은 수천 명을 놓고 설교하거나 이야기를 들려주신 적도 많고, 여러 마을을 방문하면서 아픈 병자를 방문해서 잠깐 만나시고 치료해 주신 적도 많지만, 특히 그 3년의 기간 동안 다수의 청중이 아닌 소수의 헌신된 제자들의 모난 성격과 탐욕을 가다듬어 주고 마음을 준비시켜 주며, 제자로서의 정체성과 소명을 형성할 수 있는 심리발달, 영성발달에 집중했던 점이 시사하는 바가 매우 크다. 그 결과, '천둥의 아들들'이라고 불릴 만큼 다혈질 성격이었던 야고보와 요한이 사랑과 자비가 가득한 인물들로 변모된 모습을 볼 수 있다.

신약성서 누가복음 9장 54-55절의 기록을 보면, 그들은 이방인과 혼혈이었던 사마리아 사람들이 예수님 일행이 자기 지역을 여행하고 머무는 것을 배척하자 예수님께 "하늘에서 불을 내리게 하여 저들을 멸하기를 원하십니까?"라고 요청했다가 심한 꾸짖음을 당한 적이 있을 정도였다. 또한 마태복음 20장 21-24절을 보면 야고보와 요한의 어머니가 예수님을 찾아와서 "저의 이 두 아들이 당신의 왕국에서 하나는 당신의 오른편에, 하나는 당신의 왼편에 앉도록 말씀해 주십시오."라고 했다가 예수님으로부터 "너희가 요구하는 것을 너희가 알지 못하는구나. 내가 마시려는 잔을 너희가 마실 수 있겠냐?"라고 반문하신 적도 있다. 예수님과 제자들인 자기들의 소명을 제대로 이해하지 못하고 가장 높은 자리를 차지하려던 형제의 어머니와 형제들이 부렸던 탐욕에 다른 제자들이 그 이야기를 듣고 분개하기까지 했으니, 다른 제자들 역시 같은 탐욕이 있었던 것으로 볼 수 있다. 그런 점에서 예수님의 3년의 법칙은 제자들을 근본적으로 성장시키기 위한 정말 '신의 한 수'였다.

또한 최근의 여러 심리학 연구결과에서도 연인 간의 열정적인 사랑의 평균 유효기간이 최대 3년이고, 그 이후에는 열정적이었던 이성관계가 이전보다는 덜 열정적이지만 더 친밀하고 질적으로 깊은 애정관계로 변화되면서 지속할 수 있음을 강조하고 있다. 또 다른 연구인 미국 콜로라도대학교의 심리학 교수인 앤더스 에릭슨(Ericsson)이 제시했던 '1만 시간의 법칙'도 어떤 분야든 충분히 숙달하고 전문가가 되기 위해서는 매일 10시간씩 3년 혹은 매일 3시간씩 10년 정도를 집중해서 최소한 1만 시간 정도의 집중된 훈련이 필요하다고 강조하기도 했다. 그만큼 3년이라는 시간이 인간의 능력을 발달시켜 주는 최소한의 과정이면서도 충분한 과정이 됨을 알 수 있다.

분리개별화

3년의 심리적 탄생과정 중 분리개별화(6~24개월) 과정은 부화기(6~10개월), 연습기(10~16개월), 재접근기(16~24개월)의 세부 단계로 나뉘는데, 이 시기에 유아와 엄마 관계에서 긍정적 정서적 교감, 기쁨, 위로 등을 통해서 애착이 형성되기도 하고, 불신과 불안 등의 부정적 경험이 형성되기도 한다. 특히 이 시기의 부족한 정서적 경험, 불안하고 고통스러운 트라우마 경험은 성인으로 성장하고 난 후에 경계선 성격장애, 자기애적 성격장애와 같은 경계선 레벨의 심리적 문제를 일으키고 그 결과로 영성발달 과정에까지 방해가 되는 경우가 많다. 부화기(6~10개월) 유아는 밀치기, 뒤집기, 기기를 하게 되고, 연습기(10~16개월) 유아는 서기, 걷기, 뛰기 등의 운동능력이 발달하면서 서서히 엄마 혹은 돌봄제공자로부터 분리되어 가는 과정을 겪는데, 이 시기에 유아도 엄마도 심리적으로 많은 갈등과 양가감정으로 어려움을 겪게 된다.

유아는 부화기와 연습기 동안 낯선 사람 불안(stranger anxiety), 즉 낯가림을 느끼고, 엄마가 눈에 보이지 않는 시간이 엄마가 일시적으로 떠났다가 돌아올 것이라는 이해를 하지 못하는 데서 기인한 심한 분리불안(separation anxiety)을 경험하게 된다. 이 시기 유아는 아직 분리개별화가 덜 되었기 때문에 자기와 대상인 엄마가 서로 분리된 두 명의 존재라는 것을 인식하는 것보다는, 오히려 엄마와 엄마가 아닌 대상을 먼저 구분할 수 있다. 낯선 사람 불안(6~12개월)과 분리불안(7~14개월)은 비슷한 시기에 발달하지만, 낯선 사람 불안이 대부분 유아에게서 조금 먼저 일어나는 이유가 엄마와 엄마가 아닌 대상을 구분하는 능력이 선행하기 때문으로 볼 수 있다.

이러한 상황에서, 자기 자신이 자기 엄마로부터 충분히 정서적으로 분리개별화되지 않은 엄마는 신체적·정서적으로 분리하려는 유아를 보며 외로움, 불안, 슬픔을 느끼기도 하고, 공생 관계에 대한 자기의 과도한 욕구 때문에 오히려 유아의 분리 노력을 지지해 주지 못하고 은밀하게 방해하기도 한다. 엄마는 물론 의식적으로는 아이가 분리되고 개별화되는 과정을 거치면서 성장해 나가야 한다고 잘 알고 있고 아이의 성장을 일부러 알면서도 방해하려는 의도가 있는 엄마는 별로 없겠지만, 무의식적으로는 아이와의 관계가 멀어지고 그럼으로써 자기가 정서적으로 버려질 수 있는 깊은 실존적인 불안과 두려움 때문에 아이가 분리개별화를 하는 노력을 필사적으로 막기도 한다.

사실, 유아기뿐만 아니라 학령기 아동, 청소년기, 심지어는 대학생 자녀를 둔 부모들까지 아이가 너무 독립적으로 생활하고 떨어져 나간 것보다는 가까이 있으면서 자주 만나고 같이 지낼 수 있는 관계를 꿈꾸고 바라는 부모님들도 많이 있다. 오죽하면 '헬리콥터 부모'라는 용어가 생겼을까? 그런 부모는 마치 헬리콥터처럼 자녀의 머리 위에서 맴돌며 끊임없이 지켜보면서 필요할 경우 구조해 주려는 마음으로 아이 가까이 머무르려는 마음이 있을 것이다. 아이들이 성인이 된 후에도, 심지어는 결혼을 하고 부모가 된 이후에도 분리개별화보다는 정서적으로 늘 함께 머물기를 바라는 그 부모님들이 전혀 이해가 안 되는 것은 아니다. 그리고 그런 부모 밑에서 성장한 자녀들이 마치 중독된 상태처럼 부모와 동반의존 관계에 있기에 독립하려는 욕구나 시도가 없는 것도 그리 이상해 보이지는 않을 정도이다.

지금 재직하는 대학교에 오기 전에 잠시 가르쳤던 대학교에서는 자녀가 수강신청에 실패했을 경우 대신 연락해서 추가 신청을 받아 달라는 요청을 받은 적이 있고, 중간고사, 기말고사 성적이 나왔을 때 성인인 대학생 자녀 대신 이의를 제기했던 부모도 있을 정도였다. 그때는 그런 상황이 참 어이가 없고 혀를 내둘렀었는데, 요즘은 더 심해져서 군대 간 아들과 끊임없이 실시간으로 연락을 주고받는 엄마들도 많아, 요즘 중대장들의 주 임무는 부하들을 전투에 강한 병사로 양성하고 경계 임무에 성공하는 것이 아니라는 우스갯소리까지 있을 정도이다. 그들의 주 임무는 병사들의 생활을 사진 찍고, 병사 엄마들의 단체 카톡방에 다양한 각도의 사진과 모든 '아이들'이 골고루 나온 사진을 전송해 주는 것이라고 한다. 성인이 되고 나라를 지키는 군인이 된 아들들을 둔 엄마들의 이 같은 행동을 보니 씁쓸하고 안타까운 마음이 든다. 모든 엄마가 그러는 것은 아니고 어느 정도는 과장된 내용이겠지만 상당히 사실이기도 한 것 같다.

가족과 군대에서의 이런 상황은 신앙공동체에서도 벌어질 수 있다. 마치 자기 자신이 엄마로부터 분리개별화에 어려움을 겪은 엄마가 아이의 분리개별화를 통해 독립해 나가는 과정을 힘들어하고 자기도 모르게 아이의 심리발달을 방해하는 것처럼, 만약 목사가 자기가 가진 심리발달의 어려움과 불안 때문에 교인들이 개별적-성찰적 신앙을 경험하는 것을 불안하게 느끼거나 과잉보호를 하게 되면 교인들의 영성발달을 본의 아니게 방해할 수도 있다. 과잉보호하는 엄마처럼, 교인이 인생에서 고통이나 좌절을 겪지 않기를 원하는 마음으로 어떻게든 위로하려는 메시지를 급하게 교인에게 전달해서 일시적인 마취제와 같은 도움을 줌으로써 더 근본적으로 깊은 영적인 통찰을 얻을 기회를 놓치게 할 수도 있다.

재접근기

부화기를 지나서 연습기에 이른 유아는 자신감을 가지고, 자기 능력에 도취하고 자기애가 최고조에 이르는 상태에서 거침없이 주변을 탐색하며 종종 독립적이고 위험한 행동을 한다. 그에 반해, 재접근기 유아는 인지능력의 발달로 자기가 혼자라는 인식, 자기가 취약하다는 인식이 발달하여 엄마에게 의존을 느끼며 더 조심스럽고 주변을 살피며 신경을 쓰게 된다. '유아기 아이들이 연습기이든 재접근기이든 몇 개월 차이로 정말 그렇게 성장하고 달라질 수 있을까?'라는 의문이 생기기도 하지만, 유아기에는 모든 면에서 빠른 속도로 폭풍 성장을 하기에 두 시기 아이의 감정과 모습은 굉장히 다를 수 있다. 그사이 아이가 좀 더 컸기에 세상 물정을 안다고 해야 할까? 유아는 '엄마도 내 생각보다는 그렇게 전능한 존재가 아니구나.'라고 생각하게 되고, 전능한 엄마 옆에 붙어 있는 '나도 전능한 힘이 없구나.'라는 자각이 생기는 것으로 볼 수 있다.

또한 재접근기 유아는 독립과 분리에 대한 욕구와 의존하고 싶은 욕구가 공존하기 때문에 양가감정을 느끼며 투정을 부리게 되고 더 많이 갈등을 일으키는 모습을 보여서 엄마가 인내심을 가지고 다 받아주기는 사실 어렵다. 미운 네 살, 죽이고 싶은 일곱 살 등 아이들의 투정에 대해 엄마, 아빠들의 불편한 마음이 가득 담긴 표현들이 우리 사회에 많이 등장하고 있고, 이러한 것들은 너무나도 솔직한 그들의 마음을 보여 주는 것이기도 하다. '지랄 총량의 법칙'이라는 말까지 등장할 정도로, 이 시기 아이의 정서적인 롤러코스터는 정말 '지랄'에 가깝기도 하다. 너무 결정론적으로 생각할 필요는 없지만, 이 시기에 아이의 난리를 감당해 주지 못하면 이후의 아동기, 청소년기, 심지어는 성인 초기와 중년기까지도 그 총량을 채우도록 주요 인물에게 끊임없이 요구하는 일이 실제로 많이 일어난다.

재접근기 유아의 정서적인 동요는 감정의 불안정과 급격한 태도의 변화, 실망, 슬픔 등으로 나타나기도 하고, 이분법적인 분열(splitting)의 패턴을 보이기도 한다. 예를 들면, 엄마와 어린이집 선생님이 번갈아 가면서 돌보아 줄 때 두 사람이 번갈아 가면서 전적으로 나쁜 대상 혹은 전적으로 좋은 대상으로 취급되기도 한다. 엄마가 유아를 아침에 어린이집에 내려놓을 때는 현재 함께 있는 엄마는 좋은 대상, 아이를 넘겨받으려는 선생님은 나쁜 대상이 되었다가, 종일 선생님과 잘 놀고 난 후에 저녁에 집에 돌아갈 때는 반대로 선생님이 좋은 대상, 자기를 선생님에게서 떼어 놓으려는 엄마는 나쁜 대상으로 둔갑한다. 그 경험이 잘 공감받고 다루어지지 않을 경우, 이후 성장기와 성인기 내내 다양한 사람과의 대상관계를 기분과 상황에 따라서 좋은 사람과 나쁜 사람으로 분리해서 맺게 되는 패턴을 보일 위험성이 있다.

대상항상성과 개별적-성찰적 신앙

재접근기에서 대상항상성 형성(24~36개월 이후)으로의 발달은 유아기 발달의 가장 중요한 전환점이다. 대상항상성을 습득하는 것은 안정되고 성숙한 대상관계 경험뿐만 아니라 하나님과의 친밀한 관계 경험, 즉 영성발달의 기초가 되는 핵심적인 변화의 과정이다. 종합적-전통적 신앙에서 개별적-

성찰적 신앙방식으로의 변화가 핵심적인 신앙발달의 전환점이었던 것과 같은 맥락을 가진다. 해밀턴(Hamilton)의 정의에 의하면, 대상항상성은 '엄마가 곁에 있거나 부재하거나, 욕구를 충족시키거나 좌절시키거나, 어머니에 대한 일관된 상을 유지할 수 있는 능력'이다(Hamilton, 1990/2007, p. 84). 유아가 동일 대상과의 관계 경험이 때로는 좌절을 주기도 하고 때로는 기쁨을 주기도 하는 경험을 통합해서, 두 가지 다른 경험을 주는 사람이 서로 다른 두 사람이 아니라 사실은 동일 인물이라는 인식을 하는 것은 큰 변화이고 성장으로 볼 수 있다(Hamilton, 1990/2007, p. 87).

대상항상성을 형성하는 것은 인지적인 측면에서는 양극단의 인식 경험을 통합할 수 있는 능력이고, 정서적인 측면에서는 극단적인 감정을 인내하고 견딜 수 있는 능력을 의미하는데, 특히 정서적으로 자기의 생존에 대한 불안과 두려움 같은 힘들고 압도되는 감정을 견딜 수 있는 능력은 우리의 삶에 없어서는 안 될 정말 중요한 능력으로 볼 수 있다. 이러한 엄청난 능력은 선행 단계, 특히 연습기와 재접근기에 엄마와 같은 주요 대상과의 관계에서 충분히 좋은 정서적 경험, 신뢰와 사랑을 많이 축적하는 데 달려 있다. 그래야만 짧은 분리의 시간에 정서적으로 압도되지 않고 심각한 분리불안 혹은 유기불안을 느끼지 않을 수 있다.

대상항상성 시기에 접어들게 되면 유아는 재접근 단계에서 보이던 투정하면서도 의존하는 행동 혹은 거부하면서도 매달리는 행동 등 이중적이고 짜증스럽게 하는 행동의 지속 시간과 강도가 현저하게 줄어들고 자기의 놀이에 더 집중하며 안정감을 경험할 수 있다. 대상항상성 형성과 더불어 유아는 자기항상성 형성을 동반하게 되는데, 자기항상성은 자기에 대한 감각이 점점 안정되어 가고, 자기가 무엇을 원하는지, 자기가 누구인지 등에 대한 인식이 선명해지는 것이다. 그렇기에 좌절감, 실망을 느낄 때도 어느 정도 자기가 집중하던 과제를 지속할 수 있는 능력이 생기게 되고 자기를 믿을 수 있게 된다. 이때가 되면 자기와 대상과의 관계를 완전히 분리된 존재로 인식하게 되고, 자기의 '고유성을 잃어버리지 않을까 하는 공포를 느끼지 않으면서 타인과 관계를 맺을 수 있고, 확고한 자기감을 가지고 이후의 심리사회적 발달단계'로 들어갈 수 있다(Corey, 2009/2012, p. 87).

대상항상성과 자기항상성의 형성은 앞서 설명한 것처럼 개별적-성찰적 신앙방식을 경험하는 것과 같은 경험으로 볼 수 있다. 개별적-성찰적 신앙을 경험한 사람은 자기와 신앙 정체성이 확고한 편이고, 자기에 대한 질문에 대해서 자기의 역할이나 기능에 고정된 정의보다는 확고한 '나'가 있음을 느끼고, 그 '내'가 고민하고 성찰하며 많은 의문을 자기 권위와 승인의 능력이 있어서 어느 정도 답을 찾을 수 있는 능력이 있다. 대상항상성과 더불어서 자기항상성 형성을 경험한 사람들이 자기가 누구이고, 무엇을 원하는지, 자기에 대한 인식이 확고해지는 것과 같은 경험의 과정이라고 볼 수 있다.

그런데 대상항상성과 자기항상성이 발달하는 과정은 3년간의 심리적 탄생의 마지막 지점인 36개월에 완성되는 것이 아니라 끝이 없이 평생 지속하는 과정이다. 대상관계 이론가인 해밀턴이 강조한 것처럼, 청소년기에도, 성인 초기 집을 떠나서 독립할 때에도, 결혼할 때에도, 자녀를 출산하고 양육할 때에도, 새로운 직장으로 옮길 때도, 다른 도시로 이사를 할 때도, 자녀가 취업해서 집을 떠날 때도, 병들었을 때도, 퇴직을 준비할 때도, 배우자나 사랑하는 사람의 상실을 경험했을 때도, 자기 죽음을 준비할 때에도, 수없이 많은 인생의 전환점마다 자기항상성과 대상항상성의 설정은 항상 재작업을 요구한다는 것이다(Hamilton, 1990/2007, pp. 84-87). 그만큼 성장과 성숙의 과정은 한번 설정이 되면 더는 신경 쓰지 않아도 되는 반영구적인 과정이 아니라, 인생 경험이 늘어 가면서 지속해서 돌아보아야만 하는 끝이 없는 과정으로 볼 수 있다. 심리발달도 그렇고 영성발달도 그렇다.

성격장애와 심리기제

분리개별화 단계에서 분화를 잘 경험하지 못한 아동들, 특히 재접근기의 문제가 제대로 해소되지 않은 아동들의 경우에는 성인 초기에 경계선 성격장애와 자기애적 성격장애로 어려움을 겪게 될 확률이 매우 높다. 즉, 이 두 성격장애는 재접근기의 트라우마 경험과 그로 인한 발달장애에 뿌리를 두고 있다(Corey, 2009/2012, p. 87). 특히 분리개별화하려는 자녀의 노력에 부모가 자신의 욕구나 문제 때문에 분리개별화를 견디지 못해서 부모 쪽에서 철회하고 자녀를 좌절시킬 때 이러한 문제가 발생하게 된다. 두 가지 성격장애는 연약한 자기구조와 정체성 혼란, 즉 자기항상성이 완성되지 못한 공통점이 있는 반면에 다음과 같은 차이점도 있다.

이 중 경계선 성격장애는 심한 기분 변동, 충동, 안절부절, 자기파괴적 행동, 불안정, 타인에 대한 이해와 공감 부족, 불안을 참는 능력 부족, 충동 통제의 어려움, 만성적인 공허감, 자기고갈, 지루함, 대상에 대한 흥미 결여 등 더 강한 행동 및 정서 문제를 보인다. 반면, 자기애적 성격장애는 경계선 성격장애만큼 충동적이지는 않고 좌절을 좀 더 잘 견뎌 내지만, 연약한 자기감을 감추기 위해서 과장된 자기가 중요하다는 인식과 자기 위대함의 감정, 타인에 대한 착취적 태도 및 이용하는 행동을 보이는 특징을 가지고 있다. 자기애적 성격장애는 타인의 관심과 찬사 추구, 자신의 성취에 대한 비현실적 과장, 지나친 자기몰입, 공허감과 무력감, 친밀감과 애정 경험의 어려움, 타인에 대한 무관심과 공감 부재, 자기 자신을 공감하거나 스스로 위로하는 것의 불가능함, 타인에 대해서 의존해서 살아가는 모습 등의 특징을 가지고 있다(Corey, 2009/2012, p. 87). 타인에 대한 무관심과 자기에 대한 공감이 잘 되지 않는 모습은 대상항상성과 자기항상성이 잘 형성되지 못한 것으로 볼 수 있다.

물론 성인기 사회생활에서 경계선 성격장애나 자기애적 성격장애와 같은 대인관계적 문제를 경험하는 모든 사람이 발달 초기, 특히 분리개별화 단계에서 문제가 있는 것은 아니고, 대상관계 이론의 관점이 모든 심리적 문제의 인과관계에 대한 유일한 설명을 제시하는 것은 아니다. 해밀턴에 의하면 일부 주의력결핍 장애 혹은 학습장애의 원인을 '통합적 자아 기능의 선천적 결함'으로 보는데, 이런 경우에는 좋고 나쁜 자기 표상과 좋고 나쁜 대상 표상을 인지적으로 통합하기가 어려워서 성인기에 분열된 대상관계가 나타날 수 있다(Hamilton, 1990/2007, p. 174).

또한 그동안 잘 발달한 대상관계로 건강하게 살아오던 성인이 전쟁에 참전하는 경험으로 인해서 트라우마나 뇌 손상을 입게 되는 경우 '통합적 자아 기능'이 제대로 작동하지 않아서 분열된 대상관계로 돌아가게 되고 경계선 성격장애와 비슷한 모습의 관계 패턴과 어려움을 겪을 수 있다(Hamilton, 1990/2007, p. 174). 이런 일부의 이유를 제외하고는 성인기 초기에 경험하는 경계선 성격장애와 자기애적 성격장애의 뿌리를 분리개별화 단계에서 경험한 발달장애와 트라우마 경험으로 볼 수 있다. 3년 동안의 심리적 탄생 과정, 발달단계에서 문제를 경험한 사람이 성인기에 경험하는 각 단계의 심리기제 그리고 성격장애 문제를 표로 요약하면 〈표 2-1〉과 같다(Hamilton, 1990/2007, p. 173).

〈표 2-1〉 심리발달 과정과 성인기 심리기제와 성격장애 관계

	발달 초기	발달 중기	발달 후기
심리적 탄생 (유아기)	자폐(0~2개월) 공생(2~6개월) 분리개별화(6~24개월) - 부화기(6~10개월) - 연습기(10~16개월)	- 재접근기(16~24개월)	대상항상성 형성 (24~36개월 이후)
심리기제 (성인기)	• 통합과 분화 • 투사 • 내사	• 분열 • 이상화-평가절하 • 투사적 동일시 • 중간대상형성	• 온전한 대상관계 • 동일시
성격장애 (성인기)	정신증(psychotic) 레벨 • 자폐증 • 조현병 • 양극성 성격장애	경계선(borderline) 레벨 • 반사회성 성격장애 • 경계선 성격장애 • 자기애적 성격장애	신경증(neurotic) 레벨 • 강박성 성격장애 • 신경증/히스테리 • 정상성격

출처: 가요한(2017), p. 30.

〈표 2-1〉에서 볼 수 있듯이, 성인기에 사용하는 심리기제 가운데 경계선 성격장애와 자기애적 성격장애 성향의 사람들이 주로 사용하는 심리기제는 분열, 이상화와 평가절하, 투사적 동일시이고, 이들이 경험하는 문제의 뿌리는 재접근기에 있다. 우선, 분열은 자기와 대상에 대한 좋고 나쁜 정서를 따로 떼어서 보는 심리기제인데, 자기와 대상에 대해서 그날 자기의 상태에 따라 전적으로 좋거나(all good) 전적으로 나쁜(all bad) 것으로 느낀다. 즉, 자기 자신을 혼자이거나 버림받아서 슬프고 외롭고 고통스러운 끔찍한 감정 상태를 가진 전적으로 나쁜 자기로 느낄 때는, 대상에 대해서도 전적으로 나쁜 대상으로 느낀다. 분리개별화가 잘 이루어지지 않았기 때문에 두 사람은 서로 붙어 있는 땅콩이나 안경처럼 여전히 서로 연결되어 있어서 두 사람의 감정은 같다고 볼 수 있다. 예를 들면, 나쁜 자기-나쁜 대상 상태에서 배우자를 전적으로 나쁜 대상으로 보던 내담자가, 상담시간에 와서 대화하는 가운데 기분이 좋아지면 자기 자신과 상담사를 전적으로 좋은 자기-좋은 대상으로 느끼는 경우가 전형적인 분열기제에 해당한다. 분열기제를 사용하는 사람들은 종종 주변의 사람들을 자기에게 호의적인 사람과 비호의적인 사람으로 이분법적으로 구분하는 경향이 있다.

이상화와 평가절하는 분열과 마찬가지로 불안정한 심리기제로서 분열과 유사한 부분이 있지만 자기 경험과 대상 경험이 다르게 배열되는 차이점이 있다. 분열은 앞의 예처럼 좋은 자기-좋은 대상, 나쁜 자기-나쁜 대상으로 배열이 되는 데 반해, 이상화와 평가절하는 좋은 자기-나쁜 대상(평가절하) 또는 나쁜 자기-좋은 대상(이상화)으로 다르게 배열이 된다. 이상화의 순간에는 자기이든 대상이든 일시적으로 '완벽하다'라고 보게 되고, 평가절하의 순간에는 자기이든 대상이든 '무가치하다' '쓰레기 같다'라고 보는 정서의 극단성을 보인다(Hamilton, 1990/2007, p. 123).

이상화와 평가절하에 빠지게 되면 어떤 순간에는 자기를 심리적인 문제가 심각하고 의존적이며 감정조절을 못 하는 나쁜 자기로 인식하면서, 그러한 자기를 도와주고 치유해 줄 강력한 이상화된 대상이 필요하다고 느낀다.

또 다른 순간에는 자기를 이상화하면서 자기는 아무런 문제가 없는 사람인데 자기를 문제가 있는 사람으로 보고 고치려는 대상을 나쁘고 무능하고 무가치한 사람으로 완전히 평가절하하는 패턴을 보인다. 이러한 심리기제를 사용하는 사람을 만나게 되면 처음에는 이상화되는 경험을 하게 되지만, 오래가지 않아서 심한 평가절하를 경험하게 되기 때문에 결국은 관계를 회피하게 되어서, 이러한 심리기제를 사용하는 사람들은 대인관계에서 고립되는 경우가 많다.

투사적 동일시 심리기제도 자기-대상의 경계설정이 적절하게 이루어지지 않을 때 혼동으로 의해 일어나는데, '자기의 어떤 측면이 먼저 대상에게 투사'가 되고, 그 후에 '대상 안에 투사된 자기의 측면을 통제하려고 시도'하는 기제를 의미한다(Hamilton, 1990/2007, p. 130). 예를 들면, 다른 사람을 혐오하는 감정이 있는 사람이, 자기의 그런 감정을 배우자 혹은 상담사에게 투사하고 그 투사된 측면, 즉 혐오감정을 동일시하는 경우, 자기와 대상 모두 혐오감정을 느끼는 정서적 상태가 되기에 동일시 경험을 한다. 또한 다른 사람이 혐오감으로 자기를 먼저 대했기 때문에 자기도 혐오하는 마음으로 다른 사람을 대했다고 책임을 전가하는 것도 투사적 동일시에 해당한다.

투사적 동일시는 자기의 감정을 대상에게 전염시키는 영향력이 있어서, 낙담, 좌절과 같은 부정적인 마음을 가진 사람이 대상에게 투사적 동일시를 사용할 경우, 심리적으로 건강한 대상도 부정적 감정에 함몰될 수가 있다. 반면, 투사적 동일시는 긍정적으로 보면 공감과 같은 긍정적 경험에도 사용될 수 있다. 자기와 대상 사이의 경계가 비교적 느슨하고 둘 사이에 같은 감정을 느끼기에 공감으로 볼 수도 있다. 어쨌든 투사적 동일시는 자기와 대상의 경계가 확고하게 나누어진 상태에서는 경험하기가 어렵고 경계의 부재 상태에서 주로 경험한다.

재접근기 문제가 잘 해소되고 대상항상성 형성을 이룬 경우에는, 성인기에 온전한 대상관계와 동일시의 심리기제를 주로 보이게 된다. 온전한 대상관계를 획득하게 되면 이제는 좋음-나쁨으로 구별되는 분열된 대상관계를 보이지 않게 되는데, 대상의 좋은 측면과 나쁜 측면을 통합해서 대상항상성을 발달시키고 자기의 좋은 측면과 나쁜 측면을 통합해서 자기항상성을 확고하게 해 준다. 자기와 주변 대상, 세상을 이분법적, 흑백논리로 느끼지 않게 되고, 자기에 대해서도 대상에 대해서도 대체로 좋은 측면이 많지만 나쁜 부분도 공존한다는 사실을 인정하고 받아들이게 된다. 온전한 대상관계를 경험하게 되면 상호 모순된 감정을 동시에 느끼고 견디며 의미 있는 방식으로 결합하는 능력을 얻게 되는데, 예를 들면 침몰하는 배의 선원이 구조가 되었을 때 동료를 잃은 슬픔과 살아남은 기쁨을 동시에 느끼고 견디는 능력이다.

또한 온전한 대상관계를 획득하게 되면 자기와 대상에 대해 용서할 수 있게 된다. 예를 들면, 대상을 용서하는 것이 가능하기 위해서는 정서적으로 상반된 대상에 대한 두 개의 이미지, 즉 자기에게 폭력적이고 무서운 존재였던 대상인 어머니의 이미지와 자기에게 따뜻하고 친절했던 어머니의 이미지를 마음속에 동시에 지니며 기억할 수 있어야 한다. 그래야만 좀 더 균형 잡힌 관점으로 대상인 어머니를 보게 되고, 어머니가 내게 무섭기도 했지만 나를 따뜻한 사랑으로 돌보아 주신 면도 있었음을 종합적으로 인식하게 되어서, 결국은 어머니에 대한 극단적이고 부정적인 평가보다는 수용하고 용서하는 것을 배울 수 있다(Hamilton, 1990/2007, p. 158). 이런 심리발달이 없다면 신앙생활을 오래 하더라도 '네 이웃을 네 몸과 같이 사랑하라.' '네 원수도 사랑하라.'와 같은 성서의 가르침을 삶에서 실천하기는 어렵다. 즉, 한 개인이 대상항상성을 이루지 못한 심리발달의 문제가 영성발달을 방해하는 요인이 될 수 있다.

성인기의 심리기제 중에서 가장 성숙한 심리기제는 동일시이다. 대상항상성과 그와 동반되는 자기항상성의 습득은 유아기 특정 시점(24~36개월 이후)에 이루어지고 더는 변화하지 않는 것을 의미하는 것이 아니라, 평생 지속적인 발달 과정을 통해서 끊임없이 성장해 나가는 것을 의미한다. 동일시는 중요한 대상과 구별되는 자기 자신만의 고유성은 잃지 않고 유지하면서,

동시에 대상의 주로 긍정적인 측면을 자기 내부로 받아들이면서 꾸준히 변화하는 과정을 의미한다. 결국 인간은 전 생애를 통해서 동일시 심리기제를 통해서 대상에게 자기를 열어 놓고 대상이 자기에게 영향을 끼쳐서 변하도록 하는 과정을 겪어 나간다는 의미이다.

동일시는 자기와 대상의 끊임없는 상호작용을 통해서 평생 자기의 정체감을 꾸준히 형성하고, 재구성하며, 변화해 나가는 매우 중요한 과정이다. 해밀턴이 직접 언급한 것처럼, 기독교 전통에서는 동일시 과정을 통해서 예수의 제자들이 "내 계명은 곧 내가 너희를 사랑한 것 같이 너희도 서로 사랑하라 하는 이것이니라."(요한복음 15장 12절)라는 예수의 가르침을 동일시하여 평생 성화의 과정을 거치며 자기가 사랑을 받은 것처럼 자기도 다른 사람을 사랑하고 서로 사랑하는 부름에 응답하고 실천해 가는 삶을 살게 되는 과정으로 이해할 수 있다(Hamilton, 1990/2007, p. 168).

아동기 심리적 발달 과정의 마지막 단계인 대상항상성을 형성한 아동은, 성인기에 접어들면서 비교적 건강한 성격을 이루며 온전한 대상관계와 동일시 심리기제를 사용하게 되는데, 이 단계에서의 심리적 경험은 파울러의 신앙발달단계이론의 단계 중 결합적 신앙의 모습과 일치한다. 대상항상성을 형성한 사람이 온전한 대상관계 심리기제를 사용하게 되면서 더는 이분법적 논리, 흑백논리로 자기와 대상을 보지 않게 되고 상호 모순된 감정을 동시에 느끼며 결합하는 능력을 얻게 되는 것처럼, 결합적 신앙을 형성한 사람은 자기의 삶에서 경험하는 양극적이고 역설적이며 모순된 많은 것을 결합하고 통합하는 능력을 경험하게 된다. 또한 동일시 심리기제를 사용하는 경우 자기의 고유한 정체성은 잃지 않으면서 대상의 건강한 측면을 끊임없이 소화하면서 성장하게 되는 것처럼, 결합적 신앙을 경험한 사람은 상호의존적(interdependent) 특성을 가지게 됨으로써 자기의 독립성과 고유성을 잃지 않으면서 대상을 수용하고 받아들이며 배우는 능력을 보이게 된다. 지금까지의 논의들, 제임스, 올포트, 종교적 경험 발달의 신학적 이해, 심리학적 이해를 정리하면 〈표 2-2〉와 같다.

〈표 2-2〉 심리영성발달이론 비교

	성숙 초기	성숙 중기	성숙 후기
제임스	• 제도적 종교 - 종교적 경험의 통일성 - 종교전통의 가르침 형성	• 개인적 종교 - 종교적 경험의 다양성 - 종교적 경험의 고유성 - 개인적 특성(individuality) - 정서(feeling)의 중요성	
올포트	• 외재적 · 비본질적 종교 - 종교를 특정 목적을 성취하려는 수단 및 도구로 이용(unhealthy) - 신자들의 관심과 이익에 따라 소망을 들어주는 산타클로스 하나님 - 이분법적/흑백논리적 생각구조 - 명망 있는 교회의 구성원이 되는 유익 - 실질적 유익 때문에 다수의 사람들이 수용 - 건강하지 못하고 미성숙한 사람들을 양산	• 내재적 · 본질적 종교 - 신앙 자체에서 기쁨을 누리는 목적(healthy) - 깊은 내면적 깨달음/성찰 - 성숙한 가치관 형성 - 심리적/영적 성장과 성숙 - 선과 악의 공존, 자유의지와 운명의 공존, 무고한 사람의 고통에 대한 설명 - 모든 인류와 종교에 대한 동질감/동일시 격려 • 성숙한 종교적 정서 형성 - 비평적 성찰 능력(critical reflection) - 자율적/독립적 신앙 - 초보적 신앙에서 벗어나서 고유한 개인적 관점 형성	
신앙발달	• 미분화된 신앙(0단계) • 직관적-투사적 신앙(1단계) • 신화적-문자적 신앙(2단계) • 종합적-전통적 신앙(3단계) - 의존적(dependent) - 제도적 종교적 권위와 가르침 순종 - 청소년/다수의 성인 평생 3단계 유지	• 개별적-성찰적 신앙(4단계) - 독립적(independent) - 자기정체성/신앙 확립 - 비평적 성찰 능력(critical reflection) - Either-or 관점 - 마음(heart), 의지(will), 헌신(commitment)	• 결합적 신앙(5단계) - 상호의존적(interdependent) - 역설, 양극성, 모순 수용/결합 - 다양한 관점에서 진리(truth) 추구 - 훈련된 개방성 - Both-and 관점 • 보편화된 신앙(6단계)
심리발달	• 자폐(0~2개월) • 공생(2~6개월) • 분리개별화 - 부화(6~10개월) - 연습기(10~16개월)	- 재접근기(16~24개월): 독립적, 양가감정/갈등경험	• 대상항상성/자기항상성 - 지속적 상호작용(interdependent) - 24~36개월 이후 평생

출처: 가요한(2017), pp. 34-35.

심리발달과 영성발달의 상호관계

지금까지 살펴본 대상관계 이론 관점에서의 인간의 심리적 발달의 과정은 영성발달 과정에 관한 이해에 매우 중요한 단서를 제공한다. 특히 분리개별화 단계의 연습기와 재접근기에 엄마와 아빠 같은 초기 돌봄제공자와 무수한 상호작용을 통해 이루어진 자기-대상관계의 초기 경험이, 이후에 자기-하나님과의 대상관계 경험뿐만 아니라 신앙공동체의 구성원들과의 대상관계 경험에 막대한 영향을 미치기 때문이다. 제1장에서 설명한 것처럼 기독교 신앙공동체에 속한 사람들은 누구나 신학, 즉 하나님에 관한 말이나 생각을 하면서 살아간다. 그러한 하나님 생각은 우리 심리 내면을 작동시키는 강력한 메커니즘인 작용적 신학이 되어서 일상의 삶뿐만 아니라, 삶의 중요한 위기에 놓였을 때 그 사람을 움직이는 보이지 않는 힘으로 강력하게 작용을 한다고 볼 수 있다(권수영, 2007, pp. 21-24).

특히 각 개인이 형성한 고유한 하나님 생각, 즉 작용적 신학은 자기가 알지 못하는 사이에 습득되고 작동되는 오랜 시간에 걸쳐 형성된 내면적 삶의 구조인데, 누구나 신 존재나 대상관계에 대한 의식적 혹은 무의식적 느낌을 느끼게 되고 그 힘의 영향을 받아서 삶의 방향, 말과 행동이 자연스럽게 지배를 받게 된다고 볼 수 있다(권수영, 2007, p. 21). 어떤 사람은 자기가 가진 하나님 생각, 자기 내면에서 강력하게 작용하는 작용적 신학을 비교적 의식적으로 명확하게 인식하고 있어서 표현할 수 있지만, 많은 사람은 신 존재나 대상관계에 대한 대부분의 생각과 느낌이 무의식 속에 묻혀 있어서 의식적으로는 잘 드러나지 않는 모습을 보인다.

여기서 중요한 점은, 종교가 있든지 없든지, 신앙생활의 패턴이 어떠하든지 이러한 우리의 심리 내적 구조를 강력하게 지배하는 신 존재나 대상관계와 관계없이 살아가는 사람은 없다는 것이다. 심지어 종교를 가져 본 적이 없는 사람, 종교가 없는 가족에서 자란 사람이라고 할지라도 생애 초기 자기 자신의 생존능력이 전혀 없던 시절에 자기를 살려 주고 구원해 주었던 주요 돌봄제공자에 대한 신뢰와 의존에 관한 정서적 기억이 각자의 무의식 속에 생생하게 남아 있기에 누구든지 그러한 내적 대상관계, 다른 말로 하면 작용적 신학을 가지고 살아가게 된다고 볼 수 있다.

피아제가 강조했던 인지적 대상영속성은 성인들의 경우에는 인지발달 과정에서 이미 발달한 경우가 대부분이기에 눈앞에 보이던 존재가 갑자기 보이지 않을 때 인식할 수 있는 능력은 충분히 있다고 볼 수 있다. 하지만 정서적 대상항상성의 경우에는 개인적인 차이가 크다. 앞서 해밀턴이 강조한 것처럼, 정서적 대상항상성은 심리적 탄생과정을 큰 문제 없이 경험하고 성장한 경우에 서서히 형성될 수 있고, 그 이후에도 인생의 주요 변화가 있을 때마다 꾸준히 재작업을 경험해야만 건강하게 유지할 수 있다. 정서적 대상항상성은 일단 초기 형성 과정이 가장 중요하지만, 이후의 유지과정도 매우 중요하다.

즉, 인생 초기, 유아기에 정서적 대상항상성의 형성이 일생의 정서적 안정감의 토대가 되기도 하지만, 대상항상성은 일생 꾸준한 관계 유지, 친밀감 경험, 지속적 상호작용을 통해서 유지 가능하다는 것이다. 영어 속담에 "Out of sight, out of mind."라는 말이 있는데, 아무래도 자주 보지 않으면 마음에서 멀어진다, 서로 사이가 멀어진다는 의미이다. 아마도 우리는 어린 시절 친했던 관계의 친구 혹은 친척과의 관계도 오랫동안 만나지 못하고 정을 나누지 않았을 때 서서히 멀어지고 서먹해지는 경험을 했을 것이다. 우리말에도 '이웃사촌'이라는 말이 있는데, 이는 멀리 있어서 자주 못 보는 사촌보다는 오히려 이웃에 살면서 자주 보는 사람이 사촌처럼 가깝다는 의미이다. 그만큼 자주 만남으로써 친밀감을 느낌으로써 대상항상성을 유지하는 과정이 중요하다고 볼 수 있다.

대상항상성과 임마누엘

정서적 대상항상성의 기독교 신학의 버전은 임마누엘의 개념이다. 아마도 많은 기독교인이 늘 마음속에 기억하고 신앙으로 의지하는 단어일 것이다. 히브리어 단어인 임마누엘은 두 단어, 임마누(immanu, 우리와 함께 있다)와 엘(El, 신)이 합쳐진 단어로서, 문자적으로 직역하면 '신은 우리와 함께 있다.'라는 의미이다. 기독교인들은 '우리와 늘 함께 계시는 하나님' '하나님은 우리와 늘 함께 계신다.'라고 종종 표현하고 고백한다. 임마누엘은 구약성서 이사야에 기록된 말씀에서 예언자 이사야가 주변 왕국들에 포위되어 끊임없이 위협을 당하고 있던 유다 왕국의 왕 아하스에게 전달했던 하나님의 말씀에서 등장한다.

지금의 한국이 남북으로 나뉘어 있는 것처럼 그 당시 이스라엘은 북 왕국 이스라엘과 남 왕국 유다로 분열되었던 시절이었고, 같은 민족끼리도 서로에게 위협이 되던 시절이었다. 시리아 군대가 쳐들어온다는 소식이 들렸을 때 '왕의 마음과 백성의 마음이 마치 거센 바람 앞에서 요동하는 수풀처럼 흔들렸던' 상황에서, '두려워하거나 겁내지 말라.'는 하나님의 말씀이 전달된다. 또한 "너희가 믿음 안에 굳게 서지 못한다면, 너희는 절대로 굳게 서지 못한다."(이사야 7장 2-9절)는 하나님과의 관계 안에 머물러 있으면서 굳건한 신뢰와 믿음을 가지라는 격려와 경고의 말씀도 전달되었다.

하나님이 백성들과 늘 함께 계시겠다는 약속에는, 눈에 보이지 않는 하나님이 눈에 보이는 인간의 몸을 입은 모습으로 이 땅에 오셔서 사람들과 영원히 함께 계시겠다는 약속도 포함이 되었다. 이스라엘 백성들에게 하나님이 시각적으로 눈에 보이지 않는다는 점이 백성들에게는 믿음을 가지고 정서적인 친밀감과 편안함을 느끼는 데 어려움을 주었는데, 앞으로는 그 하나님이 눈에 보이는 인간의 모습으로도 함께하실 것이라는 약속이었다. 거기에는 다윗 왕실에 한 징조(sign)를 주실 것인데, "처녀가 잉태하여 아들을 낳을 것이며, 그가 그의 이름을 임마누엘이라고 할 것"(이사야 7장 14절)이라는 약속이 포함되었다. 같은 약속이 신약성서 마태복음 1장 23절에도 그대로 나와 있다. 이 구절은 하나님의 아들이신 예수님이 이 땅에 우리의 눈에 보이는 인간의 몸을 입고 태어나서 우리와 늘 함께 계시며 위로하실 것이라는 약속의 말씀이기도 하다. 하나님에 대한 정서적 대상항상성이 부족한 우리 인간을 위해서 도움을 주는 약속이기도 하다.

하지만 교회에서 배운 교리에 근거해서 우리와 늘 함께 계시는 '임마누엘의 하나님'에 대한 생각을 인지적 사고구조 안에 가지고 있는 사람의 하나님 생각이 감정과 몸으로 체화되지 않은 경우, 실제 그 사람의 내면에서 심리적으로 작용하는 하나님을 내가 어렵고 고통스러울 때 내 옆에 계시지 않고 버리고 떠나시는 하나님으로 느끼는 유기 경험을 하게 된다. 즉, 심리적으로는 유기불안, 유기공포를 느끼며 심한 심리적 고통과 불안을 겪을 수 있다는 의미이다. 반대로, 실제로 삶의 큰 위기를 경험하거나 아플 때 임마누엘의 하나님이라고 머리에 입력하였던 하나님 생각이 가슴으로 느껴지면서 정서적으로 편안함과 안정감을 주며 작용하는 경험을 할 수도 있다. 즉, 개인적 경험과 상태에 따라서 임마누엘이라는 고백적 신학과 심리적으로 작동하는 작용적 신학이 일치할 수도 있고, 불일치한 경험을 할 수도 있다는 것이다.

이러한 상황을 대상관계 이론의 관점에서 이해하면, 분리개별화 단계의 재접근기에 충분한 정서적 교감과 신뢰를 경험한 아이가 성인으로 자라게 되었을 때, 지금은 잠시 자리를 비우지만, 곧 돌아올 것이라는 신뢰를 느낄 수 있는 엄마에 대한 대상항상성이 하나님과 자기-대상관계로 연상되고 전이되어서 하나님에 대한 대상항상성으로 경험을 할 수 있다. 반대로, 재접근기 문제와 심리적 갈등에 함몰되어서 대상항상성을 안정되게 형성하지 못하고 자란 성인의 경우에는, 부모에 대한 분리불안과 유기불안의 심리가 현재의 자기-하나님 대상관계로 전이되어 강력하게 작동하면서 위기의 순간에 나와 함께하지 않고 나를 버리고 도망가는 하나님으로 느껴질 수 있다. 이렇게 되면 신앙도 영성발달도 위기의 순간에 작용하지 않는 것처럼 느껴진다. 즉, 하나님은 위기의 순간에 나와 함께 있지 않고 나를 버리고 도망가는 나쁜 존재로 느껴질 수도 있다는 것이다. 그렇다면, 나를 버리고 배신하고 떠난 애인이나 회사가 어려울 때 나를 해고한 회사와 사장과 하나님이 별반 다르게 느껴지지 않을 수 있다. 오히려 인간에 대한 실망보다 신에 대한 실망이 더 커서 더 큰 상처가 될 수도 있다.

그렇기에 심리발달과 영성발달 과정을 건강하게 성장하고 성숙하도록 돕기 위해서는 사람의 생각, 감정, 행동을 통제하며 사로잡는 강력한 심리구조인 작용적 신학을 찾아내는 일이 반드시 이루어져야만 하는데, 그 과정이 쉽지 않다. 특히 고백적 신학, 교리를 철저하게 학습한 종교적 경험이 많고 신앙생활의 연륜이 긴 사람들의 경우에는 역설적으로 더 큰 어려움을 겪기도 한다. 그들은 머리로, 인지적으로 배운 대로 타인과의 대화나 상담사와 상담 중에 한편으로는 하나님 생각을 매우 유창하게 풀어내면서도, 또 다른 한편으로는 마음에 숨겨진 작용적 신학을 아주 능숙하게 깊숙이 감추게 된다(권수영, 2007, p. 32).

철저하게 숨기는 이러한 모습은 일종의 심리적 방어기제로 볼 수 있다. 즉, 많이 배우고 많이 알수록, 신앙생활을 오래 했을수록 더 능숙하게 숨기고 방어한다는 것이다. 결국 개인의 하나님 생각 자체가 고유한 성장 과정을 통해서 형성된 심층적 심리 내적 경험과 심리구조의 직접적이고 강력한 영향을 받기 때문에, 작용적 신학을 찾아내고 고백적 신학과 통합하는 과제는 전문적인 심리치료를 통한 작업을 요구하게 된다(권수영, 2007, p. 32). 심리치료를 통해서 삶에서 부정적으로 작용하는 작용적 신학을 버리고, 삶을 건강한 방향으로 이끌 수 있는 긍정적이고 새로운 작용적 신학을 가질 수 있도록 하는 것이 중요한 과제가 된다.

하나님 표상과 작용적 신학

정신분석가이자 대상관계 이론가인 리주토(Rizzuto)는 자기의 연구를 통해서 사람들의 심리구조 안에서 작동하는 신 표상, 하나님 표상(God representation)은 성장 과정의 경험에서 개인적으로 창조된다고 강조하였다 (Rizzuto, 1979/2000, p. 12). 신 표상이 개인적으로 창조된다는 말은 얼핏 들으면 매우 불경해 보일 수 있지만, 사실 나를 보호하고 돌보시는 신 존재에 대한 정서적인 경험과 기억은 심리적인 문제이기 때문에 개인이 창조한다는 말이 어느 정도 맞는 말이기는 하다.

예를 들면, 무서운 폭군처럼 느껴지는 하나님과 같은 부정적 생각, 감정, 표상은 유아기에 경험한 부모의 모습, 특히 아빠와의 관계에서 수없이 경험한 불안한 관계 경험에서 비롯된 것으로 볼 수도 있다는 것이다. 결국 그러한 뿌리 깊은 상처 경험이 시간이 오래 지나면서 고착이 되어서 사람의 심리 내면을 강력하게 통제하게 되면, 대상이 바뀌더라도 초기 대상의 이미지, 관계 경험이 현재의 대상관계에 자동으로 전이가 되어서, '폭력적 아버지=폭력적 남편=무서운 목사님=두려운 하나님' 등으로 지속해서 영향을 줌으로써 일생 동안 큰 어려움을 겪게 될 수도 있다.

리주토에 의하면, 신 표상은 대부분 사람이 다 경험하는 공통된 소유물인데, 이는 아동이 부모와의 관계를 통해서 형성하는 필연적인 결과이기 때문이라는 것이다. 중요한 점은 각 개인이 신의 존재에 대해서 믿건 믿지 않건, 종교가 있건 없건 간에 신 표상은 개인의 평생 유효한 상태로 남아 있다는 점이다. 원래는 프로이트가 신 표상을 초기 부모와의 관계에서 기원한다는 발견을 했는데, 그 프로이트의 최초 발견을 넘어서서 리주토는 자기의 연구 결과에 근거해서 신 표상이 훨씬 더 복잡성과 역동성을 가지고 지속해서 변화하는 과정에 있음을 확인했다.

리주토가 20명의 기독교인과 유대교인 내담자들에 대한 질문지, 인터뷰, 가족 그림, 하나님 그림 등을 연구한 결과에 의하면, 20명 전원이 하나님 표상을 실제 부모상, 자기가 소망하는 부모상, 자기가 상상을 통해서 경험한 두려운 부모상 등 다양한 자료로부터 도출했고 하나의 자료로부터만 도출해서 신 표상을 얻게 된 사람은 없었던 점을 눈여겨보고 강조하게 되었다(Wulff, 1997, pp. 343-344). 말러(Mahler)를 비롯한 대상관계 이론가들이 9개월간의 신체적 탄생과 비교해서 3년 동안의 '심리적 탄생'을 강조했었는데, 리주토는 이 과정을 '살아 있는 신의 탄생'이라고 명명했다(Rizzuto, 1979/2000).

'살아 있는 신의 탄생'이라는 표현은 결국 어린 시절 부모님과의 상호작용 경험을 통해 형성된 신 이미지가 결국 현재에도 여전히 살아서 작동한다는 의미로서, 작용적 신학이라는 개념과 같은 의미이다. 또한 하나님 표상의 형성 과정이 이렇게 심리적·관계적으로 복잡하다면, 하나님 표상의 작용과 수정도 개인의 평생 매우 복잡하고 어렵다고 볼 수 있다. 리주토에 의하면 각 개인이 가지고 있는 하나님 표상은 크게 두 가지 특징을 가지는데, 첫째, 생애 초기 마음에 각인된 하나님 표상은 개인이 성장하면서 근본적으로 바뀌지 않고 유지되는 경향이 있다는 것이다. 청소년기와 성인 초기를 거치면서 어떤 구체적인 타이밍이 되면 자기가 가진 하나님 표상이 부적절하거나 성장단계에 뒤떨어지는 표상이라고 하더라도 잘 변하지 않는다. 둘째, 하나님 표상은 인생의 발달 과정 주기에 따라서 초기 유아기뿐만 아니라 모든 단계에서 생성되고 지속해서 수정될 수 있다. 두 가지 특징이 서로 역설적으로 보이기도 하지만, 서로 공존할 수 있는 특징이기도 하다. 초기 경험이 그만큼 강력하다는 의미이기도 하고, 하지만 충분히 성장 과정에서 수정 가능하다는 의미이다.

청소년기를 지나면서 성인으로 성장해 가는 과정에서 자기 표상, 즉 정체성을 통합해 가는 경험을 하게 되는데, 동시에 하나님 표상이 동반해서 수정되고 변형되는 과정을 거치게 될 수 있다는 것이다. 특히 사춘기 이후 인지능력이 지속해서 발달하면서 성장의 전환점마다 종종 신 존재에 대한 의심의 위기에 빠질 수 있는데, 그때마다 각 개인은 기존의 하나님 표상을 새롭고 더 적절한 하나님 표상으로 변화시켜 가야 하는 도전을 경험하게 된다. 삶의 위기의 순간에 필요할 때는 각 개인이 가진 하나님 표상이 쉬고 있던 공간에서 갑자기 호출을 당하고 이용이 되며, 어려움이 지나갔을 때는 다시 무시당하고 버려지기도 하는데, 하나님 표상은 버려지는 순간에도 사라지지 않고 여전히 각 개인의 심리구조 내에 존재하면서 다음에 사용될 순간을 위해 머무르게 된다(Wulff, 1997, p. 344).

요약 및 맺음말

지금까지 논의한 것처럼 심리발달과 영성발달의 과정을 경험하고 설명하는 것은 매우 복잡하고 어려운 과제이다. 제임스는 기독교 전통 내에서 종교적 경험의 통일성이 당연시되던 시대와 종교 문화적 상황 속에서 각 개인의 종교적 경험, 정서적 경험이 각자 고유하고 다양함을 인정하고 수용했다. 제도적 종교의 교리적인 가르침을 인지적으로 습득하고 배우는 것을 넘어서서 개인의 정서적 체험을 통해서 직접 경험하고 성찰함으로써 성숙하고 성장하는 개인적 종교의 중요성을 더 중요하다고 보았기 때문이었다. 올포트도 신자들의 아동과 같은 관심과 이익을 위해서 외재적 · 비본질적 종교에 집중하는 미성숙하고 건강하지 못한 신앙을 비판하면서, 건강하고 성숙한 내재적 · 본질적 종교에 집중함으로써 이분법적이고 흑백 논리적인 생각 구조를 넘어서는 것을 강조했다. 개인의 비평적 성찰을 통한 깊은 내면적 깨달음을 얻으며, 역설적이고 모순적인 현상들을 이해하고 수용하고, 인류와 다양한 종교에 대한 존중을 보이게 되는 성숙한 종교적 정서를 형성하는 것이 더 본질적인 종교적 경험으로 보았기 때문이다.

결국 제임스와 올포트가 강조했던 개인적 종교, 내재적 · 본질적 종교, 성숙한 종교적 정서는, 타인의 가르침과 관점에 의존하고 인지적으로 이해하고 수용하는 종합적-전통적 신앙을 넘어서는, 좀 더 성숙한 개별적-성찰적 신앙과 결합적 신앙의 경험을 의미하는 것이다. 그런데 문제는 제임스, 올포트, 파울러가 공통으로 강조했던 성숙한 신앙으로의 성장을 어렵게 만드는 핵심적인 원인이 안타깝게도 심리발달 과정과 연관되어 있다는 점이다. 심리적 성장기에 부모님의 건강한 돌봄을 통해서 대상항상성과 자기항상성 형성을 경험하지 못한다면, 성인기에 타인과 하나님과의 온전한 대상관계와 동일시의 경험을 통한 신앙발달이 어려워진다. 또한 건강하지 못한 심리기제인 분열, 이상화와 평가절하, 투사적 동일시를 일상에서 주로 경험하게 되어서, 경계선, 자기애적 성격장애의 성향을 보이게 되고, 그 결과 건강한 신앙발달이 전반적으로 어려워질 수 있다는 점이다.

이러한 상황에서 앞으로 한국 개신교회와 교인들에게 몇 가지 중요한 과제가 있다고 볼 수 있다. 우선, 신학적 관심이 칭의의 순간과 구원에 관한 관심뿐만 아니라, 일생 성화의 과정에 관한 관심으로 확대되는 것이 중요할 것으로 보인다. 신앙발달단계와 같은 학문적 논의에 대한 심리적인 불편함을 극복하고 자기의 신앙의 발달 과정을 겸허하게 비평적으로 성찰해 볼 수 있는 열린 마음이 필요하며, 이분법적 논리, 흑백논리로 신앙을 이해하고 받아들이기보다는 열린 마음과 관용의 마음으로 자기의 신앙발달에 대해서 나누고 함께 성장하는 것이 필요하다.

또한 건강한 신앙공동체와 공동체 구성원들의 존재와 역할에 대해서 더 고민하고 유익하게 활용하는 것이 중요할 것으로 보인다. 영성발달의 기초를 제공하는 심리발달은 전문적인 상담이나 심리치료를 통해서 가능하지만, 심리적으로 건강한 구성원들이 존재하는 신앙공동체 내에서 서로 지지와 격려를 통해서 일어날 수 있다. 초기 기독교 교회는 박해와 같은 많은 어려움이 있었지만, 20~30명 정도 되는 신도들이 가정교회의 모습으로 모여서 형제자매처럼 서로 심리적·정서적 지지와 성장을 격려했던 역동이 있었다. 하지만 영성발달을 방해하는 강력한 심층적 심리 내적 구조를 찾아내어 교정함으로써 심리적으로 성장할 수 있도록 전문적인 심리치료의 도움을 제공하는 것도 필요할 것으로 보인다.

안타깝게도 다수의 한국 개신교회와 교인들은 '인본주의적'이고 '세속적'이라고 느끼는 심리학의 도움을 받아서 심리발달이 일어나고 영성발달에 도움이 된다는 점을 불편하게 느끼는 경향이 있다. 하나님을 믿는 사람들은 사람의 도움을 받아서 성장과 변화가 일어나는 것이 아니라 성령의 능력과 하나님의 은혜로 변화된다고 믿기에, 필요할 때 전문적인 심리치료를 꺼리고 받지 않는 경향이 있다. 하나님에게 전적으로 의지하지 않는 모습으로 간주하면서 신앙적이지 않은 태도로 몰아가기도 한다. 그렇다면 이런 질문을 하고 싶다. 만약에 우리가 암에 걸린 사실이 발견된다면 앉아서 기도만 할 것인가, 아니면 전문적인 도움을 받을 수 있는 병원에 찾아가서 검사도 받고, 수술도 받고, 항암치료도 병행할 것인가? 이 질문에 대한 답은 우리가 고민 없이 바로 답할 수 있다고 생각한다.

제3장

신앙발달단계이론의 관점에서 본 심리영성발달

미국에서 돌아온 2010년, 한국을 떠나 있었던 13년 동안 한국 사회와 한국 교회에 매우 많은 변화가 있음을 생생하게 실감한 기억이 있다. 민주화, 서구화, 세계화, 개인화가 빠르게 진행된 사회를 목격할 수 있었고, 가족, 교회, 사회 내에 전반적으로 사람들의 관계 패턴과 대인관계 상호작용이 급격하게 변화했음을 느낄 수 있었다. 예전보다 집단의 이익과 집단 내의 통일성을 덜 강조하는 모습을 보았고, 각 개인의 고유성, 의견, 권리를 훨씬 더 강조하는 모습을 볼 수 있었다. 또한 많은 사회적 · 세계적 이슈에 대해 사람들의 관점이 양극화되면서, 사회의 다양한 계층과 세대의 사람들 사이에 수많은 갈등과 논쟁이 벌어지고 있던 상황도 목격을 했다. 사회에 급격한 변화가 일어나면서 심리적 · 정신적 문제들이 급격하게 늘어나고, 그러한 내면적인 문제들로 고통당하는 사람들이 많이 증가한 상황을 보기도 했다.

한국 교회에서는 사회의 급격한 변화와 풍랑과 같은 현실 속에서, 어떻게 하면 기독교인들이 교회에 출석하는 교인으로서의 모습을 넘어서, 예수 그리스도를 따르는(following), 예수 그리스도를 닮은(like) 견고한 정체성을 가진 사람들로서 영성을 발달시킬 수 있을지에 대해서 고민하고 새로운 방법을 모색하는 모습을 보기도 했다. 이렇게 영성발달에 관한 갈망과 고민이 깊어지면서, 한국 교회의 신학적 초점에도 변화가 있었던 것으로 보인다. 한국 선교 초기부터 2000년대까지 약 100년 동안 기독교 신앙을 가지지 않은 사람들을 위한 전도, 회심, 칭의의 순간에 관한 관심에서 일생의 성숙과 성장을 위한 성화의 과정에 관한 관심이 훨씬 더 증가했다.

이러한 2000년대와 2010년대의 한국 사회와 교회의 모습은 우리보다 먼저 사회와 문화의 급격한 변화를 경험한 1960년대와 1970년대의 미국 사회의 상황과 많이 유사해 보였다. 미국 사회의 그 시기는 인종차별에 반대하는 흑인 인권운동이 벌어졌던 시기이기도 했고, 베트남 전쟁과 같은 사회적 이슈에 대해서 많은 사람이 내면의 갈등과 혼란을 경험하고, 다양한 집단의 사람들 간의 양극화와 이견으로 인한 집단적 갈등이 매우 심했던 시기였다. 표면적으로는 사회적인 갈등 이슈로 보일 수 있는 상황이었지만, 문화비평가인 래쉬(Lasch)와 자기심리학자인 코헛(Kohut)이 진단한 그 시기의 핵심 이슈는 놀랍게도 가족의 구성과 관계 역동의 변화였다.

사람들이 경험하는 내적인 혼란과 갈등의 주원인은 잘 형성된 자기와 정체성이 부족한 상태였고, 가장 큰 이유는 자녀 양육을 하는 가족 패턴과 역동의 변화라는 것이었다. 사회가 급격하게 변화하면서 아이들을 함께 돌보던 지역공동체가 상실되고, 부부가 같이 일하게 됨으로써 자녀들에 대한 일관되고 집중적인 정서적 반영과 돌봄이 어려워졌다는 것이다. 그 결과로, 응집력(cohesive) 있고 튼튼한 자기구조와 정체성 형성이 어려운 상황이 되었다. 결국 공허감, 우울감, 열등감, 외로움, 기쁨의 부족 등의 현상을 경험하는 자기애적 성격이 출현하였고, 당시 미국 사회의 젊은 청년들 가운데 널리 존재했던 심리적 현상이 되었다.

이러한 사회적 · 문화적 상황 속에서 정신분석가들, 발달심리학자들, 신학자들은 각각 자신들의 관점에서 사회적 변화에 응답하려고 시도했다. 래쉬는 미국의 젊은 세대 성인들에게 자기구조와 정체성이 취약한 나르시시즘의 광범위한 존재와 증가가 있음을 지적했고, 코헛은 나르시시즘의 문제를 정신분석의 관점에서 더 깊이 연구하여 그 문제에 대한 주요 응답을 제시했다. 발달심리학자인 에릭슨(Erikson)은 청소년의 정체성과 위기에 대해서, 콜버그(Kohlberg)는 도덕발달 과정에 대해서 각기 중요한 발달모델을 제시했다. 사회윤리학자였던 파울러(Fowler)는 피아제와 콜버그의 논의에 근거해서 심리학자들의 자기와 정체성과 관련된 논의에 합류하면서 신앙발달단계에 대한 자신의 이론을 제공하였고, 이후 발달이론가로서 활발한 학문활동을 했다.

다양한 분야의 발달이론가들이 미국 사회와 가족 구성의 변화로 인한 자기와 정체성 문제에 관한 응답을 내놓고 그들이 제시한 발달모델이 자기와 정체성 형성에 관한 도움을 주는 상황을 보면서, 현재 한국 사회와 개신교회의 공통적인 어려움일 수 있는 자기와 정체성의 형성, 영성발달을 위해 도움이 될 만한 심리발달과 영성발달의 모델이 있을까 하는 고민을 개인적으로 오랫동안 해 왔다. 심리발달, 즉 자기와 정체성 형성을 위한 코헛의 자기심리학과 발달심리학자들의 모델이 있고, 영성발달에 관한 가톨릭과 개신교의 다양한 영성훈련 모델도 있지만, 성장 시기에 필요한 발달 경험을 하지 못한 사람들을 위해서 자기와 정체성 형성을 촉진하면서 동시에 영성발달까지 경험할 수 있도록 도울 수 있는 생애 전반을 아우를 수 있는 심리영성발달 모델은 찾아보기 어려웠다.

그런 상황에서, 제2장에서 소개한 파울러(1981)의 신앙발달단계이론이 그 고민에 대한 하나의 진지한 응답이 될 수 있을지, 한국 기독교인들의 심리발달과 영성발달을 위한 효율적인 모델로 적용 가능한지에 대해서 지난 10년간 세 편의 논문을 통해서 한국 기독교인들의 영성발달 과정을 이해하고 설명하는 이론적 접목을 시도해 보았고, 기독교인 내담자의 사례 이해와 상담 실제에 적용했으며, 영성발달의 부족함이 신앙공동체 내의 갈등의 원인임을 지적한 바가 있다(가요한, 2013, 2015, 2017). 하지만 발달이론으로서의 신앙발달단계이론의 이론적 배경, 파울러의 신학적 관점, 지난 30년에 걸쳐서 끊임없이 이론을 수정하고 강화한 과정 등에 대한 심도 있는 논의는 이루어지지 않았고, 한국 기독교인들을 위한 심리영성발달 이론으로서 전반적인 평가와 구체적인 제안은 되지 않았다. 이 장에서는 신앙발달단계이론에 대한 한국 교회의 오해와 관심 부족, 이론의 가능성과 한계점 등을 전반적으로 다루어 봄으로써 신앙발달단계이론이 한국 기독교인들의 심리영성발달을 위한 유용한 모델인지에 관한 평가를 해 보려고 한다.

신앙발달단계이론에 관한 관심과 활용 부족

한국 기독교인의 심리영성발달을 위한 발달모델로 신앙발달단계이론의 적용 가능성을 고려하는 과정에서 이 이론이 한국 교회와 기독교인들에게 높은 관심과 수용을 받게 될 것으로 개인적으로 예상과 기대를 했었고, 그 이유는 몇 가지가 있었다.

첫째, 30년 정도의 시간 차이를 두고 한국 사회와 미국 사회가 겪은 급격한 사회적, 문화적, 정치적 변화와 사람들의 내적 갈등, 자기와 정체성 형성의 어려움 등의 경험적 유사성으로 인해서, 유사한 사회적 상황에서 탄생한 신앙발달단계이론이 한국 사회에서도 잘 접목만 된다면 효과적으로 활용이 가능할 것이라는 예측 때문이었다.

둘째, 한국 개신교의 역사가 이미 130년이 넘는 종교전통이 되면서, 일생의 지속적 성장 경험인 성화의 과정에 관한 신학적 관심이 예전보다 더 높아졌는데, 신학적 관점의 발달이론인 신앙발달단계이론의 이론적 구성과 임상적 적용 가능성이 심리발달과 영성발달 양쪽 측면에서 높이 평가될 수 있기 때문이었다.

셋째, 자기 깨달음, 자기 수양, 앎과 행함의 일치를 통해서 성인(sage)이 되는 과정에 가치를 두는 유교적 문화의 영향을 오랫동안 받은 한국 사회에서 신앙발달단계이론의 이론적 · 구조적 배경인 콜버그의 도덕적 이성과 도덕적 발달의 단계에 대한 과정이 한국 기독교인들에게 낯설지 않고 가치 있게 평가될 것이라는 예상을 했었다.

넷째, 좀 더 실제적인 이유로 국내에 에모리 학파와 파울러의 인지도가 매우 높기에, 신앙발달단계이론의 논의와 관점이 친숙할 것으로 보였기 때문이었다. 많은 한국 유학생이 파울러가 30년 가까이 가르쳤던 미국 에모리대학교에서 석사 및 박사과정을 마쳤고, 일부는 학업 기간 중 파울러의 학생으로 직접 배우기도 했기 때문에, 한국 사회와 교회에 소개하고 접목하는 과정이 활발했을 것으로 예상을 했다.

하지만 신앙발달단계이론이 잘 소개되고 활용될 수 있는 여건과 이유가 많은 것으로 예상했던 한국 사회와 교회에서는 놀랍게도 이 이론에 대한 흥미와 관심의 부족이 역력했고, 심지어는 다양한 신앙발달단계에 있는 사람들의 신앙발달 상태를 파악하고 도울 수 있는 이론에 대한 심리적 불편감도 상당히 컸던 것으로 보인다. 실제로 학업을 마치고 귀국 후, 다수의 교회 강의와 기독교 상담 관련 특강, 워크숍 등에서 신앙발달단계이론을 소개하고 심리발달과 영성발달의 관계에 관한 주제로 강의했을 때, 많은 참석자가 이론의 논점에 대해서 머리로 이해는 하지만 한국 교회와 기독교인들에게 실제적 적용은 '감정적으로 불쾌'하다는 피드백이 압도적으로 많았다.

특히 신앙발달 과정의 3단계인 종합적-전통적 신앙은 교회의 전통과 교리적 가르침에 충실히 따르고 목회자와 평신도 리더들의 인도와 지침에 잘 동참하는 것이기 때문에 건강하고 모범적이며 성실한 신앙으로 인식하는 경우가 많았던 반면에, 4단계인 개별적-성찰적 신앙, 5단계인 결합적 신앙에 대해서 상당한 불편감을 표현했다. 이유는 각 개인이 개별적으로 성찰을 하는 신앙은 자기 생각에 근거해서 믿을 수 있기에 종교전통과 교리에서 벗어날 위험성이 있어서 이단이 될 수 있고, 결합적 신앙은 자기가 믿는 종교에 대한 충성심과 정체성은 가지고 있으면서도 동시에 타인의 신앙에 대해서도 열린 마음을 가진다는 특징 때문에 종교다원주의가 될 가능성이 있는 점을 지적했다. 이단과 종교다원주의는 한국 개신교에서도 알레르기 반응과 심한 두려움이 있을 정도로 심각한 주제이기도 하다. 반면, 6단계 신앙의 모습은 경험할 수 있는 사람이 거의 없다는 생각 때문에 오히려 부정적인 피드백이 많지는 않았다.

또 다른 공통된 피드백은 성령의 역할과 인간의 기능 부분에 관한 것이었다. 특히 개별적-성찰적 신앙, 결합적 신앙을 경험하기 위해서는 각 개인의 자기와 정체성에 상당한 갈등을 느끼고 변화를 추구해야 하는 고된 작업을 거쳐야 하는 과정인데, 신앙발달은 하나님, 특히 성령의 인도하심으로 경험하는 과정이지 인간이 능동적으로 추구하고 경험하는 과정은 아니라는 주장이었다. 이런 평가가 나온 이유는 파울러가 신앙발달단계이론을 소개하는 과정에서 성령의 역할에 대한 명시적인 언급을 하지 않아서 나온 것으로 보이기에 어느 정도는 이런 우려 섞인 피드백이 이해되는 부분은 있다. 하지만 파울러가 이후 수정하고 보완한 내용에 그런 우려에 대한 명확한 강조점이 포함되어 있기에 그의 이론을 전반적으로 이해하는 것이 중요해 보인다.

파울러의 신앙발달단계이론에 대한 불편함의 표현과 부정적 반응은 한국교회와 사회의 상황만은 아니고, 미국에서도 비슷한 상황이 이미 있었다. 파울러도 자신의 이론이 신학, 상담학 분야뿐만 아니라, 발달심리학, 종교심리학 같은 사회과학 분야에서도 뜨거운 논쟁과 비판, 찬성과 반대가 있는 양극단적인 반응을 불러일으켰던 상황을 잘 알고 있었다. 파울러는 학문적 전성기였던 1994년에 미국정신의학회가 수여한 오스카 피스터(Pfister) 상과 미국심리과학회가 수여한 윌리엄 제임스(James) 상을 동시 수상할 만큼 학문적인 성과가 뛰어났지만, 에모리대학교에서 재직한 30년에 가까운 학문활동 기간 중 상당한 시간을 자신의 이론에 대한 도전과 비판에 개인적으로 직면하고, 그에 대한 학문적 응답을 하는 데 보낸 것으로 알려져 있다.

파울러는 신앙발달단계이론의 첫 논문 발표인 1974년부터 2004년까지 30년 동안의 이 이론의 위치와 발달에 대해『종교교육(Religious Education)』에 투고한 논문(2004)에서 이 이론에 대한 양극단적인 평가가 있음을 인정했다. 주요한 원인은 이 이론을 접한 학자들과 독자들이 자신의 다양한 신학적 · 교파적 배경에 따라서 서로 매우 다른 신학적 관점을 가지고 이론을 이해하기 때문이라고 보았다. 실제로 기독교인들의 신학적 관점의 스펙트럼은 굉장히 다양하고 넓어서 신학적 관점이 다른 기독교인이 이 이론을 접한다면 이론의 의미와 가치에 관한 평가는 극과 극으로 나뉘는 경우가 종종 생긴다. 파울러의 구분에 의하면, 이론에 더 관심을 보이는 학자들과 교파는 자유주의적인 성향을 보인 그룹인데 그들의 특징은 '인간과 공동체의 이성(reason)의 가능성'을 더 강조하는 집단이라는 것이다(Fowler, 2004, p. 411).

파울러의 경험에 의하면 장로교, 루터교, 정통 유대교에 속한 사람들이 '신앙발달과 연관된 도덕발달 또는 책임 있는 자기(responsible selfhood)에 대한 희망을 가장 적게 가진' 반면, 감리교, 성공회, 구세군, 그리스도의 제자교회, 개혁주의 유대교에 속한 사람들은 자신들의 이론 연구나 일상생활에서 신앙발달단계이론을 사용하고 적용하는 데 훨씬 열광적인 관심을 보이는 사람들이라는 것이다(Fowler, 2004, p. 412). 이 중 후자 그룹은 이 이론의 연속적 발달단계에 대해서 유용한 모델로 긍정적 평가를 하면서도 동시에 인간 본성에 대해서 긍정적이고 순수하게만 보지는 않는다는 공통점이 있다. 또한 후자 그룹은 인간 본성의 타락한 특징, 회개의 지속적인 필요성, 성령의 지속적인 인도, 구원의 지속적인 과정의 필요성에 대해서 강조하는 신학적 특징을 공유한다. 한국 교회에서는 교파에 의한 신학적 관점의 차이도 있지만, 교파와 상관없는 개인의 성향 차이도 커서 그렇게 구분하기는 조심스럽지만, 확실한 점은 신학적 관점에 따라서 신앙발달단계이론이 합리적이고 유용한 모델로 인식될 수도 있고, 불필요하고 불편한 이론으로 느껴질 수도 있다는 점이다. 실제로 한국 교회에서는 장로교가 주류이자 최대 교파인데, 이 이론에 관한 관심을 가진 교파들은 소수 그룹이기도 하다.

파울러의 심리영성발달 과정

각기 다른 신학적 관점에 따른 신앙발달단계이론에 대한 상반된 반응을 보면서, 이 이론을 발달한 파울러의 신학적 관점과 그의 심리영성발달 과정을 살펴보는 것이 이론에 대한 더 깊은 이해를 제공할 수 있으리라고 생각한다. 심리학에서 항상 강조하는 것 중의 하나는, 정신분석, 행동주의, 인본주의, 실존주의 등 다양한 이론은 심리학자들의 성장기 인생 경험, 성격, 삶의 경험이 반영된 자전적(biographical) 이론이라는 것이다. 과학적 · 실증적 연구를 강조하는 사회과학 분야인 심리학 전통에서 자기의 이론에 자전적 관점이 들어갔다는 평가를 좋아할 만한 학자들은 없겠지만, 알게 모르게, 의식적 · 무의식적으로 학자의 삶의 경험이 학문적 관점과 이론에 반영되는 것은 엄연한 사실이다. 그런 의미로, 파울러와 이 책에 소개되는 코헛, 웨슬리(Wesley)와 같은 중요 인물들에 대한 인생 경험을 각 장에서 비교적 상세하게 소개하려고 한다.

파울러의 신앙발달단계이론이 파울러의 성장기의 미국 사회와 가족에서의 개인적 경험이 반영된 자전적 이론이고, 그가 대학원생으로서 학문을 연마하던 시절의 학문적 풍토와도 직접 연관되어 있음을 볼 수 있다. 파울러는 앞서 언급한 신앙발달단계이론의 30주년을 회고하며 『종교교육(Religious Education)』에 투고했던 논문(Fowler, 2004)에서, 자신의 삶과 신앙을 형성했던 중요한 경험들을 상세하게 묘사했다. 다음의 내용은 파울러(2004)의 논문에서 중요한 내용을 요약해서 정리한 내용이다.

파울러는 감리교 목사의 아들로 미국 노스캐롤라이나주에서 출생해서 어린 시절부터 아버지의 설교에 깊은 영향을 받았는데, 파울러에 의하면 자기 가족은 복음주의도 아니었고 근본주의도 아니었다고 회고했다. 파울러의 가족은 지성적인 가르침과 설교, 성경, 성례전, 음악을 강조한 존 웨슬리의 전형적 감리교 전통에 속한 가족이었는데, 파울러는 매우 어린 나이인 5세 때 자신의 삶을 하나님께 헌신하도록 이끈 깊은 '정서적인 깨달음'을 처음으로 경험했고, 11세와 16세에도 설교자들에 의해 유사한 정서적인 깨달음을 반복해서 경험하게 되었다(Fowler, 2004, p. 406).

13세였던 1953년에는 노스캐롤라이나주의 아름다운 호수 마을인 주날루스카로 이사하게 되었는데, 마침 그 마을은 감리교 남동부지역 수양관이 위치한 곳이어서 그곳에서 저명한 종교 지도자들과 만나는 기회를 자주 얻게 되었다. 이후 감리교대학인 듀크대학교에 진학해서 학부생으로서 1960년대 미국 사회를 휩쓸었던 시민평등권 운동에 참여하며 인종차별에 반대하는 일에 열정과 헌신이 있음을 인식하게 되었다. 대학을 졸업한 후 감리교대학인 드루대학교 신학대학원에 진학했고, 뉴저지 메디슨감리교회의 청소년 담당 부목사로서의 기독교교육 실천 경험이 후일 신앙발달단계이론을 발전시키는 데 좋은 경험이 되었다. 파울러는 1965년에 하버드대학교의 사회윤리학 박사과정을 시작하면서 리처드 니부어(Richard Niebuhr)와 폴 틸리히(Paul Tillich)의 깊은 학문적 영향을 받았는데, 특히 그들이 강조하던 신앙의 의미에 깊은 영향을 받게 되었다.

파울러는 박사과정을 하던 1968년에 훗날 자기 이론을 발전시키는 데 결정적 영향을 준 경험을 하게 되었다. 파울러의 어린 시절 멘토가 파울러의 아버지가 목회했고 파울러가 어린 시절 자랐던 주날루스카 호숫가에 '해석자의 집'이라는 새로운 프로그램을 시작하면서 파울러를 스태프로 초청을 했다. 그 프로그램은 성직자들과 평신도들의 신앙과 소명을 깊게 하기 위한 3주간의 소그룹 집단 과정이었는데, 참석자들의 영적·개인적 삶을 깊게 하고 변화시키며 소명을 재발견하도록 돕는 프로그램이었다. 파울러는 15~20명 정도 참석자들의 집단 리더 경험을 하게 되었고, 참석자들이 마음의 상처와 소명의 경험을 안전한 집단 환경에서 나누는 이야기와 신앙의 여정에 대해서 경청하는 경험도 했다.

파울러는 집단원들의 참여를 독려하고 촉진하기 위해서 잘 알려진 에릭슨의 8단계 심리사회 발달단계를 이론의 틀로 사용하게 되었다. 6개월 뒤 하버드대학교의 전임강사로 다시 부름을 받아서 그 프로그램에 오래 머무르지는 못했지만, 파울러는 '경험적 배움에 대한 확신' '실천신학적 리더십의 약간의 무게감과 권위' '뛰어난 경청 기술과 이해'를 가지고 돌아가게 되었다고 회고했고, 그 경험이 '신앙발달단계이론 연구를 위한 뜻밖의 기회'가 되었다고 회고했다(Fowler, 2004, p. 408). 특히 이 시기는 미국 사회가 베트남 전쟁과 시민평등권 운동이 벌어진 와중에 양극화와 갈등이 극에 달했던 시점이었는데, 그런 상황에서 파울러는 하버드대학교에서 '인간성장과 신앙'이라는 제목의 강의를 개설하게 되었고, 해석자의 집에서의 경험을 사용하게 되었다. 심각한 사회적 혼란과 갈등의 상황 속에서 어떻게 보면 파울러의 원래 전공인 사회윤리학 강의가 더 상황적으로 맞아 보이는데, 흥미롭게도 파울러는 사회윤리학 과목 대신에 자기의 의미, 정체성 형성, 인간성장, 신앙발달과 연관된 교과목을 개설하게 된 것이다.

그는 '인간성장과 신앙' 수업 시간에, 사회정의 문제에 관한 깊은 도덕적 갈등과 고민에 빠져 있던 대학생들에게 10명씩 네 개의 소그룹으로 나누어서 해석자의 집의 경험과 유사한 집단 역동을 경험하도록 했다. 그 수업에서 파울러는 학생들을 통해서 하버드대학교의 교육학과 교수로 막 부임한 콜버그의 도덕발달 이론을 접하게 되었고, 콜버그와의 직접 만남을 통해서 그의 출판 전인 논문들을 읽고 토론하며, 그가 사용 중이던 발달심리학자 피아제의 인지발달 이론을 배우게 되었다. 이후 파울러는 열정적인 학생들의 참여와 도움을 받아서 설문지를 만들고, 인터뷰 내용에 관한 해석과 분석 지침을 작성해서 신앙발달 인터뷰를 시작했고, 인터뷰 내용에 근거해서 신앙발달단계이론을 개발하고 검증하게 되었다.

그 후의 상황에 대한 파울러의 회고를 보면, 1960년대 후반과 1970년대 초반 세 명의 가톨릭 예수회 신부들을 통해서 자기의 신앙이 너무 인지적인 초점이 있다는 점을 깨닫게 되었다. 그들은 성 이냐시오(St. Ignatius)의 영성훈련법을 그에게 소개해 주었고, 그 훈련은 더 깊은 기도와 영성, 정서적 경험을 느끼게 해 주었다. 그 기간 중 파울러는 콜버그 연구팀에 속한 길리건

(Gilligan)과 케건(Kegan)과 학문적 논의를 이어 가면서, 신앙발달단계이론을 계속 발전시켜 나갔다. 1960년대와 1970년대에 콜버그의 도덕발달이론에 관한 관심, 수용, 인기가 점점 더 높아지고, 그 이론을 가톨릭 종교교육에 적용하려는 가톨릭 교육가들이 증가하면서, 파울러 이론의 적용에도 자연스럽게 관심을 보이기 시작했다. 파울러의 평가에 의하면, 신앙발달단계이론이 콜버그의 작업에 영향을 받은 교육기관들을 위한 합리적인 다음 단계 과정으로 보였기 때문에 이 이론이 많은 관심을 받게 된 것으로 보았다. 결국 파울러는 신앙발달단계이론을 마무리하던 기간 중 가톨릭 예수회 대학인 보스턴칼리지 교수로 짧게 가르치게 되었고, 그곳에서 신앙발달단계이론을 마무리하면서 정교화한 후, 1977년에 감리교대학인 에모리대학교로 옮기게 되면서 신앙발달단계 연구를 위한 대학의 전적인 지원을 받게 되었다.

신앙의 의미

앞서 언급했듯이, 파울러는 신학적으로 니부어와 틸리히의 지속적인 영향을 받았고, 특히 그들이 동시대의 전통적 신학에서 정의하는 신앙과는 다른 의미의 신앙을 강조했던 점이 파울러에게 영감을 주었다. 즉, 제도적 종교, 외재적 · 비본질적 종교, 종합적-전통적 신앙 관점에서의 신앙의 의미보다는 개인적 종교, 내재적 · 본질적 종교, 개별적-성찰적 신앙, 결합적 신앙의 관점에서의 신앙의 의미를 성찰하고 깨닫게 된 것으로 보인다. 파울러에 의하면, 신앙발달단계이론은 '자기(self)의 발달에 관한 이론'이고 에릭슨의 발달심리학, 니부어와 틸리히의 신학이 어우러져서 통합된 이론이었다(Fowler, 2001, p. 159). 결국 파울러의 이론은 심리발달과 영성발달의 통합을 추구하는 발달관점의 심리학 및 신학 이론의 통합적 관점을 추구하는 모델이었음을 알 수 있다.

파울러는 자기 발달에 관한 발달심리학적 이해와 신앙의 역동적 측면에 관한 신학의 이해를 두 개의 기둥으로 삼아서 신앙발달단계이론을 발달시켰는데, 신앙은 인간 모두에게 공통된 보편적 경험이고 인간의 자기는 관계적이고 사회적 존재라는 전제가 있었다. 공교롭게도 니부어, 틸리히, 파울러 모두 개신교 목사의 아들로 태어나서, 자신들도 목사 안수를 받은 후, 평생 대학교수로 활동했던 그들의 공통적인 삶의 경험 때문에, 신앙의 역동성에 관한 그들의 정의와 이론은 기독교 가정에서 모태신앙으로 나고 자라서 기독교 신앙이 자연스러운 문화였던 경험을 중심으로 한 어떻게 보면 편향적인 관점의 논의였을 것으로 보이기도 한다.

니부어는 미국 미주리주에서 목사의 아들로 태어나서, 장로교 목사로 안수를 받고 예일대학교에서 박사학위를 받은 후 저명한 기독교윤리학자로 활동했다. 특히 그의 명저인 『그리스도와 문화(Christ and Culture)』(1951)와 『책임성 있는 자기(The Responsible Self)』(1963)는 당대의 지성인들에게 큰 영향을 끼쳤다. 1931년부터 30년 동안 예일대학교 신학대학원의 교수로 재직하면서, 인간은 항상 하나님과의 관계, 타인과의 관계, 공동체와 세상과의 관계 안에 있음을 강조했고, 인간을 사회와 문화의 영향과 지배를 받는 수동적 존재가 아닌 책임성 있는 주체(agent)적 존재로 보았다. 니부어의 이러한 인간 이해는 제7장에서 소개할 인류학자인 부르디외의 인간 이해와 같은 관점을 가지는데, 부르디외는 인간을 능동적인 행위자로 보면서 공동체 내에서 인간의 능동적이고 주체적인 힘이 모이면 견고한 사회구조로 변혁할 수 있음을 강조했다.

틸리히는 독일에서 목사의 아들로 태어나서, 독일 브레슬라우대학교에서 박사학위를 받고 루터교 목사로 안수받았다. 그는 제1차 세계대전 중 군목으로 참전한 후, 독일의 여러 대학에서 가르친 후 나치 독일을 탈출해서 미국 이민을 했다. 그는 참전 중 목격한 죽음의 끔찍함, 인간의 실존, 전쟁의 파괴성, 잔혹한 유대인 학살을 생생하게 목격한 경험 때문에 그의 철학적 관점, 신학적 관점이 실존적이고 현실적인 측면을 가지고 있었다. 틸리히는 1933년부터 30년간 뉴욕 유니온신학대학원, 하버드대학교, 시카고대학교 교수로 가르치면서 『조직신학(Systematic Theology)』(1951, 1957, 1963), 『존재할 용기(The Courage to Be)』(1952), 『신앙의 역동(Dynamics of Faith)』(1957) 등의 영향력 있는 명저를 남겼다. 파울러는 이 두 신학자의 학문적 논의, 특히 신앙의 역동이 가진 의미에 관해서 깊은 영향을 받았다.

파울러는 신앙의 정의와 의미와 관련하여 틸리히와 니부어의 직접적인 영향을 받았다. 틸리히는 하버드대학교 교수로 재직하던 시절, 믿음과 종교와는 다른 개념인 신앙에 관한 당시 전통적 신학의 이해에 도전했고, 신앙의 의미와 경험에 관해서 심층적 탐구를 했다. 이 신앙의 의미는 개인적 종교, 내재적 · 본질적 종교, 개별적-성찰적 신앙, 결합적 신앙에 관한 것이었다. 틸리히는 어떤 인생의 가치들이 각 개인의 삶에서 열정, 에너지, 방향을 제공할 수 있는 '궁극적 관심'과 '중심적 힘'인지에 관한 질문을 던졌다(Fowler, 1981, p. 4). 각 개인에게 궁극적 관심은 인정, 권력, 영향력, 일, 부유함, 국가, 사랑, 섹스, 교회, 가족 등이 될 수도 있고, 종교적 교리 혹은 사도신경과 같은 인지적이고 전통적인 믿음보다는 훨씬 더 강력한 정서적인 어떤 경험일 수도 있다. 틸리히에게 신앙은 자신의 가장 깊은 사랑, 값비싼 헌신과 충성심을 주는 각 개인의 고유한 방식을 형성하는 것이었다.

니부어도 틸리히의 신앙의 정의와 유사한 정의를 내렸다. 니부어의 주장은 미출간 원고가 사후에 출판된 신앙의 구조에 관한 저술인 『세상에서의 신앙(Faith on Earth: An Inquiry into the Structure of Human Faith)』(1989)에 잘 묘사되었는데, 파울러는 이 책의 일부 내용이 니부어가 한참 연구와 저술을 하던 1940년대와 1950년대 당시의 미국 사회와 개신교회의 기준에서 볼 때 너무 급진적인 내용을 담고 있어서 1989년까지 출판되지 못했다고 추측했다. 니부어는 이 책에서 신앙에 관한 고유한 관점을 설명했다.

첫째, 신앙은 유아기에 주요 돌봄제공자와의 최초 관계를 통해서 기초가 형성된다고 보았다. 둘째, 신앙은 가까운 사람들과의 상호작용에서 신뢰와 충실함과 같은 긍정적 경험을 통해서뿐만 아니라, 불신과 배신을 통해서도 부정적 정서와 아픔을 통해서도 성장한다고 보았다. 셋째, 신앙은 인간의 삶에서 무엇보다 중요하고 통합적인 의미, 신뢰, 일치를 제공함으로써, 공유된 가치와 비전을 갖게 함으로써, 집단과 공동체의 구성원들을 모으는 역할을 한다고 보았다(Fowler, 1981, p. 5). 이 책에서 니부어는 인간의 보편적인 경험으로서의 신앙과 관계적이고 사회적인 존재로서의 자기에 관한 역동적인 설명을 제공하였다. 흥미롭게도, 니부어의 신앙에 관한 세 가지 설명은 대상관계 발달이론가들이 강조하는 초기 아동기의 대인 간 상호작용을 통한 자기의 발달과 같은 관점을 가지고 있었고, 제4장에서 소개할 자기심리학자 코헛이 강조하는 종교의 기능과 종교 공동체를 통한 개인의 심리영성발달과도 정확하게 같은 안목과 통찰을 포함하고 있다.

파울러(Fowler, 1981, p. 5)는 틸리히와 니부어의 영향을 받아서 신앙을 보편적인 인간 존재의 조건으로 주장했고, 사람들은 종교적이거나 비종교적이기 이전에 이미 신앙의 주제들과 관계가 시작된다고 보았다. 문화, 인종, 종교적 배경이나 헌신과 관계없이, 인간은 어떻게 우리의 삶을 구성하고, 무엇과 함께 삶을 가치 있는 삶으로 만들 것인지에 대해서 자연스럽게 관심을 느끼게 된다는 것이다(Fowler, 1999, pp. 38-39). 파울러에게 신앙은 인간 모두에게 공통적인 특징인데, 그 이유는 사람들은 자기의 죽음에 관한 보편적인 인식과 세상의 불확실성과 위험의 상황에서 삶을 정의하는 중요한 선택을 해야만 하는 무거운 짐을 지고 살아가는 공통적 갈등경험을 하고 있기 때문이다. 파울러(Fowler, 1999, p. 39)는 인간은 신앙에 의해서 살아간다고 강조했고, 과거에는 신앙이 사람들에게 종교적 신앙만을 의미했지만, 세속화, 과학주의, 포스트모더니즘, 다원주의 등이 종교적 신앙의 영향력과 충격을 감소시켰음을 강조했다.

파울러는 자신의 신앙발달단계이론에서 신앙의 구체적 내용의 문제에 관해 중점을 두지 않고, 우리의 삶에서 갑작스러운 사고, 유한성, 궁극성에 대해 이해하고 해석하며 응답하는 길로서 중요한 역할을 하는 신앙의 구조에 중점을 두었다(Fowler, 1999, p. 40). 파울러에게 신앙은 반드시 종교적 의미라기보다는 각 개인이 삶의 목표와 이상을 향해서 나아갈 수 있도록 인도하는 자기감, 정체성, 영성과 같은 의미의 개념으로 볼 수 있다. 결국 성숙한 신앙을 가지는 것은 각 개인의 삶의 튼튼한 기초가 될 수 있는 강한 자기감과 정체성을 가지는 것과 같다고 볼 수 있고, 신앙발달의 과정이 각 개인의 고유하고 지속적인 성격을 형성하고 발달하는 과정으로도 평가할 수 있다. 이렇게 본다면, 심리발달과 영성발달의 경계를 구분하는 것 자체가 큰 의미가 없어 보이기도 한다. 유아기 자기감 발달과 청소년기 정체성 형성 과정이 결국 신앙발달의 과정이고, 모든 사람에게 보편적 경험인 신앙발달의 과정은 결국 심리발달이 포함된 과정이기 때문이다.

파울러(1981)는 후에 콜버그의 도덕적 사고의 발달과 피아제의 구조적-발달적 접근법과 단계적 과정에 관한 이해를 사용했는데, 자신의 저서에서 에릭슨, 콜버그, 피아제 세 사람이 나누었을 법한 상상에 근거한 대화를 포함하기도 했다. 실제로 파울러는 콜버그와 가까운 관계로 학문적 작업을 했고, 에릭슨을 만나고 강의를 들었으며, 피아제 이론과 생애에 관한 집중적인 연구를 했다. 에릭슨과 피아제는 매우 가까운 관계였고 함께 작업했으며, 에릭슨과 콜버그는 서로를 잘 알고 있었고 자신들의 아이디어를 같이 나누던 관계였다. 다만, 피아제와 콜버그는 서로 만날 기회는 없었다. 파울러는 세 명의 발달이론가와의 상상의 대화에서, 이론가들의 학문적 배경과 인간발달과 생애주기에 관한 각자의 고유한 관점을 소개했다. 에릭슨, 콜버그, 피아제의 관점인 지속해서 성장하는 관계적 존재로서의 인간이라는 이해, 틸리히와 니부어의 신앙은 인간에게 보편적인 현상이면서 동시에 각 개인에게 고유한 경험이라는 관점이 파울러의 이론에 종합적인 영향을 준 것으로 보인다. 하지만 다양한 이론을 통합해서 이론을 만들다 보니, 아무래도 신앙발달단계 이론의 이론으로서의 응집력이 높지 않아 보일 수는 있을 것이다.

종합적-전통적 신앙에서 개별적-성찰적 신앙방식으로의 변화

파울러가 다양한 발달이론과 신학의 관점을 종합해서 자기의 이론을 발전시키면서 단계(stage)라는 용어를 소개하고 사용하기 시작했을 때, 그의 의도는 사람들이 신앙의 현재 단계를 이해하고 평가하는 데 있어서 낮은 단계, 높은 단계 등으로 사람들을 불필요하게 평가하려는 것은 아니었다. 파울러의 원래 의도는 '좀 더 복합적이고, 구별되고, 종합적인 아는 것과 가치를 두는 방식(mode)으로의 점진적인 진행 과정'을 보기 위함이었다. 또한 파울러는 단계 대신에 '자리(position)'라는 용어도 같이 사용했는데, '종합적 자리' 혹은 '개별적 자리' 등의 표현으로 사용했다(Fowler, 1999, p. 45). 자리라는 용어는 대상관계 이론가인 멜라니 클라인(Melanie Klein)이 유아와 아동의 심리상태를 '편집-분열적 자리'와 '우울적 자리'로 구분 지은 것과 같은 용법으로 볼 수 있다.

사람들이 한 방식으로부터 다른 방식으로의 전환을 경험할 때, 그 전환은 앎과 가치를 두는 방식의 의미 있는 전환을 포함한다. 다른 말로 하면, 각각의 전환은 '자기의 기본적 지향성과 반응'의 주목할 만한 전환을 보여 준다는 것이다(Fowler, 1999, p. 45). 변화의 과정에서 각 개인의 이전의 관점, 가치, 지식은 완전히 새롭게 재작업이 된다는 의미이다. 특히 신앙발달의 단계(stage)라는 용어 대신에 방식(mode)이라는 표현을 쓰게 되면, 아무래도 단계라는 용어의 함의 때문에 파울러의 이론이 정서적으로 불편했던 한국 개신교회와 교인들이 이 이론을 좀 더 열린 마음으로 이해하고 수용할 수 있을 것으로 보인다. 실제로 종합적-전통적 신앙방식과 개별적-성찰적 신앙방식은 한 개인이 어떤 신앙의 방식으로 하나님과 자기를 이해하고, 신앙공동체의 구성원들과 관계를 맺고 성장하는지에 대한 차이점으로 볼 수 있다.

파울러의 신앙발달단계에 대해서 제2장에서 이미 설명했지만, 다시 한번 종합적-전통적 신앙에서 개별적-성찰적 신앙으로의 전환을 간략히 정리해 보면, 종합적-전통적 신앙방식은 청소년기 초기에 주로 드러나는데, 여기서 중요한 점은 초기 아동기에 시작된 자기의 형성과 청소년기의 주요 과제인 정체감의 형성이 마무리되어 가는 과정에서 함께 나타난다는 점이다. 즉, 신앙발달은 인지발달, 정서발달과 함께 일어나는 과정으로 종합적-전통적 신앙방식이 있는 사람은 청소년기 정체성의 형성과 함께 신앙정체성도 함께 형성된다는 의미이기도 하다.

파울러에 의하면 청소년들은 이제 다른 사람들에 의해서 구성된 자기의 다양한 이미지를 인식하는 과정에서 그러한 이미지들이 반드시 서로 잘 들어맞지는 않는다는 사실과 자기에 대한 다른 사람들의 다양한 이미지가 반드시 자기 자신이 느끼는 자기의 이미지와 항상 일치하지는 않는다는 사실을 알게 된다(Fowler, 1999, p. 47). 즉, 타인의 자기에 관한 평가와 자신의 자기에 관한 평가의 불일치 가능성에 대해서 이해를 하게 되는 것이다. 이러한 불일치된 상태에도 불구하고, 청소년들은 여전히 종합하는 과정을 경험할 수 있는데, 그 과정은 다양한 조각들을 전체적으로 하나로 모아서 통합하는 과정을 통해서 자립적인 자기와 정체성을 형성하는 과정을 의미한다.

파울러가 강조한 대로, 종합적-전통적 신앙방식은 자기와 정체성과 직접 연관성이 있는데, 정체성의 내용물을 구성하는 믿음, 이상, 가치는 주요한 대상에게서 나온 것이다. 사실 대부분 청소년의 삶은 주변의 어른들로 가득 차 있다. 청소년들은 자기들 주변에 있는 어른들이 청소년들에게 어떤 존재가 되기를 원하는지, 무엇을 하기를 원하는지에 대한 메시지를 준다고 주로 느낀다. 파울러 연구의 한 인터뷰에서, 15세 소녀는 다음과 같이 말했다. "나의 가장 친한 친구, 부모님, 선생님, 할아버지, 할머니, 그들 모두가 어떻게 해서든 나의 한 부분을 원하거나, 그들이 원하는 것이 내가 나에게 하는 요구의 세트가 되어서 상징적으로 나타난다고 볼 수도 있어요."(Fowler, 1999, p. 48).

파울러에 의하면, 이 신앙방식이 종합적인 이유는 청소년의 지금 현재 생겨나고 있는 정체성은 아직 자기 자신에 의한 비평적 성찰을 위한 충분한 객관성을 가지고 있지 않으며, 비평적 자기성찰과 탐색의 대상 자체가 될 만큼 성숙하지는 못했기 때문이다(Fowler, 1999, p. 47). 파울러는 이 단계에서 '통합되는 세계관과 자기감'과 '자기가 가진 가치를 검증하고 확인해 주는 권위자들'이 내면화되면서 지속적인 성장을 경험하게 된다고 강조했다(Fowler, 1999, p. 49). 하지만 아직은 독립적으로 판단이나 결정을 내릴 수 있는 충분한 정체성을 형성하지 못한 상태이고, 어떤 현상이나 가르침에 대해서 의문을 가지거나 비평적으로 성찰하는 능력을 형성하지 못한 상태이다(Fowler, 1999, p. 47). 다른 사람의 의견에 경청하고 순응하며 주변 어른들의 가르침과 신앙을 서서히 내면화하는 과정에 있기에, 개인의 의견을 물으면 주로 주변 어른들이 준 대답이나 지침을 인용해서 주로 대답하며 공동체에 순응하고 잘 어울리는 사람으로 보인다.

청소년기와 성인 초기에 서서히 모습을 드러내는 개별적-성찰적 신앙방식은 주변의 주요 대상으로부터 정서적으로 분리개별화되어서 개인적으로 고민하고 성찰하고 결정을 내릴 수 있는 자율적이고 독립적인 신앙방식이라고 볼 수 있다. 이 방식을 가지게 되면 제도적 종교의 구성원으로의 역할보다는 개별적으로 성찰하고 신앙이 깊어질 수 있게 된다. 특히 인생의 딜레마 상황이나 위기 혹은 고통의 순간을 맞이할 때, 다른 대상에게 질문하고 답을 구하는 의존적인 방식보다는 자기의 상황을 자기 스스로 냉정하게 잘 이해하고 받아들이며 치열한 고민과 성찰을 통해서 삶의 상황을 경험하고 성장해 나갈 수 있다. 자기정체성이 있고 자기의 판단에 대해서 스스로 '자기승인(self-approval)'을 할 수 있어서 타인에게 덜 의존적이고, 책임과 헌신을 가지게 된다(Fowler, 1999, p. 49). 이 시기에는 간단한 공식으로 풀리는 쉬운 문제보다는 인생의 복잡한 응용문제를 고민을 통해서 스스로 문제를 풀어 가는 능력을 서서히 갖추게 된다고 볼 수 있다.

놀랍게도, 만 21~65세의 성인들은 자신들의 특정 연령대와 상관없이 종합적-전통적 신앙, 개별적-성찰적 신앙, 결합적 신앙방식까지 골고루 분포

되어 있다(Fowler, 1981, p. 318). 즉, 50대와 60대의 다수의 성인 가운데 청소년기에 이미 경험했을 종합적-전통적 신앙방식에 계속 머무르고 있는 사람들이 있다는 의미이다. 결국 개인의 개별적인 신앙정체성 형성이 아직 선명하게 되지 않은 성인으로서 평생 살아가는 사람들도 있다는 의미이기도 하다. 파울러에 의하면 종합적-전통적 신앙방식에서 정체성과 신앙의 이미지를 통합하는 것과 동시에 그 이미지에 대한 비평적 성찰을 하는 것은 실제로 매우 어려운 일이기 때문이다(Fowler, 1999, p. 49).

종합적-전통적 신앙방식에서 개별적-성찰적 신앙방식으로의 중요한 이행을 위해서, 파울러는 적어도 두 가지 조건이 반드시 부합되어야 함을 강조했다. 첫째, 자기승인이라는 새로운 능력을 개발하고 행동할 수 있는 자기로 이동할 수 있어야만 한다(Fowler, 1999, p. 49). 둘째, 자기 신앙에 대해서 객관화하고 결정적인 선택을 할 수 있는 능력을 개발해야만 한다. 이 두 가지의 결정적인 경험이 있을 때, 그 사람은 이 새로운 방식에서 분명한 성찰적 정체감을 가지게 되고 의식적인 자기에 대한 자존감을 가질 수 있게 된다(Fowler, 1999, p. 51). 이 중요한 두 가지 조건의 상호작용에 대해서 조금 더 자세히 살펴볼 필요가 있다.

권위와 승인의 문제

파울러의 설명에 의하면, 사람들은 종합적-전통적 신앙에서 개별적-성찰적 신앙으로의 이행을 주로 30대와 40대 시절에 경험하게 되는데, 그 경험은 자신뿐 아니라 그들이 그동안 맺어 온 전반적인 인간관계에 많은 고통을 줄 수 있다는 점을 지적했다. 앞서 파울러가 언급했던 신앙방식의 이행을 위한 두 가지 선제조건 중에서 한 가지 변화만 경험하는 경우에는, 종합적-전통적 신앙과 개별적-성찰적 신앙의 어디에도 온전히 속하지 못하고 그 중간의 어딘가에 꼼짝할 수 없이 갇히는 경험을 하기도 한다. 예를 들면, 어떤 사람들은 자기 자신의 믿음과 가치에 대한 주의 깊은 검토를 근거로 해서 중요한 결정을 내릴 수는 있지만, 반면에 자기승인의 감각과 능력을 발달시키기 어려울 수 있다. 반대로, 어떤 사람들은 자기승인 능력을 발달시키지만, 자기의 믿음과 가치에 관한 진지한 검토와 재편성이 어려울 수 있다. 파울러에 따르면, 이러한 한 가지 선제조건만 이행 가능한 사람들은 두 방식의 중간에 끼인 모습을 보이게 되고, 그 모습은 종합적-전통적 혹은 개별적-성찰적 신앙방식 둘 다에 의해서 묘사할 수 없는 마치 두 신앙 유형의 중간 지점 어딘가에 영구적으로 머무는 모습이 될 수 있다는 것이다 (Fowler, 1999, pp. 50-51).

사실 권위와 승인의 문제는 한국 사회에 속한 사람들과 한국 교회에 속한 개신교인들에게 가장 큰 부담을 주는 주제이다. 종합적-전통적 신앙방식에 머무르는 사람들은 앞서 언급한 것처럼 아직은 독립적인 결정이나 판단을 내릴 수 있는 정체성 형성에 어려움을 겪기 때문인 경우가 많다. 하지만 반대로 개별적-성찰적 신앙방식이 가능한 상태인데도 그동안 자기가 형성해 온 믿음과 가치에 대한 진지한 재형성이 고통스럽고, 자기에게 변화가 있는 경우 관계를 맺어 온 목회자나 주변 사람들과의 관계를 재조정하고 재구성해야 하는 힘든 과정을 겪는 것에 대한 불편함 때문에 종합적-전통적 신앙방식에 머무는 경우도 많은 것으로 보인다. 즉, 개별적-성찰적 신앙방식을 경험할 수 있는 정체성 형성이 이미 충분히 된 경우에도, 개인의 선택과 의지에 따라서 종합적-전통적 신앙방식에 머무를 수도 있다는 것이다.

최근 많은 신앙공동체에서 일어나는 일들과 지도자의 권위에 대해서 의문을 가지거나 비판적인 관점을 이미 가지고 있는 경우에도, 공동체의 리더와 어른들의 의견에 문제제기 없이 잘 어울리고 순응함으로써 기존의 질서 있는 관계를 유지하고자 하는 항상성을 보이는 사람들도 많다. 특히 장유유서의 전통적 관점을 가진 한국 사회와 한국 교회에서는 영적인 질서를 항상 중시하고, 영적인 지도자의 말씀에 순종하며, 공동체의 구성원들과 좋은 관계를 유지하는 것이 더 성숙하고 지혜로운 모습이라고 생각하는 경우도 많다.

즉, 관계를 중시하는 관점에서 신앙방식을 선택하게 되는 경우 종합적-전통적 신앙이 훨씬 더 편하고 안정적인 방식으로 느껴지기 때문에 자의에 의해서 선택하고 머무는 경우가 많은 것으로 보인다.

권위와 승인과 관련된 또 다른 중요한 주제는 성경 말씀의 해석과 삶의 결정과 관련된 부분이다. 앞서 언급한 것처럼, 청소년기에 시작되고 성인 초기와 중기에 많이 경험하는 개별적-성찰적 신앙은 주요 대상으로부터의 분리 개별화 경험과 자기 스스로 고민하고 성찰함으로써 삶의 중요한 결정을 내리는 독립적이고 자율적인 신앙이다. 한국 개신교인 중에서 개인적으로 말씀 묵상(QT)을 하는 사람들이 많지만, 항상 부담을 느끼는 지점은 성경 구절에 관한 해석과 말씀을 삶에 적용하는 부분을 신학 교육을 받지 않은 비전문가인 자기가 마음대로 해도 되는가에 대한 물음이다. 그 물음은 인지적 물음이기보다는 그렇게 하면 안 될 것 같고, 큰일이라도 날 것 같은 정서적인 불안과 두려움에 근거한 물음인 경우가 많다. 결국은 개인의 내면에 엄청난 힘으로 두려움을 주는 부정적인 작용적 신학의 문제라고도 볼 수 있다.

여기에는 공동체 구성원 개인이 자기 나름의 자의적인 성경 해석을 하지 않도록 항상 주의를 주는 지도자들의 가르침의 방식도 많은 영향을 준다. 물론 코로나 상황에서 이단과 사이비가 판을 치고 그 종교에 빠진 사람들의 삶과 가정을 완전히 망가뜨리는 부작용을 볼 때, 성경 해석과 적용을 마음대로 하지 않도록 지도하는 교회의 반응도 개인적으로 이해가 되는 부분이 있다. 하지만 그런 상황에 대한 불안과 두려움 때문에 결과적으로는 개별적-성찰적 신앙을 경험하는 과정을 방해하는 일은 각 개인의 신앙과 성장을 위해서 좋지 않은 결과를 가져올 수 있다.

특히 기독교인들이 자기 인생에서 위기, 고통, 딜레마 상황을 맞이하게 되었을 때 목회자나 평신도 리더들에게 질문하고 답을 구함으로써 그 상황을 대처하고 극복하는 방법도 있겠지만, 더 근본적으로는 자기의 상황을 스스로 돌아보고 말씀과 교회의 가르침과 씨름하고 적용해 봄으로써 자기 삶에 대한 책임성과 공동체와 관계에서의 헌신을 더 강화하는 좋은 계기가 될 수도 있다. 즉, 신앙방식의 변화를 경험하는 것은 자기에게도, 권위 인물에게도, 주변 사람들에게도 새로운 적응이 필요한 힘든 과정이 될 수도 있지만, 코로나바이러스로 인해 신앙공동체의 구성원들이 서로 떨어지고 격리된 상황에서 굉장히 의미 있는 훈련이 될 수 있을 것으로 보인다.

개별적-성찰적 신앙방식으로의 변화 과정을 방해하는 수치심

권위와 승인의 문제와 더불어서 개별적-성찰적 신앙방식으로의 변화를 어렵게 만드는 또 다른 주제는 수치심(shame)의 감정이다. 권위, 승인의 문제와 수치심은 사실 동전의 양면과도 같다. 자기 존재와 판단에 대한 확신이 없어서 권위와 승인의 문제로 심적 갈등을 겪게 되는 것이고, 자기 존재에 대해 자부심과 같은 긍정적 감정 대신에 열등감과 낮은 자존감을 느끼는 감정이 결국 수치심의 감정이기도 하다. 신앙은 인지적으로 배우고 습득하는 측면도 있지만, 정서적 경험이 매우 중요한데, 열등감, 수치심과 같은 강력한 정서에 압도되는 경험을 하게 되면 신앙방식의 변화에 어려움을 주게 된다. 앞서 논의한 것처럼, 한국 교회와 개신교인들 가운데 종합적-전통적 신앙은 목회자의 인도와 가르침을 잘 수용하고 교회의 전통과 교리에 충실히 따르는 것을 건강하고 모범적인 신앙으로 보는 경향이 있는데, 어떻게 보면 그런 경향이 자기에 대한 자신감 부족, 자기 존재에 대한 열등감, 수치심과 연관된 반응으로 인해 형성된 사람들도 있을 것이다.

파울러가 주요 발달이론으로 활용했던 에릭슨의 8단계 심리사회발달 과정에도 아동이 생애 초기 돌봄제공자와의 관계와 상호작용에서 일관되고 지속적인 정서적 수용과 반영을 경험하지 못한 경우에, 불신(0~12개월), 수치심(1~3세), 죄책감(3~6세), 열등감(6~12세), 정체감 혼란(12~18세)을 경험할 수 있다는 점을 강조하였다. 대상관계 이론에서 자기구조와 대상항상성 형성을 일단 만 3세 전후에 되는 것으로 보고, 자기구조와 대상항상성 형성이 정체성 형성의 선제조건이라고 볼 때, 종합적-전통적 신앙방식에서 개별적-성찰적 신앙방식으로의 이행이 어려운 점이 불신, 수치심, 죄책감, 열등감으로 인한 정체감 혼란으로 연결되어 있음을 유추해 볼 수 있다.

이러한 고통스러운 정서 중에서, 생애 초기 자기구조의 형성 과정과 시기적으로 직접 연관되어 있고, 심리 내면의 가장 깊은 층에 뿌리박힌 감정은 수치심이라고 볼 수 있다. 에릭슨은 수치심과 죄책감을 비교하면서, 수치심은 발가벗겨진 자기의 몸을 보는 것과 같은 자기의 전 존재(being)에 대한 시각적 경험이고, 죄책감은 자기의 잘못된 행동(doing)에 대해 부모로부터 꾸지람을 듣는 청각적 경험으로 설명하였다(Lewis, 1995, p. 61). 어떤 아이들은 자기가 잘못한 한 가지 행동에 대해서 꾸지람을 듣는 상황에서, 그 꾸지람을 자기 존재에 대한 열등감과 수치심으로 전환하는 일도 많다. 이 경험은 아이들뿐만 아니라 성인들도 같은 메커니즘을 사용하는 경우가 많다.

임상심리학자이자 심리치료사인 카렌은 수치심이 '우리 시대의 정서적 고통의 현저한 원인'이자 '우리가 누구인가에 관한 매우 심한 불안정감을 초래한 현대 사회의 변화와 자녀 양육 방식의 부산물'이라고 지적했다(Karen, 1992, p. 40). 또한 수치심은 자기 형성, 정체성 형성과 부적 상관관계로 연관되어 있으며, 자기애적 성격장애와 우울증의 주요 원인이기도 하다. 수치심은 종종 부모로부터 자녀에게로 언어적 · 비언어적으로 전달되는데, 특히 부모가 자기의 수치심, 충족되지 않은 욕구, 실패감, 불만족스러움 등으로 고통을 당할 때 주로 일어난다. 그런 경우에 부모들은 자기 자녀들을 있는 모습 그대로 받아들이기가 어렵고, 자녀들의 정서적인 성장에 필요한 공감이나 존중을 보여 줄 수 없게 된다(Karen, 1992, p. 43).

카렌은 자녀의 고유성, 차이점, 생각, 감정을 존중하고 공감해 줄 수 있는 부모의 민감한 사랑은 자녀에게 신체적 · 정서적 안전감을 줄 수 있는데, 부모의 '민감한 사랑의 부족만큼 깊은 수치심의 상처를 낼 수 있는 것은 없다.'라고 강조했다(Karen, 1992, p. 43). 수치심의 최종 결과로 아이들은 성인이 되어서까지 정체성 혼란과 자기 자신의 무가치함에 대한 무의식적인 병적인 믿음에 시달리게 되는데, 그 이유는 어떤 순간에는 수용되는 느낌과 자신감을 느끼게 되고, 다른 순간에는 자기의 볼품없음과 어리석음과 같은 자화상과 부정적 믿음에 시달리게 되기 때문이라는 것이다(Karen, 1992, pp. 40-42). 정체성 혼란과 병적인 수치심을 불러일으키는 믿음은 자기가 공동체 혹은 집단의 구성원으로서 무가치하고, 사랑받을 수 없으며, 받아들여질 수 없다는 두려운 믿음을 만들어 내게 되고, 결국 건강한 대인관계를 발달시키는 데 심각한 방해물이 될 수 있다.

그런데 아이의 수치심 형성을 논하기 이전에, 부모 자신이 자기 존재에 관한 수치심과 불안으로 시달리는 경우, 자기 문제 때문에 자녀들과 건강하지 못한 관계를 맺게 되고, 그런 관계는 대상관계 이론가들이 강조하는 출생부터 3세까지의 분리개별화의 건강한 과정을 방해하는 요인이 된다. 그런 부모들은 자녀에 대한 과도한 개입, 지속적 관찰, 경계 침범, 자녀들의 행동, 생각, 감정에 대한 과도한 통제를 보여 주게 되는데, 자녀들은 분리, 거리, 사생활의 부족으로 고통당하게 되고, 결국은 부모에게 과도한 의존을 하게 되는 결과가 생길 수 있다. 자녀들의 경우에는 건강한 자기를 발달시키는 기회가 없이는 일생에 걸쳐서 수치심, 불안, 자기애적 성격으로 고통당하게 된다.

결국 자녀를 돌보는 부모의 자기 존재에 관한 수치심이, 자기가 형성되고 분리개별화가 일어나는 시기의 자녀에게 자기가 가지고 있는 수치심을 세대 간 전수하는 결과가 생기게 된다. 엄마와 아빠의 수치심을 원치 않게 물려받은 자녀들은 부모의 기쁨이 되기 위해 노력하는 경향이 생기게 되는데, 사회학자 박영신과 김의철의 연구에 의하면, 한국 사회에서 부모와 자녀는 종종 심하게 친밀하고 융합된 관계를 자녀들의 어린 시절부터 맺게 되고, 그 융합된 관계는 심지어 자녀의 성인기까지 이어지는 경우가 많다(Park & Kim, 2006, p. 424). 이 연구에 의하면, 62%의 한국 청소년들이 학업 성취를 하는 이유를 '부모를 기쁘게 하기 위해'라고 답변했다(Park & Kim, 2006, pp. 423-425). 특히 극심하게 경쟁적인 한국 사회에서 자녀들의 학업 성취를 지지하면서 양육하는 엄마들의 역할이 강조되는데, 결국 한국 사회의 자녀들은 부모를 기쁘게 하기 위한 동기를 가지고 부모들의 소망에 따라서 자기의 삶을 살아가게 된다. 또한 자녀들이 부모로부터 받은 희생적인 사랑에 대해서 죄책감과 빚진 마음을 갖게 되는 것은 당연하고 적절한 감정으로 평가되기도 한다.

앞서 언급한 것처럼, 파울러가 종합적-전통적 신앙에서 개별적-성찰적 신앙방식으로의 중요한 이행을 위해 강조했던 두 가지 조건이 자기승인 능력과 자기 신앙에 대해서 객관화할 수 있고 결정적 선택이 가능한 능력이었다. 그런데 건강하지 못한 부모-자녀 상호작용과 세대 간의 수치심의 전수는 자기 존재에 대해 확신을 갖지 못하게 만들고, 수치심의 고통스러운 경험 때문에 자기를 있는 그대로 받아들이고 승인하거나, 자신감에 근거해서 개별적인 결정을 하거나, 자기를 객관화해서 관찰하고 평가하는 것이 어렵게 된다.

그런 상황이 자기의 수치심을 다시 건드리는 상황을 촉발할 수도 있다는 의식적 · 무의식적 두려움을 느끼게 만들 수도 있다. 결국 이러한 심리적인 어려움이 개별적-성찰적 신앙방식을 경험할 수 있는 과정을 더욱 어렵게 만드는 요인이 된다. 이 장에서 재평가하고 적용 가능성을 보고 있는 신앙발달단계이론이 단점으로 지적받아 온 인지적 관점의 신앙 이해 때문에 지금까지 논의한 권위와 승인의 문제, 개별적-성찰적 신앙방식의 경험을 어렵게 하는 수치심의 문제를 잘 다룰 수 있을지 다시 한번 확인해 보고 숙고해 보는 것이 필요할 것으로 보인다. 이어지는 논의에서 그 부분을 확인해 볼 것이다.

신앙발달단계이론의 지속적 수정 과정

파울러의 회고에 의하면, 그는 1970년대 초반 이론을 완성해 가던 중 가톨릭 예수회 신부들을 통해서 그의 신앙과 이론에서의 신앙의 정의가 너무 인지적 초점을 가지고 있다는 점을 깨닫게 되었고, 성 이냐시오의 영적 훈련을 통해서 더 깊은 기도와 영성을 경험하게 되었다. 신앙발달단계이론의 개발 초기에 그 이론에 대한 불만족과 비판의 내용 중에도, 파울러의 신앙에 관한 정의가 너무 인지적이라는 점, 그 결과로 상대적으로 정서의 중요성과 무의식적 역동에 관심을 덜 가진다는 지적이 많았다.

또한 이 장의 바로 앞에서 논의한 것처럼, 종합적-전통적 신앙방식에서 개별적-성찰적 신앙방식으로의 중요한 이행은 분리개별화와 자기와 정체성 형성이 선제조건으로 되어야 가능한데, 그 과정에서 부모로부터의 수치심의 전수와 정서적 트라우마가 이행을 어렵게 만들 수 있는 점이 확인되었다. 지금도 파울러의 이론에 대한 사람들의 자동적인 반응은 이론이 너무 정서보다는 인지, 신앙의 내용보다는 구조에 초점이 맞추어져 있다는 인상을 준다는 것이다. 그 비판은 사실 미국심리학회 국제 심포지엄에서도 여러 학자에 의해서 지적되었다.

1999년 미국심리학회 연례학술대회 국제 심포지엄이 보스턴에서 열렸는데, 주제는 신앙발달단계이론에 대한 종합적인 평가였고, 휘튼칼리지의 종교심리학자인 울프(Wulff)와 에모리대학교에서 파울러로부터 신앙발달단계이론을 공부하고 독일 빌레펠트대학교 교수로 가르치던 스트라입(Streib)이 공동좌장이었다. 파울러가 기조 강연을 했고, 스트라입과 보스턴칼리지의 맥다르(McDargh)가 신앙발달단계이론에 대한 성찰적 평가를 발표했으며, 리주토(Rizzuto)의 깊은 정신분석적 성찰이 담긴 평가가 이어졌다. 이 심포지엄은 2000년 파울러의 60세 생일과 그의 이론의 지난 30년 동안의 공헌을 축하하는 자리이기도 했다.

파울러의 제자였던 스트라입은 신앙발달단계이론에 대한 도전을 세 가지 주제로 요약했는데, 이는 신앙발달에 있어서 정서의 역할, 정신 역동적 무의식의 역할과 공헌, 정서적 대인관계의 요인이었다. 스트라입의 요약과 연관해서, 맥다르와 리주토가 파울러 이론에 관한 그들의 불만족을 신앙발달 과정에 있어서 파울러의 인지적 측면에 대한 강조와 정서의 역할에 관한 상대적인 부재, 정서적 대인관계 상호작용에 관한 관심 부족, 사례를 이해하고 설명하는 데 무의식적 역동에 대한 상대적 무관심, 연구 참여자의 신앙 이야기와 삶의 역사에 대한 충분한 묘사 없이 신앙발달의 과정에 특정 종교적 믿음이 빠진 가치중립적인 언급, 신앙과 자기 발달의 명시적 이론의 부족 등 다섯 가지 영역에서 지적하였다(Streib, 2001, p. 141).

내가 보기에 신앙발달단계이론에 관한 심포지엄 발표 학자들의 평가와 비판은 파울러가 1981년에 출판한 첫 저서의 내용에 관한 것으로 보이고, 파울러의 후속 저서들(1984, 1987, 1996, 2000)에 나타난 그의 이론에 관한 전반적이고 광범위한 수정 내용은 많이 반영되지는 않은 것으로 보인다. 40대 초반 학자였던 파울러가 처음 발표했던 이론은 신학이나 발달심리학 분야 학자들뿐만 아니라 다양한 독자층을 염두에 둔 일반적인 발달이론이었고, 이후 연구에서는 좀 더 명시적이고 고백적으로 자신의 신학적인 관점과 기초를 밝혔다. 신앙발달에서 하나님의 은혜의 역할, 정서의 중요성, 신앙공동체의 역동의 중요성, 그리고 신앙발달 과정에서의 수치심의 역동에 대해서도 강조했다. 파울러는 이론에 담긴 기존 논지를 유지하기는 했지만, 포스트모던 사회에서 개인적 · 사회적 변화와 어려움을 겪는 것에 관한 성찰을 추가했다. 또한 초기 아동기 발달에 대한 신중한 관심을 기울였는데, 아동의 심리 내면에 하나님 표상의 형성, 불신, 수치심, 죄책감 등의 인간의 기본적인 정서적 고통에 대한 집중적인 성찰과 논의를 포함했고, 이 논의를 신앙발달의 단계에 잘 적용했다.

파울러는 『어른이 되어 가기, 그리스도인이 되어 가기(Becoming adult, becoming Christian: Adult development and Christian faith)』(1999)에서 포스트

모던 사회에서의 자기성과 정체성의 중요성과 연관해서 신앙발달단계이론을 수정하고 더 발전시켰다. 이 형성 과정의 중심에는 그리스도인과 성인으로서의 소명이 있고, 그 소명은 개인에게 더 성숙하고, 책임감 있는 그리스도인으로 되어 가기 위한 삶의 목적과 방향성이 제공되었다. 파울러는 소명을 '직업보다는 큰 개념'이고 '일생의 전문직보다 훨씬 더 깊은' 의미가 있는 것으로 정의하면서, 소명은 '자기 삶의 목적을 찾아가는 것이고, 자기 삶의 목적은 결국 하나님의 목적의 일부가 되는 것'이라고 설명했다(Fowler, 1999, p. vii). 또한 이 책에서 파울러는 하나님의 은혜의 역할에 대해 좀 더 명시적으로 언급했는데, 신앙발달단계이론은 각 개인과 신앙공동체는 성령이 제공하는 변화를 위한 에너지를 지속해서 경험하고 있는 것에 확신을 느끼고 의지하고 있음을 강조했다(Fowler, 1999, p. 50). 각 개인과 신앙공동체가 성령과의 시너지를 위해서 현재 신앙방식의 구조 내에서 철저하게 마음을 열 수 있을 만큼 최대한 열게 됨으로써 구원하시는 은혜를 경험하며 지속해서 성장하는 과정이라는 것이다(Fowler, 1999, p. 60). 파울러는 이 논의에서 1단계에서 마지막 6단계까지 현재 각 개인이 가진 신앙방식 내에서 최대한 마음을 열고 성장을 추구하는 점이 중요함을 강조했고, 그 과정도 자기 에너지와 능력보다는 함께하시는 성령의 에너지의 도움을 받게 되는 과정임을 언급했다.

파울러에 의하면, 20세기 사상의 주목할 만한 특징은 대부분의 학문 분야에서 과정, 역동, 관계의 중요성을 강조한 것이었다(Fowler, 1999, p. 65). 즉, 기독교 신앙은 창조가 지금도 계속 일어나고 있음을 믿는다는 것이고, 또한 창조주 하나님의 일을 위해서 인간의 동반자 관계가 필요하다는 점이다(Fowler, 1999, p. 69). 사람들은 자기 자녀가 있든 없든 사회와 공동체에 속한 아동들의 양육 과정에 직접적 · 간접적으로 참여하게 되는데, 아동들의 온전한 성장과 공동의 선을 위해서 하나님의 동반자로서 참여하게 된다는 것이다(Fowler, 1999, p. 72). 파울러가 여기서 직접 에릭슨을 언급하지는 않았지만, 이 관점은 에릭슨의 발달이론에서 중년기에 접어들면 자기 자녀뿐만 아니라 자기가 속한 문화와 사회 내의 다음 세대를 양성하며 자기의 정신적 · 무형적 유산을 후대에 남기고 싶은 생산성(generativity)의 욕구가 있고, 그 욕구가 적절하게 인정이 되고 발휘되어야만 건강한 성숙의 과정을 지속할 수 있다는 강조점과 맥을 같이한다.

또한 기독교 신앙공동체의 가장 중요한 요소는 깊은 정서(affections)를 형성하는 힘에 있으며, 이 정서는 개인의 깊은 곳에 존재하면서 인도하는 정서, 즉 신앙공동체와 맥을 같이하는 사람의 동기의 원천으로 보았다(Fowler, 1999, p. 93). 파울러는 특별히 18세기 영어 단어인 affections(깊은 의미의 정서)를 사용했는데, 이는 현대 영어의 emotions(감정)와 유사한 의미이다. 하지만 정서는 단순하게 마음에 느끼는 감정만이 아니라 근원적인 기질이자 성격으로서, 더 깊이 있고, 전반적으로 스며들며, 지속하는 것이라는 차이점이 있다(Fowler, 1999, p. 96). 특히 그리스도인의 깊은 정서는 '마음의 깊은 기질이고 정서적인 안식'이며 하나님의 은혜와 성령의 힘에 대한 응답을 통해서 서서히 형성되는 '마음에 깊이 각인된 습성(habitus)'을 의미하고, 하나님이 사랑하시는 모든 것을 사랑할 힘을 북돋는 역할을 한다(Fowler, 1999, pp. 97-98). 파울러가 강조했던 마음에 각인된 습성, 태도로서의 하비투스는 제7장에서 설명할 인류학자 부르디외(Bourdieu)의 하비투스 개념, 제8장에서 논의될 웨슬리 신학의 핵심 개념과도 일맥상통한다.

파울러는 논의를 더 추가한 『신앙의 변화: 포스트모던 삶의 개인적 · 공공적 도전들(Faithful change: The personal and public challenges of postmodern Life)』(1996)에서는 유아와 아동들이 주요 대상과의 역동적인 관계를 통해서 자기구조가 나타나고, 하나님 표상을 형성하는 종교적 경험을 하는 심리 내적 역동 과정에 대해서 집중적으로 논의했다. 파울러는 수치심을 자기애적 성격과 영성발달과 밀접하게 연관된 중요한 인간의 감정으로 확인하면서, 인간 내면과 공동체 내의 인간관계에서 경험되는 수치심의 역동에 대한 심층적인 탐색과 평가를 제공했다. 주목할 만한 점은, 파울러는 수치심의 부정적 · 긍정적 측면 양쪽에 대해서 다 강조했는데, 수치심을 '인간 마음의 파괴자'이면서 동시에 '영성발달의 촉진자'의 역할을 할 수 있다는 점을 강조하면서, 수치심 경험이 '우리의 개인적 · 공동체적 삶에서 영과 영성을 회복하는 관문'으로서의 역할이 있음을 강조했다(Fowler, 1996, p. 96). 그런데 신앙공동체 내의 인간관계를 통해서 인간의 고통스러운 수치심의 감정을 다루고 경험하는 과정이 없이는, 영적인 진실함, 생생함, 삶의 기쁨을 경험하기는 거의 불가능하다는 것이다. 파울러는 이 과정을 위해서 하나님의 은혜와 성령의 변혁적인 힘의 필요성에 대해서 명시적으로 강조했다.

요약 및 맺음말

이 장에서 신앙발달단계이론에 관한 평가 및 지속적 수정 과정에 관한 상세한 논의를 통해서 이 이론을 코로나 시대의 한국 교회와 개신교인들에게 적용하는 데 아쉬움과 불편함을 느꼈던 부분이 어느 정도는 이해가 되었을 것으로 생각한다. 특히 파울러가 신앙발달의 과정에서 하나님의 은혜의 역할, 신앙발달의 지속적 과정을 위한 에너지와 힘을 제공하는 성령의 역할, 안정적이고 지속적인 기질, 태도, 성격 형성을 위한 깊은 정서적 경험의 중요성, 고통스러운 수치심의 정서를 승화하여 영성발달의 마중물 역할, 성숙하고 책임성 있는 그리스도인으로 되어 가기 위한 소명 의식의 형성 등을 강조한 점이 이해에 도움이 된다. 신앙발달단계이론을 신학적으로 자유주의이고 인지적 강조점을 가진 발달이론으로 간주하여 한국 기독교인들에게 적용을 꺼리게 만들었던 기존의 평가를 재고하는 데 도움이 될 것으로 생각한다. 이 장에서 지금까지의 논의를 통해서 확인한 신앙발달단계이론의 한국 기독교인들의 심리영성발달을 위한 적용 가능성과 한계점을 같이 정리하면 다음과 같다.

첫째, 가장 강조하고 싶은 점은 파울러의 단계(stage)라는 용어의 사용이 끊임없는 오해와 불편함을 불러일으키고 있었는데, 이에 대해서는 파울러의 원 저서의 설명과 단어 사용을 통해서 원래 의도를 확인하게 되었고, 단계가 결국은 신앙의 방식(mode), 신앙의 자리(position)라는 의미임을 확인했다는 것이다. 어떻게 보면 그 단어가 그 단어 아니냐는 생각이 들 수도 있지만, 세 단어의 뉘앙스에는 분명한 차이점이 존재한다. 이 점이 전반적으로 보수적인 신학적 관점을 가진 한국 교회에서 가장 불편하게 여기는 부분이었는데, 높고 낮은 단계라는 의미보다는 각기 다른 모습의 현재의 신앙의 방식, 신앙의 자리라는 표현이 훨씬 더 공감을 얻을 수 있을 것으로 보인다.

둘째, 파울러가 말하는 신앙은 종교적 신앙의 의미만 있는 것이 아니라, 결국 자기와 정체성 형성에 관한 것이고, 신앙발달단계이론은 자기와 정체성 발달이론이라고 볼 수 있다. 유아기, 아동기, 청소년기, 청년기, 성인기를 거치면서 각 개인이 경험해야 하는 인지발달과 정서발달을 통한 응집력 있는 자기와 정체성의 발달이 없다면, 청소년기부터 성인기까지 경험할 수 있는 종합적-전통적 신앙의 경험도 어렵고, 청소년기 이후에 변화를 통해서 경험할 수 있는 개별적-성찰적 신앙의 경험도 어렵게 된다. 즉, 심리발달이 잘 이루어질 때, 그와 동반되는 영성발달도 동시에 잘 경험할 수 있다는 것인데, 결과적으로 신앙발달단계이론은 균형 잡힌 심리영성발달 이론으로 평가할 수 있다.

종합적-전통적 신앙은 지금보다 사회와 세계가 훨씬 단순했고, 확고한 문화적·종교적 토대 위에 서서 심리적 갈등과 혼란을 적게 경험했던 근대 시대의 삶과 신앙에는 큰 무리가 없었을 수 있지만, 포스트모던 시대, 코로나 시대를 살아가며 많은 사회적 재난과 개인의 삶의 고통과 고난을 겪는 상황 속에서는 각 개인이 자기의 삶을 개별적으로 성찰할 수 있는 신앙의 방식이 매우 중요함을 알 수 있다. 코로나 상황인 현재는 실제로 신앙공동체와 목회자를 통해서 종합적-전통적 신앙에 대한 직접적인 지도를 받기 어려운 상황이고, 목회자도, 평신도 지도자도, 부모님도, 선생님도, 정확하고 확고한 인생의 답을 줄 수 없는 상황이다. 개인의 책임, 헌신, 결정으로 인생의 응용문제를 풀 수 있는 개별적-성찰적 신앙방식을 가지는 것은 개인의 삶과 신앙에 큰 도움이 될 수 있다.

셋째, 개별적-성찰적 신앙방식을 경험할 수 있는 충분한 정체성 형성이 된 이후에도 자신의 의지와 선택에 따라서 교회 지도자와 공동체가 이상적으로 생각하는 종합적-전통적 신앙방식을 유지하는 현상은, 권위와 승인의 문제와 관련된 각 개인의 의식적 · 무의식적인 심리적 불안, 저항, 수치심의 감정이 강력하게 작용하는 것으로 보인다. 성경 말씀이나 교회의 교리와 가르침을 개인이 개별적으로 성찰하고 자기의 삶에 적용하는 과정이 잘 형성된 자기와 정체성에 근거한 심리적 자신감과 오랜 시간에 걸친 영적 훈련이 필요한 과정으로 본다면, 앞으로 이 성장 과정을 격려하고 촉진할 수 있는 분위기와 개인적인 노력이 필요할 것으로 보인다. 종합적-전통적 신앙방식보다 개별적-성찰적 신앙방식이 모든 사람에게 꼭 필요한 방식이거나 우월한 경험으로 보기는 어렵지만, 인생의 경험이 쌓여 감에 따라 점점 더 스스로 결단해야 하는 순간들이 많아지고 자녀나 다음 세대의 사람들에게 신앙의 안목과 삶의 지혜를 나누어 주어야 하는 위치가 될 때, 자신에게도 주변 인물들에게도 큰 도움이 될 수 있는 신앙의 경험으로 볼 수 있다.

넷째, 한국 교회와 기독교인들이 영성발달 과정을 경험하려면 사랑 같은 긍정적 정서의 형성을 위한 노력뿐만 아니라, 불신, 수치심, 죄책감 같은 기본적이면서도 파괴적인 정서에 관한 깊은 관심과 적절한 변화와 치유를 위한 노력의 병행이 필요하다는 점이다. 잘 균형 잡힌 교리적 가르침을 통해서 인지적인 이해를 추구하는 신앙도 중요하지만, 신약성서 히브리서에서 말하는 "괴롭게 하는 쓴 뿌리"(히브리서 12장 15절)를 제거하려는 관심과 노력이 필요하고, 기도와 신앙생활뿐 아니라 적절한 심리상담과 치료를 통한 실제적인 도움도 필요하다. 파울러는 신앙발달단계이론의 지속적인 수정을 통해서 수치심이 자기애적 성격을 형성하고 영성발달에 방해가 되는 밀접한 정서임을 확인했고, 개인적인 관계, 공동체 내의 관계를 통해서 인간의 고통스럽고 파괴적인 감정인 수치심의 적절한 치유가 없이는 삶의 기쁨이나 영적인 변화를 경험하기 어려움을 강조하였다.

그런데 한국 교회의 문화와 가르침이 수치심을 더 양산하는 것은 아닌지, 이미 아동기와 성장기를 통해서 형성된 수치심을 더 악화시키고 더 상처를 깊게 하는 역할을 하는 것은 아닌지 우리 모두 반성하는 기회가 있어야 할 것으로 생각된다. 특히 심리적으로 건강하지 못한 부모가 아이의 분리개별화를 통한 성장의 과정을 자기의 문제 때문에 방해하는 일이 발생하는 것처럼, 종합적-전통적 신앙에서 개별적-성찰적 신앙방식으로 분리개별화를 경험하기 원하는 교인들에 대해서 일종의 부모 역할과 기능을 하는 한국 교회와 목회자들이 교인들을 자기의 가르침과 지도를 순종하게 하고 마치 품 안의 자식처럼 계속 품고 있으려는 욕구를 위해서 방해하고 있지는 않은지에 대한 깊은 반성과 성찰도 필요할 것으로 보인다.

다섯째, 기독교인들의 심리영성발달을 위해서는 파울러가 강조한 깊은 정서를 형성하는 영성발달 과정에 관한 각별한 관심이 필요하다. 파울러가 감정과 구별해서 강조한 깊은 정서(affections)는 매 순간 생생하게 느끼고 스쳐 지나가는 감정이기보다는 개인의 깊은 곳에 오랜 시간 형성되고 숙성되어서 힘을 주고 동기를 부여하는 원천으로서의 정서이고, 개인의 가슴에 근원적으로 자리매김한 지속적인 기질, 태도, 성격과 연관된 하비투스로서의 정서이며, 마음의 깊은 습성으로 형성된 정서이다. 이 정서는 개인이 고통의 상황에 마주할 때 견뎌 내고 성장하는 힘을 제공하고, 신앙의 실천, 사랑의 실천을 위한 에너지원이 될 수 있다.

마지막으로, 앞서 언급한 것처럼 파울러, 니부어, 틸리히 세 학자 모두 목사의 아들이었고 자신도 목사였다. 기독교 신앙을 가진 가족에서 태어나서 기독교가 문화인 가족에서 성장하는 경험을 한 사람들의 경험에서 출발한 신앙발달단계이론이 지속적인 피드백을 통한 수정의 과정을 거쳤다 해도 아동기와 청소년기 이후에 기독교 신앙을 가지게 된 사람들의 경험을 충분히 담지 못할 수 있기에 이론의 논의가 추가되거나 수정이 필요할 가능성도 있어 보인다. 특히 미분화된 신앙 시기에 형성되는 신뢰와 초기 하나님 이미지의 씨앗, 직관적-투사적 신앙 시기의 아동들이 형성하는 자기 문화의 이미지, 이야기, 종교적 상징과 의례, 문자적-신화적 신앙 시기에 느끼는 소속감과 가족 및 신앙공동체의 가르침을 접한 경험이 없이, 청소년기 혹은 성인기에 특정 종교와 문화의 신앙을 가지게 된 사람들의 신앙발달 양상과 패턴은 매우 다를 것으로 짐작된다. 앞으로 그 부분에 대한 비평적 성찰, 이론의 수정과 추가가 필요할 것으로 보인다.

제4장

자기심리학에 내포된 심리영성발달 이해

1990년대 중반 이래로 지금까지 지난 25년간 영성(spirituality)에 관한 논의를 담은 서적과 논의가 서점가와 학계에 쏟아져 나온 것은 북미뿐만 아니라 전 세계에서 아주 활발한 추세였다. 오늘날 많은 사람에게 영성 또는 영성발달은 새로운 형태의 심리학, 유사 심리요법, 또는 전통적인 세계 종교에 대한 대안적인 종교의 역할을 하는 것으로 보일 정도이다. 1990년대와 2000년대에 필자가 미국에서 유학하던 시기에 영성에 관한 논의는 심리학뿐만 아니라 신학, 종교학 등의 핵심 주제이기도 했다. 당시 대학의 강좌 제목으로는 '심리치료와 영성' '영성심리학' '커뮤니티와 영성' 등과 같이 영성이라는 단어가 포함된 과목이 많았었고, 학생들로부터 상당한 인기를 끌었다. 또한 그 당시 영성 교과목에서는 기독교 영성처럼 종교적 전통을 명시적으로 내세우던 영성뿐만 아니라, 명상과 요가와 같은 종교의 가치관과 철학에 기반을 두었지만, 종교 교리를 내세우지 않던 영성까지 엄청나게 다양한 종류의 영성 혹은 명상법이 소개되기도 했다.

당시 영성이 얼마나 인기가 많은 주제였던지, 보스턴대학교에서 공부하던 시절 새 학기를 시작하는 첫 주에 학교에 영성 주제로 새로 개설된 수업의 첫 강의에 들어갔다가, 그 수업이 영성 전반을 다루기도 하지만 이슬람의 영성 전통인 수피즘(Sufism)에 관한 수업인 것을 알고 굉장히 놀랐던 기억이 있을 정도이다. 수피(Sufi)는 수프(suf, 양털)를 몸에 걸친 사람이라는 의미로, 명상과 기도를 하고 금욕주의적이고 청빈한 삶을 살아가면서 자기 수행과 고행을 하던 영적 수행자들을 지칭한다.

이 모습은 신약성서에 기록된 세례 요한의 모습, '광야에서 외치는 소리'라는 정체성을 가지고 예수님이 살아가던 당시 유대인들을 향해서 회개하라고 외쳤던 요한이 사막에서 낙타 털옷을 입고 메뚜기와 적은 양의 석청으로 힘들게 끼니를 때우면서 영적 수행을 하던 모습과 굉장히 유사하다. 실제로, 이 영적 수행자들인 수피는 깊은 영성을 추구하는 사람들이라, 자기들의 종교전통인 이슬람교의 율법과 교리에 집중하기보다는 영성이 깊은 다른 종교전통인 기독교와 유대교의 신비주의의 깊은 영향을 받기도 했다.

이 에피소드 이후에도 전공도 아닌 영성에 관한 나의 관심은 줄어들지 않았고, 틈만 나면 서점에 자주 방문하면서 영성이나 자기 성장에 관련한 책이 진열된 곳을 늘 호기심을 가지고 들여다보았다. 그 이유는 '심리발달과 영성발달을 통합적으로 볼 수 있는 자료가 없을까?'라는 개인적인 호기심과 갈망 때문이었다. 그때 나의 최대 관심은 영성발달에 관한 자료에서 심리발달도 통합해서 이룰 수 있는 이론적 논의나 모델이 있는지, 아니면 심리발달에 관한 자료에서 영성발달에 관한 힌트와 새로운 통찰이 있을지에 관한 것이었다.

개신교 전통 내의 자료도 찾아보고, 가톨릭 전통에서 영성발달에 관한 신뢰할 만한 자료가 있는지도 궁금했던 부분이었다. 그때 찾은 개신교 전통 자료 중의 일부는 제8장의 논의에서 소개할 것이다. 그런데 여러 해 동안 자료를 들여다보면서 내린 잠정적인 결론은 내가 기대했던 것만큼 명시적으로 전 생애적인 심리발달과 영성발달을 아우르는 만족할 만한 통합적인 자료는 찾기 어려웠다는 점이다. 영성발달과 관련된 자료를 찾게 되면, 영성발달과 상호 연관된 심리발달에 관한 내용이 없거나 근거가 빈약했고, 심리발달에 관한 발달심리학 관련 자료들은 영성발달에 관한 관심이 전혀 없는 식이었다.

그러던 중에 내 눈에 띈 이론은 하인츠 코헛(Kohut, 1913~1981)의 자기심리학(self psychology) 이론이었다. 코헛의 이론은 보스턴대학교에서 수강했던 슐라흐 교수의 종교심리학 강의에서 처음 접했고, 밴더빌트대학교에서 박사과정 때 지도교수인 밀러-맥리모어(Miller-McLemore) 교수가 개설한 자기심리학 세미나 수업으로 한 학기 내내 공부했던 기억이 난다. 코헛은 오스트리아 비엔나 출신의 유대인 의사이자 정신분석가로서 그가 직접 임상적 통찰을 통해서 발견한 자기심리학 개념들과 이론은 상담학과 임상사회복지 분야에서 지난 수십 년 동안 널리 사용되었다.

특히 시카고대학교 종교와 심리학 교수였던 브라우닝(Browning, 1983), 보스턴대학교 종교심리학 교수인 슐라흐(Schlauch, 1990), 시카고대학교 임상사회복지학 교수였던 엘슨(Elson, 1986), 밴더빌트대학교 종교와 심리학 교수인 밀러-맥리모어 등이 심리발달 과정에서 어려움이 있었던 내담자들에게 자기심리학 이론과 개념이 상담 임상적인 효용성과 가치가 굉장히 높다는 점을 여러 논문과 저서를 통해서 강조했다. 브라우닝과 엘슨뿐만 아니라 나에게 코헛과 자기심리학 이론을 처음 소개해 주고 가르쳐 주었던 슐라흐, 밀러-맥리모어도 시카고대학교에서 박사학위를 받은 학자들이었으니, 결국 코헛의 주 무대였던 시카고와 시카고대학교와 관련된 시카고학파에서 코헛 이론의 특별한 가치를 알아보고 연구한 것으로 볼 수도 있다.

자기심리학은 주로 자기애적 성격장애와 관련해서 상담과 심리학 관점에서 사용했던 이론이었는데, 어느 날 코헛의 이론을 자세히 들여다보던 중 코헛의 이론이 명시적으로는 영성발달 이론을 제공하지는 않지만, 암시적으로는 심리발달 이론 내에 영성발달 이론을 내포하고 있는 것을 발견하게 되었다. 마치 자기의 발달 과정에 관한 심리발달 이론 안에 영성발달 이론이 많이 티 나지 않게 살짝 담겨 있는 듯한 느낌이 들어서 굉장히 기뻤었다. 앞선 장들에서 심리영성발달을 위한 이론적 논의로 대상관계 이론, 신앙발달 단계이론, 미국 1세대 심리학자인 제임스와 올포트의 종교적 경험의 다양성과 성숙에 관한 논의 등이 주로 논의되었는데, 이 장에서는 코헛의 자기심리학에 내포된 심리영성발달 이론에 관한 논의를 하려고 한다.

이 장의 목적은 자기의 발달에 관한 심리발달 이론인 자기심리학의 핵심 개념에 내포된 영성발달과 관련한 주제를 살펴보는 것이고, 자기심리학 이론과 모델이 영성발달 과정을 이해하는 데 어떻게 적용 가능한지를 확인하는 것이다. 나는 코헛의 자기심리학을 공부하면서 그의 이론이 여러 측면에서 심리영성발달에 관한 틀과 모델을 제공하는 데 공헌할 수 있음을 확인하게 되었다. 특히 그의 창의적인 개념인 자기-자기대상(selfobject) 관계, 변이적 내면화(transmuting internalization) 과정, 공감(empathy), 기존 자기애 발달 과정과는 별도의 발달 선이 있는 건강한 자기애 발달 과정에 대한 설명 등은 영성발달을 위한 고유하면서도 의미 있는 암시적 설명을 제공해 준다고 평가할 수 있다.

자기대상(selfobject)이라는 용어는 자기와 대상이 합쳐진 개념으로 심리발달의 어려움이 있는 사람들은 자기 눈앞에 있는 대상을 자기와 구분된 대상으로 정서적으로 느끼지 못하고, 마치 자기와 융합되어 연결된 사람, 마치 자기의 일부인 것처럼 느껴지는 대상으로 느끼는 심리적 경험을 지칭하는 용어이다. 이 개념은 그동안 전통적으로 서양철학에서 인간을 명확한 경계로 구분된 자기와 대상, 자기와 타자라는 이분법적인 구분을 뛰어넘어 통합한 개념으로 당시 정신분석학이나 심리학의 관점에서 보면 상상을 초월하던 매우 충격적인 개념이기도 했는데, 이 개념이 심리발달과 영성발달을 이해하는 데 핵심적인 관점을 제공했다. 결국 자기심리학의 영성발달에 관한 암시적인 이해는 통합적인 심리영성발달을 위한 전체적인 스케치(sketch)를 제공해 주고, 인간의 심리와 영성적인 내면을 변형시키는 구체적인 과정에 관해 설명해 줌으로써 깊은 안목과 통찰을 제공하고 있다고 평가할 수 있다.

자기심리학에 내포된 영성발달에 관한 몇 가지 주요 개념과 주제에 대한 본격적인 논의를 하기에 앞서서, '코헛에게 이렇게 심리발달과 영성발달을 아우르는 고유한 관점이 어떻게 형성되었을까?'라는 질문을 생각해 보고, 코헛의 개인적 삶과 학문적 배경에 대해서 살펴보면 그의 이론과 모델을 잘 이해하는 데 많은 도움이 될 것이다. 제3장에서 파울러의 인생과 심리영성발달 과정을 소개한 것처럼, 이번 장을 통해서는 코헛이라는 매력적인 인물의 삶과 사상을 독자들에게 상세하고 소개하고 싶은 솔직한 욕심이 있기도 하다.

코헛은 프로이트가 거의 평생을 살면서 학문활동을 하던 오스트리아 비엔나에서 같은 이웃으로 살았고 비엔나대학교 의과대학까지 졸업했지만, 그가 본격적으로 정신분석을 접하고 공부한 시기는 미국 이민 후였다. 코헛은 시카고 정신분석연구소에서 정신분석가 과정을 이수하면서 전통적 정신분석 이론을 배웠고, 비엔나에서 학문의 아버지인 프로이트와의 마지막 만남 경험에 대한 여운 때문에 프로이트 이론에 대한 충성심이 비교적 강한 편이었는데, 자기-자기대상 관계, 변이적 내면화, 공감 등 전통 정신분석이나 일반 심리학의 설명과는 많이 다른 새로운 개념을 제시한 면이 신기하기만 하다.

예술적이고 창의적이었던 부모님의 영향으로 창의적인 개념이 많이 떠올랐던 것인지, 아니면 융합적 관계였던 어머니와의 관계 경험이 인간 사이의 관계를 자기와 대상의 관계가 아닌 자기와 자기대상의 관계라는 개념으로 자연스럽게 떠오르게 했던 것인지는 정확히 알 수 없지만, 코헛의 종교 정체성 형성, 아버지 상실과 실존적 두려움, 생사의 갈림길에서 비엔나를 극적으로 탈출하고 미국 이민을 했던 과정, 코헛의 유아기부터 성인기까지 어머니와 독특하고 심했던 융합된 관계 경험을 살펴보는 것이 코헛의 이론을 깊이 공감적으로 이해하기 위해서 꼭 필요해 보인다.

코헛의 종교전통과 정체성

우선, 코헛의 자기심리학이 심리발달뿐만 아니라 영성발달에 관한 아이디어를 내포하고 있는 점을 이해하기 위해서 코헛이 속했던 유대인 가족과 오스트리아 비엔나라는 도시가 그의 종교 정체성과 영성발달에 어떤 영향을 주었는지에 대해서 알아보는 것이 중요하다. 코헛의 자기심리학 이론을 주로 활용하는 임상가들도, 유대인 정신분석가이자 발달심리학자인 에릭슨의 정체성 형성 과정에서의 갈등은 비교적 잘 알고, 에릭슨의 정체성 이론이 그의 개인적인 인생 경험을 전반적으로 반영하고 있다는 사실은 잘 알고 있지만, 코헛의 종교 정체성이 그의 이론에 반영되고 있는 점에 대해서는 잘 모르는 경우가 많다.

뉴욕시립대학교의 사학 교수이자 정신분석가인 스트로지어(Strozier)는 그가 저술한 코헛의 전기인 『하인츠 코헛: 정신분석가 되어 가기(Heinz Kohut: The Making of a Psychoanalyst)』(2004)에서 코헛의 초기 삶의 경험과 정체성 형성 과정의 갈등과 혼란을 상세하게 묘사했다. 코헛은 자기 가문의 사람들과 종교 정체성에 대해서 가까운 주변 인물들에게도 이상하리만큼 전혀 언급하지 않았다. 사실 코헛(Kohut)이라는 성은 유대인들에게는 흔한 성으로 구약성서 창세기 46장 11절에 나오는 요셉의 아들인 레위의 아들, 즉 요셉의 손자의 이름인 코핫스(Kohath)에서 유래한 성으로 알려져 있으며, 코헛 가문에는 유대교와 기독교와 연관된 깊은 종교적 전통과 분위기가 있었다. 그중에는 탈무드 전집을 저술한 저명한 철학자이자 랍비도 있었고, 뉴욕 유대교 신학교의 교수였던 랍비도 있었으며, 유대인 공동체의 지도자들이 다수 있었다(Strozier, 2004, p. 3). 코헛 가문이 비엔나로 이주할 때 원래 거주지인 체코 서부 보헤미아 지방에 남았던 코헛 가문 사람들 대부분이 기독교인들이었다는 점도 굉장히 흥미롭다.

1920년대 비엔나의 인구가 200만 명 정도였는데 그중 유대인 이민자들이

20만 명 정도, 즉 약 10%의 인구분포였던 것으로 알려져 있고, 거기에는 프로이트와 아들러와 같은 잘 알려진 인물도 포함되어 있었다(Strozier, 2004, p. 4). 유대인들은 역사적인 도시인 이곳의 예술, 교육, 은행업, 상업을 일으키고 부흥시키는 데 큰 공헌을 했었지만, 안타깝게도 유럽 전체를 휩쓸었던 두 번의 세계대전과 반유대주의 정책의 엄청난 희생자가 되었다. 코헛은 비교적 안정된 집안에서 자라서 비엔나대학교 의과대학을 졸업한 금수저로 보이지만, 사실 그가 유대인으로서 겪었던 마음고생과 전쟁 트라우마는 매우 심각했다. 코헛의 할아버지는 존경받는 선생이었지만 유대인 대학살 홀로코스트 상황에서 코헛의 할아버지, 할머니, 아버지의 동생 세 명, 외삼촌 한 명 등 코헛의 아버지를 제외하고는 일가족 전체가 가스실에서 살해당하는 깊은 실존적 고통을 겪었다.

코헛의 부모님은 유대교식 결혼식을 했고, 코헛을 유대인 학교에 보내는 등 유대교에 속한 유대인으로서 책임을 잘 지켰고 유대인의 정체성을 비교적 잘 지켰지만, 그들이 보통 유대인들과는 다른 종교적 정체성을 가졌던 것은 확실하다. 아버지는 전통적인 유대교 신앙을 유지하는 측면에서는 의문이 없었고, 안식일에는 회당에도 정기적으로 참석했지만, 어머니는 종교적으로 매우 달랐다. 그녀 역시 유대교 전통이 강한 집안 출신이었지만 비엔나의 교육받은 상류층 여성으로서 유대교의 율법을 잘 따르지 않았고 소녀 시절부터 가톨릭교회의 깊은 영향을 받았다. 즉, 인종적으로는 유대인이었지만 종교 정체성은 성당에 출석하고 성탄절을 지키는 기독교인의 정체성을 가지고 있었다. 어머니는 그녀의 핵심 자기에 깊은 종교적 혼란이 있었던 것으로 보이고, 심리적으로는 유대교와 기독교의 복잡한 혼합적 신앙을 가졌던 것으로 보인다.

코헛의 외아들인 토머스 코헛(Thomas Kohut)의 회고에 의하면, 코헛의 어머니는 유대인으로서의 인종적·종교적 정체성이 그녀의 내면에 있는 깊은 영적 갈망을 채워 주지 못했고, 가톨릭 신앙을 가진 개종한 유대인으로서 상호 모순적인 종교 정체성의 여러 층이 공존하던 경험 때문에 심각한 정체성

위기를 경험했다(Strozier, 2004, p. 7). 사실 그 당시 교육받은 많은 유대인 중에는 코헛의 어머니의 경험과 유사한 정체성 혼란 상황에 있는 경우가 많았는데, 심리학자 아들러처럼 비엔나의 시민사회에 완전히 동화하고 기독교로 개종하는 일이 빈번했고, 유대인이 아닌 다른 종교를 가진 타민족, 즉 유대인이 보기에는 이방인과의 결혼도 점점 많아지고 있었다.

코헛은 어린 시절부터 유대교 회당에 아버지와 함께 참석하는 일에 흥미를 느끼지 못해서 참석하지 않는 경우가 많았지만, 11세 때 김나지움에 입학한 이후에는 종교 교사였던 랍비를 이상화했고 그를 통해서 유대교 경전인 토라와 지혜서인 탈무드를 꽤 오랜 기간 배웠다. 코헛 또한 제임스, 올포트, 파울러가 비판적이었던 제도적 종교, 외재적 · 비본질적 종교, 종합적-전통적 신앙에는 관심이 없었던 것으로 보인다. 또한 그는 어머니의 복잡한 영적 갈망에 일정 부분 동일시하기도 했고, 영적으로는 자기가 어머니를 통해서 가톨릭교회의 전통과 가르침과 어느 정도 연결되어 있다고 느끼기도 했던 것으로 보인다.

그는 청소년 시절 경험을 베일에 덮어놓고 거의 언급하지 않았지만, 그가 『뉴욕 타임스(New York Times)』와의 인터뷰에서 나눈 중요한 어린 시절 일화 하나는 어머니가 신실한 가톨릭 신자라서 코헛의 어린 시절에 강제로 성당 미사에 데려갔던 것인데, 그 일은 코헛에게 매우 폭력적으로 느껴졌던 것으로 보인다. 코헛의 아버지는 어머니가 아들을 강제로 성당에 데려가는 것에 대해서 승인하지 않았고 매우 못마땅하게 생각했던 것으로 알려져 있다(Strozier, 2004, p. 38). 결국 코헛이 청소년 시절에 반항하고 가족 정체성으로부터 서서히 멀어진 경험이 유대인 정체성을 거절하는 상황으로 이어졌고, 코헛은 깊은 내면에서는 자기의 정체성을 유대인으로 간주하지는 않았던 것으로 보인다(Strozier, 2004, p. 39).

코헛의 영성발달

코헛에게 유대인 문화와 음식은 낯선 것이었고 그렇기에 청소년 시절에 개인적으로는 정체성 갈등을 심하게 느끼지는 않았으며, 훗날 미국에서의 생활에서도 유대인 정체성이 별로 없던 그가 오히려 자기의 유대인 정체성을 굳이 부인할 필요조차 느끼지도 못했던 것으로 보인다. 코헛의 자기정체성의 깊은 곳에서는 문화적으로 넓게 보면 기독교 문화의 일부라는 것 외에는 크게 다른 점을 느끼지 못했다. 코헛은 미국 시카고 지역에서 40년간 생활하고 학문활동을 하는 동안 그의 인생의 후반부에는 종교와 하나님 존재가 그의 상상력과 창의력의 많은 부분을 차지했다. 코헛은 프로이트처럼 종교에 관한 논문이나 책을 직접 저술한 적은 없지만 늘 종교와 영성에 관련된 주제들에 흥미를 느끼고 있었다.

실제로 코헛은 자기 집 근처인 시카고 하이드 파크에 있는 교회에 정기적으로 참석하기도 했고, 담임목사인 헤이워드(Hayward)와 친구가 되기도 했으며, 심지어는 교회 모임에서 종종 영적인 메시지를 전하기도 했다. 또한 자기 이론이 목회상담 분야에 어떻게 적용되는지에 대하여 특별한 관심을 보였고, 『크리스천 센추리(The Christian Century)』와 같은 인기 있는 기독교 잡지를 수년 동안 구독하기도 했다. 당시 코헛과 가까이 지내며 활동하던 임상가들은 그에게 기독교적 영성이 있음을 느꼈고, 실제로 코헛은 임상 실제에서도 종교와 영성에 특별한 주의과 관심을 기울였다. 그는 지혜, 죽음과 관련한 실존적 문제에 직면하여 '우주적 나르시시즘(cosmic narcissism)'이라는 개념을 제안하면서 영성발달에 관한 기초적인 개념을 제공하기도 했다(Strozier, 2004, p. 327).

요약해 보면, 코헛은 종교(religion)는 없었지만, 영성(spirituality)은 있었던 것으로 보인다. 미국 사람들이 종종 하는 말 중에 "I'm not religious, but spiritual!"이라는 표현이 있다. 즉, 나는 정기적으로 참석하는 종교는 없지만 자기 내면에 영성은 있다는 표현인데, 이는 코헛에게도 딱 들어맞는 표현이다. 코헛에게는 의식적 · 무의식적으로 어린 시절부터 공부한 토라와 탈무드에 대한 관점이 있었고, 어머니와 교회 출석을 통해서 접한 성서의 핵심사상이 녹아 있었던 것으로 보인다. 그래서 어쩌면 코헛 생전에 목회상담 분야에서 코헛의 자기심리학 이론이 기독교 전통과 이질적으로 느껴지지 않고 같은 메시지를 전하는 것으로 느꼈을지도 모르겠다. 실제로 시카고대학교 종교와 심리학 교수였던 브라우닝(Browning)은 기독교 정신과 가장 연관성이 있는 심리학으로 에릭슨(Erikson)의 심리사회 발달이론과 코헛의 자기심리학을 꼽기도 했다.

코헛의 영성은 제2장과 제3장에서 이미 설명했던 제임스(James), 올포트(Allport), 파울러(Fowler)가 구분 지었던 영성의 모습으로 이해할 수 있다. 코헛은 제임스의 구분처럼 특정 종교에 속하거나 종교의 교리, 도그마에 매이지 않는 모습을 보였고, 제도적 종교가 아닌 개인적 종교를 추구했던 것으로 보인다. 제임스는 종교적 제도와 도그마에 비판적이었고, 교리적 · 인지적으로 가르치는 제도적 종교보다는 다양한 정서적 체험을 통한 개인적 종교의 추구에 훨씬 깊은 관심을 가졌었다. 그런 면에서, 코헛의 어머니와 코헛은 파울러의 신앙발달단계이론에서 설명했던 종교적-전통적 신앙보다는, 개별적-성찰적 신앙과 인생의 복잡한 모순을 결합하고 수용할 수 있는 결합적 신앙을 추구했던 것으로 보이기도 한다.

또한 코헛은 혈통적으로 유대인으로서 유대교에 속하고 토라와 탈무드를 배웠지만, 유대교 공동체에 멤버십을 가짐으로써 권익을 보호받는 유익함을 경험하거나 이분법적으로 '하나님은 너희 백성보다 우리 백성을 더 사랑하신다.'라는 선민(選民)사상을 가진 외재적 · 비본질적 종교보다는, 내재적 · 본질적 종교를 더 중요하게 여겼던 것으로 보인다. 내재적 · 본질적 종교는 영적인 추구를 통해서 코헛의 어머니가 경험했던 깊은 영적 갈망을 채워 주고 평안과 기쁨을 누릴 수 있게 해 주며, 이 세상에 존재하는 악과 무고한 사람들이 경험하는 인생의 고통과 고난에 대한 더 깊은 깨달음과 성찰, 영적 성숙의 과정을 도울 수 있기 때문이었다.

코헛은 태어나면서부터 제1차 세계대전으로 인한 아버지의 부재와 상실을 경험했고, 젊은 20대 시절에는 제2차 세계대전과 유대인 대학살로 인해서 학문적 아버지인 프로이트(Freud)를 상실한 경험을 했다. 그렇기에 코헛에게는 인생의 고난과 삶에 대한 실존적 주제는 늘 가장 중심적이고 핵심적인 주제였다. 그리고 그 실존적 주제는 그의 이론과 모델에 영적 깨달음과 통찰로 반영되었다.

코헛의 아버지 상실과 실존적 두려움

코헛의 종교 정체성 형성과 영성발달에 깊은 영향을 미친 삶의 상황은 아버지 존재의 상실과 나치 통치하의 유대인으로서 경험한 깊은 실존적 불안, 두려움, 고통과 관련된 것이었다. 연속적으로 벌어진 이 경험은 코헛이 24세가 된 1937년부터 27세였던 1940년 사이에 벌어진 충격적인 사건이었고, 코헛에게 평생 잊히지 않는 고통스러운 트라우마를 남겨 준 사건들이었다. 코헛은 나치가 오스트리아 비엔나를 점령한 사건을 '허물어지는 우주'로 느꼈고, 갑자기 깡패들이 나타나서 도시를 점령하고 세련되고 아름다운 비엔나의 문화를 파괴하는 세상에서 그의 자존감에 치유되기 어려운 깊은 상처를 입었다(Strozier, 2004, p. 55).

그는 그 경험을 마치, 그곳에 속하지 못하는 이방인, 외계인 같은 느낌을 받았고, 자기 인생의 끝이자 세상과 시대의 종말로 느꼈으며, 인생의 의미를 한순간에 잃었다고 느꼈다. 마치 전쟁 트라우마처럼 정치적 상황으로 인해 코헛은 깊은 절망과 좌절을 경험했는데, 그 시점에 그는 두 명의 핵심적인 아버지 인물을 잃는 상실까지 경험하게 되었다. 어쩌면 이때의 경험이 코헛의 인생 후반부에 종교와 영성에 관한 깊은 관심을 느끼게 되고 영적인 아버지인 하나님 존재에 관한 깊은 인식과 갈망을 느끼는 데 직간접적으로 영향을 준 것으로도 보인다.

코헛은 1937년 당시 49세의 젊은 나이였던 아버지를 백혈병으로 갑자기 잃었다. 당시에는 백혈병의 마땅한 치료법이 없었기 때문에 손도 제대로 써보지 못하고 발병 6개월 만에 아버지가 세상을 떠나게 되었다. 의과대학 졸업반이었던 코헛에게 자기가 아무것도 할 수 없다는 깊은 자괴감과 무력감이 들었을 것이다. 코헛의 아버지는 촉망받는 피아니스트였지만 코헛이 16개월 된 유아일 때 제1차 세계대전에 참전했다가 몇 년 뒤 돌아와서 자기의 꿈을 접고 작은 사업을 하면서 가족을 돌본 가장이었다. 그날 코헛을 위로하기 위해 집을 방문했다가 코헛의 모습을 목격했던 사촌의 증언에 의하면, 엄청난 충격을 받은 코헛이 아버지의 피아노 의자에 앉아서 양손으로 자신의 팔을 꽉 감싼 채, 전혀 통제가 안 되는 모습으로 미친 듯이 울부짖던 모습이었다고 한다(Strozier, 2004, p. 49).

외아들이었던 24세의 코헛은 나치가 통치하던 비엔나, 유대인에게 너무나도 적대적이던 세상에 어머니와 단둘이 던져진 실존적 두려움과 공포를 경험했다. 결국 코헛은 갑작스러운 상실에 극심한 공허감으로 고통당하던 상황에서 심리치료를 받게 되었다. 그런데 그가 받은 심리치료의 치료사는 정신분석가가 아닌 로샤 검사에 관심이 많던 심리학자였던 데다가 치료 기간까지 짧아서 효과는 별로 없었지만, 그 경험으로 인해서 코헛이 전형적인 의사로서의 삶보다는 심리치료와 정신분석의 세계로 들어가는 결정적 계기가 되었다.

1938년에 코헛은 명망 높은 심리치료사인 아이히혼(Eichhorn)을 만나게 되었고, 그에게 장기 분석을 받게 되었다. 아이히혼은 의사가 아닌 정신분석가였고 기독교인이었다. 교육자 출신의 아이히혼은 안나 프로이트(Anna Freud)의 권유로 정신분석가로 훈련을 받았고 프로이트와 매우 가까운 권위 인물이기도 했다. 아이히혼이 기독교인이었기 때문에 비엔나를 금방 떠나지 않을 것이라는 확신이 코헛을 안심하게 했고 그가 정신분석학계에서 인정받는 인물이라는 점 또한 그와의 분석에 대해서 확신을 느끼도록 했다(Strozier,

2004, p. 51). 그에게 주 5회 분석을 받으면서 코헛은 자신의 큰 고통과 트라우마를 경험하고 극복하는 데 큰 도움을 받았고, 그 시간이 코헛의 과거 경험의 부서진 잔해를 치워 나가는 데 엄청난 도움이 되었다.

아버지를 잃은 고통스러운 두려움과 상실의 상황에서 기독교인이자 아버지 같은 권위 인물이었던 아이히혼은 코헛의 깊은 두려움을 부드럽게 잘 어루만져 주었다. 나중에 코헛이 비엔나를 급하게 빠져나가느라 분석을 제대로 마무리하지 못했지만, 코헛은 그와 만남을 통해서 서서히 정신분석의 세계로 가까이 들어가고 있었고, 실제 분석과정은 코헛에게 정신분석에 대한 깊은 관심과 흥미를 불러일으키기도 했다. 게다가 프로이트와 가까운 관계에 있던 아이히혼은 프로이트가 오스트리아 비엔나역을 통해서 떠나던 날짜와 기차 편을 알려 주고 그날이 프로이트를 볼 수 있는 인생의 마지막 기회라고 코헛에게 알려 줌으로써, 코헛이 학문의 아버지와의 마지막 만남을 갖게 되고 평생 마음에 간직할 수 있도록 배려해 주기도 했다.

프로이트와의 만남은 아버지의 죽음 반년 후인 1938년 6월에 있었다. 이 만남은 코헛에게는 또 다른 이상화 대상인 학문적 아버지의 물리적 상실이었다. 프로이트가 비엔나를 떠나는 사실을 알았던 사람은 극소수였기 때문에, 코헛은 승객이나 전송하는 사람도 거의 없이 비어 있었던 비엔나역 플랫폼에서 파리행 오리엔트 특급 열차에 이미 올라탄 프로이트와 찰나와 같은 마지막 인사를 나누게 되었다. 그 경험이 얼마나 좋고 인상적이었는지 어린 시절의 자기 가족 이야기도 주변 사람들에게 거의 안 했던 코헛은, 이 장면만큼은 평생 잊지도 지치지도 않고 주변 사람들에게 수도 없이 이야기했다고 한다.

화창한 초여름 날, 코헛이 플랫폼에 도착했을 때 휠체어에 앉은 프로이트는 기차의 창문을 통해서 아내와 딸 안나의 환송을 받고 있었다. 그 옆에서 프로이트의 하녀 한 명이 울고 있었고, 안나가 그녀를 위로하고 있었다. 프로이트는 울던 하녀를 보고 조금 당황한 듯 보였지만 그의 얼굴은 차분했고, 조금 후 기차는 서서히 출발했다. 코헛이 프로이트가 타고 있는 탑승 칸으로 기차를 따라 걸어가면서 프로이트와 눈이 마주쳤을 때, 코헛은 모자를 벗어 인사하면서 정중하게 경의를 표했다. 프로이트도 코헛을 마주 보면서 우아하게 모자를 벗어서 인사를 건넸다. 그게 그들의 처음이자 마지막 만남이었고, 프로이트는 1년 후인 1939년 9월 영국 런던에서 조용히 생을 마감했다. 코헛에게는 그 경험이 개인적 신화가 되었고, 파편화된 세계에서 살아가면서 비엔나와 정신분석과 끊이지 않는 연결고리가 되었다(Strozier, 2004, p. 58). 또한 아이히혼에게 분석을 받으며 이제 막 정신분석의 세계로 들어가던 코헛에게 그 경험은 자기 인생의 가장 낮은 지점에 있던 코헛에게 미래의 방향성과 헌신을 일깨우는 강력한 원천이 되었다.

당시 코헛은 6년간의 의과대학 과정을 수료하고도 나치의 차별정책 때문에 의학사 학위 수여와 의사고시를 치르는 것이 불투명한 상황에서 극심한 불안을 경험하던 상황이었다. 그 과정을 마치지 못한다면 비엔나를 탈출한다 해도 의사 면허가 없는 그의 미래는 어디로 가든 절망적인 상황이었다. 그런데 그 일이 있고 3개월 후 코헛은 기적적으로 시험을 치를 기회를 얻게 되었고 의학사 학위와 의사 자격을 얻게 되었다. 코헛은 유대인으로서 비엔나에서의 삶에 지속적인 위협을 느끼게 되었고, 그 도시에서 어린 시절에 같이 자랐고 먼저 이민 길에 오른 유대인 친구의 도움으로 결국 1939년 3월 비엔나를 탈출하게 되었다. 코헛이 좌절하고 주저앉아 포기하려고 할 때마다 친구는 끊임없이 격려하며 포기하지 않도록 일깨워 주고 직접적인 도움을 주었다.

이 시기 코헛은 극도의 초조함, 불안, 두려움, 의문으로 가득 찬 정서적으로 매우 고통스러운 상태였고, 두 명의 아버지 인물을 연달아 상실한 충격으로 극심한 트라우마 상태였다. 삶과 죽음이 교차하던 상황에서 코헛은 인간의 실존에 대해서 깊은 고민을 하게 되었고, 결국 이민한 이후 코헛의 심리발달 이론을 세워 가는 과정에서 깊은 영적 통찰을 내포하게 되었다. 비엔나에 홀어머니를 남겨 두고 떠난 코헛은 영국의 피난민 캠프에 머무는 동안 제2차 세계대전이 발발한 소식의 충격으로 신체화 증상이 나타나 폐렴으로 투병했고, 어머니를 두고 혼자 나온 것에 대한 생존자 죄책감으로 고통당하기도 했다.

간신히 몸이 치유된 코헛은 오스트리아를 떠난 지 1년 만인 1940년 2월 드디어 영국 해군 호송함을 타고 드디어 미국으로 떠나게 되었다. 항해는 독일 잠수함을 피해서 지그재그로 해야 하는 위험한 과정이었고, 결국 1940년 3월에 시카고에 도착했다. 같은 달 자신이 떠난 지 1년 뒤에 비엔나를 탈출해서 미국으로 떠난 어머니와 시카고에서 극적인 재회를 하게 된다. 코헛이 성인 초기인 24세부터 27세까지 약 3년에 걸쳐서 엄청난 상실, 충격, 트라우마를 연속적으로 경험했던 것이 이후의 삶에서 인간의 실존에 대해 항상 생각하게 했고, 그의 심리발달 이론을 더 풍부하게 했고, 그 이론에 영성발달 이론이 자연스럽게 녹아들어 가게 되었다.

코헛의 자기 형성과 융합 관계 경험

지금까지 코헛의 종교 정체성, 아버지 상실과 실존적 공포가 그의 인생에 큰 영향을 주었던 상황을 살펴보았는데, 그의 생애 초기부터 성인기에 들어서기까지 부모와의 관계 경험이 여러 가지 면에서 근본적이고 지속적인 영향을 주었던 것으로 보인다. 특히 유아기뿐만 아니라 청소년기, 성인 초기, 성인 중기까지 이어졌던 어머니와의 융합적 관계 경험이 그의 자기심리학 이론 형성, 특히 자기와 자기대상 관계 메커니즘을 이해하고 설명하는 데 큰 영향을 준 것으로 보인다.

코헛의 유아기 엄마와의 관계 경험은 그가 나중에 자전적 사례로 발표했던 Mr. Z의 사례 분석에 때로는 사실적으로, 때로는 은유적으로, 묘사가 잘 되어 있어서 짐작해 볼 수 있는 부분이 있고, 그의 청소년기, 성인기의 엄마와의 관계 경험은 코헛 자신과 주변 인물들의 기억과 회상을 통해서 비교적 정확하게 알려져 있다. 그는 외아들로서 어머니로부터 극진한 사랑과 관심과 돌봄을 받았지만, 그 관계 경험은 건강하지 않은 융합적 관계였고, 특히 코헛이 영아기, 유아기에 분리개별화의 큰 어려움을 겪으면서 어머니로부터 끊임없이 정서적으로 침범당하고 간섭받는 고통을 경험했다. 이는 과도한 부모의 정서적 공급이 자식에게 약보다는 독이 된 사례로 볼 수 있을 것 같다.

코헛의 어머니와의 관계는 비교적 건강하고 성숙하게 분리되고 구별된 자기와 대상 간의 관계라기보다는, 서로 겹쳐지고 융합된 자기와 자기대상 간의 관계 경험이었다. 마치 수학 시간에 배운 벤 다이어그램의 두 원이 서로 꽤 많이 겹쳐서 큰 교집합이 있는 것처럼, 자기와 대상의 관계 역동이 아닌 자기와 자기대상 간의 경험이었던 것이다. 자기대상은 자기와 겹쳐 있는 대상 또는 실제로는 대상인데 자기가 정서적으로 착각해서 마치 자기의 일부로 느끼는 대상으로서, 어머니가 코헛을 유아기부터 성인기까지 분리개별화된 대상으로 대하지 않고 자기의 일부로 착각하고 관계를 맺었을 것이다.

코헛의 어머니는 아들을 매우 사랑했지만, 분리불안 혹은 유기불안과 관련된 자기의 욕구와 이슈 때문에 아들이 신체적으로 정서적으로 독립하는 것을 의식적·무의식적으로 방해했던 것으로 보인다. 제2장의 심리적 탄생 과정에 대해서 논의한 것처럼 코헛은 분리개별화의 전 과정, 즉 부화기, 연습기, 재접근기 발달 과정에 지체가 있었을 것이다. 실제로 코헛의 어머니는 편집증으로 보이는 심각한 성격적인 결함도 가지고 있었으며, 그 성격적 문제가 결혼 초기에 코헛의 아버지와의 관계가 멀어지게 되고 소원하게 된 원인이 되기도 했다.

어쩌면 코헛의 이런 굉장히 익숙한 경험이 그에게 대상관계에 관한 특별한 민감성을 키워 주었고, 그가 시카고에서 만났던 젊은 성인 내담자들이 대상과 관계를 맺는 방식이 자기와 대상 간의 관계가 아닌 자기와 자기대상 간의 융합된 관계를 맺는 방식이라는 것을 느낌으로 바로 알아차렸는지도 모른다. 즉, 정신분석가 코헛에게는 자기의 과거 경험과 기억을 상기시키는 일종의 생생한 역전이 경험이었다. 코헛은 자기가 만났던 자기애적인 내담자들, 즉 자기구조가 약하게 형성되었고 대상과의 분리를 명확하게 하지 못하는 젊은 내담자들과의 관계를 어딘가 모르게 이전에 많이 경험해 본 듯한 매우 익숙한 관계로 느꼈던 것으로 보인다.

늘 활발하고 자신감 넘쳤지만 자기감이 약하고 분리불안, 유기불안이 있었던 코헛의 엄마처럼 코헛의 내담자들도 상담 관계에서 대상인 코헛과 그런 관계를 맺고 행동했다. 또한 코헛은 그들이 비교적 안정된 가정에서 교육을 잘 받은 사람들이었다는 점에 의문을 가지고 주목했다. 그 젊은 내담자들은 겉으로는 똑똑하고 자존감이 높고 우월감을 가진 사람들처럼 보였지만, 그들 내면에는 사실 열등감과 수치심이 가득 차 있었다. 코헛은 그 이유를 교육의 부족이나 실제 능력의 부족보다는 유아기 엄마의 부재 경험과 그로 인한 안정적인 정서적 경험의 부족이었던 것으로 보았다. 또한 엄마들도 교육을 잘 받고 직업이 있었지만, 자신들의 어린 시절 부모님 경험과 그로 인한 자기구조가 약하게 형성되었고, 자기의 분리불안과 유기불안으로 인해서 아이의 분리개별화 과정을 환영하지 못했던 것으로 보았다.

코헛의 부모님과의 관계에 관한 이야기를 들으면 부모님의 극진한 사랑을 받고 자란 한국의 많은 자녀가 부모와의 관계에서 경험한 것과 굉장히 유사한 경험이라는 생각이 들고, 한편으로는 코헛과 같은 심하게 경계를 침범하는 부모님 경험을 하고도 비교적 건강하고 성숙하게 성인기의 삶을 살 수도 있다는 희망이 들기도 한다. 자기 자신의 분리개별화가 덜 되어서 끔찍하게 사랑하는 아들이 자기로부터 분리되기를 원하지 않았던 어머니가 코헛의 심리적 탄생과정, 즉 분리개별화 과정을 의식적·무의식적으로 집요하게 방해했다. 반면, 아버지는 코헛이 16개월일 때 제1차 세계대전으로 인해서 4년간 참전함으로써 거의 영향을 주지 못했다.

코헛의 인생 전반에 가장 강력하고 지속적인 영향은 어머니였고, 코헛은 평생 경계를 침범해 들어오는 엄마로부터 분리되기 위해서 엄청난 노력을 했다. 사실 코헛은 자기의 경계를 지속해서 침범하는 엄마의 존재로부터 분리된 존재가 되기 위해서, 자기의 고유성을 찾기 위해서 오랫동안 고통당하며 몸부림쳤다(Strozier, 2004, p. 18). 코헛이 아주 어린 시절부터 어머니는 자기의 유일한 자녀인 아들의 분리를 조금도 허용하지 않았고, 그녀의 궤도와 영향권 밖으로 움직이는 약간의 공간도 허용하지 않았다. 스트로지어에 의하면, 코헛의 어머니는 자기의 심리적 고통과 불안이 증가하면서 아들을 자기 자신을 위한 '정서적 저당물'로 삼기까지 했다고 한다(Strozier, 2004, p. 20). 그녀는 아들과 거의 24시간 붙어서 지냈고 단 한순간도 그녀의 눈에서 벗어나는 일이 없도록 했다. 코헛이 초등학교에 입학하는 6세가 되었을 때는 마음의 심한 불안 때문에 결국 학교에 보내는 것도 견디기 힘들어하기까지 했다.

결국 충격적인 사건이 벌어지고 말았다. 코헛은 어머니의 불안과 집착으로 인해 초등학교에 입학하지 못했다. 엄마는 전담 가정교사를 고용해서 코헛이 집에서 공부하도록 조치를 했다. 그러고는 코헛이 10세가 되어서 5학년에 올라갈 때, 지난 4년간 가르치던 가정교사가 코헛의 5학년 담임선생이 되어서 학교에 입학하도록 조치할 정도였다. 그 경험이 코헛에게는 엄마로부터의 첫 분리 경험이었는데, 다른 아이들보다 한참 늦은 경험이었다. 그런데도 코헛이 청소년기와 성인기를 거치면서 비교적 정서적으로 잘 성장하고 기능을 했던 비결은, 정서 경험과 자기 형성의 가장 중요한 시기인 생애 첫 1년 반을 행복하고 건강한 상태의 어머니와 아버지와 함께 지냈던 점과 아버지의 참전 기간 중 외갓집 식구들의 사랑과 든든한 보호를 받으면서 자랐던 경험 덕분이었다고 볼 수 있다. 그만큼 자기 형성에 있어서 환경의 중요성이 큼을 알 수 있는 대목이다.

자기-자기대상 관계

지금까지 코헛의 유아기 자기 형성 과정과 어머니와의 융합적 관계, 종교 정체성, 아버지 상실 경험, 유대인으로서 경험한 실존적 고통에 대해서 살펴보았는데, 이제부터는 자기의 심리발달 모델인 코헛의 자기심리학 이론이 어떤 측면에서 영성발달 과정을 설명하고 이해하는 데 암시적 통찰을 내포하고 있는지 확인해 보려고 한다. 코헛의 고유한 관점 중에 심리영성발달 이해를 위한 가장 눈에 띄는 공헌은 인간의 관계 경험을 구별된 자기와 대상이 아닌 융합된 자기와 자기대상의 경험으로 본 것이다. 이 관점은 어머니와 건강하지 못했던 관계가 결정적인 영향을 준 것으로 보인다.

서양에서 전통적으로 인간관계는 명확하게 경계가 구별된 나와 상대방, 즉 자기와 대상 간의 관계로 묘사되었다. 개인을 의미하는 영어단어는 '나눠어 있는' '구분되어 있는'이라는 의미도 되고, in-dividual, 즉 '더는 나눌 수 없는' 개별적인 존재를 의미한다고 볼 수 있다. 케임브리지 영어사전(2020)에서도 개인의 의미를 '그룹 내에서 다른 것 혹은 다른 사람으로부터 분리되었거나 분리되었다고 간주하는 사람, 존재'로 설명되었다. '분리된'이라는 강조점이 있는 것처럼 그만큼 각 개인 간의 분리된 개별성을 강조했다. 개별성을 가진 사람들이 관계를 맺는다는 것은 명확하게 분리된 두 인간이 각자의 영역과 경계를 선명하게 유지하는 가운데 둘 사이의 공간에서 정서를 주고받는 관계로 상호작용을 하는 것이다. 벤 다이어그램으로 보면 명확히 구분된 두 원이 서로 떨어져서 존재하며 두 원의 사이 공간에 정서가 있는 모습으로 볼 수 있다.

서양 언어나 철학적인 관점보다는 관계와 정서를 훨씬 중시했던 대상관계 이론가들도 자기와 대상을 구분 지어 설명했다. 서양에서 시작된 학문이지만 대상관계 이론가들의 강조점은 사람은 태어나서부터 죽을 때까지 항상 관계 안에 존재한다는 것이고, 두 사람이 의미 있는 인간관계, 즉 대상관계를 맺으려면 둘 사이에는 사랑, 분노와 같은 긍정적인 감정이든 부정적인 감정이든 강렬한 감정이 존재해야 한다는 것이다. 두 사람 사이에 정서가 없다면 둘 사이의 관계는 크게 의미 없는 관계가 된다. 우리말에 "미운 정 고운 정"이라는 말이 있는 것처럼, 미운 정이든 고운 정이든 감정이 있어야 의미 있는 대상관계로 성립하는 것이다. 반대로, 무정(無情), 즉 정이 없는 상태에서는 관계가 성립되기보다는 마치 영화에 등장하는 조역인 행인 1, 행인 2처럼 그냥 내 눈앞에 지나가는 사람 이상의 의미는 없게 된다.

이 강조점은 동양적인 사상과도 일치한다. 동양에서는 사람을 지칭할 때 인간(人間)이라는 한자 단어를 사용하는데, 이 한자의 한 글자씩의 의미를 보면 인간은 in between human, 즉 인간 사이라는 의미이다. 인간 사이의 정(情)을 나누는 관계를 의미한다. 그런데 대상관계 이론가들의 관점이나 동양 사상의 관점에서도 인간은 항상 관계 속에 존재하고 둘 사이의 어떤 정서적 관계와 상호작용이 항상 있어야 하지만, 벤 다이어그램의 떨어진 두 원 사이에 어떤 접촉점이 있어서 정이 전달되는 것인지, 아니면 두 원이 겹쳐 있는 것처럼 두 사람이 서로 경계가 없이 겹쳐져 있어서 정을 나누는 관계를 의미했는지는 명확하지 않은 것으로 보인다.

그런데 코헛의 자기-자기대상 모델은 그런 점에서 매우 놀랍고, 사람 사이의 정서적인 관계와 정서의 흐름 메커니즘에 관한 좀 더 명확한 대답과 설명을 제공해 준다. 자기와 대상의 관계처럼 이분법적이고 경계가 분리된 관계가 아니고, 자기와 자기대상 사이에는 서로 겹친 교집합 부분이 있다는 의미이고, 그 교집합 덕분에 두 사람 사이에 어떤 심리적인 내용물이 공유되고 흘러감으로써 자연스럽게 자기가 강한 자기대상으로부터 자기가 약한 자기로 흘러가서 약한 자기를 강화할 수 있다는 것이다.

코헛의 자기-자기대상 모델은 영성발달의 구체적 과정을 이해하는 새로운 관점을 줄 수 있는데, 이 모델을 하나님과 인간, 인간과 인간 간의 관계 모델에 적용해 볼 수 있다. 우선, 상하 위계질서가 강한 한국 사람들에게 하나님과 인간의 관계는 저 높은 하늘 위에 존재하시는 하나님이 이 땅에 사는 인간을 굽어살피시는 이미지로 표현된다. 우리 인간과는 전혀 다른 존재인 하늘에 존재하는 신이 인간을 불쌍히 여기시고 마치 인간에게 하늘에서 뭔가를 하사하시는 모습, 그 선물 같은 은혜(grace)를 받아 든 인간은 그 덕분에 어려움과 고통을 극복하고 치유하는 이미지로 볼 수 있다.

이 관계는 인간과 인간의 관계에서도 마찬가지이다. 일반적으로 교회에서 평신도가 성직자를 대하는 관계는 수평적이고 동등한 관계로 느껴지지 않을 때가 많다. 특히 규모가 크고 신자가 많은 대형교회의 목회자와 신도의 관계는 상하관계, 위계질서가 있는 절대적인 관계로 느껴진다. 마치 부모와 자녀의 관계처럼 상하수직적인 관계로 느껴지는 경우가 많다. 그렇기에 목사가 하는 부탁이나 결정에 대해서 평신도가 거절하기도 어렵고 다른 의견을 이야기하기도 어렵다. 그 관계는 심지어 심리적으로 비교적 건강한 목사가 신도들에게 특별히 권위를 부리지 않는 건강한 신앙공동체에서도 마찬가지이다. 목사가 신도들에게 그런 관계를 원하거나 요구하지 않아도 신도들은 자연스럽게 목사를 존경하고 이상화하며 순종하고 따르는 경우가 많기 때문이다. 특히 목사가 신도들을 위해 기도해 주고 축복해 주는 모습은 마치 윗사람이 아랫사람에게 뭔가 좋은 것을 전달해 주는 이미지처럼 보인다. 이런 하나님과 인간, 인간과 인간 간의 관계에서의 영성발달은 어떻게 보면 둘 사이에 경계가 명확하게 구별된 상태에서, 윗사람인 존재가 아랫사람인 상대에게 뭔가를 베풂으로써 기적처럼 그 사람의 영성을 깊어지게 해 주는 모습으로 상상이 된다.

그런데 코헛의 자기-자기대상 모델은 둘 사이의 동등하고 수평적인 관계를 의미하고, 그 사이의 경계가 분명하지 않은 서로 많은 것을 공유하고 나누는 겹쳐진 관계를 의미한다. 마치 굉장히 친밀한 두 사람이 너와 나 경계의 구별 없이 많은 것들을 공유하며 함께 지내는 융합된 관계와 같다. 코헛이 의미한 것처럼 심리치료사가 자기대상의 역할을 한다면, 심리치료사는 자기의 경계를 침범당하고 내담자가 자기에게 치대는 불편한 관계를 막지 않고 허용한다는 의미이다.

처음에 미국에 공부하러 갔을 때 개인적으로 많이 놀랐던 표현은 미국 친구들이 스스럼없이 'Jesus is my friend!', 즉 '예수님은 나의 친구!'라고 했던 표현이었다. 물론 그 표현을 들었을 때 어떤 의미인지는 금방 이해했다. 마치 가장 좋은 친구, 절친처럼 예수님은 나의 모든 것을 아시고 나와 항상 함께하시고 동행하시고 도와주신다는 의미일 것이다. 하지만 나를 놀라게 했던 표현은 'friend(친구)'였다. 물론 나쁘게 들렸던 것은 아니고 '친밀하고 가까운 표현을 어쩜 저렇게 자연스럽게 할 수 있을까?'라는 부러운 느낌이었다. '예수님이라면 하나님의 아들인데, 어떻게 하나님의 아들에게 친구라고 표현할 수 있을까?'라는 신기한 느낌이 들었고, 내게는 일종의 문화충격이었다.

코헛의 설명으로 다시 돌아가 보면, 코헛의 새로운 아이디어와 기본 개념은 어머니와의 개인적인 경험과 고통스러웠던 인생 경험과 연결되어 있고, 정신분석가로서 내담자와의 개인적인 경험과 직접적인 관찰을 통해서 발달했다고 볼 수 있다. 코헛은 저서 『자기의 분석(The analysis of the self)』(1971)에서 자기대상을 '자기를 위해 봉사를 하거나 자기의 일부로 경험되는 대상'으로 정의했다. 또한 슐라흐의 해석에 의하면, 자기대상이란 '자기가 무의식적으로 자기의 일부 또는 확장인 것처럼 경험하는 다른 사람의 기능' 그리고 '자기를 대신하여 정신 기능을 제공하는 다른 사람의 기능'(Schlauch, 1999, p. 62)을 의미한다는 것이다. 즉, 자기의 발달 문제로 인해 정신 기능이 부족한 경우, 본능적으로 주변에 있는 친밀한 다른 사람의 기능을 끌어다 쓸 수 있다는 의미인데, 그러려면 평소에 대상을 무의식적으로 자기의 일부 혹은 확장인 것처럼 느끼는 정서적인 관계를 맺고 있다는 의미가 된다. 결국 그 사람의 자기가 아직은 약하고 대인관계에서 건강하게 작동하고 있지 않은 것으로 볼 수 있다. 코헛은 이러한 자기와 자기대상의 독특한 인간관계를 자기-자기대상 관계 또는 자기-자기대상 모판(selfobject matrix)이라고 불렀다. 자기대상 모판은 마치 벼를 심기 전에 볍씨를 뿌려서 모판에서 자라게 하는 것처럼 자기대상이 자기구조의 기초를 자라게 하는 모판의 역할을 해 준다는 의미로 볼 수 있다.

자기-자기대상 모델은 또한 부모와 자녀, 목사와 신도, 장로와 신도, 교사와 학생 등 보통은 사회와 신앙공동체 생활에서 수직적으로 느껴지는 인간관계에도 적용함으로써 우리 마음속에 있는 전통적이고 고정적인 인간관계 이미지를 바꿀 수 있는 중요한 계기가 될 수 있다. 이 모델에 의하면 영성발달은 외부로부터 신앙이 어떤 전달자 혹은 수여자에 의해서 나의 내면에 어느 날 갑자기 들어와서 존재하고 있는 의미라기보다는 하나님, 예수님, 목사, 교회 어른, 부모님, 친구와의 친밀한 관계 등 친밀감이 바탕이 된 대상관계의 역동적 상호작용을 통해서 나의 내면에 지속적이고 의미 있는 정서적이고 인지적인 변화가 일어나는 일생의 과정으로 볼 수 있다. 즉, 코헛의 자기-자기대상 모델은 우리의 심리영성발달이 고립된 환경에서 다른 사람들과의 관계와 상호작용 없이 일어나는 자기 배양이나 자기 변형이 아니라는 것을 상기시켜 준다. 오히려 중요한 다른 사람들, 가족, 신앙공동체를 통한 지속적이고 역동적인 상호작용의 과정이 필요하다고 볼 수 있다.

결국 심리영성발달은 자기-자기대상 모판에서 역동적인 작용을 통해서 자기가 자기대상과의 변화하는 관계의 경험을 통해서 평생 가능한 경험이 될 수 있다.

공감과 변이적 내면화

코헛의 자기심리학의 심리영성발달 이해를 위한 두 번째 공헌은 공감과 변이적 내면화(transmuting internalization)라는 독특한 개념을 통해서 심리영성발달 과정의 구체적인 메커니즘을 이해하고 설명하는 데 큰 도움이 된 점이다. 원래 이 두 개념은 자기의 심리발달 과정을 설명하기 위한 것이었는데, 코헛이 개인적으로 의도하지는 않았지만, 심리발달뿐 아니라 영성발달 과정, 즉 통합적인 심리영성발달 과정의 메커니즘을 이해하고 설명하는 데 결정적인 공헌을 했다.

코헛은 자기의 초기 학문적 작업에서 공감을 '다른 사람에 대한 심리적 자료를 수집하는 방식, 직접 관찰할 수는 없지만 다른 사람의 내적 경험을 상상하는 방식'(Kohut, 1959, p. 450)으로 정의함으로써 굉장히 인지적인 초점을 가지고 있었다. 파울러의 이론 초기에 신앙에 대한 정의가 매우 인지적이었던 것과 마찬가지로 볼 수 있다. 이 정의에서 코헛이 덧붙인 기본적인 설명은 인간이 자기의 신체 상태는 오감을 사용해서 각자 느끼는 감각들의 느낌을 통해서 알 수 있고, 또한 망원경 혹은 현미경 같은 과학적인 도구를 사용해서 들여다보고 확인할 수 있지만, 인간의 내면세계는 그게 불가능하다는 것이다. 즉, 우리는 '우리의 생각, 소망, 감정, 환상 등은 직접 볼 수도 없고, 냄새 맡을 수 없고, 들을 수 없고, 만질 수 없기' 때문이다(Strozier, 2004, p. 144에서 재인용).

그렇기에 인간의 내면세계는 안을 들여다보는 내관(內觀)을 통해서만 알 수 있는데, 내담자 자신이 스스로 내관이 안 되는 경우가 많아서, 상담사에 의한 대리 내관(vicarious introspection)을 통해서 해야만 하고, 코헛의 정의에 의하면 이 대리 내관이 곧 공감을 의미한다. 정신분석에서 정신분석가가 내담자의 자유연상을 살피는 과정에서, 공감은 숙련된 정신분석가가 내담자를 대리로 이해하는 능력의 본질로 볼 수 있다는 것이다. 하지만 코헛은 후기 작업에서 공감의 의미를 인지적 측면뿐 아니라, 좀 더 명시적으로 정서적 측면을 포함했다. 그는 공감을 사람들 사이의 '강력한 정서적 유대' '진정으로 구원하는 힘'으로 확장해서 평가함으로써 공감을 우리의 정서적 측면을 변화시키고 구원하는 매우 강력한 힘으로 보았고, 그 중요성을 더 강조했다(Gorday, 2000, pp. 458-459).

내담자가 상담사를 경계가 명확하게 분리된 자기와 대상의 관계가 아닌, 자기가 자기대상과 관계를 맺는 것으로 느낄 때, 상담사의 '기본적 조율(basic intuneness)'과 공감(empathy)을 통해 내담자의 내면에 변이적 내면화 과정이 서서히 시작되게 된다. 코헛은 이 과정이 두 단계를 거치는 과정임을 강조했다. 첫째, 심리치료 관계에서 자기와 자기대상 간의 기본적 접촉과 조율이 있으면 자기대상 전이가 일어나게 되고, 둘째, 공감적 유대 관계에서 자기가 감당할 수 있을 만한 외상적(non-traumatic)이 아닌 실패가 일어나야 하는데, 그 실패를 코헛은 '최적의 좌절'이라고 명명했다(Kohut, 1984, p. 70). 그 좌절은 불가피하게 일어나게 되는데, 분석가가 치료를 촉진하는 과정에서 실수했기 때문이 아니라, 분석가의 책임은 내담자의 욕구를 충족시키는 것이 아니라 이해하고 설명하는 것이기 때문이다.

이렇게 공감적 조율과 최적의 좌절이 경험되면, 상담사가 가지고 있는 내담자에게 필요한 내적 기능을 내담자가 서서히 받아들임으로써 의미 있는 변이가 일어나는 과정에 들어섰다는 의미이다. 이 과정의 시작은 상담사의 기본적 조율과 공감인데, 상담사의 이 두 기능은 마치 상담사와 내담자가 서로 주파수를 맞춤으로써 같은 감정을 느끼고 이해하는 것과 같다. 변이적 내면화 과정은 쉽게 표현하면 외부에서 들어온 내용물을 흡수하고 소화하는 과정으로 볼 수 있다. 이 과정은 자기의 몸을 유지하기 위해 식사를 통해서 외부의 단백질이나 심리적 효소(psychic enzyme)를 몸의 내부로 섭취하는 과정으로 볼 수 있다(Kohut & Wolf, 1978, p. 416).

외부에서 들어온 내용물이 소화되지 않고 만약 그대로 남아 있게 되면 그 사람에게는 영양분으로 남지 않고 그대로 다시 몸 밖으로 배출이 된다. 하지만 내담자가 상담사를 자기대상으로, 즉 자기의 일부 혹은 확장으로 느끼고, 그 자기대상이 자기를 공감하고 자기대상 내부의 좋은 정신 기능을 제공한다면, 그 정신 기능을 서서히 받아들이고 소화함으로써 자기 내부의 영양분으로 사용하게 된다. 다른 말로 표현하면, 자기대상의 좋은 기능을 매번 공급받고 빌려 쓰는 것이 아니라 자기의 영구적인 내적 기능으로 소화함으로써 자기 내부에 직접 탑재한다는 의미이다. 변이적 내면화 과정을 통해서 자기대상의 일부 또는 측면이 자기구조로 옮겨지고 서서히 흡수되면, 연약한 자기구조는 더 강화되고 기능은 더 확장되어서 계속해서 자기대상과 의존적인 관계를 맺지 않아도 된다.

또 다른 비유를 생각해 보면, 마치 자기대상이 헌혈을 통해서 자기에게 부족한 혈액을 나누어 주는 것과 같다. 자기는 자기대상이 공급하는 혈액을 자기 몸의 내부로 받아들이고, 그 피가 결국 자기의 피가 되어서 몸을 골고루 순환할 수 있어야 생존할 수 있는 것과 같은 맥락이다. 자기대상은 어느 정도 양의 혈액을 헌혈하더라도, 즉 중요한 정신 기능을 상대방이 얻어 가서 사용하도록 주더라도, 몸이 건강하기 때문에 금방 회복할 수 있다. 그런데 자기대상이 헌혈을 통해서 자기에게 혈액을 공여하기 위해서는 우선 자기대상이 건강해야 하고 혈액형이 맞아야만 한다. 혈액형이 맞는다는 것은 우리가 지금까지 살펴본 개념으로 본다면 공감하는 것으로 비유할 수 있다.

코헛은 그 과정을 '기본적 조율(basic intuneness)'이라고 불렀다. 공감이 잘 되지 않는 경우는 혈액형이 맞지 않거나, 기존의 피에 새 혈액이 잘 섞일 수 없는 경우로 볼 수 있는데, 이런 경우에는 자기대상의 혈액이 자기의 혈액으로 잘 섞이고 안착했다고 보기는 어렵다. 자기대상은 여러 사람에게 헌혈을 해 줄 수는 있지만, 한 번에 많은 양의 헌혈을 하는 것은 불가능하다. 그러나 일정한 기간 간격으로 적당량의 혈액을 헌혈하는 것은 오히려 자기대상의 몸 안에서 새로운 혈액을 생성함으로써 건강을 유지할 수 있는 비결이 되기도 한다. 반면, 한 번에 여러 사람에게 자기대상의 역할을 하게 되면 금방 지치고 탈진할 수도 있다.

이러한 변이적 내면화 과정은 원래 내담자의 심리발달을 위한 상담사와 내담자 사이의 과정을 의미하지만, 하나님과 인간 사이, 인간과 인간 사이의 관계에서 경험될 수 있는 영성발달의 과정으로 확장해서 설명할 수 있다. 영성발달은 단순히 다른 사람의 설명이나 가르침에 의해서 외부에서 들어온 교리나 하나님을 아는 지식, 즉 교리적 신학 혹은 고백적 신학 수준의 발달 과정이 아니다. 자기가 배운 교리 혹은 고백이 내면에 충분히 소화되고 흡수되어서 실제로 영양분으로 작용함으로써 삶을 변화시키고 성숙하게 하는 작용적 신학이 되어야만 하는데, 그러려면 반드시 변이적 내면화 과정을 경험해야만 한다. 영성발달은 진공 상태에서 혼자 가능한 경험이 아니라 자기대상과의 친밀한 관계가 존재해야 하고, 자기대상의 정서적 공감이 있어야 하며, 머리로 인식하고 알게 된 내용을 자기대상과 지속적인 변이적 내면화 과정을 통해서 충분히 소화하고 자기 것으로 만드는 과정이 동반되어야 한다고 볼 수 있다.

그런데 코헛은 변이적 내면화 과정을 설명하면서 두 가지 중요한 점을 언급했다. 첫째, 심리치료적 과정인 변이적 내면화는 완전히 새로운 자기구조를 만들어 낼 능력은 없다는 점이다. 즉, 변이적 내면화 과정은 무에서 유를 창조하는 것이 아니라는 의미이다. 코헛은 초기 아동기에 이미 만들어진 '성격의 기본적 프로그램'은 변하기 어렵다고 지적했다(Kohut, 1984, p. 100). 오히려 변이적 내면화 과정은 자기의 결핍을 서서히 채워 가고 기존의 자기구조를 서서히 강화할 수 있다. 둘째, 변이적 내면화 과정은 자기에게 자기-자기대상 관계로부터 절대적 자유와 독립을 주지는 않는다는 것이다. 코헛은 의존으로부터 독립으로의 변화는 불가능한 것이고, 정상적인 심리적 삶에서 발달적인 변화는 자기와 자기대상의 관계가 변화하는 특징으로 보아야만 한다고 강조했다(Kohut, 1984, p. 52). 즉, 자기구조가 강화된 이후에도, 그 강화된 성격적 특성이 자기를 자기-자기대상 관계로부터 완전하게 자유롭게 할 수는 없다는 것이다. 코헛은 자기를 창조하고 유지하기 위한 욕구, 경험, 이미지들은 일생의 성숙, 발달, 변화의 가정을 거친다고 강조했다(Kohut, 1984, p. 193). 즉, 이미 높은 수준의 심리적 발달을 경험한 사람들조차도 일생 자기대상 모판(matrix)의 지속적인 존재와 지지가 없이는 건강하고 생존하기 어렵다는 것이다.

코헛에 의하면 결국 인간의 심리발달 과정은 다른 사람으로부터 완전히 독립적인 개체가 되어 가는 과정이 아니라 자기대상의 존재를 항상 필요로 하고 그 자기대상과의 지속적인 상호과정을 통해서 관계의 질이 변화하며 성숙하는 과정이라는 것이다. 자기대상의 역할을 상담사가 할 수도 있지만, 영성발달 측면에서 보면 영적인 멘토가 자기대상의 역할을 할 수도 있고, 더 나아가서 하나님이 궁극의 자기대상이 될 수 있다(Schlauch, 1995, p. 66). 인간이 하나님과 자기대상 관계 안에 존재한다면 하나님의 공감에 의해 변이적 내면화 과정이 시작되고, 인간은 원래 자기 외부에 존재했던 하나님의 성품과 은혜(grace)를 서서히 자기 내면으로 받아들이고 소화함으로써 더 성숙하고 강인한 영적 존재로 성장할 수 있다. 슐라흐에 의하면, 성장과 웰빙은 '고립된 개인 안에서 일어나는 것이 아니라 사람 사이'에서 일어나는 역동적인 경험이고, 그렇기에 상담사의 역할과 소명이 매우 중요하다(Schlauch,

1995, p. 72).

코헛은 심지어 심리치료사, 즉 자기대상의 적극적인 역할을 '예언자, 구원자, 구세주의 역할'에 비유해서 설명하기까지 했다(Kohut, 1971, p. 165). 심리치료사의 역할을 통해서, 내담자는 심리치료사의 건강한 기능을 서서히 내면으로 통합하고 더 건강하고 강한 자기구조를 경험할 수 있게 된다. 코헛은 심리발달의 관점에서 자기대상, 공감, 변이적 내면화의 개념을 제안했지만, 그의 심리적 언어가 내포하는 의미는 매우 종교적인 것이었고, 그의 이론은 그가 가졌던 유대교-기독교 전통의 교리인 구원론과 암시적으로 연결된 것으로 보인다.

슐라흐는 자기심리학의 개념인 공감과 자기-자기대상 관계에는 신학적 진술이 내포된 것으로 볼 수 있다고 강조했다. 코헛의 개념들에 관한 슐라흐의 성찰에 의하면 인간은 다른 사람을 위해 공감적으로 행동해야 하고 사랑해야 하는 의무가 있는데, 그 이유는 하나님의 이미지로 창조된 인간으로서 '공감적으로 행동해야 하는 능력과 책임성'을 부여받았기 때문이라는 것이다(Schlauch, 1990, p. 16). 하나님이 인간과 자기-자기대상 관계에서 변이적 내면화 과정을 통해서 자기의 성품을 인간과 공유했기 때문에, 인간은 하나님의 이미지를 가지고 있다고 볼 수 있다. 하나님은 인간을 위해 공감과 사랑을 주고 우리가 어떻게 다른 사람들과 관계를 맺고 하나님과도 관계를 맺을 수 있을지에 대한 모범을 보여 주고 있다는 것이다(Schlauch, 1990, p. 17).

종교의 기능과 역할: 심리영성발달을 위한 스케치

심리영성발달을 위한 자기심리학의 세 번째 중요한 공헌은 자기심리학의 개념과 이론이 유사종교적인 메시지를 내포하고 있고 그것이 영성발달 과정에 관한 비교적 구체적인 스케치를 제공한다는 점이다. 코헛은 자기심리학 이론과 모델이 일반 상담학 분야뿐 아니라 종교와 심리학, 목회상담학, 임상

사회복지 분야 등 다양한 상담 임상 분야에서 꾸준한 관심을 가지고 활용하고 있다는 점을 잘 알고 있었고, 1981년 그의 사망 직전에 이루어진 젊은 목회상담학자인 랜달(Randall)과 두 번에 걸친 인터뷰에서 자기의 의견을 꽤 상세하게 밝힌 적이 있다.

코헛이 랜달에게 한 말은 자신의 이론인 자기심리학은 기독교적 관점의 상담 실제에 단지 '틀(framework)'과 '개요(outline)'를 제공할 뿐, 정말 의미 있는 작업이 되기 위해서는 그 틀과 개요에 살을 덧붙이고 더 구체화하며 완성하는 과정이 필요하다고 강조했다(Strozier, 2004, p. 328). 또한 자기 이론은 개발이 완료된 아이디어의 종합세트는 아니며, 자기심리학적 관점의 '의견(dicta)'을 말한 것이지 '교리(dogma)'를 추구하는 것이 아니라는 말도 덧붙였다(Strozier, 2004, p. 328).

코헛은 인류의 세 가지 핵심적인 문화에 대해서 말하면서 과학, 예술, 종교를 꼽았고, 이 세 가지 문화는 기능적인 측면에서 이해되었다. 즉, 과학은 설명을 제공하는 기능이 있고, 예술은 아름다움을 제공하는 기능이 있으며, 종교는 인간의 자기(self)를 '지지하고, 결속해 주며, 유지하게 해 주고, 조화롭게 만들며, 강화해 주는' 고유한 기능이 있다는 것이다(Strozier, 2004, p. 328). 종교의 기능을 자기와 관련해서 설명했던 점이 매우 흥미롭고, 종교가 인간의 심리영성발달 과정에 중요한 기능을 하는 점을 강조했던 것으로 보인다. 또한 코헛은 "사람에게 종교만큼 전체를 아우르고, 광범위하며, 근본적인 것은 없다는 사실에 전혀 의문이 없다."라고 강조하기도 했다(Strozier, 2004, p. 329).

그런데 스트로지어의 평가에 의하면, 정신분석은 20세기 많은 사람에게 종교, 특히 기독교의 고유한 기능을 훔쳤고 정신분석은 서구 사회에서 대체 종교가 되었다(Strozier, 2004, p. 328). 또한 정신분석은 기독교에 깊은 영향을 주었으며, 바로 그 점이 정신분석에 끔찍한 짐이 되는 결과를 가져왔다. 그 결과, 정신분석이 심리적인 진리를 탐구해야 하는 진정한 임무를 망가뜨렸고, 대체 종교로서의 정신분석은 심지어 종교성까지 가지게 되었는데, 정신분석의 종교성의 핵심은 추종자들이 정신분석의 창시자에 대해서 마치 종교의 신이나 교주에게 대하듯이 지나친 존경과 과도한 충성을 불러일으킨 점이다(Strozier, 2004, p. 328).

코헛의 자기심리학 이론에서 종교의 중요한 기능, 심리영성발달 과정과 관련된 중요한 개념은 이상화 욕구(idealizing need), 거울 반응 욕구(mirroring need), 쌍둥이 욕구(twinship need)로 볼 수 있다. 이상화 욕구는 완벽한 자기대상인 하나님이 인간이 이상화할 수 있는 존재가 되어 주고, 그 이상화된 자기대상에 의해서 인간이 받아들여지고, 인정받고, 들어 올려지는 경험이 필요하다는 것이다. 또한 거울 반응 욕구는 그 이상화된 자기대상이 자기 앞에 늘 존재하고 자기를 보고 미소 지어 주며 반응해 줄 존재가 되어 준다는 점에서 인간의 심리영성발달 과정에 꼭 필요한 기능으로 볼 수 있다. 한편, 쌍둥이 욕구는 같은 마음, 생각, 감정을 가진 신자들이 모인 신앙공동체로서의 교회를 통해서 힘과 용기를 얻고, 서로에게 격려가 되며, 긴 인생 여정을 함께 걸을 수 있다는 점에서 신자들에게 꼭 필요한 기능으로 볼 수 있다고 강조했다.

좀 더 자세히 살펴보면, 코헛은 이상화 욕구를 인간의 필요와 종교의 기능의 중심적 측면으로 강조했다. 코헛에게 이상화 개념은 자기심리학 관점에서 종교를 이해하는 노력의 중심으로 볼 수 있다. 이상화는 자기가 강력하고 완전한 자기대상과의 융합을 허용받고 싶고 자기대상으로부터 힘과 안전감을 얻고 싶은 인간의 근본적 욕구로 볼 수 있다. 코헛은 '진정한 신자와 완전하고 전지전능한 하나님과의 관계는 힘이 없고 겸손한 신자가 이상적인 부모의 이미지를 가지고 있고 전지전능한 자기대상인 하나님과 융합하고 교제하기를 간절히 원하는 것'이라고 설명했다(Kohut, 1971, p. 106). 또한 인간에게 하나님 존재는 "이상화할 수 있는 어떤 것이 존재해야만 하고, 완벽에 가깝거나 완벽한 존재여야 하며, 그 존재를 따라 살기를 원하는 존재, 자기를 일으켜 주는 존재여야만 한다."고도 강조했다(Strozier, 2004, p. 329에서 재인용).

만약에 이상화가 심리영성발달 과정의 선제조건이라면, 거울 반응은 변이적 내면화의 과정을 통해서 하나님의 은혜가 자기구조로 융합되어 들어오는 치료와 발달의 과정을 시작하는 것으로 볼 수 있다. 코헛의 설명에 의하면 종교는 은혜(grace)를 통해서 자기에게 거울 반응 욕구를 충족시킬 수 있다. 자기대상인 하나님의 은혜는 자기에게 양질의 단백질 혹은 자기를 생기 있게 살리는 심리적 · 영적 효소와 같아서 변이적 내면화를 통해서 자기에게로 서서히 들어와서 자기를 살리는 기능을 할 수 있다. 코헛은 거울 반응의 중요성에 관해 설명하면서 유진 오닐(O'Neill)이 쓴 책의 한 구절을 종종 인용했다. "인간은 부서진 존재이다. 인간은 의미에 의해서 살아간다. 하나님의 은혜는 접착제(glue)이다."(Strozier, 2004, p. 170).

여기서 코헛이 암시한 것은 인간의 필요를 채우고, 상처를 치유하며, 자기구조의 형성 과정을 경험해 나갈 수 있도록 인간을 도울 수 있는 하나님의 은혜의 유효성이다. 그리고 예수님은 하나님의 은혜가 흐르는 채널, 도구가 된다는 것이다. 심리적인 관점에서 보면 인간의 상처를 치유하고, 인간의 필요를 거울 반영하기 위해, 마치 보호해 주고 안전한 엄마와 같은 방식으로, 엄마 눈이 반짝이며 아이에게 반영해 주는 것처럼, 하나님의 은혜가 모든 인간에게 주어진다고 볼 수 있다.

그런데 만약에 그 엄마가 약물 중독자라면, 성격적인 결함이 있는 사람이라면, 어떤 상황이 벌어질까? 그렇다면 거울 반응, 은혜는 없고 아이는 큰 절망과 좌절을 경험하게 된다. 코헛은 거울 반응 경험에 대해서 장밋빛 긍정적인 측면에서만 보지는 않았다. 오히려 그렇지 않은 상황에 대해서도 강조했다. 코헛에 의하면, 이런 경험이 인간에게 트라우마와 평생 결핍을 느끼고 고통스럽게도 하지만, 오히려 삶의 의욕과 창조성은 일반적으로 '은혜로부터의 추락'으로부터 나온다는 것이다. 즉, '초기 은혜 경험의 결핍'이 기독교의 원죄 개념의 자기심리학 버전이라고 볼 수 있다(Strozier, 2004, p. 332). 코헛은 심지어 인간의 삶의 상처와 트라우마에 대해서도 하나님께 감사해야 한다고 강조했는데, 그 이유는 그런 경험이 인간을 문제를 풀기 위한 새로운 길로 자극하기 때문이라는 것이다. 인간의 삶이 '만약 완벽했다면, 사람들은 절대 종교나 예술이나 과학을 창조하지 않았을 것'이기 때문이다(Strozier, 2004, p. 332).

한편, 쌍둥이 욕구는 종교가 신자들의 신앙공동체를 제공함으로써 충족이 되는데, 그 공동체를 통해서 신자는 지속적인 심리발달과 영성발달을 위해서 다른 사람들로부터 이해와 공감을 받고, 지지받으며, 격려받게 됨을 강조했다. 또한 코헛은 영성발달을 위해 예배와 같은 종교 의례(ritual)의 역할의 중요성을 인식하고 강조하기도 했다. 종교가 이상화 욕구와 거울 반응 욕구를 충족시키기 위해서 하는 기능은 주로 자기와 자기대상인 하나님과의 관계에서 개인적으로 하는 경험이라고 볼 수 있는 반면에, 종교의 기능 중에 쌍둥이 욕구는 공동체적 · 제의적 경험이라고 볼 수 있다. 코헛의 종교의례에 관한 강조는 제7장에서 논의할 인류학자 터너(Turner)의 강조점과 일맥상통한다고 볼 수 있는데, 그는 종교제의에 참석함을 통해서 참여자들이 변화되고 강화되어 일상으로 돌아올 수 있다는 점을 특별히 강조했다.

교회는 공통의 신앙고백, 즉 같은 고백적 신학을 가진 예배자들이 모인 곳이기에 자기와 같은 사람들로 둘러싸일 수 있는 곳이고, 각자가 가진 개성과 종교적 경험의 다양성에도 불구하고 하나님 앞에서 공통의 영적인 추구를 하고 영성발달을 경험할 수 있는 공동체의 기능을 한다. 또한 신앙공동체는 세상을 살아가며 가진 불안과 두려움을 줄여 주고 안심시키는 기능도 한다. 자기가 자기대상과의 관계와 변이적 내면화 과정을 통해서 건강해지고 난 후에는, 이전의 상처받았던 자기는 이제는 신앙공동체 안에서 다른 사람들을 위한 건강한 자기대상의 기능, 건강한 쌍둥이의 기능도 가능하게 된다. 쌍둥이 필요와 공감에 대한 코헛의 이해는 고데이(Gorday)가 강조한 것처럼 성 어거스틴(St. Augustine)의 사랑에 대한 이해와 일치한다. "우리가 먼저 사랑을 알고 사랑을 받는 것을 경험한 후에 그 사랑이 무엇인지에 대한 이해를 기억하게 된다면 우리는 사랑할 수 있다."(Gorday, 2000, p. 456).

코헛의 중심 개념인 공감은 원래는 서구 사회에서 정신분석적 용어로 사용이 되었지만, 한국 기독교인의 심리영성발달 과정을 이해하기 위해서 정신분석적 의미인 공감이 한국인의 정서적 경험인 정(情)으로 확장될 수 있으며, 특히 인간의 타인을 위한 책임성과 헌신과 관련지어서 볼 수 있다. 정의 의미는 그동안 개인 혹은 사람들 내부에 있는 끈끈한 정서로 이해되었다. 하지만 정은 실제로는 정서, 인지, 다른 사람을 돕기 위해서 그들이 필요로 하는 것을 제공하는 구체적 행동과 실천을 포함한 심리 내적이면서도 대인관계적인 종합적인 경험으로 볼 수 있다(Ka, 2010, p. 228). 정은 사람들 사이에 강력한 정서적 유대, 공감, 우정, 사랑일 뿐 아니라, 다른 사람의 필요를 인식하는 것, 타인의 필요를 위해서 무엇인가를 실천하는 것을 포함하기 때문이다.

코헛의 설명처럼 정은 마치 외부의 단백질 혹은 심리적 효소와 같아서 변이적 내면화의 과정을 통해서 자기구조로 서서히 지속해서 흡수될 수 있다. 앞서 코헛이 자기가 강화된 후에 타인을 위한 자기대상이 되어 줄 책임과 헌신이 있음을 암시했던 점을 언급했는데, 우리나라에도 이러한 상호적 책임성을 강조한 "가는 정이 있어야 오는 정도 있다."라는 속담이 있다. 자기가 자기대상으로부터의 정의 흐름을 경험할 때, 자기는 타인을 위해서 자기가 받은 정을 서서히 돌려주고 실천할 수 있는 능력을 얻을 수 있다. 물론 처음에는 타인에게 자기가 받은 정을 돌려주는 기능은 약할 수밖에 없겠지만 자기가 건강해진 후에는 결국 가능한 것으로 보인다.

심리영성발달을 위한 자기심리학의 공헌을 정리해 보면, 코헛은 자기 이론의 이상화 욕구, 거울 반응 욕구, 쌍둥이 욕구에 관한 논의를 통해서 일종의 내재적인 메시지, 즉 심리학적 구원론을 가지고 있는 것으로 보인다. 코헛은 이론에서 세 가지를 강조했다, 첫째, 이 세 가지 필요는 동등하게 필수적이지만, 이상화, 거울 반응, 쌍둥이 경험 사이에 발달단계와 같은 연속적 순서가 존재한다는 것이다. 즉, 이상화부터 거울 반응을 거쳐, 쌍둥이 경험을 순서대로 하게 된다. 둘째, 하나님의 은혜가 건강한 자기대상의 기능을 함으로써 변이적 내면화의 과정을 통해서 자기구조 내부로 전달이 되고 소화가 되면 영성발달을 위한 필수적인 에너지원으로 작동할 수 있다. 셋째,

자기는 전인적인 것이어서 항상 타인과의 연합을 통해서 존재할 수 있다.

코헛은 이러한 강조점을 통해서, 비록 외부로부터의 구원하는 힘인 하나님의 은혜가 없이는 자기가 치유되기 어렵다는 생각을 했지만, 구원의 과정에서 인간의 동기와 적극적인 참여의 중요성을 암시한 것으로 보인다. 또한 코헛은 인간이 하나님의 은혜를 통해서 치유와 성숙을 경험하고 난 후에 타인들을 위한 인간의 책임을 암시하기도 했다. 즉, 인간은 이상화와 거울 반응 욕구의 충족을 경험한 후에는, 다른 사람들을 위한 자기대상이 될 필요성이 있다는 것이다.

심리영성발달로서의 건강한 자기애의 발달

심리영성발달을 이해하기 위한 자기심리학의 네 번째 공헌은 이미 응집력 있는 자기구조를 형성한 사람들을 위한, 성숙하고 건강한 자기애 형성을 위한 분리된 발달 과정에 관한 설명이다. 코헛은 이에 관해서 명시적인 주장을 하지는 않지만, 코헛이 강조한 건강한 자기애의 발달 과정은 심리적인 문제를 초월하는 종교적 차원, 영성적 차원으로 볼 수 있다. 코헛이 강조한 건강한 자기애는 사실 당시 정신분석학계의 분위기에서는 매우 도전적인 설명이었는데, 코헛은 정신분석 전반에 걸친 나르시시즘에 대한 부정적 견해에 반대했다.

당시 정신분석의 분위기는, 건강한 자기애가 있다는 표현으로 립서비스는 했지만, 실제로는 어떤 형태든 자기에 대한 몰두는 건강하지 못하고 성숙하지 못한 것이며, 더 높은 형태의 타인을 향한 사랑을 경험하는 것을 방해하는 장애물이라는 생각이 지배적이었다. 분석가의 역할은 자기에 몰두한 상태의 내담자를 대상을 사랑하는 상태로 만드는 것이라고 믿었다. 코헛은 그런 관점이 문화적인 편견이라고 강력히 비판했는데, 즉 서구 문명이 이타적인 태도와 행동을 강조하는 가치 시스템을 강요한다는 것이었다(Strozier,

2004, p. 155).

결국 코헛은 논문 「자기애의 형태와 변형(Forms and Transformations of Narcissism)」(1959)에서 심리영성발달과 관련된 설명을 제공했다. 여기서 변형이라고 번역된 내용의 의미는 부정적 자기애의 개념이 긍정적 자기애의 개념으로 변신, 탈바꿈, 승화된다는 의미이다. 코헛이 강조했던 자기애의 다섯 단계의 변형은 ① 창조성, ② 공감, ③ 자기 유한성을 숙고할 수 있는 능력, 즉 받아들임(tolerance) 혹은 인생무상(transience), ④ 유머(humor), ⑤ 지혜(wisdom)이다(Kohut, 1959, p. 446). 코헛이 이 논문을 처음 발표했을 때, 안나 프로이트와 정신분석가들은 마치 프로이트가 리비도 혹은 심리성적 발달의 다섯 단계의 설명에서 보여 주었던 것처럼 코헛이 자기애의 새로운 발달단계를 설명하는 것으로 의심 없이 이해했다. 코헛이 설명한 자기애의 변형은 사실 발달단계, 발달의 과정 개념이기는 했고 발달단계로 어필하는 것이 정신분석가들의 이해에 도움이 되리라는 것도 알았지만 실제로 논문에서 발달 선(line)이라는 언급은 하지 않았다(Strozier, 2004, p. 157). 아마도 자신의 새로운 생각을 다른 사람들이 이해하는 데 마치 기존의 심리성적 발달 선에 평행적인 새로운 발달 선을 제안하는 것처럼 선입견을 조금이라도 느끼거나 이해에 제약을 받기를 원하지 않았던 것으로 보인다.

첫 번째, 두 번째 자기애의 변형인 창조성, 공감은 원래 자기의 심리발달과 밀접하게 연관된 선제조건으로서, 일생 동안 지속해서 성장할 수 있도록 자기구조를 준비시켜 준다. 반면, 이후의 세 가지 자기애의 변형은 심리적인 영역을 초월해서 실존적이고 영적인 영역을 의미하는 영성발달 측면으로 보인다. 우선, 자기애의 첫 번째 변형은 창조성인데, 창조적인 사람들은 자기 작업에 대해서 이상화해서 평가할 때 경험하는 자부심의 시점과 자기 작업을 평가절하할 때 느끼는 열등감의 시점을 생생하고 강렬하게 번갈아 가면서 경험한다. 과학적 결과물을 보아도 가장 발달한 상태의 결과물에서 초기 순수한 어린아이와 같은 아이디어의 잔재를 볼 수 있는데, 이는 창조적인 사람의 아이와 같은 상태에서 시작된 것으로 볼 수 있다.

코헛이 생각하는 삶의 주요 과제는 창조성의 상태에 머물고 유지하려고 적극적으로 노력하는 것인데, 그것은 자기 성격에 깊이 남아 있는 장난기 가득한 아동 시절의 성격의 부분과 끊임없이 접촉하는 것이고, 그때 세상과의 접촉에서 느꼈던 경이와 같은 감정의 생생함을 지속해서 붙잡고 있는 것이다(Strozier, 2004, p. 157). 또한 창조적인 사람은 세상으로부터 덜 단절되어 있고, 자기 작업을 지지해 주는 주변 사람이나 환경과 적극적으로 만나고 접촉하는 경향이 있다는 것이다. 이 설명은 자기애적인 사람은 대상에게 향하는 리비도가 없어서 접촉이 어렵고 관계가 어렵다는 자기애에 대한 기존 정신분석의 편견을 극복할 수 있는 설명으로 보인다.

코헛이 제시했던 자기애의 두 번째 변형은 공감이다. 공감은 유아가 자기의 얼굴을 엄마의 얼굴과 맞대고 마주함으로써 엄마와 신체적인 융합을 경험하고 또한 엄마의 감정과 정체성에 융합했던 경험에서 시작이 되는데, 엄마의 자기애적 감정과의 융합, 공감도 포함된다. 엄마와 경험한 이 일차적 공감은 다른 사람의 감정이 자기의 감정과 비슷하게 유지되는 선에서 다른 사람의 감정을 인식하도록 준비시켜 준다. 또한 엄마와의 일차적 공감은 엄마의 정체성과 연결이 되는데, 그 연결을 통해서 엄마의 유한성, 엄마와 연결된 자기의 유한성도 인식하게 된다. 그런데 이 정체성은 죽음과 같은 인간실존과 마주하면서 하나님 존재와의 정서적 · 영적 융합을 위한 길을 열어 준다는 것이다. 하나님 존재와의 융합은 자기 존재의 유한성에 대한 부정보다는 결국은 하나님 같은 위대한 존재와 함께 존재함을 느낄 수 있는 우주적(cosmic) 자기애를 경험하게 된다(Strozier, 2004, p. 158). 그 인식은 다가오는 죽음에 대한 절망감이나 두려움만 주는 것이 아니라, 죽음이 다가오는 것에 대한 설렘도 느끼게 해 준다는 것이다(Strozier, 2004, p. 158). 하나님 같은 위대한 존재와 궁극적으로 함께함으로써 우주적 자기애를 느끼고, 죽음 후에 맛볼 하나님과의 대면에 대한 떨림과 설렘도 느끼게 되는 것이 자기애의 또 다른 차원의 승화라고 볼 수 있을 것이다.

자기애의 세 번째 변형은 자기의 유한성을 숙고할 수 있는 능력인 받아들임과 인생무상의 경험이다. 받아들임 혹은 인생무상 경험은 인간실존에 관한 유한성을 절망감이나 체념함이 없이 인식하고 받아들일 수 있는 능력이다. 코헛은 인간의 유한성과 실존에 관한 이 수용의 태도가 또한 은밀한 부정과 함께 공존할 수 있음도 정직하게 언급했다(Kohut, 1959, p. 455). 코헛은 이 상태를 '가장 위대한 심리적인 성취'로 평가했고, 이 상태에 있는 사람들의 경험을 '조용한 자부심' '조용한 확신' '삶을 향한 궁극적 태도' '유사종교적인 엄숙함'(Kohut, 1959, pp. 454-456)으로 표현했다. 사실, 죽음에 대해서 절망감이나 체념함 없이 받아들일 수 있는 능력은 영성발달이 비교적 잘 이루어진 것으로 보이는 기독교인들이나 종교 지도자 중에도 자유롭지 못한 경우가 많다. 죽음 앞에서 의연하게 자기의 실존을 받아들이는 이 능력은 자기애, 즉 자기 사랑을 승화시켜서 자기의 삶이 연장되는 것에 대한 집착을 내려놓은 상태로 볼 수 있다.

세 번째 변형과 밀접하게 연관된 네 번째 변형은 유머인데, 이 단계는 인간의 유한성에 대한 더 긍정적이고 적극적이며 환영하는 마음을 포함한 수용을 의미한다. 다가오는 자기의 죽음을 유머로 수용할 수 있는 것은 더 성숙한 영성발달의 표시이기도 하다. 코헛에게는 두 가지 현상인 자기의 유한성을 받아들이는 경험과 유머의 경험은 많은 공통점을 가지고 있지만, 유머를 가지고 자기의 유한성에 대한 실존적 두려움을 극복하는 것은 그 사람을 '더 높은 비행기'에 존재하게 해 준다고 강조했다(Kohut, 1959, p. 456).

자기애의 다섯 가지 변형에서 가장 성숙한 단계의 특성은 지혜이다. 지혜의 단계에 다다른 사람은 자기 내부의 성숙한 자기애의 모든 다섯 가지의 특성들을 통합하게 되고, 삶, 죽음, 세상에 대한 확고한 태도를 경험하게 된다. 코헛은 '정보로부터 앎을 거쳐서 지혜'로의 점진적 진전에 대해서 언급하면서, 정보와 앎은 인지에 속하지만 지혜는 '인지적 영역을 초월하는 것'으로 강조했다(Kohut, 1959, p. 458). 코헛은 지혜를 '인지적인 기능을 유머, 인생무상에 대한 수용, 확고한 가치의 시스템을 다 통합해서 형성된 태도'로도 정의했다(Kohut, 1959, p. 458). 이러한 지혜는 젊은 시절에 경험하기는 어려우며,

지혜는 생각을 포기하지 않으면서도 자기애적 망상을 최대한으로 단념하고 포기하는 것이 요구된다고 강조했다.

또한 코헛은 이러한 모든 다섯 단계의 자기애의 성숙한 변형들이 '모두 다 함께 연결됨으로써 마치 별들이 모인 성운처럼 새로운 심리적 성운을 이룸으로써 처음에 자기를 구성했던 자원인 정서적이고 인지적인 특성들을 초월해야만 하는 것'으로 강조했다(Kohut, 1959, p. 458). 코헛에게는 인간의 정서와 인지 영역의 외부에 존재하는 또 다른 영역이 있는 셈이었는데, 그가 결국은 종교적이고 영적인 영역에 대해서 언급하는 것으로 보이지만 이상하리만큼 종교와 영성발달에 대한 명시적인 주장은 하지 않았다. 코헛이 분리된 성숙한 자기애의 발달 과정에 대한 설명을 제공함으로써 지혜를 향한 지속적인 성장의 과정을 강조한 것은 종교적 · 영적 전통에서 강조하는 가르침과 같은 의미의 설명으로 보인다. 자기심리학의 개념과 설명에 사용된 코헛의 언어는 철저하게 심리적 언어였는데, 그가 의도하지는 않았지만 그의 아이디어는 불가피하게 신학적이었던 것으로 보인다.

요약 및 맺음말

정신분석가로서 코헛의 주요한 관심은 유아기 자기의 형성에 있었다고 볼 수 있고, 자기, 자기대상, 자기-자기대상 모판, 변이적 내면화 과정 등의 주요 개념들은 원래는 생애 초기의 자기 발달의 과정을 설명하기 위해서 사용되었다. 하지만 지금까지 살펴본 것처럼 자기심리학은 다음과 같은 설명을 제공함으로써 심리발달의 과정이 영성발달을 포함하게 되고 그 발달 과정은 결국 심리영성발달이라는 점을 이해할 수 있도록 암시적인 공헌이 있음을 평가할 수 있다.

첫째, 자기와 자기대상 모델을 통해서 하나님과 인간, 인간과 인간 간의 상호작용에 대해서 수평적이고 이상적인 모델을 제시함으로써, 우리가 일반적으로 가진 하나님과의 수직적 관계 개념이나 신앙공동체 내에서 윗사람으로 느껴지는 목회자와 평신도 지도자들과의 수직적 관계에 대한 새로운 관점을 제공했다.

둘째, 변이적 내면화 과정을 통해서 은혜, 공감 등의 치유 능력이 있는 심리적 효소가 자기 내에 흡수되고 소화되어서 체화되는 과정에 관한 설명이 심리영성발달 과정의 메커니즘에 관한 정확하고 효과적인 설명을 제공했다.

셋째, 자기가 지속적인 발달을 위해서 자기대상과 평생 상호의존을 해야 하는 점, 자기가 심리영성발달을 위해서 궁극의 자기대상(ultimate Selfobject)인 하나님과도 일생 역동적인 상호작용을 해야만 하는 것에 대한 통찰을 주고, 자기가 건강해진 후에 신앙공동체 안에서 다른 사람들에게 자기대상의 역할을 함으로써 쌍둥이 경험을 제공하는 것에 대한 책임성을 인식시켜 주었다.

넷째, 영적 지혜를 향한 건강한 자기애의 발달 과정에 관한 설명이 심리발달뿐만 아니라 영성발달의 과정에 관한 암시적인 스케치를 제공하고, 인간의 삶에서 불가피한 실존적 두려움, 유한성에 대한 부인, 절망감, 체념 등의 심리적이고 영적인 갈등을 극복할 수 있는 비전과 삶과 죽음에 대한 확고한 태도를 제시해 주었다.

심리영성발달의 궁극적인 목표는 자기가 이미 건강하든, 아직은 더 응집력 있는 자기로 발달을 해야만 하는 상황이든, 자기 혼자 고립된 상태에 머물거나 혼자서 발달을 추구하지 않는 것이 아니라, 공동체 안에서 자기대상과의 지속적인 관계를 통해서 멈추지 않고 성실하게 여정을 걸어가는 것이다. 자기심리학이 강조하는 이상은 자기가 발달이 끝난 개체로 어느 순간 완전하게 독립하는 것이 아니라, 자기-자기대상 모판 안에서 일생 상호 의지하는 관계에 머무는 것이다.

코헛의 심리발달 과정에 관한 이 강조점은 영성발달 과정에 관한 통찰력 있는 설명을 제공하고, 기독교의 영성발달 관점과 일맥상통하는 관점을 가진다. 이 장에서 살펴본 것처럼 코헛은 공감의 의미를 '강력한 정서적인 유대감'과 인지와 정서를 포함하는 '진정한 구원하는 힘'으로 확장했고, 그로 인해서 자기는 친밀감과 진정한 우정관계를 경험하게 되며, 강력한 정서적 지지와 격려를 얻게 되고, 상처를 치유받을 수도 있게 된다(Gorday, 2000, pp. 458-459). 이것은 영성발달을 위한 첫 번째 발걸음이 될 수 있고, 이후에는 타인을 위한 자기대상의 역할을 감당하는 책임성을 가지게 되는데, 그것은 결국 영성발달, 즉 성숙의 표시이기도 하다. 영성발달을 경험함으로써 결국 자기는 '조용한 자부심' '조용한 확신' '삶을 향한 궁극적 태도' '유사종교적인 엄숙함'과 절망감과 체념함 없이 삶과 죽음을 향한 확고한 태도를 경험할 수 있게 되는데(Kohut, 1959, pp. 454-456), 이 경험이 영성발달의 열매라고 볼 수 있다.

코헛의 자기심리학이 심리발달과 영성발달을 위한 통합적인 이론을 개발하지 못했더라도 심리영성발달의 과정을 위한 기초가 되는 좋은 틀, 설명을 제공한 것으로 평가할 수 있다. 코헛은 사실 지속적인 자기의 형성 과정에 관한 심리사회적, 문화적, 종교적 요소들을 포함하는 포괄적인 설명을 명시적으로 제공하지는 않았고, 인간 본성의 어두운 측면에 대한 인식보다는 인간 본성과 성장에 대해서 과도하게 긍정적 관점을 가지고 있었던 것으로 보인다. 하지만 코헛은 심리발달과 영성발달에 관한 통합적인 관점의 멋진 미완성 스케치를 남겨 놓은 것으로 보인다. 개인적으로는 코헛이 좀 더 오래 살면서 심리영성발달을 위한 종합적인 이론과 모델을 제시해 주었다면 좋았겠다는 생각을 하지만, 그 일은 앞으로 나를 포함한 후학들의 몫이라고 생각한다.

제2부

심리영성발달의 적용과 실천

제5장 신앙발달단계이론의 적용과 심리영성발달 상담사례

제6장 신앙공동체의 심리영성발달 사례

제7장 인류학 관점으로 본 심리영성발달: 커뮤니타스, 하비투스, 헥시스

제8장 심리영성발달을 위한 집단모델: 집단상담과 영성훈련의 조화

제5장

신앙발달단계이론의 적용과 심리영성발달 상담사례

지금까지 이 책의 제1부 '심리영성발달의 이해'에 포함된 네 개의 장을 통해서 인간의 심리발달과 영성발달의 과정은 개인적인 수련이나 명상 혹은 개인적인 추구와 노력만으로 이루어지는 것이 아니라 생애 초기부터 자기대상과 지속적인 관계와 상호작용을 통해서 가능한 것임을 살펴보았다. 또한 심리영성발달이 전 생애적인 통합적이고 지속적인 과정이고, 심리발달에 기초해서 영성발달이 이루어진다는 점도 이론을 통해서 이해하게 되었다. 이러한 인간의 심리영성발달을 가능하게 하는 자기대상(selfobject)은 사람이기도 하고 하나님이기도 한데, 그 관계가 수직적이고 분리된 관계가 아니라 수평적이고 때로는 어느 정도 융합된 관계를 통해서 공감과 친밀감을 느끼고 상호작용을 경험하게 된다. 그 상호작용은 변이적 내면화와 같은 구체적인 작용을 통해 자기대상의 좋은 심리적 기능이 자기에게로 서서히 조금씩 전달되고, 그 전달된 심리적 효소가 서서히 자기의 내면에 체화되고 작용함으로써 자기가 심리발달과 영성발달을 꾸준히 경험하게 됨을 논의하기도 했다.

제1부에서는 심리영성발달의 이해를 위해서 다양한 이론적 설명을 적용했는데, 심리영성발달의 핵심 개념으로 대상항상성, 작용적 신학, 개별적-성찰적 신앙을 제시했고, 이론으로는 대상관계 이론, 신앙발달단계이론, 자기심리학, 미국 1세대 종교심리학과 성격심리학의 관점이 사용되었다. 이 이론들은 내가 생각하기에 서로의 부족한 점을 잘 보완하면서 인간의 전 생애적인 심리발달을 종합적으로 설명해 주는 동시에 영성발달에 관한 아이디어, 통찰, 자세한 설명을 제공하는 아주 특별한 공헌을 하고 있다. 이 이론들을 통해서, 인간의 내면의 심리영성발달 경험은 제도적 종교나 외재적 · 비본질적 종교에 의한 가르침이나 가이드도 필요한 측면이 있지만, 개인적 종교와 내재적 · 본질적 종교의 경험이 반드시 동반되어야 하고 어떤 면에서는 더 본질적이고 핵심이라는 점도 확인하게 되었다. 특히 개인의 내면에 대상항상성이 형성되지 않은 상태에서 유기불안, 분리불안, 트라우마 경험과 같은 심리적인 어려움이 있는 경우에, 종교의 가르침이나 교훈이 잘 이해되거나 체화되지 않고 결과적으로는 영성발달이 어려워진다는 점을 확인한 것도 굉장히 중요하다고 볼 수 있다.

제1부의 이론적 논의에 이어서 제2부에서는 심리영성발달의 적용과 실천이라는 주제로 네 개의 장에 걸쳐서 논의를 이어가 보려고 한다. 심리영성발달은 개인이 아닌 자기대상과의 관계를 통해서 경험하게 되는데, 관계를 맺는 것은 신앙공동체라는 환경을 통해서 가능하다고 볼 수 있다. 기독교뿐만 아니라 어떤 종교든 혼자서 수련하고 영성발달을 경험하는 경우는 별로 없으며, 대부분이 수도원, 교회, 성당, 사찰 등 같은 신앙을 가진 사람들이 모인 신앙공동체와 모임을 통해서 영성발달을 경험하게 된다. 특히 제4장에서 코헛이 강조한 것처럼 종교의 핵심 기능 중 하나는 쌍둥이 경험인데, 그 경험이 신앙공동체에서 유사한 사람들 간의 친밀한 관계를 통해서 이루어진다고 볼 수 있다. 결국 건강한 신앙공동체 내에서의 관계를 통한 심리영성발달이 매우 중요하다.

이 장에서는 제2장과 제3장에서 자세히 소개된 파울러의 신앙발달단계이론이 실제 심리영성발달을 추구하는 상담사례에서 어떻게 적용되는지에 대해서 살펴보려고 한다. 나는 상담사로서 김재훈(가명)이라는 한 중년 남성 내담자를 6개월간 상담을 통해서 만나면서 내담자의 심리발달과 영성발달의 문제를 해석하고 성찰하며 심리치료를 하는 중에, 내담자에게 표면적으로 보이는 증상 너머에 있는 더 깊고 근본적인 심리발달과 영성발달 과정에서 형성된 문제점을 발견하게 되었다.

내담자가 처음에 보였던 임상적 증상은 만성적인 우울감, 공허감, 열등감의 문제였다. 내담자는 그 어려움을 거의 평생에 걸쳐서 경험한 것으로 보였다. 그런데 상담이 계속 진행되면서 이런 임상적 증상을 상담목표로 잡고 그 증상을 완화하기 위한 대처를 하기보다는, 더 깊은 심리발달과 영성발달의 문제를 다루어야 함을 느끼게 되었다. 그런 과정 중에 내담자는 더 근본적인 문제인 자기의 발달과 자기애의 문제, 정체성 형성의 문제, 즉 기독교인으로서 전반적인 심리영성발달의 문제 등을 가지고 있음을 확인하게 되었다. 그 점에서 신앙발달단계이론이 상담의 과정에서 매우 유용하게 사용되는 경험을 하게 되었다.

이 사례를 보면서 떠오른 의학적 치료와 관련된 이미지는, 피부에 문제가 생겨서 치료를 받는 것에 관한 것이었다. 우리가 살아가다가 피부에 뾰루지 같은 문제가 생기면 주로 찾는 병원은 피부과이다. 가서 피부의 특정 부위에 치료나 약물을 바르기도 하고, 필요한 경우에는 얼굴 피부 전체의 한 겹을 벗겨 내는 박피술을 받기도 한다. 그러면 금방 효과를 보고 피부가 깨끗해지는 경험을 한다. 그런데 어떤 경우에는 그 치료 효과가 일시적이다. 당장은 치료 효과가 있지만, 장기적으로는 또 같은 증상이나 유사한 증상이 나타나서 다시 피부과를 찾게 되는 경우가 많다. 이런 경우는 피부과 의료진의 실력이 부족하다기보다는 생활습관이나 환경의 변화를 주지 않아서 그런 경우가 많고, 피부 문제의 더 근본적인 원인을 치료하지 않았기 때문이기도 하다.

사실 피부에 나타나는 문제는 위장이 좋지 않은 등의 속병이 원인인 경우도 많다. 즉, 피부과 진료 대상이기도 하지만 내과 진료도 중요하다는 의미이다. 개인적으로 자기 삶의 환경에서 스트레스를 줄이는 방법을 찾기 위해 노력하거나, 좋지 않은 위장을 근본적으로 치료하고, 식이요법을 사용해서 체질 자체를 개선하는 노력이 매우 중요하다. 나도 어릴 때 기름기 있고 느끼한 음식을 좋아하고 잘 먹어서 얼굴에 항상 문제가 있었던 시절이 있었는데 피부과 치료가 효과가 없지는 않았지만, 항상 근본적인 해결책은 되지 않았던 기억이 있다. 오히려 장기적으로 먹는 음식을 바꾸고 생활 습관을 전반적으로 바꾸려는 노력 이후에 피부가 확연하게 좋아지는 경험을 했다.

또 다른 의학적 치료와 관련된 이미지는 의학과 한의학의 관계에 관한 것이다. 의학과 한의학에 종사하는 분들이 서로에 대해서 어떻게 생각하는지, 최근에는 상대방에 대한 인식이 얼마나 달라졌는지는 잘 모르겠지만, 예전에는 서로에 대한 불신이 많았던 것으로 기억한다. 과거에는 같은 대학에 의과대학과 한의과대학이 같이 개설되고 통합병원이 운영되는 곳에서조차 서로에 대한 불신과 갈등이 있었다. 그런데 그 분야의 종사자도 아니고 문외한인 나의 관점에서는 의학과 한의학이 둘 다 있으면 상호 보완이 되어서 더 좋고 더 많은 필요를 채워 주리라 생각된다.

마치 이 책에서 심리발달과 영성발달을 통합적으로 함께 추구하는 것처럼, 의학과 한의학이 같이 협업하고 진료를 하면 우리 몸의 병도 더 종합적으로 근본적으로 나을 것 같은 기대가 생긴다. 잘 모르지만, 내가 가진 이미지는 의학은 다양한 의료기기와 과학적인 진단으로 정확하게 병을 확인하고 진단함으로써 몸의 특정 부위를 신속하게 치료하는 것을 목표로 삼아서 단기간에 치료에 집중하는 느낌이 든다. 반면, 한의학은 기구를 통한 진단보다는 한의사의 진맥과 통찰을 통해서 아픈 부위뿐만이 아니라 유기체적인 몸의 전반적인 균형과 순환에도 관심을 가지는 것처럼 보인다.

예를 들면, 암이 발병한 경우에 의학은 첨단기계를 이용한 진단을 통해서 그 암의 부위와 전이 상태를 정확하게 찾아낸 후 그 암세포를 목표로 삼아서 수술로 제거하고 암세포가 다른 장기나 부위로 더 번지지 않도록 막는 치료를 한다. 반면, 한의학에서는 암세포를 제거하는 수술적 방법이 없지만 암세포가 많이 활동하지 못하도록 몸의 체온을 높이고 체질을 개선함으로써 몸 전체가 면역기능을 사용해서 유기체적으로 암을 잘 이겨 낼 수 있도록 하는 치료에 집중하는 것으로 알고 있다.

심리학에서도 임상심리학이나 상담심리학 분야에서는 일반적으로 정확한 심리검사와 평가를 통한 내담자 진단과 목표설정이 매우 중요하지만, 인간중심 심리학이나 정신분석, 대상관계 이론과 같은 분야에서는 내담자를 만날 때 심리검사를 통하여 빠르게 진단을 내리기보다는, 상담사와 내담자의 인간적인 관계를 통해서 진맥하고 내담자를 만나면서 상담사에게 느껴지는 감정이나 생각을 잘 인식함으로써 내담자의 문제점을 해결하려고 시도하는 경우가 많다. 꼭 맞는 비유는 아닐 수 있지만, 개인적으로는 이 둘의 관계가 마치 의학과 한의학 같은 느낌이 들 때가 많다.

내가 상담사로서 6개월간 만났던 김재훈이 표면적으로 보였던 문제점은 만성적인 우울감, 공허감, 열등감의 문제였다. 아마도 심리검사를 통한 진단으로 보면 우울증이나 자기애적 성격장애로 바로 확인이 되었을 것이다. 그런 정보도 중요하게 여기고 상담에서 활용하는 것이 매우 중요하지만, 개인적으로 만났던 내담자 김재훈이 상담사인 나와의 관계에서 어떤 관계 패턴과 역동을 보이는지, 그 내담자가 느끼는 감정이 내게 어떻게 전달이 되고 나는 그 감정을 얼마나 공유하고 공감하는지, 그리고 발달관점에서 김재훈의 심리발달 과정에 관해서는 어떻게 이해할 것인지도 굉장히 중요한 관점이 되었다. 마치 조용히 눈을 감고 환자의 진맥을 하듯이 내담자와 함께 앉아 있는 작은 상담실 공간에서 내게 느껴지는 부분을 느끼고 파악하기 위해서 노력하면서 이 상담을 진행하였던 기억이 꽤 오랜 시간이 흐른 아직도 생생하다.

상담사례

내담자 김재훈은 우울감, 공허감, 외로움, 열등감, 기쁨의 부족 등을 경험한, 상담을 받을 당시 51세의 남성이었다. 그는 서울 소재 대학교와 대학원에서 경영학을 전공하고 같은 분야로 석사학위까지 마쳤다. 그는 첫 회기에 자신이 '별로 좋지 않은 대학, 서울에 있는 소위 인서울 대학'을 졸업했다고 언급했다. 상담사로서 그가 나온 대학에 관해서 묻지도 않았고 그 정보에 관한 개인적인 관심은 별로 없었지만, 첫 회기에 했던 그의 언급이 그의 인생과 관련한 굉장히 중요한 정보로 느껴졌다. 내가 느끼기에는 자기가 다닌 대학으로 인해서 뭔가 내면의 갈등과 열등감을 오랫동안 경험해 온 것으로 보였다.

김재훈은 20년 동안 결혼생활을 했고, 두 명의 10대 자녀를 두고 있다. 서울에 소재한 주요 대기업에서 부장으로 근무하고 있고, 교회에서는 안수집사로 평범하지만 성실하게 신앙생활을 하고 있다. 김재훈의 아내는 전업주부이다. 부부 사이에 심각한 문제는 없었지만, 내담자는 아내와의 결혼관계에서 정서적 친밀감을 잘 느끼지는 못한다고 언급했다. 그는 직장이 너무 바빠서 자녀들과도 충분한 시간을 보내지는 못했다고 말했다. 부장으로 재직한 기간이 길어짐에 따라서 최근에는 임원으로 승진 가능할지에 대한 고민과 스트레스가 많고, 승진하지 못한다면 아이들은 점점 더 커 가고 앞으로 대학 학비와 결혼 비용 등 많은 비용이 들 것으로 예상되는 상황에서 이후에 어떻게 살아가야 할지 막막하고 고민이 매우 크다고 언급했다.

내담자의 어린 시절을 살펴보면, 그의 어린 시절 자기 형성에 깊은 영향을 준 어머니는 그 세대의 여성 중에는 드물게 대학교육을 받은 여성이었다. 그런데 어머니는 서울에서 나고 자랐지만, 결혼 후 몇 년 뒤에 아는 사람이 없는 경상북도의 소도시로 이사를 하면서 비교적 부유하고 편안했던 원가족으로부터 평범한 가정으로 사회경제적 상황이 급작스럽게 변한 것 때문에 매우 외롭고, 고립되고, 좌절감을 맛보는 경험을 하게 되었다고 한다. 내담자의 어머니는 내담자와 동생에게 좋은 엄마의 역할을 하려고 굉장히 노력했지만, 자기애적이고 우울증적인 증상을 경험했던 것으로 보인다. 특히 내담자와 동생의 학업이 부진할 때는 매우 비판적으로 자녀들을 대했고 정서적으로 불안해하고 걱정을 많이 했다. 어머니는 내담자와 동생에게 충분하고 일관적인 정서적 반응을 보이지 못했고, 종종 신경질적이고 짜증스러운 반응을 보였으며, 자기가 당시에 느꼈던 좌절감, 불행감 등의 감정을 자녀에게 투사했던 것처럼 보인다.

반면, 내담자의 아버지는 경제활동은 성실하게 하고, 가정을 재정적으로 안정되게 지원했지만, 늘 바빴고, 정서적으로 폐쇄적이었으며 아내와 자녀들과 친밀감을 경험하지 못하는, 정서적으로 분리된 사람이었다. 내담자는 아버지에 대한 기억이 별로 없었고, 아버지는 늘 밖에서 일하는 사람으로만 기억했다. 내담자는 공부나 일상생활에서 늘 부모님을 기쁘고 만족스럽게 하려 노력했지만, 자기가 학교에서 받아 온 성적에 대해서 만족스러워하거나 기뻐하지 않는 어머니와 시험을 보는지 성적이 나오는지도 아예 모를 만큼 무관심한 아버지를 보면서 비교적 어린 나이에 자포자기한 모습으로 서서히 변해 갔다.

김재훈이 4세가 되었을 때, 그의 가족은 경북의 소도시로 이사를 하게 되었다. 어렸기 때문에 이사와 새로운 환경에 대해서 상세하게 다 기억을 하지는 못하지만, 매우 낯설고 충격적인 느낌을 받았던 것을 기억하고 있다. 또한 새로운 곳에 서서히 적응하고 자라는 과정에서 집에서는 엄마가 쓰는 서울 억양을 배웠던 김재훈은 밖에서 친구들과 만나서 놀 때마다 자신의 억양이 경상도 억양을 쓰는 이웃의 아이들과는 전혀 달랐던 충격적인 경험을 생생히 기억하고 있다. 친구들은 내담자의 억양을 '계집애 같다.'고 말하면서 놀리며 심하게 따돌렸고, 일종의 왕따 경험으로 인한 큰 정서적 충격을 경험했으며, 이사한 지역의 사회와 문화에 적응하지 못하고 정서적, 사회적, 신체적으로 서서히 분리되어 갔다. 즉, 또래 아이들과는 너무나도 다른 자기의 존재(being)에 대한 수치심과 자기 존재가 친구들에 의해서 통째로 부정당하는 경험을 한 것으로 보인다. 그는 내면적으로는 에너지 넘치고 창의적인 아이였지만, 친구들과 어울리거나 지역사회에 적응하지 못하고 아동 시절을 매우 외롭게 보내게 되었다.

그는 그 이후로 성장기 전체뿐만 아니라 성인이 된 이후에도 지금까지 자기에 대해서 좋게 느낀 적이 별로 없었고, 큰아들에게 높은 기대가 있었던 어머니와의 관계에서 스트레스를 심하게 느껴질 때는 종종 우울해지기도 했다. 김재훈이 상담시간에 표현했던 말 가운데 내 기억에 남는 가장 인상적인 표현은, 어머니의 표정이나 반응, 학교 선생님의 표정이나 반응을 볼 때면, '내가 뭔가 또 크게 잘못했구나.'라는 생각과 함께 마음이 순간 급속도로 무너져 내리고 깊은 절망감을 느낄 때가 많았다고 표현했던 것이었다. 그런 감정이 들면 순간 완전히 얼어붙어 버리고, 자기는 아무것도 할 수 없을 것 같고 자기 인생에 다시는 되돌릴 수 없는 파국이 올 것 같은 생각이 들면서 공포감에 빠져들었다고 했다. 그가 실제로 뭔가를 잘못한 것도 아닌데 무조건 자기가 잘못했다고 느꼈던 것은 사실에 근거하지 않은 느낌이었고, 또한 자기가 잘못했다는 느낌이 자기가 실제로 행동(doing) 하나를 잘못한 것도 아닌 자기 존재(being) 자체가 부적절하고 문제라는 깊은 절망을 느낀 것이 독특한 점이었다. 어떻게 보면, 존재에 대한 이 깊은 트라우마가 김재훈의 인생 전체를 통해서 발목을 잡고 고통스러운 감정을 안겨 주었을지도 모른다.

김재훈은 대학 입시에 한 해 낙방한 후에 재수해서 83학번으로 대학에 입학했다. 그는 1979년부터 1982년까지 자신의 고교 시절부터 재수 시절까지를 '어둠의 해'라고 개인적으로 명명하면서, 그 기간 내내 우울한 감정, 자살충동, 삶의 의미와 방향성의 부재를 느꼈고, 자기 삶의 명확한 가이드가 되어 줄 수 있는 좋은 선생님, 멘토를 만나고 싶은 깊은 갈망에 빠져 있었다고 설명했다. 내담자가 재수 끝에 대학에 입학했을 때, 소위 인서울 대학이었지만 그 대학에 전혀 만족하지 못했고, 심지어는 굉장히 수치스럽게 생각하기도 하였다.

처음에는 대학에 관한 언급이 반복되는 상황에서도 어느 대학을 졸업했는지 내담자에게 묻지 않아서 몰랐지만, 나중에 상담을 통해서 우연히 알게 된 정보에 의하면 상담사인 내가 느끼기에 실제로 그가 졸업한 대학은 꽤 괜찮은 대학이었다. 내담자 정보 보호를 위해서 그가 졸업한 대학을 직접 밝히기는 어렵지만, 그가 졸업한 대학은 우리가 가장 좋은 학교로 아는 S 대학교가 아닌 다른 S 대학교였다. 그러나 그가 재수 끝에 어렵게 진학한 대학에 부모님도 전혀 만족하지 못했고, 자기도 수치스럽게 생각했으며, 동기생들이 한 살 어려서 대학 생활 전반에 어려움을 겪기도 했다. 어쩌면 내담자는 상담사인 내가 그가 졸업한 대학을 물어봐 주고, 좋은 학교를 졸업했다고 인정해 주기를 원했던 것으로 보인다. 김재훈은 결국 2학년까지 갈등과 방황 속에 보낸 후에 대학교 내의 한 공동체에 속하고 싶은 열망을 느껴서 동아리에 가입하게 되었는데 그 동아리는 캠퍼스 기독 대학생 동아리였다.

김재훈은 그 동아리가 소속감과 가이드를 제공해 주고, 자기 삶의 바른 방향성을 제시해 줄 것으로 굉장히 기대했고, 그 그룹에서 영적인 체험도 하게 되었다. 내담자는 하나님과 그 신앙공동체를 자기 삶의 피난처로 느끼기도 했다. 하나님과 기독 청년들과의 관계가 더 친해지면서 그는 자기 부모의 영향력과 간섭으로부터 정서적으로 분리되기를 갈망했고, 성인으로서 더 독립적인 삶을 살기를 간절히 원했다. 김재훈은 캠퍼스 기독 대학생 동아리와 출석하는 교회, 두 신앙공동체 지도자들의 가르침을 순종하며 철저하게 따르는 교육을 받게 되었고, 그 공동체의 신실한 구성원이 되고 싶은 갈망이 컸다.

그런데 또 다른 한편으로는 혈기왕성한 20대 초반의 청년으로서 자기가 가진 욕망, 동기, 꿈과 신앙공동체 지도자들의 뜻과 조언 사이의 차이점 때문에 심한 내적 갈등도 경험하게 되었다. 이런 이야기들을 들으면서 김재훈에게는 재접근기 아이가 양가감정을 심하게 느끼는 모습과 같은 모습이 있다고 느꼈다. 또한 자기가 속한 신앙공동체에서 리더와 또래 학생들과의 대인관계의 어려움도 있었고, 기독교의 가르침과 지도자들의 삶 사이의 괴리와 왜곡도 경험하게 되었다. 그러면서 기독교인으로서의 정체성의 갈등과 혼란을 경험하기도 했다.

김재훈은 대학 졸업 후 스물여덟 살에 취직하고 결혼을 하면서 그 당시 전형적인 한국인 남자의 삶을 살게 되었다. 회사에서 장시간 일하고, 회식과 술자리에 참석하고, 일요일에는 교회에 출석하고, 부모님을 재정적으로 지원하게 되었다. 하지만 심리적으로는 심한 슬럼프도 경험하고, 교회 생활에 열정적이었다가 시들했다가 하는 등 갈등과 방황기도 반복해서 경험했다. 삶은 전반적으로 지루했고, 열정적으로 하는 취미나 일은 별로 없었으며, 매일 너무 지겹고 아침에 일어나기 싫다는 생각도 자주 한다고 말했다. 또한 주중에는 술자리에 참석하고, 주말에는 교회 예배에 참석하는 자기의 모습을 보면서 불일치한 모습이라고 느꼈고, 죄책감과 자괴감을 느끼기도 했다.

상담회기 중에 한 가지 상담사의 마음을 불편하게 하는 특징이 있었는데, 내담자는 종종 '우리 목사님이 말씀하시기를' '우리 장로님이 조언하기로는' 등의 표현을 아주 자주 썼는데, 내담자가 성인으로서 충분히 나이도 들고 인생 경험도 많아서 자기 스스로 중요한 결정을 내릴 것으로 기대했던 상담사에게는 굉장히 놀라운 현상이었다. 상담사인 내가 내담자보다 어렸기에, 사실 그런 모습의 내담자가 잘 이해되지 않았고, 좀 더 솔직히 표현하면 한심하다는 생각과 굉장히 짜증스러운 느낌이 들기도 했다. 그런데 또 다른 한편으로는 내담자는 아동기 자신의 부모와 건강하지 못한 인간관계로부터 경험했던 감정이 일어나서 지도자들을 따르고 싶지 않고 반항적인 감정을 자주 느끼기도 했다. 신앙공동체 지도자들의 가르침과 방향을 의문이나 질문 없이 무조건 순종하고 따르도록 강요하는 상황이 벌어질 때면 자기도 깜짝 놀랄 정도로 굉장히 반항적으로 변하기도 했다. 반항적인 감정은 또한 슬픔, 고립감, 무의미함, 무력감 등을 유발하기도 했지만, 그러한 부정적인 감정들과 갈등하면서도 내담자는 지도자들의 조언을 결국은 따르는 경우가 많았었다.

내담자는 결국 공허감, 외로움, 열등감, 기쁨의 부재, 우울증적 감정 등의 정서를 경험했고, 그러한 정서들이 상담사를 찾게 된 직접적인 계기가 되기도 했다. 그는 자신이 회사 일에도 바쁘고 신앙생활도 열심히 하고 있는데, 왜 그러한 정서를 느꼈고, 만성적인 공허감과 무의미함이 드는지를 궁금해했다. 그는 영성훈련 프로그램에 여러 차례 참석하기도 했고, 교회에서 제자훈련과 사역훈련도 마쳤지만, 자신이 성숙해 가는 여정을 걷는 데 그 어떤 것도 실제로 작동하지 않는 것처럼 느꼈다고 했다. 내담자 김재훈은 자기가 나름 성숙한 그리스도인이라고 믿고 있었지만, 자기의 믿음이나 의견은 여전히 목사, 장로, 평신도 지도자, 교회의 다른 교인들의 믿음과 의견을 따르고 순종하고 있는 것 같은 마치 어린아이와 같은 느낌을 받기도 했다.

내담자는 자기 삶의 상황에서 문제를 경험할 때마다, 자기 자신이 해석, 성찰, 결정을 내리는 것에 매우 힘들어한다는 사실을 상담을 통해서 확인하게 되었고, 그 점이 무슨 문제인지, 어떻게 해결하고 바꿀 수 있을지에 대해서 상당한 관심을 보였으며, 상담사인 내게 진지한 도움을 청했다. 이 상담 사례에 대한 기억을 다시 한번 떠올리며 내담자 김재훈의 경험은 그만의 특별한 경험이 아닌 현재 한국 사회를 살아가는 많은 기독교인의 공통된 경험이라는 생각이 든다. 이 사례를 제1부에서 살펴본 심리영성발달 이론에 비추어서 어떻게 이해할 수 있을지 자세히 살펴보고 성찰해 보는 것이 우리에게 의미 있는 과정이 될 것으로 보인다.

자기 형성과 자기애의 문제인가?

상담사로서 상담의 초기 회기에서 내담자 김재훈을 만나면서 가장 먼저 떠올랐던 임상적 증상은 자기애적 성격이었다. 사실 내담자가 『정신질환의 진단 및 통계 편람 5판(Diagnostic and Statistical Manual of Mental Disorders, Fifth Edition: DSM-5)』에 의해서 확인할 수 있는 전형적인 자기애적 성격장애 성향의 특징을 많이 가지고 있는 것은 아니었지만, 그가 정확한 원인을 모르는 우울감, 공허감, 외로움, 열등감, 기쁨의 부족, 삶의 의미와 방향의 부재 등을 경험했고, 부부간의 관계나 인간관계에서 감정적 친밀감을 잘 느끼지 못하는 등 자기애적 증상들 때문에 그렇게 본 것이었다.

잘 알려진 바와 같이, 일반 대중의 나르시시즘에 대한 이해는 주로 과도한 자기애, 자기중심, 자기교만, 자기과장 등의 모습이다. 실제로 그런 특징들이 있지만, 자기애를 경험하고 있는 많은 내담자는 오히려 그와는 정반대로 심리적 · 영적 공허감, 실존적인 고독감 등을 종종 느끼고, 자긍심과 수치의 공존, 정체성의 부재와 강한 자기의식의 공존 등을 복합적인 감정을 동시에 느끼는데, 내담자 김재훈은 그런 감정과 현상을 경험하고 있었다. 내담자는 삶의 흥미를 잃고 외로움을 느끼는 등 우울증적 증세도 보였다. 내담자의 어머니가 자기애적이고 우울증적인 증상을 경험한 것, 내담자와 동생에게 충분한 정서적 반응을 보이지 못했던 것, 학업이 부진할 때 매우 비판적으로 자녀들을 대했던 것, 좌절감, 불행감 등의 감정을 투사했던 상황 등을 종합적으로 볼 때, 내담자 김재훈은 자기애적 성향을 어머니로부터 영향을 받았다고도 볼 수 있었다.

제4장에서 논의했던 코헛이 자기애적 성격의 형성 과정과 원인을 설명할 때 강조했던 내용 중의 하나는, 어린 시절 엄마로부터 충분하고 일관된 공감적 반응을 느끼지 못할 때, 아이에게는 응집력 있는(cohesive) 자기 대신에 연약한 자기구조가 형성되어서, 일상생활의 변화와 감정의 기복을 흡수할 수 있는 충격 흡수장치인 건강한 자기를 형성하지 못하고 고통을 경험하게 된다는 것이다. 또한 부모들이 자녀에게 관심과 사랑을 주려고 시도하고 노력하지만, 오히려 감정적으로 분리되거나, 충분한 애정을 공급하지 못하는 것도 원인이 될 수 있고, 자녀들의 성공을 위해서 강박적인 마음을 가지는 것도 원인이 될 수도 있다.

자녀의 관점에서 보면, 부모가 아이의 생각과 감정을 읽고 필요를 충족시켜 주지 못하고, 오히려 아이가 부모의 생각과 감정을 읽고 부모의 필요를 충족시키며 부모를 돌보는 행위를 하게 되는 것이다. 즉, 눈치를 보는 행위를 통해서 기쁨의 부재와 불안한 마음을 경험하게 되고, 결국 아이들의 자기 형성에 치명적인 영향을 주게 된다. 아이가 자기의 생각과 감정을 충분히 느끼고 부모에게 편안하게 마음껏 표현하면서 자라야 하는 시기에 오히려 자기의 생각과 감정을 억압하고, 부모의 감정을 돌보는 경험을 통해서 참 자기(true self)가 아닌 거짓 자기(false self)가 형성되었기 때문에, 평생의 수리와 회복의 과정이 필요할 수도 있다.

내담자 김재훈이 이러한 원 가족 상황에 노출되어 있었고, 실제로 그의 임상적 증상 등에 자기애적 성격으로 의심해 볼 수 있는 열등감과 같은 여러 증상이 있었지만, 그에게 심한 자기 과장이나, 지속적인 칭찬을 필요로 느끼는 것, 타인을 부러워하고 무조건 이상화하는 것 같은 전형적인 자기애적 성격장애가 있는 사람들의 특징이 보이지는 않았다. 또한 인간관계에서 상대방을 이용하거나 의존하려는 현상, 타인에 대한 불신과 평가절하 등의 성향도 보이지 않았다. 그렇기에 내담자 김재훈이 겪는 임상적 증상들과 어려움에 대한 설명은 나르시시즘적 관점에서 평가도 가능하지만, 또 다른 관점을 가지고 좀 더 종합적으로 보아야 할 필요가 있다는 생각이 들었다.

정체성 형성의 문제인가?

내담자 김재훈의 상담사례를 보면서, 자기 형성과 자기애적 성격장애 문제 다음으로 성찰을 해 본 이슈는, 정체성 형성에 대한 것이었다. 김재훈이 만 4세 때 서울에서 경북의 소도시로 급작스럽게 이사를 하면서 전혀 새로운 환경에서 겪었던 문화 충격적인 경험도 있었고, 어린 시절 다른 환경에서 매우 외롭게 자라나면서 자기 자신의 존재에 대해서 부정적인 평가와 감정을 많이 느끼기도 했다. 또한 대학 시절 갈등과 방황 속에 지냈던 경험도 있고, 자기 자신이 독자적인 결정과 판단을 내리기보다는, 누군가 자기를 인도해 주고 소속감과 가이드를 줄 수 있는 멘토와 공동체를 갈망했던 상황을 볼 때 김재훈의 심리발달 측면의 어려움은 적절한 시점에 정체성 형성이 제대로 이루어지지 않았던 것일 수도 있겠다는 평가를 하게 되었다. 특히 그가 기독교인으로서 성인이 되고 청장년 시기에 들어서서도 한동안 기독교인으로서의 정체성의 갈등과 혼란을 겪었던 점을 생각해 볼 때, 내담자의 정체성 형성 과정과 현재의 정체성의 상태를 평가해 볼 필요가 있다고 판단하게 되었다.

잘 알려진 것처럼, 정체성의 발달 과정은 에릭슨의 심리사회발달이론에서 잘 설명이 되었고, 마샤(Marcia)의 정체성 상태(status) 이론에 의해서 의미 있게 확장되었다. 우선, 에릭슨(Erikson)의 심리사회발달 8단계 이론에 의하면, 5단계인 청소년기-성인 초기로 진입하게 되는 때, 정체성과 역할 혼란 사이의 갈등을 경험하게 되면서, '나는 누구인가?' '나는 어떻게 성인의 세계에 적합한 존재가 될 수 있는가?'라는 질문을 끊임없이 하게 된다. 성인의 세계에 적합하다는 것은, 자기가 주체성을 가지는 것을 의미하기도 하고, 자기 의견, 이상, 가치를 가지고 중요한 판단과 결정을 할 수 있는 것을 의미이다. 그러므로 5단계의 정체성 형성의 과제는 성인으로 접어드는 과정에서 필수적인 과제라고 볼 수 있다.

에릭슨에 의하면, 5단계인 정체성 형성은 그 이후 단계의 모든 경험, 즉 성인 초기(6단계)에서 친밀감(intimacy)의 경험, 중년기(7단계)의 생산성(generativity)의 경험, 노년기(8단계)의 덕목인 온전함(integrity)의 경험을 위한 기초이며 필수조건이다. 즉, 정체성 형성이 없이는 그 이후의 친밀감, 생산성, 온전함의 발달이나 성장은 매우 어려워지거나 거의 불가능해진다. 성인 초기 사랑의 경험과 친밀감의 형성은 연애와 결혼생활의 기초가 되고 사회생활에서는 모든 대인관계에 필수가 되기 때문에, 결국 성인 시기에 경험하는 부부 갈등, 대인관계 갈등, 그런 갈등의 경험에서 시작되는 부적응 상태, 우울증, 불안증, 심리적 갈등이 몸의 문제로 나타나는 신체화 증상 등의 다양한 임상적 증상의 근본적인 원인으로 볼 수도 있다.

에릭슨의 작업을 확장하고 정체성 위기를 네 가지의 정체성 상태로 분류해서 설명했던 마샤의 연구에 의하면, 정체성을 형성하는 청소년들과 성인 초기 성인들은, 네 가지의 상태 중에서 하나 혹은 그 이상의 상태를 나타내게 된다. 이 네 가지의 상태는 발달의 단계라기보다는, 청소년들과 성인 초기 성인들이 공통으로 경험하는 과정이고, 모든 사람이 각각의 상태를 경험하면서 한 상태에서 다른 상태로 진전하는 것은 아니다. 각각의 상태는 두 가지 요인에 의해서 결정이 되는데, '그들은 정체성에 헌신(commitment)이 되었는가?' 즉, 정체성을 형성하기 위해서 집중하고 노력하는지와, '그들은 자신의 진정한 정체성을 찾고 있는가?'라는 질문에 의해서이다.

마샤는 네 가지의 상태를 정체성 성취(achievement), 유예(moratorium), 압류(foreclosure), 분산(diffusion)으로 명명하고 설명했다. 정체성 성취상태는 높은 수준의 심리적 기능 상태를 말하며, 이 상태의 사람들은 독립적인 생각과 복잡한 도덕적 판단이 가능하고, 대인관계에서 친밀성을 경험한다. 또한 일상의 도전에 대해서 자신의 능력을 믿고, 집단에 순응하도록 하는 요구와 압력에 대해서 저항을 한다. 한편, 정체성 유예상태는 현재 정체성 위기 상태를 경험하고 있는 상태를 의미한다. 성취상태의 능력을 어느 정도 유지는 하지만, 자기가 누구인지에 대해서 갈등과 고민에 빠진 상태이다. 현재 정체성에 대해 탐색 중이지만 아직 견고한 정체성을 경험하지는 못했고, 현재와 미래에 대해서 불안함과 불확실성을 느끼는 상태이다. 즉, 정체성 성취상태에 있는 사람들보다 어떤 일에 헌신을 하는 데 준비가 덜 되어 있는 상태라고 볼 수 있다.

반면, 정체성 압류상태의 사람들은 다수의 의견과 집단의 순응 요구에 무조건 따르고, 불확실성을 견디기 힘들어하며, 어린 시절의 역할, 믿음, 기대 등에 안전함을 느끼고 거기에 머물고 안주하려는 경향을 보인다. 자기가 직접 선택하는 일을 매우 어려워하거나 하지 못하고, 자신의 삶이나 직업 선택에서 부모나 혹은 선생님 등 주요한 타자들이 제안하거나 선택해 주는 것을 선택하는 경우가 많다. 부모님과 같은 주변의 권위 인물의 기대를 맞춤으로써 그들을 기쁘게 하려고 노력하며, 정서적으로 비교적 안정된 상태로 가장 성실하고 말 잘 듣는 자녀로 보이기도 한다. 신앙공동체에서는 지도자에게 순응하고 순종하며 잘 따르는 모습을 보이고, 구성원들과 좋은 관계를 맺으며 신앙생활을 한다. 이 상태는 파울러의 이론에서 제시했던 단계 중 종합적-전통적 신앙방식과 같은 상태로 볼 수 있다.

정체성 분산상태는 태도, 생각, 결정 등 모든 영역에서 애매모호하며, 고립감, 외로움, 두려움, 새로운 인간관계를 맺는 어려움 등을 종종 경험하는 상태이다. 정체성이 거의 없어 보이고, 열정과 헌신이 매우 약하며, 자기존중감에 상처가 되는 말에 굉장히 연약하고 민감하다. 또한 생각이 정리가 안 되어 있는 경우가 많고, 대인관계에서 친밀감을 느끼는 것에 큰 어려움을 느끼는 모습을 보인다. 심할 때는 굉장히 혼란스러운 모습을 보이고 횡설수설하며, 사회나 공동체에서 일상생활이 어렵다.

내담자 김재훈의 당시 나이(51세), 남편과 아버지로의 역할, 직장에서의 지위(대기업 부장), 교회공동체 내에서의 위치(안수집사) 등을 종합적으로 볼 때, 김재훈의 현재 정체성 발달의 상태는 최소한 정체성 유예상태를 유지하고 있거나, 정체성 성취의 상태를 경험하고 있는 것이 발달 단계상 가장 적절한 상태이다. 하지만 상담사인 내가 본 평가에 의하면, 김재훈은 현재 정체성 압류상태이거나 심지어는 정체성 분산상태로 보였다. 우선, 김재훈에게 정체성 압류상태인 사람들의 특징이 보였는데, 내담자는 신앙공동체 안에서 다수의 의견과 집단의 순응 요구에 따르고, 불확실성을 견디기 힘들어하는 성향을 보였다. 내담자는 어떤 선택이나 결정을 하는 데 주요한 타자들의 제안을 원하거나 추구하는 성향을 보였다. 겉으로 보기에는 직장생활과 신앙생활에서 안정되고 성실하게 보이지만 내면적인 갈등과 불안을 많이 겪고 있는 상태였다. 또한 내담자는 정체성 분산상태의 모습도 보였다. 결정을 내리는 일에 애매모호한 태도를 종종 보였고, 외로움, 고립감, 인간관계의 두려움 등을 호소하기도 했다. 생각이 정리가 잘 안 되어 보이는 모습도 있었고, 대인관계에서 친밀감을 느끼는 데 어려움을 겪기도 했다.

요약하면, 내담자의 임상적 증상으로 볼 때, 나르시시즘 성향이 발견되기도 했고, 내담자가 정체성 형성 과정의 문제, 좀 더 구체적으로 정체성 압류상태 혹은 정체성 분산상태를 겪고 있는 것으로 해석되기도 했다. 이 두 가지 관점으로도 내담자 김재훈의 현재 경험하는 어려움이 상당 부분 이해와 설명이 되지만, 내담자를 만나면서 파울러의 신앙발달단계이론을 적용하여 내담자의 신앙발달단계를 분석해 보는 것이 상담의 현장에서 내담자의 심리적인 어려움을 돕고, 영성발달을 경험하도록 촉진하는 일이 효과적일 수 있다는 생각을 하게 되었다.

신앙발달단계의 문제인가?

내담자 김재훈의 사례를 신앙발달단계의 관점에서 보게 된 이유는, 내담자의 현재의 삶에서 신앙공동체와 신앙생활이 차지하는 비중이 매우 높아서, 신앙발달단계에 대한 성찰이 없이는 내담자를 제대로 이해하거나 효과적으로 돕는 것이 어렵다는 판단 때문이었다. 또한 김재훈의 생애 초기에 경험한 심리발달 과정의 경험과 트라우마가 그의 영성발달에 직접적 · 간접적으로 영향을 주었을 수 있다는 생각 때문이었다. 상담사가 보기에 내담자의 어려움은, 자기 형성 과정의 문제로 인한 자기애적 성향과 정체성 형성의 문제로 심리발달과 연관된 문제가 크지만, 심리발달 관점만으로는 다 설명이 안 되는 김재훈의 영성발달 측면의 문제도 있다는 생각이 들었다.

특히 한국 사회와 교회에서 책임 있는 지위에 있는 51세 남성의 삶의 정황으로 볼 때, 이미 잘 형성된 자기와 정체성에 기초에 근거해서 개별적이고 자율적이며 성찰이 가능한 상태의 영성발달이 이루어져야 적절한 상태인데 확연하게 그렇지 못한 점이 눈에 띄었다. 김재훈의 영성발달 상태를 보면 제2장과 제3장에서 설명한 파울러의 신앙발달단계이론의 종합적-전통적 신앙에서 개별적-성찰적 신앙방식으로 발달하지 못한, 그 중간 어디쯤 껴 있는 듯한 상태에 있는 것으로 보였다. 이러한 내담자의 심리발달과 영성발달과 연관된 문제를 이해하고, 효과적인 상담전략을 만들기 위해서 파울러의 신앙발달단계를 확인해 보는 것이 중요하다고 판단이 되었다.

내담자 사례를 다시 한번 살펴보기 위해서 눈에 띄는 정보를 정리하면, 그가 심리발달 과정의 어려움을 겪었던 것은 분명해 보인다. 김재훈이 4세, 즉 만 나이로 치면 3세이던 때 완전히 새로운 환경에서의 적응이 어려웠던 점, 이후에 언어가 늘어 가면서 억양 때문에 친구들로부터 '계집애 같다.'라고 놀림을 받은 것이, 자기의 행동(doing)보다는 존재(being)에 대한 놀림이었기 때문에 큰 정서적 충격과 트라우마를 경험했을 것으로 보이고, 깊은 수치심을 느꼈을 것으로 보인다. 특히 이사로 인한 급격한 환경의 변화로 고립되고 외롭고 우울했던 어머니가 내담자에게 신경질적이고 짜증스러운 반응을 보였고, 정서적으로 안정적인 관계와 일관된 반응을 맺어 주지 못한 점이 눈에 띈다. 또한 아버지의 정서적 부재와 무관심도 내담자의 정서발달에 좋지 못한 영향을 주었던 것으로 보인다. 대상관계 이론의 발달단계로 보면 대상항상성 형성기(24~36개월 이후)에 해당하는데, 그때는 한참 부모에게 치대고, 스스로 통제가 잘 안 되는 양가감정을 표현하며 난리를 치고 '지랄 총량'을 채워야 하는 시기인데, 오히려 부모의 눈치를 보고, 부모의 감정을 살피며, 부모를 기쁘게 하려고 노력했기 때문에, 자기의 감정을 돌보지 못하는 거짓 자기가 형성되었을 것이다.

그런 환경적 영향으로 인해서, 응집력 있는 자기의 형성이 잘 이루어지지 않았던 것으로 보이고, 내담자가 현재 경험하고 있는 우울감, 공허감, 기쁨의 부족 등의 원인이 되었을 것이다. 대학 시절 정서적으로 갈등하고 방황하며 소속감과 가이드를 간절히 원했던 점, 자기 생각과 신앙공동체 지도자들의 조언 사이에서 갈등이 심했던 경험, 대학 입시의 실패를 가족과 사회에서 많은 것을 이미 이룬 30년이 지난 지금도 언급할 만큼 깊은 수치심과 열등감을 느끼는 점, 아내와 자녀들과의 친밀감을 지금도 별로 느끼지 못하는 상황 등이, 김재훈의 사회적 기능이 잘되고 있음에도 불구하고 자기와 정체성 측면에서 아직도 갈등을 겪고 있는 것으로 짐작이 된다.

그런데 앞서 언급한 것처럼 상담사가 보기에 가장 결정적인 문제는 여전히 상담회기 중에 3인칭 대명사를 주어로 종종 사용해서 '우리 목사님이 말씀하시기를' '우리 장로님이 조언하기로는' 등의 표현을 하는 것이었다. 내담자 김재훈도 직접 언급했을 정도로 자기는 나름 성숙한 성인이라고 믿고 있지만, 자기의 믿음이나 의견은 여전히 목사, 장로, 지도자들의 믿음과 의견을 따르고 순종하는 모습을 보면서 스스로 어린아이와 같은 느낌을 받는 점이었다.

바로 이 점이 제2장과 제3장에서 설명한 파울러의 신앙발달단계이론에서 보이는 종합적-전통적 신앙방식이라고 볼 수 있다. 이 신앙방식을 가진 내담자 김재훈과 같은 사람에게는 다른 사람의 조언이 가장 중요하고, 자기의 의견을 형성하지는 못했으며, 비평적 성찰 능력을 충분히 발달하지는 못한 상태이다. 자율적이고 독자적인 판단을 내릴 수 있는 자기와 정체성을 충분히 형성하지 못한 상태로 보이며, 그렇기에 권위를 가진 사람의 생각을 쉽게 동의하고 순종하고 따르게 되는 경향이 있다. 어떻게 보면 이 방식으로 살아가는 사람들은 신앙공동체 리더의 관점에서 보면 가장 신실하고, 순종을 잘하고, 겸손하며, 신앙생활을 모범적으로 잘하는 참 신앙인으로 보일 수 있다. 사실 목회자는 신앙공동체 안에 이런 신도만 있으면 더없이 편안한 관계를 맺을 수 있을 것이다.

일반화하는 것은 좋지 않지만, 현대 한국 사회의 많은 기독교인이 내담자 김재훈처럼 종합적-전통적 신앙방식에 머물러 있는 경우가 많다. 그들에게는 목사, 장로, 부모 등 주요한 대상들의 가르침과 의견이 옳고 절대적인 답으로 여겨지기도 한다. 그들의 자기와 정체성은 아직은 완전히 형성되거나 발달되었다고 볼 수는 없는 상태이기에, 권위 인물에게 순종적이고, 자기의 의견을 표현하거나 결정을 내리는 데 마음의 갈등, 불안, 두려움을 느끼기도 한다. 그런데 종합적-전통적 신앙방식에 있는 사람 중에 일부는 개별적-성찰적 신앙방식을 이미 형성하기는 했지만, 인간관계를 편하게 유지하려는 마음과 신앙공동체의 평화를 위해서 종합적-전통적 신앙방식에 계속 머무르기도 한다.

하지만 내담자 김재훈처럼 심리발달 과정의 어려움으로 인해서 자기와 정체성 형성이 이루어지지 않았고, 그 결과로 개별적-성찰적 신앙방식으로의 영성발달이 힘든 상황도 있다. 사실 공동체의 가치를 중요시하고 수직적이고 권위적인 인간관계가 여전히 강하게 존재하는 한국 문화와 사회에서 종합적-전통적 신앙이 많이 나타나는 것은 어떻게 보면 이상한 일은 아닐 것이다. 하지만 신약성서에 기록된 예수님과 제자들의 대화에서 종합적-전통적 신앙방식을 넘어서서 개별적-성찰적 신앙방식과 개인적 고백을 격려했던 사례가 있다.

신약성서 마태복음 16장에 기록된 예수님과 제자들의 대화를 보면, 예수님도 제자들에게 종합적-전통적 신앙에서 개별적-성찰적 신앙방식으로의 변화를 격려하고 암시하신 적이 있다. 예수님이 제자들에게 "사람들이 인자를 누구라고 하느냐?(Who do people say the Son of Man is?)"(13절)라고 질문하셨다. 이 질문의 주어를 보면 '사람들이'이다. 예수님은 이 질문에서 3인칭 대명사를 사용하여 물으셨다. 이에 제자들은 "더러는(Some say) 세례 요한, 더러는(others say) 엘리야, 어떤 이는(still others say) 예레미야나 선지자 중의 하나라 하나이다."(14절)라고 3인칭 대명사를 주어로 사용하여 대답하였다. 마치 내담자 김재훈이 '목사님은' '장로님은' 이렇게 말씀하셨다는 표현과 같은 맥락으로 볼 수 있다.

예수님이 제자들의 그런 대답을 듣고 정확히 어떤 반응을 하셨는지는 성서에 상세한 묘사는 없기에 정확히 알 수는 없다. 아마도 짐작해 보면 예수님 자신이 제자들에게 질문할 때, '다른 사람들은 나에 대해서 어떻게 말하는가?' 하는 질문을 하셨기 때문에 그 질문에 대한 제자들의 대답은 별로 특별할 것은 없는 당연하고 일반적인 대답으로 들으셨을 것으로 보인다. 하지만 예수님은 다 계획이 있으셨다. 그 이후에 다시 하신 질문이 압권이다. 예수님은 같은 내용의 질문을 하셨는데, 이번에는 주어가 완전히 바뀌었다. "그렇다면 너희는 나를 누구라 하느냐?(But what about you? Who do you say I am?)" 여기서 '너(You)'는 2인칭 단수형일 수도 있고 복수형일 수도 있다. 3인칭 대명사로 한 질문에는 제자들이 너나 할 것 없이 망설이거나 주저하지 않고 다른 사람의 말을 바로 인용해서 어렵지 않게 대답을 했지만, 이번에는 문제가 굉장히 어렵게 느껴졌던 것으로 보인다. 자기 스스로 예수님을 정확하게 이해한 통찰과 개인적인 고백이 있어야만 주어를 '나(I)'로 사용해서 답이 가능했기 때문이다.

일단 대답을 한 제자는 한 명으로 기록이 되었다. 예수님의 제자 중에서 가장 연장자로 추정되는 시몬 베드로였다. "주는 그리스도시고, 살아계신 하나님의 아들이십니다[(I believe) that you are the Messiah, the Son of the Living God]."(16절)라고 대답하였다. 문장에서는 생략되었지만, 베드로는 1인칭 주어인 I(나)를 사용하여 대답하였다. 예수님은 이 대답에 만족해하셨고, 베드로를 칭찬하셨다. "시몬아 네가 복이 있도다. 이를 네게 알게 한 이는 혈육이 아니요, 하늘에 계신 내 아버지시니라."(18절). 예수님의 칭찬을 보면 예수님은 이 대답을 베드로에게 알게 한 이는 '혈육'이 아니라고 말씀하심으로써, 베드로에게 주요한 대상인 주변 인물이 가르쳐 준 답 혹은 의견이 아님을 확인해 주셨다. 베드로에게 답을 알려 주신 분은 '하늘에 계신 내 아버지', 즉 성령이셨다. 베드로는 성령님을 통해서 영적으로 예수님의 참 정체성을 깨닫게 되었고, 그 깨달음이 내면에 체화되어서 개인적인 고백의 말로 예수님께 답을 했던 것으로 보인다.

이 대화가 종합적-전통적 신앙과 개별적-성찰적 신앙방식에 관한 예수님의 가르침으로 볼 수 있을 것 같다. 마태복음에 기록된 대화에서 물론 예수님의 처음 질문의 주어는 3인칭 대명사이기 때문에, 제자들이 3인칭 대명사를 주어로 사용하여 타인의 관점, 의견, 관찰 등을 근거해서 답을 한 것이지만, 제자들의 공통된 답은 종합적-전통적 신앙방식을 표현하는 대답이었다. 그런데 예수님의 두 번째 질문은 제자들이 1인칭의 관점에서 답하도록 도전함으로써, 제자들에게 개별적-성찰적 신앙의 관점과 방식을 가지도록 요청하신 것으로도 볼 수 있다. 예수님의 생각에는 종합적-전통적 신앙이 예수님과 함께 생활하는 동안에는 큰 지장이 없을 수 있지만, 예수님이 떠나신 후 제자들이 각자 자기의 위치로 흩어져서 전도와 양육을 하게 되려면 개별적-성찰적 신앙방식을 가지는 것이 꼭 필요한 발달이라고 보셨을 수도 있을 것이다.

사실, 이러한 좀 더 성숙한 수준의 영성발달을 요구하기 전에 예수님은 제자들을 직접 부르시고 3년 동안 공동생활을 하심으로써 제자들의 심리발달을 도와주신 것으로도 볼 수 있다. 제2장에서 언급한 것처럼, 예수님의 공생애 3년과 제자훈련 3년은 심리적 탄생의 과정이 3년이 걸리는 3년의 법칙과도 딱 맞아떨어진다. 예수님이 부르신 열두 명의 제자 중에는 의사 누가와 세리 마태도 있었지만, 어부였던 베드로처럼 평범한 사람들이 다수였고, 당시의 문화적 상황 배경 때문에 예수님의 열두 명의 공식 제자의 반열에 들지는 못했지만, 결정적인 역할을 했던 마리아와 마르다 자매 같은 여성 제자들, 70문도 혹은 72문도라고 불렸던 70명 혹은 72명의 제자 그룹도 있었다.

예수님이 그들과 공동생활을 하시고 함께 여정을 하신 것은 함께 하는 삶을 통해서 그들의 모나고 거친 심성을 변화시키는 등 심리발달을 시켜 주신 것으로 볼 수 있고, 결과적으로는 심리영성발달의 통합적인 경험을 제공하는 환경이 되어 주신 것으로 이해할 수도 있다. 그 결과로 '천둥의 아들'이라 불릴 만큼 성격이 불같고 다혈질이었던 야고보와 요한 형제의 성격을 사랑의 사도로 불릴 만큼 따뜻하고 부드러운 성품으로 바꾸시기도 했고, 또 다른 다혈질인 베드로도 예수님과 만나고 친밀한 관계를 통해서 훨씬 더 성숙하고 깊이 있는 제자로 변모될 수 있었던 것으로 보인다. 그들이 심리발달과 함께 영성발달을 경험하고 깊은 통찰이 가능한 영적 스승으로 거듭났던 것은 물론이다. 즉, 예수님은 제자들의 심리발달 과정을 3년간 함께하시면서, 영성발달의 과정, 즉 종합적-전통적 신앙에서 개별적-성찰적 신앙으로 변화를 이끌어 준 것으로 이해할 수 있다.

수치심의 문제인가?

제3장에서 종합적-전통적 신앙방식에서 개별적-성찰적 신앙방식으로의 변화 과정을 방해하는 강력한 감정으로 수치심(shame)에 관한 논의를 하였다. 수치심은 자기 존재(being)를 부정하고 자기의 존재감에 깊은 상처가 되는 정서로서 이 정서에 압도당하는 경험을 하게 되면 심리발달뿐만 아니라 영성발달에도 큰 어려움을 주게 된다. 즉, 자기와 정체성이라는 개인의 심리발달 과정이 영성발달의 과정에도 직접적인 타격을 줄 수 있다는 의미이다. 앞 장의 논의를 다시 간략히 살펴보면, 에릭슨은 생애 초기 돌봄제공자로부터 일관된 정서적 수용과 반영을 경험하지 못한 경우, 불신(0~12개월), 수치심(1~3세), 죄책감(3~6세), 열등감(6~12세), 정체감 혼란(12~18세)을 발달단계별로 경험할 수 있다고 보았다.

내담자 김재훈이 4세 때 급격한 환경의 변화를 경험했고, 어린 나이라 다 기억하지는 못하지만, 돌봄제공자인 어머니의 불안정한 정서 상태 때문에 어렴풋이 느꼈을 것으로 볼 수 있다. 특히 한국 나이로 4세이면 만 나이로 3세 시절이었으므로, 김재훈이 주로 경험했을 감정은 자기 자신이 새로운 환경에 적합하지 않은 존재로 보이는 자기 존재에 대한 깊은 수치심이었을 것이고, 수치심 경험이 그 이후 발달 과정에서 죄책감, 열등감, 정체감 혼란 등으로 연결이 되었기 때문에, 내담자가 성인이 된 후에도 이런 감정에 지속해서 취약함을 보였을 것으로 보인다.

자기애적이고 우울했던 어머니가 정서적으로 전적인 수용이 필요했던 아들에게 안정적인 정서적 반응을 해 주기 어려웠고, 정서적으로 부재했던 아버지도 아들에게 도움이 되지 못했던 것으로 볼 수 있다. 그런 경험을 통해서 아이는 자기 자신에 대해서 태어나지 말았어야 할 존재라는 느낌, 부모에게 기쁨이 되지 못하고 부담과 고통을 주는 가치 없는 존재라는 느낌, 그런 느낌으로 부모의 감정을 끊임없이 살피고 맞추려고 눈치를 보느라 정작 자기 자신의 생생한 정서를 느끼지도 못하고 표현하지도 못하는 경험을 했을 것으로 보인다.

실제로 내담자 김재훈이 상담사에게 직접 언급한 것처럼, 경상도 억양을 쓰지 않던 자기의 억양 때문에 '계집애 같다.'라고 놀림당하고 따돌림당하던 '남자아이'로서의 성 정체성 경험이 그에게 엄청난 정서적 충격과 트라우마를 주었다. 에릭슨의 구분처럼, 남자아이인 자기가 여자아이 같다는 놀림을 당하며 자기 존재, 자기 몸이 발가벗겨진 것을 보는 것과 같은 자기 존재(being)에 대한 시각적 경험을 통해서 수치심을 경험했을 것이고, 이후에는 남자아이지만 계집애 같다고 평가되던 자기의 행동(doing)이 수용받지 못하고 끊임없이 지적과 꾸지람을 듣는 청각적 경험을 통해서 '내가 뭔가 또 큰 잘못을 했나 보다.'라는 느낌의 죄책감을 경험했고, 발달 과정을 통해서 열등감과 정체감 혼란까지 지속해서 이어졌을 것이다.

제3장에 인용된 임상심리학자이자 심리치료사인 카렌의 강조점도 수치심이 종종 부모로부터 자녀에게 언어적으로 혹은 비언어적으로 전달이 되고, 특히 부모가 자기 자신에 대한 수치심, 충족되지 않은 욕구, 불만족스러움, 실패감 등으로 고통을 당할 때 수치심을 자녀에게 투사함으로써 본의 아니게 전수하는 일이 일어난다는 것이었다. 그런 경험을 할 때 부모들은 자녀들을 있는 모습 그대로 수용하기 어렵고, 공감이나 존중을 보여 주지 못해서 자녀들의 정서적 성장에 필수적인 감정을 공급하기 어렵게 된다는 것이다. 이런 상황에서 자녀에게 수치심이 전달되고 형성됨으로써, 그 수치심이 자녀의 자기 형성, 정체성 형성에 부정적인 영향을 주고, 자기애적 성격의 형성과 우울증의 주요 원인이 되기도 한다고 강조하였다(Karen, 1992, pp. 61-62).

아이를 돌보는 부모의 자기 자신에 대한 수치심이 세대 간 전수가 일어나게 되고, 부모의 수치심을 원치 않게 물려받은 아이의 경우, 내담자 김재훈처럼 부모를 기쁘게 하려고 불안, 강박, 두려움 가운데 끊임없이 노력하게 되지만 결국은 부모를 만족스럽게 하지 못하고 실패를 경험하게 되기도 한다(Park & Kim, 2006, p. 423). 타인을 만족스럽게 하고 기쁘게 하기 위한 노력은 부모에게뿐만 아니라, 김재훈이 대학생 시절 몸담았던 대학생 신앙공동체 리더들과 목사들에게 순응하고 따르는 모습으로 연결이 되었고, 50대 초반으로서 사회와 교회에서 리더의 위치에 가 있던 상담을 받던 그 당시에도 극복하지 못하고 여전히 이전의 대인관계 방식과 생각의 방식으로 자리잡은 안타까운 모습을 볼 수 있었다. 육신의 부모를 기쁘게 하려고 불안한 마음으로 부단히 노력하고 힘겹게 애쓰던 내담자 김재훈은 신앙공동체 안에서도 하나님 아버지를 기쁘게 하려고 끊임없는 두려움 가운데 엄청난 노력을 했고, 목사와 공동체 어른들의 눈에 차기 위해서 마음의 불안으로 오랫동안 고통을 겪었다. 결국 부모를 살피고 만족하도록 하기 위한 그의 심리기제가 심리발달과 영성발달의 전 과정에 오히려 엄청나게 부정적인 상처를 주었던 것으로 보인다.

요약 및 맺음말

내담자 김재훈은 상담을 받던 당시, 한국 사회에서 비교적 잘 기능하는 51세 성인 남성으로서 회사에서의 책임, 교회에서의 직분, 가정에서의 역할 등을 부지런히 감당하고 있었지만, 여전히 내면의 깊은 수치심과 열등감으로 고통당하고 있던 상태였다. 그가 느끼던 수치심의 고통은 자기 존재에 대한 확신을 갖지 못하게 만들었고, 자기를 있는 그대로 받아들이고 승인하거나, 자신감을 가지고 주체적인 결정을 하는 것이 굉장히 두려운 상황이었다. 김재훈의 경험처럼 개별적으로 성찰할 수 있는 방식이 자기의 아픈 수치심을 다시 건드리고 자극하는 상황을 초래할 수 있다는 의식적 · 무의식적 두려움과 불안을 느끼도록 하기에, 결국 심리발달의 문제가 개별적-성찰적 신앙방식으로의 영성발달을 더욱 어렵게 하는 상황을 만들게 되었다고 볼 수 있다. 이렇듯 정서적으로 압도하는 두려움과 불안이 내담자 김재훈을 얼어붙게 하고 마치 아이처럼, 청소년처럼, 어른, 권위 인물의 의견과 제안을 큰 불만 없이 수용하고 따르게 했을지도 모른다.

어쩌면 김재훈은 개별적-성찰적 신앙방식을 충분히 가질 수 있는 인지적 발달과 인생 경험이 있었지만, 타인에게 의존하고 순종하며 따르는 것에 대한 정서적인 편안함과 편리함 때문에 종합적-전통적 신앙방식을 고집하고 유지했을지도 모르겠다. 심리적으로 보면 일종의 자발적인 퇴행 현상으로 볼 수도 있을 것 같다. 속으로는 신앙공동체와 지도자에게 의문을 가지거나 비평적인 관점이 있고 욕을 하더라도, 겉으로는 종합적-전통적 신앙방식을 유지하기만 한다면 물의를 일으키지 않고 기존의 질서와 관계에 편안히 머물 수 있는 유익함을 얻을 수 있다. 개인적으로 매우 안타깝게 생각하지만, 어쩌면 파울러가 말한 개별적-성찰적 신앙, 제임스가 강조한 개인적 종교, 올포트가 신앙의 핵심으로 여겼던 내재적·본질적 종교를 경험하는 것이 일상을 살아가는 보통 사람들에게는 훨씬 더 고달프고 힘든 일로 느껴질 수도 있고, 반대로 종합적-전통적 신앙, 제도적 종교, 외재적·비본질적 종교를 가지고 살아가는 것이 고달픈 삶의 현장에서 훨씬 더 편안하고 안전하게 보호받는 느낌으로 경험될 수도 있겠다는 생각이 들기도 한다.

김재훈은 성인 초기에 여전히 의존적인 성향이 있었고, 대학 생활 동안 자기에 대한 승인과 생존을 위해서 지지적인 신앙공동체를 절실하게 필요로 느꼈다. 그가 들어갔던 신앙공동체 내에서의 리더와 구성원들의 관계는 수직적이고 권위적이었고, 억압적인 부분도 있었다. 실제로, 김재훈은 지도자들로부터 자기들의 의견과 결정을 따르도록 때로는 명시적으로, 때로는 암묵적으로 강요당하기도 했다. 시간이 흘러서 김재훈이 상담받으러 오기 전 몇 년 동안 자기의 30대와 40대 시절 내내 몸담고 안수집사 직분을 받고 섬기던 교회에서 재정 문제, 건물 신축 문제 등 공동체 지도자들의 결정과 의견에 대해서 의문을 가지는 때도 가끔 있었지만, 그럴 때마다 한 번도 자기의 목소리를 편하게 낼 수 없었던 경험을 했다. 정서적으로 압도당하고 마치 벌을 받고 내쳐질 것 같은 심한 두려움과 불안을 느꼈기 때문이었다. 그런 경험으로 인해서 자기 존재에 대한 깊은 좌절감과 무력감도 종종 느끼기도 했다. 김재훈은 상담사에게 신앙공동체 안의 중요한 문제들에 대해서 자기가 왜 의문을 가지는 순간들이 있는지, 그런데도 왜 자기는 교회 지도자들의 결정을 지속해서 그냥 순종하고 따르고 있는지 궁금하다는 말을 하기까지 했다.

종합적-전통적 신앙방식에서 개별적-성찰적 신앙방식으로의 심리영성발달은 인지적으로 그 필요성을 알고 자기 상태에 대한 인식을 정확하게 하더라도 김재훈처럼 자기의 부정적인 정서적 경험을 극복해야 하는 것과 신앙이 몸과 삶에 체화되어야 하는 어려움 때문에 그만큼 쉽지 않은 과정이다. 만약에 내담자 김재훈의 사례를 심리발달과 영성발달의 통합적 관점에서 보지 않았다면, 아마도 내담자의 표면적이고 임상적인 증상인 우울증, 외로움, 열등감 문제에만 집중했을 것이고 근본적인 작업은 어려웠을 것으로 보인다. 하지만 내담자의 나르시시즘과 자기 형성의 문제, 정체성 형성의 문제, 영성발달을 방해하는 수치심의 문제, 신앙발달단계의 문제 등 종합적으로 보았을 때, 내담자의 어려움을 더 근본적으로 극복하고 지속적인 심리영성발달을 촉진하는 데 더 효과적인 도움이 되었으리라고 생각한다.

제6장

신앙공동체의 심리영성발달 사례

6년 전 불교와 기독교 단체에서 연구기관에 의뢰해서 조사한 종교의 신뢰도와 평화 기여도에 관한 설문조사 연구결과를 보면, 개신교의 신뢰도는 천주교, 불교에 이어서 최하위를 기록하였고, 대한민국 성인의 절반이 종교가 평화보다는 갈등을 유발한다는 답변을 했다. 사실 개신교의 신뢰도가 최하위라는 연구는 지난 10년간 많은 연구와 언론 보도를 통해서 이미 나왔기 때문에 그리 놀랍지는 않지만, 국민의 절반이 종교가 평화보다는 갈등을 유발한다는 응답은 모든 종교인, 특히 개신교 지도자들과 구성원들이 진지하게 새겨듣고 깊이 반성하며 성찰해 보아야 할 문제이다. 이 설문조사 결과는 지난 2014년 이후로 2021년인 현재까지 지속해서 수많은 설문조사에서처럼 거의 대동소이한 조사결과를 보여 주고 있고, 특히 코로나바이러스 상황이 한창인 2020년 8월 말에 나온 설문조사의 내용은 좀 더 직설적이고 충격적이다.

2014년 4월 불교재단인 고산문화재단은 한국리서치에 의뢰해서 전국의 만

18세 이상 65세 이하의 성인 1,000명을 대상으로 한 '한국인의 종교 인식과 불교의 인상'에 관한 설문조사를 했다(연합뉴스, 2014. 7. 9. 보도). 이 연구에서 '종교가 평화에 기여하기보다는 갈등을 유발한다.'라는 의견에 관한 입장을 물어보는 질문에 '매우 동의'(14.6%), '약간 동의'(35.9%), '동의도 반대도 아님'(28.0%), '약간 반대'(17.9%), '매우 반대'(3.6%)로 집계되어서, 국민의 50.5%가 종교가 평화보다는 갈등을 유발한다고 생각하는 것으로 나타났다. 평화보다는 갈등을 유발하는 요인과 직접 연관된 종교인의 배타성에 관한 질문에서도 조사대상의 68%가 '종교적 신념이 강한 사람들은 다른 사람들에 대해 배타적'이라고 응답을 했다. 종합적으로, 한국의 3대 주류 종교 중 가장 신뢰하는 종교는 천주교(31.7%), 불교(31.6%), 개신교(21.6) 순으로 나타나서, 종교의 신뢰도는 전반적으로 지속적인 하락 추세에 있는 것으로 분석되었다.

불교 기관인 고산문화재단의 연구는 개신교 기관인 기독교윤리실천운동이 2014년 2월에 실시한 '한국교회의 사회적 신뢰도 조사' 결과와도 같은 맥락에서 이해할 수 있다(뉴스앤조이, 2014. 7. 10. 보도). 설문조사에 따르면 종교의 신뢰도에 있어서는 천주교(29.2%), 불교(28.0%), 개신교(21.3%) 순으로 신뢰도가 나타났다. 한국 교회를 신뢰하지 않는 이유에 대한 물음에, '기독인들이 언행일치가 되지 않아서'(24.8%), '교회 내부적 비리와 부정부패가 많아서'(21.4%), '타 종교에 비판적이고 배타적이어서'(10.2%), '선교활동이 지나치거나 강압적으로 전도해서'(10%)를 주된 이유로 응답했다. 응답자들은 신앙공동체 내부의 갈등과 분쟁, 그리스도인들의 신앙 성숙의 문제를 교회를 신뢰할 수 없는 가장 큰 이유로 보았고, 교회의 배타적 태도와 강압적 선교활동 등 외부적인 관계에서의 갈등 유발을 또 다른 주요한 문제점으로 지적하였다.

2014년에 발표되었던 설문조사 결과가 그 이후에도 반복해서 비슷한 결과의 발표가 있었고, 결정적으로 신종 코로나바이러스감염증으로 인해서 한국 사회와 국민이 심한 고통과 어려움 속에 처한 2020년 이후 한국 개신교 신앙공동체를 향한 한국 사회와 국민의 시선은 싸늘하고 분노에 찬 상황이다.

2020년 8월 29일 연합뉴스의 보도를 보면, 한국 국민 사이에서 가톨릭 신자나 불교 신자에 비교해서 개신교 신자에 대한 부정적인 이미지가 매우 강하다는 설문조사가 발표되었다. 이 발표는 언론사 단독으로 조사한 결과는 아니고, 엠브레인 트렌드모니터가 2020년 6월 23~26일 전국의 만 20~59세 남녀 1,000명을 대상으로 온라인 설문조사를 진행해서 발표한 '종교(인) 및 종교인 과세 관련 인식조사'를 개신교 기관인 목회데이터연구소가 분석했고, 그 결과를 연합뉴스에서 보도한 것이었다. 더 충격적인 것은 이 설문조사가 개신교회와 관련한 코로나바이러스 확산이 본격화되기 전에 나온 내용이라는 점이다.

이 설문조사에서 가톨릭 신자와 불교 신자에 대한 국민의 이미지는 '온화한'(가톨릭 34.1%, 불교 40.9%), '따뜻한'(가톨릭 29.7%, 불교 27.6%) 같은 긍정적인 평가와 이미지가 우세했던 반면, 개신교 신자에 대해서는 '거리를 두고 싶은'(32.2%), '이중적인'(30.3%), '사기꾼 같은'(29.1%) 같은 부정적인 평가와 이미지가 더 많은 부분을 차지했다. 또한 종교의 역할과 관련해서 "요즘 우리 사회는 종교계의 역할이 그 어느 때보다 중요한 시점이다."라는 말에 응답자의 45%가 동의를 했는데, "코로나 사태라는 중차대한 시국에 솔직히 종교가 한 역할이 없는 느낌이다."라는 말에는 오히려 72%가 동의했다. 코로나바이러스로 인한 힘겨운 현실을 마주한 현재 한국 사회에서 살아가는 국민의 관점에서 개신교 신자들은 거리를 두고 싶고, 이중적이며, 사기꾼 같은 이미지라는 점이 매우 충격적이고, 코로나 사태에서 종교가 한 역할이 솔직히 없는 느낌이라는 응답은 많은 고민과 성찰을 통해서 뼈를 깎는 변화와 성숙의 과정이 필요하다는 점을 느끼게 해 준다.

앞의 설문조사 연구들의 응답을 보면 국민이 가진 종교에 대한 인식과 기대는 종교의 기능적인 측면에 근거하는 것으로 보인다. 즉, 한국 사회에서 종교의 존재 이유와 목적은 신앙공동체 내부에서도 구성원들끼리 평화를 이루고, 외부적으로도 타 종교와의 관계 혹은 사회 전체적으로 배타적인 태도보다는 평화를 증진하는 것을 이상적인 모습으로 보고 있는 것으로 판단

된다. 또한 다양한 사람이 더불어 살아가는 한국 사회에서 개신교인들의 이중적이고 사기꾼 같은 이미지 때문에 거리를 두고 싶고 관계를 맺고 싶지 않다는 점에 대한 뼈아픈 지적을 볼 때, 개신교인들이 좀 더 성숙하고 언행이 일치하는 삶을 살아가기 위해서 심리영성발달 과정을 통한 성숙한 신앙의 형성이 매우 중요함을 알 수 있다. 종교의 기능적인 측면이 아닌 기독교적인 관점에서 볼 때, 개신교 신앙공동체의 가장 중요한 존재 이유는 복음전파와 영혼 구원의 문제라고 볼 수 있지만, 기독교의 중요한 가르침인 이웃사랑과 평화의 사도의 역할을 생각해 볼 때, 배타적인 태도와 행동을 이웃에게 보이기보다는 사회에서 평화를 이루고 다양한 사람을 서로 진심으로 인정하며 아름다운 사회를 만들어 가는 기능도 당연히 중요한 기능으로 생각해 볼 수 있다.

이 장에서는 앞의 설문조사 연구에서 지적된 신앙공동체 내부의 갈등과 분쟁의 문제, 신앙공동체의 배타성, 공격성, 이분법적 성향의 문제, 개신교인들의 이중적이고 사기꾼 같은 이미지 등의 문제에 대해 논의하고, 개인뿐 아니라 신앙공동체의 심리영성발달도 중요함을 강조하려고 한다. 이 장에서는 또한 신앙공동체 내부에 있는 다양한 문제에 대한 구체적이고 각론적인 논의보다는 좀 더 큰 틀에서 개신교 신앙공동체의 평화와 성숙을 위한 심리발달, 영성발달 전략에 대해서 논의할 것이다. 지금까지 언급한 문제들은 서로 연결되어 있는데, 신앙공동체의 지도자와 구성원, 공동체 전체의 심리영성발달 과정의 부족으로 인한 미성숙의 문제로 요약할 수 있다. 사실, 개신교 신앙공동체가 대사회적인 책임과 역할을 하기에는 내부적으로 매우 심각한 갈등과 분쟁, 신앙 미성숙의 문제가 크기 때문에, 신앙공동체 내부에서 평화와 성숙을 추구하는 것이 더 시급하고 근본적인 해결책으로 보인다. 신앙공동체 내의 평화와 성숙을 이룰 수 있다면, 결국은 신앙공동체 외부의 타인과 타 종교 공동체에 대한 배타성, 공격성, 이분법적인 생각과 태도가 줄어들기 때문에 그 과정이 이웃과 사회의 평화를 이루는 데도 직접적인 도움이 될 것이다.

신앙공동체의 평화와 성숙의 의미

앞에서 현재 개신교 신앙공동체들의 내면적인 문제들, 즉 갈등의 문제와 배타적 성향, 신앙의 미성숙함, 언행 불일치 문제 등에 대해서 지적을 했다. 갈등과 분쟁상태에 있는 신앙공동체가 평화를 경험하는 방법, 그리고 배타성, 공격성, 이분법적인 성향이 강한 신앙공동체가 성숙할 수 있는 길을 고민해 보려면 먼저 평화와 성숙의 의미에 관해서 생각해 보아야 한다.

평화와 성숙의 의미는 다양하게 해석되고 적용될 수 있기에 간단하게 정의를 내리는 것은 매우 어렵다. 우선, 한국어 단어의 '평화'의 사전적 의미는 '평온하고 화목함' '전쟁, 분쟁 또는 일체의 갈등이 없이 평온함, 또는 그런 상태'(국립국어원, 『표준국어대사전』)로 정의되고 있다. '일체의 갈등'이 없는 상태는 인간이 살아가는 세상에서는 현실적으로는 불가능하다고도 볼 수 있지만, 개인의 심리 내적으로, 대인관계적으로 전반적으로 큰 갈등이 없이 비교적 평온하고 화목한 상태의 의미로 생각할 수 있다. 평화는 영어로는 피스(peace), 히브리어로는 샬롬(shalom), 희랍어로는 에이레네(eirene), 라틴어로는 팍스(pax)인데, 이들 단어의 공통점은 전쟁과 전쟁 사이의 갈등과 분쟁이 없는 시기를 평화로 보고, 개인의 안녕과 내적인 평안 상태부터 집단과 집단, 국가와 국가, 세계평화에 이르기까지 폭넓은 의미가 있다는 점이다(장일조, 1986, p. 15).

이 중에서 개신교 신앙공동체에서 평화를 언급할 때 즐겨 사용하는 표현은 히브리어 샬롬(shalom)인데, 이 단어는 포괄적인 의미를 담고 있다. 샬롬은 '완전하다, 완전하게 하다'의 의미를 지닌 동사인 샬렘(shalem)에서 나온 명사인데, 완전함(completeness)이나 온전함(wholeness)을 의미한다. 샬롬이 의미하는 평화의 개념은 전쟁의 부재, 갈등의 부재의 상태를 추구하는 것을 뛰어넘어서 내적인 행복, 사랑과 정의, 용서와 화해 등을 적극적으로 추구하는 보다 넓은 범위, 적극적인 참여의 의미의 평화를 의미한다. 또한 기독교적인 이해에서 샬롬은 궁극적으로 인간과 하나님의 이상적인 관계를 서술하는 개념이기도 하다. 하나님과 화해한 결과로 주어지는, 구원받은 존재로서 개인이 경험하게 되는 내적인 평안의 상태를 의미한다(이상희, 2011, p. 46). 샬롬은 하나님과의 관계, 자신과의 관계, 타인과의 관계, 공동체와의 관계에서 존재적으로 평화를 경험하는 개념이라고 볼 수 있다. 이러한 다양한 관계 중 하나의 관계에서라도 평화를 경험하지 못하는 심리적인 상태라면 다른 관계에서도 평화를 경험하기는 어렵게 된다.

평화의 의미처럼 신앙공동체의 성숙함도 너무 광범위하고 정의하기가 어렵다. 신앙공동체의 성숙함을 생각해 볼 때, 심리발달과 영성발달이 잘 이루어진 심리적이고 영적인 성숙의 상태, 타인 혹은 타 공동체와의 관계에서 배타성, 공격성, 이분법적 성향이 적은 상태, 다양성 속의 통일성, 통일성 속의 다양성을 추구하고 유연하게 적응하고 수용하는 상태 등으로 생각해 볼 수 있다. 신앙공동체에 속한 개인이 정서적 대상항상성이 형성되어 있고, 그들의 종교적 경험의 다양함이 공동체에 의해서 유연하게 수용되며, 구성원들이 내재적·본질적 종교, 개별적-성찰적 신앙, 결합적 신앙 경험이 가능하고 수용되는 신앙공동체의 상태가 성숙함이라고 볼 수 있다. 이런 경험이 가능할 때 배타성, 공격성, 이분법적 성향도 줄어들 수 있기에, 평화와 성숙은 다른 개념이기보다는 동전의 양면처럼 서로 보완적인 개념으로 볼 수도 있다. 각 개인의 생애주기에 따른 발달 과정이 있는 것처럼, 신앙공동체도 개인의 생애주기처럼 발달 과정을 경험하게 되고 공동체와 구성원들이 함께 성숙해 나가는 과정을 경험하게 된다.

앞선 장에서 상세하게 언급했던 것처럼, 한국 교회와 기독교인의 경우에 사회적·문화적 환경과 영향 때문에 종합적-전통적 신앙을 유지하는 경우가 많고, 심리영성발달 과정에서 대상항상성 형성을 이루지 못해서 그 결과로 작용적 신학에 문제가 있는 경우가 많았다. 종합적-전통적 신앙의 경우에 둘 중의 하나(either-or), 이것 아니면 저것의 이분법적인 생각을 유지하는 경우가 많고, 자기 전통과 공동체에 대한 소속감과 충성심이 높아서 자기 공동체에 속하지 않은 외부 사회와 사람들과 명확하게 구분하고 다양성을 받아들이지 못하거나 배타적인 생각을 하는 경우가 많다.

사실 이 점은 개별적-성찰적 신앙방식을 가진 사람들도 어느 정도는 가지고 있는 부분이기도 하다. 선입견이 있는 것 같아서 조심스럽지만, 현재 한국 사회 내에서 갈등과 분쟁을 경험하고 있는 많은 개신교 신앙공동체와 그 공동체들에 속한 구성원들에게서 이러한 배타적이고 이분법적인 성향, 신앙의 통일성에 대한 강조가 자주 발견된다(가요한, 2013, pp. 9-32). 개인이 종합적-전통적 신앙에서 개별적-성찰적 신앙, 더 나아가서 결합적 신앙방식으로 성숙하는 과정이 매우 중요한 것처럼, 신앙공동체가 공동체의 생애주기에 따라서 역사가 깊어지고 성숙해 나갈수록, 다양성을 인정하고 배타적인 관점을 고수하지 않도록 새로운 신앙방식으로 성숙하는 과정도 중요하다.

앞 장에서 이미 살펴본 것처럼 개별적-성찰적 신앙은 이전 단계 경험인 종합적-전통적 신앙보다 훨씬 더 자율적이고, 자기 자신에 의해서 삶의 의미, 가치 등이 자발적으로 선택되는 신앙을 의미한다. 자기의 말과 행동의 일치성이 더 증가하는 경향을 경험하게 되며, 다양한 '그들(they)'로부터 홀로서기를 할 수 있는 능력을 기르게 된다. 하지만 개별적-성찰적 신앙도 아직은 이것이냐 저것이냐(either-or)의 이분법적인 사고의 영향 아래 있어서, 삶의 역설을 종합적으로 받아들이고 이해할 능력을 기르지는 못한 상태로 볼 수 있다. 그런 면에서, 신앙공동체가 더 추구할 수 있는 신앙은 결합적 신앙이다. 개인이나 신앙공동체가 이 단계의 성숙을 경험하게 되면 모순, 역설, 양극성, 반대, 갈등 등 개인 내면에서 혹은 공동체 내부의 관계에서 공존하기 힘든 것들을 서로 수용하고 화해하며, 마음의 평화와 타인과의 관계에서 평화를 경험할 수 있다.

결합적 신앙방식을 가진 개인이나 공동체는 자기가 믿는 종교, 전통, 신앙에 대해서 깊은 깨달음과 더 깊은 수준의 헌신을 보이게 되면서 동시에 타종교와 문화의 전통에 대해서 무조건 이분법적이며 배타적이고 공격적인 태도를 보이지는 않는 성숙한 모습을 가질 수 있게 된다. 즉, 다른 종교전통의 가르침을 믿거나 받아들이는 의미가 아니고, 우리와 다른 신앙을 가진 사람과 공동체와의 공존을 수용하는 태도를 의미하는 것이다. 바로 이 부분이 역설 혹은 모순처럼 보일 수도 있지만, 갈등과 반목 없이 평화롭게 공존하는 모습이 결합적 신앙의 중요한 특징이기 때문에, 자기가 믿는 하나님에 대한 깊은 믿음과 신뢰와 헌신을 하면서도 동시에 타인, 타 집단, 타민족, 인류 전체의 행복과 평화를 위한 관심, 열정, 헌신의 태도와 행동을 보일 수 있다. 그렇게 된다면, 한국 사회에도 개신교 신앙공동체의 존재가 사회 전반과 구성원들에게 평화를 제공하고 개인과 관계의 성숙을 가져오는 데 큰 도움이 될 것이다.

신앙공동체의 갈등과 분쟁의 현상

지금까지 신앙공동체가 추구해야 할 평화와 성숙의 의미에 대해서 논의해 보았는데, 사실 개신교 신앙공동체 내부의 갈등과 분쟁, 배타성, 비판성, 공격성, 이분법적 성향의 문제, 심리발달과 영성발달의 미성숙 문제는 기독교 2,000년 역사의 초기부터 존재해 왔다. 기독교 초기 신앙공동체의 갈등과 분쟁문제는 신약성서 바울서신에 비교적 상세히 기록이 되어 있고, 초기 신앙공동체의 문제는 현재 개신교 신앙공동체의 문제를 분석하고 해결책을 찾는 데 많은 성찰과 교훈을 줄 수 있기에, 잘 알려진 고린도교회의 문제를 잠깐 살펴보려고 한다. 고린도교회는 신앙공동체가 처했던 사회문화적 환경이 현재 한국 개신교 신앙공동체의 환경과 매우 흡사하기 때문에 '현대교회의 거울'로 지칭이 되기도 한다(목회와신학 편집부 편, 2007, pp. 41-49).

사도 바울이 고린도교회에 편지를 보낼 때 고린도전서 1장과 3장에서 반복적으로 신앙공동체 내부의 갈등과 분쟁의 문제를 언급했다. "내 형제들아, 너희에 대한 말이 내게 들리니 곧 너희 가운데 분쟁(quarrels)이 있다는 것이

라. 너희가 각각 이르되 나는 바울에게, 나는 아볼로에게, 나는 게바에게, 나는 그리스도에게 속한 자라 한다는 것이니."(1장 10-11절) "너희 가운데 시기(jealousy)와 분쟁(quarreling)이 있으니 어찌 육신에 속하여 사람을 따라 행함이 아니리요."(3장 3절) 바울은 신앙공동체의 갈등과 분쟁의 문제를 지적한 후에 "형제들아, 너희 가운데 분쟁(divisions)이 없이 같은 마음과 같은 뜻으로 온전히 합하라(perfectly united)."(1장 10절)라고 권면했다. 성경 구절의 영어 단어를 보면 공동체 내에서 싸움, 시기, 분열이 매우 심각했던 상황이었음을 알 수 있다. 그 지적을 한 후에 바울은 분열보다는 같은 마음, 같은 뜻을 가지고 완벽하게 연합하라고 간절한 마음으로 조언하고 있다.

다양한 생각과 문화적 · 인종적 배경을 가진 초기 기독교 신앙공동체 구성원들이 서로 완벽하게 연합하는 것이 인간 세상에서 불가능해 보이는 일이기는 하지만, 바울은 신앙공동체의 이상적인 모습에 대해서 묘사하고 있음을 알 수 있다. 여기에서 바울이 언급하는 신앙공동체의 이상적인 상태는 평화의 상태이다. 앞에서 언급했듯이, 평화의 우리말 사전적 정의는 '평온하고 화목함' '분쟁 또는 일체의 갈등이 없이 평온함, 또는 그런 상태'이고, 히브리어 샬롬의 의미는 '완전함' 혹은 '온전함'이다. 바울이 권면하는 같은 마음, 같은 뜻으로 '온전히 합하라.'라는 것과 같은 상태로 볼 수 있다. 특히 샬롬의 의미가 갈등의 부재 상태를 뛰어넘어서 적극적으로 사랑, 화해, 행복을 추구하는 의미를 포함한다고 볼 때, 바울이 그런 깊이의 절대적인 평화의 상태를 언급했던 것으로 생각해 볼 수 있다.

고린도교회 갈등의 중요한 부분을 간략하게 정리해 보면, 신앙공동체 내부의 갈등문제와 내부 그룹 간의 배타적 · 비판적 · 공격적 성향, 갈등의 표면에 언급되는 지도자들, 구성원들의 미성숙한 신앙발달의 문제, 신앙공동체와 구성원들의 신앙정체성 형성의 문제로 정리할 수 있다. 우선, 고린도교회는 내부적으로 여러 분파로 나뉘어서 갈등과 분쟁을 겪고 있음이 나타난다. 또한 갈등의 표면에 지도자들의 이름이 언급되고 있는데, 바울, 아볼로, 게바를 포함해서 심지어 그리스도까지 언급되었다. 신약성서 학자마다

고린도 신앙공동체 내의 파당을 두 파당(바울, 아볼로), 세 파당(바울, 아볼로, 게바), 네 파당(바울, 아볼로, 게바, 그리스도)으로 각각 다르게 해석하기 때문에 그 논의는 하지 않겠지만(김판임, 2011, pp. 181-208), 주목할 만한 점은 신앙공동체 지도자들의 이름이 언급된다는 것이다. 다시 말하면, 고린도교회의 경우 지도자들이 꼭 갈등과 분쟁이 일어나는 원인을 의도적으로나 직접 제공하지는 않았다 하더라도, 갈등의 중심에 서 있거나 적어도 신앙공동체 구성원들 간의 갈등에 이용당하고 있다는 의미가 된다.

바울은 편지에서 문제가 생긴 원인을 자기 자신에게 먼저 돌렸다. "내가 너희를 육신에 속한 자 곧 그리스도 안에서 어린아이들을 대함과 같이 하노라. 내가 너희를 젖으로 먹이고 밥으로 아니하였노니 이는 너희가 감당하지 못하였음이거니와 지금도 못하리라."(고린도전서 3장 1-2절) 즉, 바울은 고린도교회에 문제가 생긴 원인을 밥을 먹이지 않고 젖만 먹였기 때문에, 다시 말하면 자기의 가르침의 수준이 초보적 · 유아적 단계의 가르침이었기 때문으로 보는 것이다(김판임, 2011, p. 199). 젖만 먹인 이유는 공동체의 구성원들이 아직은 밥을 먹을 만큼 충분히 성숙하지 않은 상태이기 때문이기도 했음을 드러내는 표현이었다. 또한 "지금도 못하리라."의 표현에서도 알 수 있는 것처럼 바울은 고린도 신앙공동체 구성원들의 현재 신앙상태도 아직은 성숙하지 못했고 여전히 어린아이 수준이라고 지적했다.

마치 엄마가 아이에게 음식을 줄 때 발육상태에 맞춰서 젖, 이유식, 밥을 순서대로 주는 것처럼, 바울도 말씀을 듣는 사람들의 발달수준을 늘 고려해야 하는 상황에 있었다는 점을 분명히 하고 있다. 하지만 고린도교회 내의 갈등의 문제에서 구성원들도 자유롭기는 어렵다. 잘 알려진 바와 같이 바울의 선교원칙은 '유대인에게는 유대인과 같이, 이방인에게는 이방인과 같이, 믿음이 약한 자에게는 믿음이 약한 자와 같이'(고린도전서 9장 19-23절)라는 표현에서 짐작할 수 있듯이, 각 개인의 상태와 눈높이에 맞춘 맞춤형 영성발달이었기 때문에, 젖을 줄 수밖에 없었던 것은 교인들의 심리발달과 영성발달 상태의 문제로 볼 수 있고, 결국 이 말은 고린도교회의 교인들을 책망하는 내용이기도 했다(김판임, 2011, p. 199).

분쟁의 또 다른 중요한 원인은, 고린도교회 교인들과 신앙공동체의 영적 정체성이 아직은 성숙하고 확고하게 형성되지 않았던 점이다. 고린도전서 3장 18-23절에 언급되어 있는 '세상의 지혜(소피아)' 부분이 단서가 될 수 있는데, 고린도교회 공동체는 유대인이 아닌 대부분 이방인으로 구성되어서 그리스, 로마 세계의 지혜, 즉 소피아를 이상적인 가치로 여겼다. 이방인들의 경우 각 개인이 속한 사회의 지혜와 새로 접한 복음을 끊임없는 질문과 고민을 통해서, 즉 개별적-성찰적 신앙을 잘 통합하고 성숙시켜야 했는데 그렇지 못했던 것으로 보인다. 아직은 그리스도인으로 정체성이 튼튼하게 형성되지 않은 상태에서, 아볼로의 말이 지혜의 말로 들려졌고, 지혜를 말하는 아볼로를 바울이나 게바보다 자랑스럽게 생각하는 구성원들이 생기게 되면서 신앙공동체 내의 갈등과 분쟁이 벌어졌을 것으로 짐작이 된다.

고린도교회의 갈등과 분쟁이 바울서신에 기록되어 2,000년이 지난 지금도 우리에게 소개되는 것처럼, 최근에는 인터넷 언론매체의 발달로 인해서 개신교 신앙공동체 내부에 더욱더 많은 갈등과 분쟁의 소식이 상세하게 전해지고 있다. 신앙공동체 내부의 문제에 대한 언론 보도의 사실(fact) 여부에 대해서 의견이 팽팽하고 분쟁의 원인과 갈등 양상도 각기 다르기에 구체적인 내용은 일일이 언급하지 않겠지만, 최근 몇 년간 다양한 뉴스매체의 보도를 보면, 다수의 대형교회와 중형교회에서 내부 갈등과 분쟁이 보도되고 있고, 작은 규모 교회의 갈등까지 포함하면 수를 셀 수 없을 만큼 많은 개신교 신앙공동체들이 내부적인 갈등문제로 공동체에 속한 구성원들 혹은 그 신앙공동체를 떠난 이전 구성원들에게도 큰 어려움, 아픔, 심한 심리적 트라우마를 남기고 있는 것으로 보인다.

개신교 신앙공동체들의 갈등의 대상과 분쟁의 원인이 다양하기에 한 가지 원인으로만 돌리기나 한 사람을 분쟁의 문제를 일으킨 사람으로 돌리기는 매우 어렵다. 갈등의 대상으로 보면 신앙공동체 내에서 지도자-지도자, 지도자-구성원, 구성원-구성원의 갈등문제 등으로 다양하게 볼 수 있다. 여기서 지도자는 목사 또는 평신도 지도자인 장로를 의미하고, 구성원은 장로 등의 지도자급 평신도일 수도 있고 일반 평신도일 수도 있다. 갈등의 내용으로 보면 신앙공동체의 구성원 간의 신학적 관점의 차이나 정치적 성향의 차이일 수도 있고, 각 사람의 영성발달과 성숙의 차이에서 오는 갈등일 수도 있으며, 혹은 개인의 심리발달, 즉 심리 내적 갈등 혹은 대인관계 문제일 수도 있다. 하지만 제6장에서 본 것처럼 겉으로 보이는 문제보다 더 깊은 곳에 자리 잡은 심리발달의 문제일 수도 있음을 생각하며 논의를 이어 가야 할 것으로 보인다.

심리적 문제: 자기애적 지도자와 경계선적 구성원의 갈등

개신교 신앙공동체의 갈등과 분쟁이 지도자-지도자, 지도자-구성원, 구성원-구성원의 갈등 등으로 다양한 종류의 관계 갈등으로 볼 수 있지만, 내가 가장 주목하는 관계 패턴은 지도자-구성원의 관계 역학, 즉 목사와 장로, 목사와 교인, 장로와 교인의 관계이다. 그중에서도 특히 자기애 성향의 지도자와 경계선 성향의 구성원이 만나게 되는 경우 갈등과 분쟁이 종종 일어나는 관계 역학에 주의해 볼 필요가 있다. 이 장에서 자기애적 성격장애라는 공식 명칭 대신에 자기애 '성향(tendency)'이라는 표현을 사용하는 이유는 두 가지이다. 우선, 개신교 신앙공동체의 지도자가 자기애 성향을 가지고 있다고 해도 그들을 자기애적 성격장애로 무조건 진단하기에는 무리가 따르기 때문이고, 또한 자기애적 성격장애라는 진단에는 '성격장애'라는 용어와 의미를 포함해서, 상대방에 대한 비하, 편견, 혹은 낙인의 의미가 될 수 있기 때문이다.

『정신질환의 진단 및 통계 편람 5판(Diagnostic and Statistical Manual of Mental Disorders, Fifth Edition: 이하 DSM-5)』에 따르면, 다음의 9가지 특성 중

5개 이상이 나타나면 자기애적 성격장애로 판정한다. ① 자신의 중요성에 대해 지나치게 과장된 자존감이 있음(예: 자신의 성취나 재능을 과장함, 뒷받침될 만한 성취가 없는 상태에서 자신의 뛰어남을 인정받고자 함), ② 끝없는 성공, 권력, 탁월성, 아름다움, 이상적인 사랑의 추구, ③ 자신이 특별하고 독특해서 다른 특별하거나 상류층인 사람 또는 기관만이 자신을 이해할 수 있거나, 그런 사람들과만 어울려야 한다고 믿음, ④ 끊임없이 과도한 찬사를 요구함, ⑤ 특권의식, 즉 특별대우를 받을 것에 대한 불합리한 기대감이나, 그럴 만한 이유가 없는데도 특별대우나 복종을 바라는 불합리한 기대를 느낌, ⑥ 착취적 대인관계, 즉 자신의 목적을 달성하기 위해 다른 사람들을 이용, ⑦ 공감 능력 결여, 즉 타인의 감정이나 욕구를 인정하거나 자신의 감정 또는 욕구와 같은 선상에서 보려 하지 않음, ⑧ 종종 타인들을 시기하거나, 타인들이 자신을 시기하고 있다고 믿음, ⑨ 거만하고 방자한 행동이나 태도 등이다.

자기애 성향은 자기가 정말 훌륭하고 뛰어나다는 느낌보다는 자기 내면 깊숙이 느끼는 존재적인 열등감을 다른 사람이 보지 못하도록 가리기 위한 목적을 가지고 무의식적 심리기제를 사용하여 자기를 과장하는 경향으로 보인다. 성숙한 심리발달과 영성발달을 경험한 종교인이라면 자기를 과장하고 자랑하는 모습보다는 겸손하게 자기를 낮추는 모습을 보이는데, 심리발달의 문제로 인하여 열등감과 자기애적 성향이 있다면 그런 성숙한 영성발달의 모습을 보이기는 어렵다. 또한 열등감을 느끼고 있다면 진정으로 다른 사람과 존중하는 성숙한 대인관계를 맺기가 어렵다. 앞서 언급한 자기애와 관련된 특징 중에 특히 눈여겨보아야 할 부분은 착취적 대인관계와 공감 능력의 결여 부분이다. 만약에 종교 지도자가 착취적 대인관계를 맺는 관계 패턴이 있다면 그 관계의 피해자는 교인들, 즉 신앙공동체의 구성원들이다. 지도자를 끊임없이 칭송하고 지도자의 심리적 요구를 들어주다 보면 구성원의 정서 상태는 피폐해지고 정서적 학대 피해자의 고통을 경험할 수 있다. 또한 지도자가 자기의 공허함과 부족함을 채우느라 바쁘고 에너지를 다 소모하기 때문에 다른 사람을 공감할 수 있는 에너지와 능력이 없다면, 신앙공동체에 속한 구성원들의 심리적 · 영적 어려움과 공허감을 깊이 공감하고 돌보는 역할은 불가능할 것이다. 그런 점에서 자기애적 성향은 개인적으로도 공동체적으로도 큰 문제가 될 수 있다.

또한 이 장에서는 자기애 성향과 같은 이유로, 경계선 성격장애라는 용어 대신에 경계선 성향이라는 표현을 사용하려고 한다. DSM-5에 따르면, 다음의 9가지 특성 중 5개 이상이 나타나면 경계선 성격장애로 진단한다. ① 실제적이거나 가상적인 유기(abandonment)를 피하기 위한 필사적인 노력, ② 극단적인 이상화와 평가절하가 교차하여 반복되는 불안정하고 강렬한 대인관계 양식, ③ 정체감 혼란: 심각하게 지속해서 불안정한 자기 상 또는 자기 지각, ④ 자신에게 손상을 줄 수 있는 충동성이 적어도 2가지 영역에서 나타남(예: 낭비, 성관계, 물질 남용, 무모한 운전, 폭식), ⑤ 반복적인 자살 행동, 자살 시늉, 자살하겠다는 위협, 혹은 자해 행동, ⑥ 현저한 기분 변화에 따른 정동의 불안정성, ⑦ 만성적인 공허감, ⑧ 부적절하고 심한 분노, 혹은 분노 조절의 어려움, ⑨ 스트레스에 따른 일시적인 망상적 사고 혹은 심한 해리 증상 등이다.

경계선 성향은 다른 사람과의 관계에서 버림받는 것에 대한 극도의 두려움, 즉 유기불안, 유기공포를 느끼기 때문에 대인관계를 안정적이고 성숙하게 맺는 것이 어렵다. 누가 자기를 좋지 않게 생각하고 관계를 끊거나 버리지 않을까 눈치를 보며 전전긍긍하는 특징이 있기 때문이다. 관계가 단절되거나 버림을 받는 느낌은 자기의 존재(being)가 비하되거나 무시되기 때문에 수치심을 심하게 느끼는 등 굉장히 고통스러운 정서적 경험이다. 누군가 새로운 인물이 공동체에 오게 되면 바로 그 인물과의 강렬하고 친밀한 관계를 추구하고, 얼마 지나지 않아서 그 인물이 자기를 조금이라도 실망하게 하거나 불안하게 하면 그 관계에서 자기가 버림받기 전에 먼저 타인을 버림으로써 깨려고 하거나, 관계를 유지하기 위해서 타인을 위협하거나 극단적인 행동이나 선택을 하기도 한다. 버림받는 것보다는 버림받지 않는 것이 더 낫고, 버림받게 될 거라면 차라리 내가 먼저 버리는 것이 덜 고통스럽기 때문이다. 이때 주로 타인을 처음에는 이상화 대상으로 삼았다가 금방 평가절하 대상으로 만드는 심리기제가 작동한다.

앞의 특성 중 자살위협이나 시늉은 실제로 자살 시도를 통해서 목숨을 잃게 되는 경우는 거의 없고, 타인의 관심을 끌어서 그 관심이 계속 자기에게 머물도록 사용하는 방법으로 볼 수 있다. 그런데 충동성, 분노, 정서의 불안정성 등은 타인과의 관계를 성숙하게 맺기 어렵게 한다. 특히 유기불안은 심리발달 과정에서 대상항상성 형성이 잘되지 않은 결과로 볼 수 있어서, 영성발달 과정에서도 눈에 보이지 않고 잘 느껴지지 않는 하나님에 대한 믿음과 신뢰를 느끼기 어렵다. 결국 경계선 성향이 있다면 영성발달이 잘 이루어지기 어렵기에 깊은 영적 성숙을 경험하거나 신앙공동체의 지도자 역할을 하기는 어려울 수 있다. 또한 자기구조가 내면의 내용물을 담기 어려운, 금이 가거나 깨진 상태이기 때문에, 신앙훈련을 오래 받아도 영성발달이 잘 이루어지지 않고, 심리적으로 공허감을 많이 느끼게 되는 특징이 있다.

가장 자주 목격되는 지도자의 나르시시즘, 즉 자기애 성향의 예는 개신교 교파의 연합행사 또는 개교회 창립예배나 기념식 등의 순서를 보면 볼 수 있다(유영권, 2008, p. 170). 이 주제에 대해서 심도 있게 연구한 유영권의 지적에 의하면, 교파의 단체장이나 연합사업의 주체를 보면 명예회장, 증경회장, 총회장, 실무회장(대회장), 고문을 포함해서 여러 명의 부회장, 총무 등 많은 사람의 이름이 등장을 하고, 교회 창립예배 등의 기념식에서 축사, 격려사, 권면사 등 같은 성격의 순서가 조금씩 다른 이름으로 반복적으로 등장하는 관례를 보면 알 수 있다. 사실 왜 그렇게 하고 싶은지 잘 이해가 되지 않고, 축사, 격려사, 권면사 등 이름만 다르고 거의 같은 순서의 차이점이 무엇인지 도대체 알 수가 없다.

초대하는 단체나 교회 측에서도 그렇게 하고 싶지는 않겠지만, 참석자들을 예우하지 않으면 안 되는 현실적인 문제도 있다고 볼 수 있다. 물론 명단에 이름을 올리거나, 순서를 맡는 교회 지도자들이 모두 자기애 성향을 가지고 있다는 의미는 아니지만, 교회의 이런 문화와 관례가 어느 정도는 지도자와 신앙공동체의 자기애적 성향을 드러낸다고 볼 수 있다. 또한 지도자의 이력서나 명함에 보면 엄청난 양의 직함을 나열하는 경우를 종종 볼 수 있다. 사실 많은 사람이 이미 알고 있고 존경하는 인물은 이력서나 명함을 남들이 보도록 화려하게 채울 필요가 없다. 오히려 그렇게 많은 양의 내용을 채우는 사람은 그렇게 하지 않으면 다른 사람이 자기를 알아주지 않고 인정하지 않을까 봐 불안감을 느끼는 마음 상태라고 볼 수 있다.

실제로 교회 현장에서는 창립예배나 기념식에 초대한 지도자들을 의전할 때 어느 분을 어느 자리에 앉게 해야 하는가, 어떻게 대우를 해 드려야 하는가, 누가 축사를 맡아야 하는가, 누가 축도를 맡아야 하는가 등의 고민을 해야만 하는 상황이 발생한다고 한다. 사실 이런 것들은 그 기념식의 목적과 정신에 비추어 볼 때 정말 비본질적인 부분이다. 내재적 · 본질적 신앙이기보다는, 외재적 · 비본질적 신앙이다. 그런데 안타깝게도 유영권이 지적한 것처럼, 가끔은 순서를 맡지 못해서 단상에 올라가서 앉지 못하는 지도자 중에 "내가 누군지 알아? 날 우습게 보는 거야?"라는 분노에 찬 항의를 하기도 하고, 식사기도를 맡은 지도자가 설교를 맡지 못해서 말하지 못한 내용을 10분 이상 기도를 하기도 하며, 대표기도를 맡은 지도자는 설교자보다 더 긴 기도로 예배의 흐름과 분위기를 깨는 경우도 종종 생긴다는 것이다(유영권, 2008, p. 170).

한국 교회의 교세가 지난 1990년대 이래로 2021년인 현재까지 지속해서 감소하고 있는 원인을 다양하게 볼 수 있지만, 유영권이 지적한 것처럼 '특히 한국 교회의 지도자들과 그 지도를 받는 교인들의 나르시시즘(narcissism) 성향 때문'이고 '자기를 알아 달라는 이들의 몸부림이 애처롭기까지 하다.'는 생각이 들 정도이다(유영권, 2008, p. 170). 이러한 지도자들은 자신이 이끄는 신앙공동체 내에서 건강하지 못한 대인관계를 맺는 경우가 발생한다. 신앙공동체 안에서 지도자로 활동하면서 자기를 내세우거나, 자랑을 늘어놓거나, 지나친 자기과시를 하기도 하고, 거만한 언행을 보이거나, 반말을 사용하기도 한다는 것이다. 참 안타까운 상황이라고 볼 수 있다.

그런 종교 지도자들은 자신을 특별한 존재로 생각하는 경향 때문에 교회와 교인들에게 특별대우를 요구하거나 만족스럽지 않을 때 불편한 감정을 가감 없이 드러내기도 한다. 자신의 사역 전반 혹은 설교에 대해서 좋은 말과 칭찬을 받으려는 강한 욕구가 있고, 칭찬이 충족되지 않는 경우 기분 나쁜 감정을 강력한 언어로 표현함으로써 갈등이나 논쟁의 상황을 오히려 유발하기도 한다. 앞서 언급한 것처럼, 자기애 성향의 사람은 다른 사람과의 관계에서 착취적인 대인관계를 맺을 수 있어서 언제든지 교인들을 정서적으로 학대할 가능성이 있다.

자기애 성향의 신앙공동체 지도자들은 조금이라도 자신에게 비판적인 평가가 있는 경우에 견디기 너무 힘들어하기 때문에, 지도자가 바람직하지 못한 방향으로 갈 때 진심으로 조언 혹은 직면을 할 수 있는 다른 지도자나 구성원이 주변에 있기가 힘들다. 오히려 주변에 예스맨들이 포진하여 지도자의 약점을 보완하거나 강점으로 변화시킬 기회를 얻기 힘들어진다. 그 결과, 다양한 정보보다는 자신이 듣고 싶은 정보만 자꾸 듣게 되고, 자신의 의견을 다른 사람들에게 강요하게 되기도 하며, 주변에 훌륭한 인재나 구성원들을 잃게 되기도 한다. 또한 자기애 성향의 지도자들은 공감 능력도 현저히 떨어져서 타인을 이해하거나 감정적으로 헤아리는 능력이 부족하므로, 세상에서 힘겹게 살아가는 교인들의 어려움을 이해하거나 공감하기 어렵고 오히려 구성원들의 마음에 불편함이나 분노를 일으키는 일방적인 결정을 해서 신앙공동체 내의 갈등과 분쟁의 원인이 되기도 한다(유영권, 2008, p. 182).

이런 지도자들은 어린 시절에 형성된 자기애 성향이 이미 있기도 하고, 지도자의 역할을 하는 과정에서 의존적이고 순응적인 다수의 신앙공동체 구성원들에 의해서 자기애 성향이 이후에 생기거나 혹은 더 강화되는 일도 있다. 신앙공동체를 집단역학의 관점에서 보면, 구성원들은 지도자에게 의존하고 싶은 의존적 전이를 가질 수 있고, 지도자에게 이상적 자아를 찾으려는 욕구를 가지기도 한다. 또한 장기간 강력한 집단 역동 때문에 지도자는 자기애적이고 자아도취적인 성향이 생기기 쉬운 취약한 상황 속에 쉽게 노출된다. 신앙공동체에서는 구성원들의 눈에 보이지 않는 하나님에 대한 의지 욕구가 실제로 눈에 보이는 지도자에 대한 의존 욕구와 융합이 되어서 강화되는 상황이 발생하기도 한다. 그 결과, 지도자는 자기애 성향이 포함된 카리스마형 리더십을 가지게 된다.

지도자는 다양한 구성원을 만나고 관계를 맺으며 공동체를 이끌어 가게 되기 때문에 지도자의 역할을 한다는 일이 쉬운 일이 아니다. 지도자가 비교적 정신적 · 심리적으로 건강하다 해도 다양한 성향이 있는 다수의 구성원을 이끄는 것이 힘들겠지만, 특히 지도자가 자기애 성향이 있는 경우에 견디기 어려운 구성원의 성향 중 가장 주목할 만한 성향은 경계선 성향이다. 현대 한국 사회에서 경계선 성향이 있는 사람들은 지속해서 증가하고 있고 상담현장에서 내담자들의 경계선 성향에 대한 보고가 시간이 갈수록 점점 더 늘어나는 추세이기 때문에, 개신교 신앙공동체 내부에도 경계선 성향이 있는 구성원들도 점점 더 증가하고 있다고 볼 수 있다. 어떻게 보면 신앙공동체 내에서 신앙의 차이가 아닌 각 구성원의 성격 성향의 문제로 갈등과 분쟁이 생길 수도 있다.

경계선 성향이 있는 구성원들은 불안정한 인간관계를 맺고 다른 사람을 통제하고 조종하려는 성향을 가지고 있으며, 지도자 혹은 다른 구성원들과 권력다툼을 종종 벌이기 때문에, 자기애 성향의 지도자를 만나게 되면 서로 크게 충돌하게 되어서 분쟁이 일어나기 쉽다. 특히 경계선 성향의 구성원들은 지도자와의 관계나 다른 구성원들과의 관계에서 평소에는 자기의 본모습을 드러내지 않고 비교적 정상적인 모습으로 활동을 하면서 문제를 유발하는 상황도 종종 있어서 지도자들이 큰 어려움을 당할 수 있다.

잘 알려진 것처럼, 경계선(borderline)이라는 표현은 신경증(neurosis)과 정신증(psychosis)의 경계선이라는 의미도 있고, 정상과 비정상의 경계선이라는 뜻도 포함하고 있다. 정상과 비정상이라는 용어는 이분법적이고 판단적인 용어로 간주되어 사용하기 조심스럽기는 하지만, 경계선 성향 구성원의 경우에는 심리적으로 건강한 모습과 건강하지 않은 모습이 공존하기 때문에 대인관계가 매우 불안정한 패턴을 종종 보인다. 간혹 충동적이거나 폭력적인 발언이나 행동을 보이기도 하고 지도자에 대한 음모성 소문을 퍼뜨려서 곤경에 빠뜨리기도 하기에, 어떤 공동체이든 지도자는 경계선 성향의 구성원과 인간관계를 맺거나 유지하기가 매우 어려운 성향이라고 볼 수 있다.

앞서 언급한 경계선 성향이 있는 사람의 유기공포는 신앙공동체 내의 인간관계를 정말 힘들게 한다. 특히 공동체 내의 인간관계에서 상대방이 자신을 거부하거나 버릴 수도 있다는 가상의 두려움 때문에 그런 상황이 실제로 벌어지기 전에 미리 자신이 상대방에 대해서 나쁜 소문을 퍼뜨리거나 상대방을 버리려는 모습이 나타난다. 또한 자신이 이상화하는 신앙공동체의 지도자에게 무한한 관심과 총애를 받고 싶은데, 그 욕구가 거부되거나 좌절되면 자신도 모르게 즉각적으로 지도자를 공격하고 평가절하를 하는 경우도 종종 발생한다. 예를 들면, “우리 목사님은 세상에서 가장 훌륭한 목사님이다!”라고 극단적으로 이상화했다가, 금방 “저 인간은 내가 경험한 목사 중에 가장 나쁜 놈이다!”라고 극단적인 평가절하로 바뀌는 경우이다. 이러한 두 가지 극단적인 평가는 짧은 기간에 순간적으로 바뀌기 때문에 지도자가 대처하기가 매우 어려운 경우가 대부분이다.

자기애 성향의 목사 혹은 장로와 경계선 성향의 신앙공동체 구성원이 만나게 되면 갈등과 분쟁이 생길 확률이 높다. 실제 이런 상황에 관한 양적 선행연구가 없어서 정확한 통계상의 수치는 없지만, 다년간 신앙공동체와 상담현장에서의 개인적 경험에서도 많이 목격했고 내담자들이 신앙공동체 내의 갈등과 분쟁으로 인한 극심한 어려움을 호소했던 상담사례 중에서도 종종 접했다. 정리해 보면, 자기애 성향의 지도자와 경계선 성향의 구성원이 갈등과 분쟁의 상황으로 관계가 발전하는 가장 단순하고 근본적인 이유는, 그들이 상대방으로부터 원하는 부분이 유사하고, 자기가 가진 심리발달의 문제 때문에 상대방이 원하는 것에 대해 제공해 줄 수 없는 부분이 유사하며, 그로 인해서 서로 간의 존재가 간절히 필요하면서도 매우 불편한 동반

의존적인 관계 역동이 되기 때문이다.

경계선 성향의 구성원은 자신이 극단적으로 이상화하는 지도자에게 무한한 관심과 총애를 집중적으로 받고 싶은 욕구가 매우 강한데, 그 욕구가 거부 혹은 좌절이 되면 유기불안 혹은 유기공포를 느끼기 때문에 무의식적이고 즉각적으로 상대방을 공격하고, 나쁜 소문을 퍼뜨리며, 극단적으로 평가절하를 하게 되는 것이다. 이런 모습은 어떻게 보면 자기가 살기 위한 본능적인 생존전략이라고 볼 수 있다. 마찬가지로, 자기애 성향의 지도자 역시 특별대우, 좋은 말과 칭찬, 순종과 추종을 받고 싶은 욕구가 강하고 자기의 심리적 생존과도 직접 연결되기 때문에, 그 욕구가 충족되지 않는 경우 강력한 언어적 · 비언어적 표현을 사용해서 자기도 모르게 상대를 자극하고 갈등을 유발하게 된다.

경계선 성향의 구성원은 자기의 필요와 욕구에 집중하다 보니, 자기애 성향의 지도자가 원하는 것을 의도적으로 제공하지 않거나 못하게 되어서 지도자를 불편하게 하고 자극하게 된다. 경계선 성향의 구성원이 나쁜 소문을 퍼뜨리거나 극단적 평가절하를 하게 되는 경우, 비판적인 평가를 견디지 못하는 자기애 성향의 지도자는 심리적으로 견디기 힘든 상황을 맞게 되고 결국은 감정적으로 폭발하게 된다. 또한 자기애 성향의 지도자는 자기에게 집중하면서 다른 사람에 대한 공감 능력이 현저히 떨어지기 때문에 경계선 성향의 구성원이 가지고 있는 총애에 대한 욕구, 유기공포, 그로 인한 극단적인 행동에 대한 이해나 공감이 잘 이루어지지 않아서 지도자로서 적절한 돌봄을 제공하지 못하는 경우가 발생한다.

경계선 성향의 구성원은 충동성이 강하고, 분노 조절이 어려운 상태에서 자기애 성향 지도자의 관심과 총애를 확보하기 위해서 조종하거나 권력다툼을 하려고 하는데, 반대로 자기애 성향의 지도자 역시 자신을 특별한 능력이 있는 카리스마적인 지도자로 생각하기 때문에 상대방을 자신에게 절대적으로 순종하거나 추종하는 아랫사람으로 거느리고 싶은 욕구가 있어서, 둘 사이에는 충돌과 갈등이 유발될 수 있다. 서로 조종하거나 권력다툼을 벌이는 과정에서 충동성과 공격성이 보이고 언어적인 폭력과 비판을 주고받는 경우가 많아서, 관계가 회복하기 힘든 정도로 치닫기도 한다. 그 결과로 신앙공동체 내부에 불안정한 인간관계, 갈등, 분쟁 등의 요인이 되어서 신앙공동체 전체가 평화와 성숙을 경험하는 데 큰 어려움이 생길 수 있다. 즉, 신앙공동체 내에서 갈등의 주요 원인은 영성발달의 문제 이전에 지도자와 구성원의 심리발달 문제를 출발점으로 보아야 할 것으로 보인다.

신학적 문제: 신앙발달과 성숙의 지연

신앙공동체의 갈등과 분쟁의 문제, 배타성, 비판성, 공격성, 이분법적 성향 등 미성숙한 신앙으로 인한 문제는 지도자와 구성원의 심리발달 문제로 인한 갈등의 출발점이 되기는 하지만 그 문제로만 보기에는 부족한 부분이 있다. 앞에서 성숙의 의미를 신앙발달이 성숙한 상태, 배타성, 공격성, 이분법적 성향이 적은 상태, 신앙공동체 내에서 다양성 속의 통일성, 통일성 속의 다양성을 추구하고 받아들이는 상태 등으로 정의했다. 그런데 신앙공동체의 구성원이 자기애 성향 지도자의 영향을 받고, 구성원 자신도 경계선 성향의 문제를 계속 가지고 있다면 그들의 심리발달 문제가 영성발달에도 큰 걸림돌이 될 수 있다. 심리발달과 영성발달은 건강한 지도자와 건강한 구성원의 역동적인 관계를 통한 지속적인 과정으로 형성되어 갈 수 있다. 그렇기 위해서는 심리적으로 건강한 상태를 만들도록 상담적인 개입도 필요하고, 더 나아가서는 영적인 성숙을 경험할 수 있도록 신학적·교육적 개입도 필요할 것으로 보인다.

앞서 설명한 것처럼, 심리영성발달에서 중요한 변화는 개별적-성찰적 신앙방식과 결합적 신앙방식으로의 성숙의 과정인데, 이 두 신앙방식이 종합적-전통적 신앙과 명확하게 다른 가장 중요한 특징들은 분명한 정체성, 자기 성찰 능력, 개방성과 수용 능력 등이다. 이러한 성숙도를 개신교 신앙공동체와 그 구성원들이 경험할 수 있다면 여러 설문조사 연구에서 지적된 미성숙의 문제, 즉 신앙공동체 내부의 갈등, 분쟁의 문제, 신앙공동체의 배타성, 비판성, 공격성, 이분법적인 성향 문제를 뛰어넘어서 신앙공동체의 평화와 성숙을 경험할 수 있는 계기가 될 것이다.

현재 한국 개신교는 종합적-전통적 신앙을 가진 신앙공동체와 구성원이 다수를 차지하는 현실이고, 비평적인 자기 성찰이나 질문 능력을 발달하거나 신앙공동체의 정체성을 충분히 형성하지 못한 상태에서 심리적 · 영적으로 성숙하지 못한 신앙공동체의 지도자에 의해서 훈련을 받게 되는 경우가 많다. 쉽지 않은 과정이겠지만 충분한 성찰과 개인적으로 고통스러울지라도 치열한 고민의 상태를 거쳐서 개별적-성찰적 신앙과 결합적 신앙의 성숙도를 가질 수 있다면, 세상과 신앙공동체 안에 존재하는 반대, 갈등, 양극성, 모순 등 공존하기 힘든 것을 기꺼이 수용하고 화해하는 능력을 통해서 자기 마음의 평화와 타인 혹은 타 공동체와의 평화적 관계를 경험하는 좋은 기회를 가질 수 있다. 이런 성숙의 과정은 신앙공동체가 수평적이고 소통적인 관계에서 지도자가 구성원들을 영적인 성인으로 대우하는 상호 배움의 관계로 함께 신앙을 치열하게 고민하고 질문하며 살아갈 때 경험할 수 있다. 신앙공동체 내의 갈등이나 분쟁이 있는 경우, 자기애 성향의 지도자와 경계선 성향의 구성원 간의 어려움이 존재하는 신앙공동체 내에서는 수평적인 상호 배움의 관계를 경험하기가 매우 어렵다.

자기애 성향의 지도자는 우선 자기 자신이 개별적-성찰적 신앙 혹은 결합적 신앙을 가지지 못하는 경우가 많다. 지도자의 심리발달 문제가 영성발달의 문제로 이어지는 경우가 많기 때문이다. 이 두 가지 신앙의 중요한 특징은 정체성, 현실 인식 능력, 자기 성찰 능력, 이타성, 개방성과 수용성 등을 가지고 있고, 반대로 이분법적이고, 배타적 · 공격적 성향을 보이지 않는 것이다. 자기우월적이고 자기도취적인 자기애 성향의 경우에는 현실 인식 능력, 자기 성찰 능력, 타인에 대한 인지나 정서적 공감 능력이 부족하고, 이기적이고 이분법적이며 배타적 성향을 가지고 있는 경우가 많기에, 그런 심리상태와 대인관계 패턴이 있는 상태에서는 개별적-성찰적 신앙 혹은 결합적 신앙의 성숙도를 보이기는 힘들다. 또한 자기의 가르침에 대해서 의문을 품거나 비판적으로 평가하는 사람을 견디기 힘들어하며, 구성원들을 순종적이고 의존적인 모습으로 양육하기 때문에 구성원들도 역시 더 깊은 수준의 신앙으로 성숙해 나가기는 어려운 환경에 처하게 된다.

마찬가지로 경계선 성향 구성원은 자기개념 등 정체성이 확실하지 않고, 현실검증 능력이 손상되었으며, 자신에 대해서 비평적이거나 다른 의견을 제시하는 사람을 견디기 힘들어하고, 자기 성찰, 개방성, 수용 능력이 매우 떨어진다. 타인과의 관계에서도 이분법적으로 힘겨루기를 하고 조종하려는 성향과 공격성을 가지고 있으며 유기불안과 공포를 느끼기 때문에 마음의 평화나 타인 혹은 타 공동체와의 관계에서 진정한 평화를 경험하기가 힘들다.

지금까지 논의한 것처럼, 신앙공동체의 평화와 성숙을 경험하는 데 있어서 지도자와 구성원의 자기애와 경계선 성향과 같은 심리발달의 문제, 또한 그로 인한 영성발달의 지연 혹은 어려움으로 인한 문제를 풀어 나가기 위해서는 크게 두 가지 관점에서의 접근법이 필요하다. 하나는 직면을 통한 심리발달 전략이고, 또 다른 하나는 신앙발달단계이론과 신학적 성찰을 통한 영성발달 전략이다. 이 두 가지 전략은 상호 배타적이거나 별개의 전략이 아니라 동전의 양면처럼 함께해야 하는 하나의 전략으로 볼 수 있다.

심리발달 전략: 직면의 필요성

자기애 성향의 지도자와 경계선 성향의 구성원이 서로 충돌과 갈등을 경험하게 되면, 신앙공동체의 평화와 성숙에 심각한 장애가 된다. 이런 상황에서 신앙공동체 내부의 평화와 성숙을 이루기 위해서는 상담에서의 공감과 직면을 균형 있게 제공해야만 한다. 공감은 지도자와 구성원 모두가 원하는 욕구이고, 직면은 가능하면 피하려고 하는 부분이다. 하지만 공감만 제공하고 직면은 없는 경우 그런 상담 개입이 온전히 되었다고 보기는 어렵고 내담자의 변화와 성숙도 완성되지 못할 수 있다.

자기애 성향의 지도자는 조금이라도 비판적인 평가를 견디기 힘들어서, 상담사가 직면할 경우 받아들이기 힘들다. 가톨릭교회와 같은 중앙집권적인 체제가 아닌 이상 아무도 신앙공동체의 지도자를 감독하거나 통제하는 사람이 없고, 순종적이고 추종적인 구성원들, 칭찬과 격려만 제공하는 구성원들에 둘러싸인 환경을 만들어서 지내고 있던 지도자가 갑자기 상담사로부터의 직면을 받게 된다면 받아들이기보다는 즉각적으로 거부할 수 있다. 경계선 성향의 구성원 역시 상담사의 직면을 받게 되면 유기불안, 유기공포 때문에 상담사를 극단적으로 평가절하하고 나쁜 소문을 퍼뜨리거나, 상담사를 먼저 버림으로써 상담 관계 자체를 내담자 쪽에서 종결하는 상황이 벌어질 수 있고, 분노 조절의 어려움과 권력다툼의 성향을 상담사에게 보일 수도 있어서 직면이 어렵다.

개신교인 중에는 기독교적인 관점의 상담을 부드럽고 친절하게 공감하고 들어 주어야 하는 상담으로 오해하고, 직면에 대해서는 성서의 말씀을 직접 적용해서 내담자를 권면하고 직면하는 것으로만 종종 오해하기도 한다. 자기애 성향의 지도자와 경계선 성향의 구성원이 가진 마음의 상처와 고통을 깊이 이해하고, 그들의 필요를 듣고, 공감하려는 노력은 꼭 필요하지만, 공감만으로 이들의 어려움을 돕고 신앙공동체의 평화와 성숙을 이루는 데는 분명한 한계가 있다.

미국 클레어몬트신학대학원의 상담학 교수였던 클라인벨(Clinebell)은 칼 로저스의 영향으로 공감에만 주로 집중하는 성향이 너무 오래 지배해 왔다고 비판하면서, 상담에서 기독교인 내담자들을 성숙하게 하려면 돌봄(care) 혹은 수용(regard)과 직면(confrontation)이 반드시 균형을 맞춰서 함께 제공되어야 함을 강조했다(한국목회상담학회, 2011, p. 135). 클라인벨은 신약성서 에베소서 4장 15절을 인용하면서 '사랑 안에서 진실을 말할 수 있을 때'만이 내담자도 상담사도 성숙할 수 있다고 보았고, 사랑으로 존재를 수용해 주는 것과 직면으로 사실, 현실을 인지하고 노력할 수 있도록 도와주는 것의 균형이 꼭 필요함을 강조했다.

하지만 개신교 신앙공동체의 구성원들은 서로 좋은 게 좋은 거라는 표현처럼, 서로에게 긍정적이고 좋은 표현만 하려고 하고, 조금이라도 상대방에게 상처가 될 수 있는 말은 하지 않으려고 하는 경향이 있다. 서로 조금이라도 부족한 부분을 직접 알려 주거나 부정적인 표현이라도 하면 큰일이라도 일어날 것처럼 불안해하고 두려워하기도 한다. 그런 말을 하는 것은, 상대방을 있는 그대로 수용하지 못하고 남을 판단하고 정죄하는 것으로서 기독교인으로서 절대로 해서는 안 되는 행동으로 생각하기도 한다. 그런데 안타깝게도 그렇게 좋은 '척하는(pretending)' 모습이 서로에게 솔직하지 못하고 인간 대 인간의 진정한 만남과 성숙을 방해한다는 점은 생각하지 않는 것 같다. 바로 그런 점이 오랜 시간을 신앙공동체에서 함께해도 심리발달과 영성발달이 잘 일어나지 않고 성숙을 경험하기 어려운 이유이기도 하다.

마찬가지로, 상담사들도 내담자를 만날 때 공감을 하는 것은 자연스럽고 편하게 느끼지만, 직면하는 것은 내담자의 감정을 상하게 하고, 상담사와 내담자의 관계를 불편하게 하며, 심지어는 관계가 깨질 수도 있다고 느끼고 어렵게 생각하는 경우가 많다. 하지만 그렇게 내담자에게 부드러운 태도로 공감만 해 주고 좋은 말만 해 주면 내담자에게 진정한 변화는 일어나기가 어렵고, 결국 상담사는 자기의 책무를 다하지 못하고 오히려 직무유기를 하는 것이다. 또한 상담사 중에는 직면이라는 상담기법이 마치 내담자를 날카롭게 공격하고 내담자에게 충격을 주는 것으로 느끼는 경우도 많은데, 이는 직면을 잘못 이해한 것이고 직면의 원래 목적도 아니다. 사실, 직면은 강하게 표현할 수도 있고 부드럽게 돌려서 표현할 수도 있다. 공감을 잘하면 직면의 기능을 할 수도 있고, 직면을 잘하면 내담자가 공감으로 경험할 수도 있다. 어떻게 보면, 공감과 직면의 경계를 명확하게 구분하는 것조차 무의미한 경우가 많다.

직면의 의미와 가능성

직면은 상담사가 상담 회기 시간에, 지금-여기(here-and-now)의 경험에서, 내담자에 대해서 자기가 직접 느낀 점과 관찰한 내용을 내담자에게 사실 그대로 말해 주는 것이다. 내담자가 경험한 일, 기억하고는 있지만 매 순간 떠올리지는 않는 내용, 혹은 이전에 경험한 것과 지금 경험하는 것을 연결하지 못할 때, 그 일을 내담자의 눈앞에 다시 한번 부드럽게 가져다 놓아 주는 것도 직면으로 볼 수 있다. 그런 부드러운 직면조차 내담자에게는 아픔과 상처를 다시 들추는 일일 수는 있지만, 성장과 치유로 가는 지름길이기도 하다.

예를 들면, 얼마 전에 사랑하는 남편을 갑작스럽게 잃고 애도하는 과정에 있는 내담자가 현실의 삶에서 외로움으로 고통당하고 있고, 또 다른 대상 상실을 경험하게 될까 봐 막연한 불안과 심한 두려움을 느끼고 있을 때, "지난번에 남편을 갑작스럽게 떠나보낸 것은 ○○ 씨에게 너무 충격적이고 고통스러운 경험이었어요. 그 아픔이 아직도 너무 큰데, 또 다른 상실이 올까 봐 불안함을 느끼고 있는 것 같아서 나도 마음이 너무 안타깝네요."라고 표현해 줄 수 있다. 상담사의 이 표현은 공감인가, 아니면 직면인가? 조금 애매한 부분이 있어서 정확하게 공감인지 직면인지 답을 하기 어려울 것이다. 그런데 사실 상담사의 이 표현은 공감이기도 하고 직면이기도 하다. 즉, 내담자가 그 일을 의식하고 있더라도, 외부인의 관점에서 내담자의 상실 경험을 내담자 앞으로 다시 가져오고 상기시킨다는 점에서 보면 이 내용도 직면이다.

지금 현재 내담자가 경험하는 외로움, 불안, 두려움을 함께 공감하는 것이기도 하고, 내담자가 남편 상실에 대한 충격과 트라우마로 여전히 어려움을 겪고 있는 사실, 현실을 지금-여기에서 내담자의 눈앞에 다시 가져다 놓아 주는 면에서 볼 때는 직면으로 볼 수도 있다. 하지만 상담사의 이 말 표현은 부드럽기도 하고 실제로 전혀 공격적인 느낌을 주지는 않는다. 오히려 상담사가 내담자의 이전 경험을 자세히 기억하고 있다는 점에서 내담자에게 위로가 되는 공감의 역할을 하기도 하고, 내담자가 경험하는 정서적 상태에 대한 상담사의 외적인 확인을 제공함으로써 내담자의 자기성찰을 촉진할 수도 있다. 하지만 상담사가 직면을 아무리 내담자 앞에 부드럽게 가져다 놓는다고 해도 내담자가 주관적인 느낌으로는 불편할 수 있고 예민하게 공격적 · 비판적으로 느낄 수는 있다.

앞서 언급한 것처럼, 한국 사회의 많은 개신교회가 갈등과 분쟁을 경험할 때, 신앙공동체의 구성원들이 충분한 자원과 능력이 있음에도 불구하고 공동체의 내부의 구성원들 간의 역동적인 과정을 통해 직면하고 성장하려는 노력을 하기보다는 언론매체를 통해서 폭로, 비방, 소송하는 이유는 공동체 내에서 직면이 어렵거나 불가능한 상황, 즉 의사소통의 통로나 과정이 거의 없거나 일방적이고 폐쇄적이기 때문이다. 신앙공동체 내에서 서로 성숙을 촉진할 수 있는 부드러운 직면의 방법이 막혀 있기 때문에 외부에 노출하고 상호 폭로전, 비방전으로 나가게 되면, 서로를 이해하거나 갈등과 분쟁을 해결할 기회가 오히려 더 줄어들게 된다. 그렇게 되면, 클라인벨이 강조한 것처럼 '사랑 안에서 진실을 말하기'보다는 사랑이 없이 상대방에 대한 미움, 공격성, 파괴성을 가지고 판단하고 비판하게 되어서 진정한 직면을 할 수 없게 되고, 결국 진정한 성장이 일어나기는 어렵다.

그렇다면 신앙공동체에 존재하는 자기애 성향의 지도자와 경계선 성향의 구성원들이 공동체 내의 갈등과 분쟁을 유발하는 상황에서 상대방을 진정으로 존중하고 아끼고 사랑하는 마음으로 직면을 하는 것이 과연 가능한 것인가 하는 질문을 하게 된다. 신앙공동체 구성원들의 관점에서 보면, 현재 한국의 개신교 신앙공동체들은 수직적인 상하관계로 되어 있고, 담임목사와 장로, 당회를 중심으로 한 권력 구조가 있으며, 의사소통체계와 의사결정과정은 일방적이고 불투명하고, 재정을 비롯한 행정체계는 투명하지 못한 상황에 있는 경우가 많다. 반면, 신앙공동체 지도자의 관점에서의 호소문제는 심리적으로 성숙하지 못한 구성원들, 특히 경계선 성향의 구성원들이 공동체 안에 많이 있는 경우에, 자기 소신으로 눈치 보지 않고 장기적으로 평화롭게 공동체와 구성원들의 심리발달과 영성발달을 촉진하는 일이 매우 어렵다는 것이다.

신앙공동체의 평화와 성숙을 위해서 자기애 성향의 지도자와 경계선 성향의 구성원을 직면하기 위해서는 상담사뿐만이 아니라 신앙공동체 전체, 특히 비교적 건강한 대다수 구성원의 힘, 역동, 지혜, 용기를 가지고 적극적으로 동참하는 것이 꼭 필요하다. 사실 신앙공동체의 갈등, 분쟁, 배타성, 미성숙의 문제를 해결하기 위해서는 평소에 신앙공동체의 구조를 수평적이고 소통이 잘되는 공동체 역동으로 체질을 바꾸고 유지하는 것이 문제를 미리 예방하는 데 가장 유익하지만 성직자 중심 패러다임으로 상하수직적인 관계로 구성이 된 한국의 개신교 신앙공동체의 현 상황에 비추어 볼 때 매우 어려운 상황인 것은 분명하다.

자기애 성향 지도자의 경우, 연배나 경험이 더 많은 선배 지도자들에 의한 솔직한 조언이나 직면을 받거나, 개인이나 집단으로 잘 구조화된 슈퍼비전을 받는 방법을 생각해 볼 수 있다. 또한 신앙공동체 다수의 구성원에 의해 지속해서 주기적으로 솔직한 피드백이나 직면을 받는 것도 매우 중요하다. 목회자들이나 평신도 지도자들의 경우 일단 목사안수를 받거나 지도자가 되고 나면 자신의 성격, 대인관계, 활동에 대해서 다른 사람으로부터 피드백을 받거나 슈퍼비전을 받을 기회를 얻기가 매우 어렵다. 특히 교회가 대형화되고 이름이 널리 알려진 지도자는 소속 교단이 있다 하더라도 지속적인 관리감독이 거의 되지 않고 있다. 상담 임상 훈련과정처럼 신앙공동체의 지도자들도 지도자로 교육받는 과정, 지도자가 된 이후의 모든 활동 과정에서 지속해서 모니터링을 받고, 선배 지도자로부터 개인 혹은 집단으로 지속적인 직면과 슈퍼비전을 받으면서 자기애 성향이 생기지 않거나 줄어들도록 체계적인 훈련과 상담을 받는 것이 필요할 것으로 보인다.

또한 평신도들의 신앙적인 성숙함과 훈련, 신앙공동체 전체의 힘을 활용하여 지도자를 지속적이고 반복적으로 현실을 인식시키고 피드백을 제공하며 직면하는 것이 효과적인 방법이 될 수 있다. 물론 피드백을 듣거나 직면을 받는 지도자가 심리발달이 어느 정도 잘 이루어졌고 평신도의 말을 잘 들을 만한 귀가 있어야 함은 물론이다. 특히 자기애 성향의 지도자는 자신을 특별한 존재로 생각해서 특별대우를 받고 칭찬을 받고 싶은 강력한 욕구와 필요가 있는데, 구성원들이 지도자에게 그런 욕구를 늘 채워 주기보다는 너무 상처가 되지 않는 범위 내에서 반복적으로 단호한 태도로 기대를 낮출 필요가 있다. 하지만 대부분의 신앙공동체가 수직적이고 일방적인 의사소통 방식 때문에, 실제로는 한 개인이 지도자를 직면하는 것은 위험하고 어렵기는 하다.

신앙공동체 사례

자기애 성향의 지도자 혹은 경계선 성향의 구성원 문제와는 주 호소문제가 다르지만, 미국 아일리프신학대학원의 상담학 교수인 래리 켄트 그래함(Graham)의 저서에 등장하는 신앙공동체의 사례가 좋은 예가 될 수 있다(Graham, 1992, pp. 224-236). 이 사례에서 신앙공동체의 다수의 구성원은 지도자의 실수에 대해서 침묵으로 일관하거나 수동적으로 머물지 않고 신앙공동체 내부에서 함께 고민하고, 직면하고, 갈등과 분쟁을 줄이려고 노력을 했다. 그 결과로, 그 신학적 성찰과 문제해결의 과정이 매우 고통스럽고 힘들었지만 결국은 신앙공동체 전체가 심리영성발달을 경험하는 귀중한 기회가 되었다.

이 예는 미국의 개신교 신앙공동체 사례에서 해결된 예로서, 한국 문화와 한국 개신교 신앙공동체의 상황에서는 신앙공동체의 목회자-평신도의 수직적인 상하관계와 역동 등이 다를 수 있다. 그렇기에 같은 방식으로 일을 처리한다 해도 사례에서처럼 문제해결이 잘되지 않는 경우도 많고, 사례에서 제시된 문제해결이 상황에 대한 이해와 관점이 다른 한국 기독교인들에게는 제대로 된 문제해결로 보이지 않을 수도 있다. 이 부분에 관해서는 향후 연구를 통해서 한국의 개신교 신앙공동체에서 그런 문제들이 잘 해결되지 않는 구체적인 원인, 방안 등을 더 밝혀야 할 것으로 보이지만, 이 사례가 이 장의 논의를 위하여 신앙공동체 심리영성발달 사례로는 충분한 예가 될 것이다.

그래함의 사례에 등장하는 신앙공동체는 신실하고 지역사회에서 화해와 정의를 추구하는 건강한 교회였다. 신앙공동체의 구성원들은 교회의 전통에 대한 자부심을 느끼고 있었다. 평신도 지도자들도 건강한 신앙과 잘 훈련된 리더십을 가지고 있었고, 건강한 비전이 있었으며, 영적 카리스마가 있었던 담임목사의 뜻을 순종적으로 잘 따르면서 각자 자기의 역할을 성실하게 수행하던 건강한 공동체였다. 그런데 평화롭던 신앙공동체에 어느 날 담임목사에 대한 소문이 돌면서 평화는 깨지고 구성원들의 각자 다른 의견과 태도 때문에 갈등과 분쟁이 생기게 되었다. 그 소문은 목사가 여성 성도들과 '부적절한 관계들'을 가지고 있었고, 현재 교회 내의 독신 여성과 연인관계에 있다는 것이었다(Graham, 1992, p. 225). 그런 정황이 포착되었을 때 신앙공동체의 구성원들은 큰 갈등과 혼란에 빠졌고, 일부는 그 문제를 적극적으로 해결해야 한다고 생각했다. 하지만 다수의 구성원은 오랫동안 카리스마적인 담임목사에게 순종하며 지내 온 상황에서 어떤 조치를 하거나 직면을 할 생각을 전혀 하지 못했고 오히려 목사에게 문제를 제기해야 하는 상황에 대해서, 마치 하나님에 대한 불경죄를 짓는 것처럼 매우 불안해하고 두려워했다. 즉, 그들의 심리 내적인 작용적 신학이 적극적인 태도와 문제해결을 두려워하며 망설이게 만들었던 것이다.

그러던 중에 담임목사가 한 명이 아니라 여러 명의 여성과 동시다발적으로 부적절한 관계를 맺고 있던 것에 대한 추가 혐의가 드러나자 신앙공동체의 구성원들은 목회자를 직접 직면하고 적절한 조치를 해야 한다고 생각하게 되었다. 집사들은 공동체의 구성원 모두가 이 사실을 반드시 알아야 하고, 목회자는 반드시 직면을 받아야 한다고 생각했다. 가장 우선적인 방법은 가해자인 목사를 피해자인 교인이 먼저 개인적으로 만나서 조용히 직면하고 사과를 요구하는 것으로 생각했고, 목사가 듣지 않는다면 한두 사람을 더 데

리고 가서 증인으로 삼고, 그래도 듣지 않는다면 교회공동체 전체에 알리는 것이 예수님의 가르침(마태복음 8장 15-17절)을 진정으로 따르는 것으로 생각했다. 그래서 집사들은 피해자인 여성 교인이 그 목회자를 개인적으로 찾아가서 직면하고, 그 이후에 담임목사와 집사들과의 만남을 주선하도록 요청을 했다. 그런데 카리스마적인 담임목사가 존재하는 수직적인 역동의 신앙공동체의 한 명의 연약한 피해자가 가해자인 담임목사를 직접 직면하는 일이 결국 실패로 돌아가게 되었다. 자기애 성향의 지도자는 크게 분노했고, 피해자가 하는 이야기에 대해서 인정하지 않고 회피하는 태도를 보였다. 피해자인 여성 교인은 더 연약함을 느끼고 깊은 상처와 트라우마를 받게 되어서 개인의 상태도 더 나빠지고 신앙공동체의 상황도 더 악화되는 결과를 가져왔다.

결국 신앙공동체의 구성원들은 공동체 전체에 이 사실을 알리고 피해자와의 만남, 문제를 조사하던 조사위원과 만남, 집사들과 만남, 그리고 가해자와의 만남 등을 통해서, 가해자인 담임목사가 공개적으로 직면을 받고 법적인 조치를 받는 상황이 벌어졌다. 그런 과정에서 신앙공동체의 구성원들은 자기들 사이의 각기 다른 개인적 의견으로 인해서 극심한 갈등과 분쟁을 겪으면서 더 큰 정신적 · 심리적 고통을 당하게 되었다. 신앙공동체 내부적으로 담임목사를 강력하게 처벌해야 한다는 소수 의견을 내던 구성원들이 인간관계가 고립되고 단절되는 아픔을 경험했고, 오래 알고 지낸 사람들끼리 감정적으로 서로 엮인 이중관계 등으로 많은 어려움이 있었다. 어떻게 보면 가해자를 두둔하던 구성원들은 심리발달의 어려움으로 인한 부정적인 작용적 신학을 가지고 있어서 가해자에 대한 두려움을 가졌던 것으로 보이고, 종합적-전통적 신앙방식으로 문제를 해결하려고 했던 것으로 보인다. 반면, 같은 담임목사에게서 신앙훈련을 받았지만, 개별적-성찰적 신앙을 형성한 소수의 구성원은 개별적으로 자기가 그동안 배운 것에 근거해서 깊은 성찰을 통한 의견을 도출했던 것으로 보인다.

처음에는 두 그룹의 구성원들 사이에 갈등과 논쟁이 있었지만, 결과적으로 신앙공동체 구성원들이 힘을 합쳐서 자기들이 경험하고 있던 그 문제와 심리적 고통을 명명하고, 나누고, 직면하는 놀라운 용기와 능력을 보여 주었고, 결과적으로는 신앙공동체가 문제를 근본적으로 해결하고 성숙하는 좋은 기회가 되었다. 신앙공동체 구성원들이 고통스러운 경험을 회피하거나 부인하기보다는 문제의 원인이었던 지도자를 직면하고 문제를 적극적으로 풀어 나가려는 데에 마음을 모아 다 함께 헌신했기 때문에 가능했던 일이었다. 구성원들은 정확한 조사를 위해서 담임목사의 직무를 일시중지시켰고, 문제가 확인되었을 때 즉각 사임하도록 요구를 했다. 또한 여러 명의 피해자의 회복을 돕기 위한 재원을 마련하고, 복수의 피해자뿐만 아니라 적극적인 해결 과정에서 2차 피해를 경험한 신앙공동체 구성원 전체의 트라우마를 확인하고 치료할 수 있는 상담 및 컨설팅을 받기도 했다.

과정 중에 실수와 문제도 여러 번 있었지만, 한 사람이 아닌 신앙공동체와 구성원 전체가 갈등과 분쟁을 이겨 내고 평화와 성숙을 경험하는 기회가 되었다. 이 과정은 신앙공동체 내의 갈등이나 성폭력과 같은 문제를 신앙적 관점뿐만 아니라 상담의 관점에서 푸는 부분도 필요하다는 점을 시사하는 좋은 사례라고 볼 수 있다. 다른 교회였다면 아마도 영적인 지도자에게 순종하고 그의 잘못을 눈감고 덮어야 한다고 했을 수도 있는 사건이었는데, 이 신앙공동체는 두려움을 이기고 큰 용기를 내었고, 결과적으로 문제를 직접 해결하고 구성원과 공동체의 성숙을 경험하는 좋은 계기가 되었다.

그런데 평화와 성숙이 있는 건강한 신앙공동체를 이루기 위해서는 갈등과 분쟁 시의 개입(intervention)도 매우 중요하지만, 갈등과 분쟁, 미성숙한 신앙의 모습이 생기기 전에 예방(prevention)하는 것과 사후 돌봄(postvention)의 과정 역시 중요하다고 볼 수 있다. 우선, 예방하는 일은 힘들어 보이기도 하지만, 여러 가지 방법을 생각해 볼 수 있다. 이 문제에 대해서는 심리학적인 접근이 필요한데, 목회자나 평신도 지도자를 선출할 때 성격, 기질, 심리상태 등 심리발달의 문제가 없는지 신중한 검증과정을 통한 자질 향상을 추구할 필요가 있다. 목사 후보생이 자존감이 낮고 열등감이 많은 자기애 성향일 때는 그에 대한 보상 심리로 자신이 특별한 존재라는 특권의식과 대인관계의 착취 양상이 나타날 수 있고, 겸손하지 않은 모습으로 신앙공동체를 상하수직적인 관계, 폐쇄적인 의사소통의 조직으로 만들 수도 있으며, 공감 능력의 부족 혹은 부재로 인해서 신앙공동체 내에서 심각한 문제를 유발할 수도 있기 때문이다.

사전에 이런 부분이 감지된 경우에 후보자들이 자기의 성격적 부족이나 결함을 미리 돌아보고 성장할 수 있도록 도움을 줄 수 있다. 특히 자기애 성향이나 경계선 성향 등을 가진 경우에 신앙공동체나 대인관계에 갈등이 발생하면, 생각과 감정을 성숙하게 처리할 수 있는 능력과 대인관계 능력이 약하기 때문에 갈등을 회피하거나 무리하게 해결하려고 시도할 가능성이 있으므로 반드시 도움을 주어야 한다. 지도자 자신도 권위에 대한 자기의 생각이 어떤지 지속적인 점검을 해야 하고, 자신의 아동기와 원 가족에 관련해서 자기분석, 교육분석도 할 필요가 있으며, 멘토를 통한 슈퍼비전을 지속해서 받도록 노력을 해야만 한다.

사후 돌봄도 매우 중요하다. 신앙공동체를 마치 가족과 같이 믿고 생활하던 구성원 중에 갈등과 분쟁문제 때문에 공동체를 떠난 경우, 트라우마와 깊은 상처를 이해하고 치료하는 과정도 필요하다. 신앙공동체 내에서 굳게 믿었던 좋은 관계의 깨어짐과 단절, 그로 인한 배신감, 공동체를 잃은 것에 대한 깊은 상실감 등은 사랑하는 가족을 잃은 것 이상으로 매우 크기 때문에, 앞의 사례에 나온 교회가 했던 것처럼 그런 아픔을 잘 어루만지고 돕는 것도 중요하다.

또한 신앙공동체에 들어온 지 얼마 되지 않은 새 구성원들과 공동체에서 자라는 다음 세대 아동과 청소년에 대한 사후 돌봄도 매우 중요하다. 그들은 더 상처를 깊이 받기가 쉽고, 영적인 성인 아이가 되어서, 성인세대가 되었을 때 건강하게 신앙공동체를 이끌어 가지 못하는 상황이 생길 수 있다. 마치 갈등이 심한 가정에서 자란 자녀들이 부모의 역기능적인 갈등 해결 방법을 반복하는 세대 간 전수 과정을 겪는 것처럼, 신앙공동체 내의 역기능적인 해결 과정을 보면서 같은 상황을 반복할 수 있기에 더 세심하게 회복하는 과정을 생각해 보아야 한다.

영성발달 전략: 신학적 성찰의 필요성

신앙공동체의 평화와 성숙을 경험하기 위해서 자기애 성향과 경계선 성향과 같은 심리적인 문제에 대한 심리상담을 통한 개입과 더불어서, 신앙의 미성숙에 대한 영성발달 전략으로서 신학적 성찰(theological reflection)이 필요하다. 신앙공동체의 존재 이유, 목적, 정체성의 핵심은 공동체와 구성원의 신앙 성숙, 즉 영성발달이다. 신학적 성찰은 신앙공동체와 구성원들의 배타성, 공격성, 이분법적 성향 등의 미성숙한 모습을 뛰어넘어서 정체성 형성, 자기 성찰, 현실 인식, 개방성, 수용 능력이 있는 신앙공동체와 구성원으로 성숙하도록 하는 영성발달 과정에 꼭 필요하다.

일부 목회자들과 평신도 지도자 중에는 1980년대와 1990년대 한국 교회에서 신앙교육 프로그램으로 영향을 끼쳤던 제자훈련, 사역훈련, 성경을 매일 개인적으로 읽고 묵상함으로써 영성발달을 추구했던 QT(Quiet Time) 운동이 보수적이고 순종적인 신앙을 가지고 평화롭게 신앙생활을 잘하던 한국 개신교 공동체와 구성원들을 망쳤다고 주장하기도 한다. 즉, 종합적-전통적 신앙방식을 가지고 신앙공동체의 전통과 가르침을 잘 따르면서 평화롭게 잘 지내던 멀쩡한 구성원들이 그런 영성발달 훈련을 통해서 영적 안목을 넓히고 개인적인 성찰 능력이 생기면서 신앙공동체 내에서 의문을 제기하거나 갈등을 유발하는 문제를 더 일으키게 되었다는 의미이다.

다시 말하면, 개별적-성찰적 신앙방식을 습득한 신앙공동체 구성원들이 각기 개인적인 생각, 의견, 관점을 가지고 말하기 시작했고, 그런 다양한 관점과 의견이 신앙공동체의 교리와 가르침의 통일성을 깸으로써 목회자 관점에서 보면 교회를 이끌어 가기가 훨씬 더 힘들어졌다는 의미이다. 제자훈련과 사역훈련의 표어가 '평신도를 깨운다'였으니, 목사들 사이에서는 조용히 잘 자던 평신도를 괜히 흔들어 깨워서 피곤해졌다는 우스갯소리까지 있을 정도이다. 마치 잘 자다가 깨어난 아이가 엄마 아빠를 번거롭고 귀찮게 하듯이, 깨어난 평신도들이 각자의 생각과 주장으로 신앙공동체를 시끄럽게 하고 지도자들을 너무 피곤하게 만들었다는 것이다. 그냥 놔둘걸 괜히 깨워서 목회하기가 너무나도 힘들어졌다는 자조적인 이야기까지 할 정도이다.

어쩌면 종합적-전통적 신앙방식을 가졌을 때는, 삶의 갈등이나 어려움이 있을 때 목회자나 평신도 지도자에게 묻고 그들의 의견 혹은 조언에 따라서 결정하고 따랐기 때문에 마음의 갈등이나 개인적인 고민을 덜 했고, 신앙공동체의 다양한 구성원들과의 갈등도 적었을지도 모른다. 그렇지만 이러한 방식의 신앙은 개인적 혹은 공동체적 위기상황이 닥쳤을 때, 치열하게 고민하고 성찰하는 과정에 대한 훈련이 없어서 더 큰 어려움을 만날 수도 있다. 오히려 신학적 성찰훈련을 통해서 비교적 독립적이고 자율적인 판단을 내리기 위한 신앙정체성이 충분히 형성된다면, 고통의 시간, 고민의 시간을 헤쳐 나가는 데 더 큰 힘과 능력을 발휘할 수 있다. 지금과 같이 코로나바이러스감염증으로 인해서 신앙공동체에 모이지 못하고 예배하지 못하는 상황에서 다른 사람과 함께하지 못하고 목회자나 지도자들을 만나기 어렵고 조언을 듣기 어려운 상황이 많은 기독교인에게 큰 혼란과 어려움을 주고 있는지도 모른다. 이럴 때, 개인적으로 조용히 신학적 성찰을 할 수 있다면 영성발달을 위한 더 좋은 기회가 될 수도 있는데, 그렇지 못하는 현실이 너무 안타깝기만 하다.

앞서 언급한 자기애 성향 지도자와 경계선 성향 구성원의 갈등과 분쟁문제는 심리적인 문제와 건강하지 못한 관계 패턴 때문에 촉발되기도 하지만, 신앙공동체 내에서 의견이 갈리고 갈등과 분쟁이 일어나는 경우 가장 핵심적인 이유는 신학적인 관점의 차이인 경우도 많다. 신앙공동체 지도자의 소속 교파에 따라서 지도자들의 강조점과 신앙적 가치관이 다르기도 하고, 어떤 지도자들은 자신의 소속 교파에 상관없이 관점이 다른 신학적 노선을 가지고 있기도 하다. 또한 최근에는 시대적으로 포스트모던 시대를 살아가면서 다원주의적인 상황, 윤리적 근간의 상실, 지도자의 타락 문제, 동성연애 등 첨예한 대립이 있는 문제에 대한 이견 등으로 인해서 신앙공동체 내에 다른 의견과 가치관이 더 다양해지고 많아짐으로 인해서 갈등이 많아진 것도 사실이고, 주일성수, 새벽기도, 십일조, 술과 담배 문제 등에 대한 의견의 차이점 때문에도 갈등이 많기도 하다. 이러한 신학적 · 윤리적 이슈가 떠오르면 신앙공동체의 구성원인 각 개인이 심적인 갈등을 겪을 뿐만 아니라 신앙공동체 내부에 혼란과 갈등이 생기게 된다.

이런 상황에서 개신교 신앙공동체의 평화와 성숙을 위해서는 잘 계획된 신학적 성찰과 토론이 꼭 필요하다. 개인적인 돌봄과 상담 등의 임상적 패러다임도 중요하지만, 신앙공동체 전체의 관계적이고 과정적인 패러다임을 사용해서 건설적인 노력을 하는 것도 중요하다고 볼 수 있다. 신학적 성찰은 기독교인과 신앙공동체의 정체성, 삶과 의미, 존재 이유와 목적, 신학적이고 신앙적인 주요 주제에 대해서 비평적인 질문과 고민을 통해 더 깊은 이해를 추구하는 과정이다. 신학적 성찰의 과정에서 특히 신앙공동체의 지도자는 신앙공동체를 이끌어 나가는 데 있어서 깊은 자기 성찰 능력, 개방성과 수용성 등을 가지고, 본질적인 것에는 통일성을 촉진하고, 비본질적인 것에는 다양성을 허락하는 유연한 태도를 보이는 것이 매우 중요하다.

미국 텍사스크리스천대학교의 조레타 마샬(Marshall)은 신학적 성찰을 통한 신앙정체성 형성, 즉 영성발달의 중요성을 강조했다. 마샬은 그동안 목회상담을 지배해 온 이론은 정신 역동 이론과 회중(congregation), 신앙공동체 연구였는데, 하나는 심리학적 이론이었고, 다른 하나는 사회문화적 이론으로서, 신앙공동체에 대한 명확한 신학적 이해가 결여되었음을 지적했다. 이런 이론들이 개신교 공동체 내에서 지도자와 구성원 개인의 정신건강 진단이나 대인관계적인 갈등관리에는 많은 도움이 되겠지만, 일반 공동체가 아닌 신앙공동체를 바르게 성숙시키고 평화를 가져오기 위해서는 공동체 신학을 확립하고 사용하는 것이 더 필요하다고 강조했다(Marshall, 1995, p. 171).

마샬은 정신역동 이론을 이용한 개인 상담모델의 경우, '공동체 구성원 개인의 내면적인 갈등을 어떻게 해결할 수 있을까?' '전이와 역전이에 나타나는 신앙공동체 구성원의 지도자에 대한 부정적인 반응은 왜 일어날까?' '왜 특정 구성원은 다른 구성원들과 잘 어울리지 못할까?' '왜 일부 신앙공동체 지도자들은 갈등의 에너지를 분출하는가?' 등의 질문을 던지면서 갈등을 개인적인 심리적 문제를 반영하는 것으로 설명했다. 또한 그동안 집단 역동, 발달이론, 가족체계이론 등도 목회상담에 적극적으로 사용되었는데, 특히 가족체계이론을 이용해서 신앙공동체를 하나님의 가족, 확대가족의 역동으로 보면서 이해해 왔던 사실을 지적했다. 신앙공동체를 역기능 가족 혹은 중독적 집단으로 이해하거나, 신앙공동체의 지도자들을 동반 의존적(co-dependent)인 사람들로 판정하면서, 문화적이고 심리학적 판단들에 주로 이용되었다고 비판했다(Marshall, 1995, p. 170). 마찬가지로, 사회과학의 영향을 받은 회중, 신앙공동체 연구도 신앙공동체의 역동을 일반 공동체의 역동 이론의 도움을 받아 설명함으로써 신학적인 이해가 부족하거나 부재한 설명을 가져왔다고 비판하기도 했다.

신앙하는 공동체

결국 신앙공동체의 갈등과 미성숙의 문제를 풀어 나가기 위해서는 신학적 주제를 다시 생각해 보아야만 한다고 볼 수 있다(Marshall, 1995, p. 170). 신앙공동체의 평화와 성숙을 위한 상담을 위해서는 신앙공동체의 의미와 정체성에 대한 다음과 같은 질문을 하면 도움을 얻을 수 있다. 첫째, '신앙하는 공동체(faithing community)란 어떤 의미가 있는가?'라는 질문이다. 이 질문은 신앙공동체가 세상을 살아가는 과정에서 지속적인 고민과 성찰을 해야 함을 강조한 것이다. 둘째, '그들이 생각하기에 신앙공동체로서 자기들은 누구인가?'(Marshall, 1995, pp. 173-174)라는 질문이다. 이 질문은 신앙공동체와 구성원들의 정체성에 대한 고민이 중요함을 강조한 것이다.

신앙하는(faithing) 공동체라는 용어는 신앙(faith)에 현재진행형을 추가해서, 제도적 종교, 외재적 · 비본질적 종교, 종합적-전통적 신앙 등 고정된 교리와 도그마를 외우고 익히는 공동체가 아니라, 공동체가 처한 시대와 상황 속에서 구성원들이 종교의 가르침을 재해석하고 결정하는 과정을 함께해 나가는 역동적인 공동체라고 볼 수 있다. 신앙이라는 것이 어떤 상황에도 문자적으로 불변하는 정체된 교리나 현상이기보다는 신앙공동체의 구성원 간의 지속적이고 역동적인 고민과 토론을 거쳐서 결론에 도달하는 과정적인 의미를 포함하는 것이다.

그런데 신앙공동체가 '신앙하는(faithing)' 공동체로서 제대로 신앙하는 과정을 유지하지 못한다면, '사라져 가는(fading)' 공동체가 될 것이다. 두 영어 단어의 철자는 다르지만 공교롭게도 우리말 발음은 '훼이딩'으로 유사하다. 코로나 상황인 2020년 이후의 한국 교회는 전통적이고 보수적인 관점에서 보면 어쩌면 이미 '훼이딩'하는, 즉 사라져 가는 신앙공동체의 길을 걷고 있는지도 모른다. 하지만 교회를 교파, 총회, 노회 등의 제도적 교회, 고정된 구조(structure)가 아닌 운동(movement)으로 본다면, 예수님을 따르는 사람들의 역동적이고 생명력 있는 운동은 영원히 이 세상에서 사라지지는 않을 것이다.

코로나 상황에서 신학적 성찰과 '신앙하는' 공동체, '사라져 가는' 공동체와 연관된 논의로 볼 수 있는 가장 단적인 예는 '주일성수를 위해서 현장예배를 꼭 고집해야 하는가?'라는 고민이 될 수 있을 것이다. 현재 한국 사회와 많은 국민은 개신교 신앙공동체를 통한 감염에 대해서 매우 실망하고 짜증이 나 있는 상태이다. 방역 당국이 그렇게 간절하게 호소를 하는데도 꼭 모임을 함으로써 바이러스를 전파해야만 하는가 하는 비판이다. 바이러스 감염은 개신교회를 통한 것뿐만 아니라 식당, 운동시설, 술집, 요양원, 산악회 등 다양한 경로를 통해서 일어나는데 왜 꼭 교회만 가지고 비판하고 막느냐는 불평과 반발도 교회 내에 많이 있고, 그 말도 어느 정도 일리는 있다. 실제로 지금까지 근대 사회의 역사상 단 한 번도 없었던 매우 힘든 상황을 맞이하면서, '일제강점기와 한국전쟁 중에도 유지되었던 교회의 예배를 과연 모이지 않고 온라인으로 드려도 되는가?'라는 생각이 들면서 현장에서 모이는 대면 예배를 강행하는 교회들도 있다. '예배는 무조건 모여서 드려야 한다.'는 불문율과 같은 명제가 있기 때문이다. 어쩌면 그 명제 안에는, 모여서 '제대로' 예배드리지 않으면 벌을 받을 수도 있다는 하나님에 대한 두려운 작용적 신학이 작동하고 있을지도 모르고, 그에 따른 심리적인 불안함과 공포가 자리잡고 있는지도 모르겠다.

현재의 이런 신앙공동체의 모습은 영성발달의 측면에서 볼 때 공동체와 구성원들이 현재 상황에서 어떻게 결정하고 실천하는 것이 옳은 것일까 하는 고민과 성찰을 제대로 해 보지 못하는 문제에서 비롯된다고 볼 수 있다. 신앙하는 공동체는 현실에서 벌어지고 있는 문제 상황에서 공동체와 공동체에 속한 구성원들이 끊임없이 치열하게 고민하는 지속적인 과정을 통해서 생각과 마음을 함께 모으는 것을 의미한다. 기독교인들은 지금처럼 급속도로 바이러스가 퍼지는 상황에서 우리는 어떤 결정을 내리고 어떻게 행동해야 하는가 하는 질문을 함께 묻고 고민하고 치열하게 토론해야 하고, 공동체로서 함께 도달한 결론을 도출해서 실천해야 한다. 하나님의 뜻을 따르는 것이 중요하다는 말의 의미는, 하나님이 주신 영적인 깨달음을 얻은 신앙공동체의 구성원들이 함께 모여서 고민하고 결과를 도출하는 과정이기도 하기 때문이다.

그런데 신앙공동체가 '신앙하는 공동체'로서 그 과정을 제대로 하지 못하고 있으니 오히려 뉴스 매체에서 그 고민을 대신해 주는 상황이다. 교회가 세상을 걱정하는 것이 아니라, 세상이 교회를 걱정해 주고 있다는 말이 정말 딱 맞는 상황이다. 2020년 8월 30일 연합뉴스에 나온 "전염병 창궐에도 '현장 예배'만 예배? 성경에 근거 없다"라는 기사를 보면, '신앙하는 공동체'이어야 하는 개신교 공동체가 스스로 치열하게 해야 할 고민의 과정을 언론이 대신해 주고 있다고 보일 정도이다. 물론 신앙하는 공동체가 나아가야 할 길을 제시하는 구체적 내용은 기자가 제안하는 것은 아니고, 신앙하는 길을 걷는 소수 신앙인의 목소리를 통한 것이기는 하다.

이 뉴스 기사에서는 구약성서 학자인 기독연구원 느헤미야 김근주 교수의 성경 해석과 깊은 신학적 성찰을 인용했다. 그는 "성경에서 대면으로 예배를 보라는 근거는 없다."라고 단언하면서 "하나님을 만나는 것은 어차피 비대면"이라는 언급을 했다(연합뉴스, 2020년 8월 30일). 하나님은 인간의 눈에 직접 보이는 분은 아니시고 기독교인들은 그동안 한 번도 눈으로 대면하지는 못하고 하나님을 비대면으로 만나 왔는데, 예배에서 하나님을 대면할지 비대면을 예배할지에 대한 고민은 이미 의미가 없다는 것이다. 신앙공동체가 같이 모여서 예배드리면 가장 좋겠지만, 지금과 같은 전 세계적인 전염병 대유행 상황에서 만나서 예배드리고 이야기 나누는 대면 모임을 고집하는 일은 어리석은 일이라는 말도 덧붙였다. 그러면서 언급한 성경의 사례는 신약성서에서 사도 바울이 멀리 떨어져 있어서 만나지 못하는 신앙공동체와 신도들에게 편지를 써서 위로하고 가르쳤듯이, 지금은 떨어져 있지만, 편지보다도 훨씬 빠르고 편리한 매체인 카카오톡이나 이메일을 통해서 서로 격려하고 고립되지 않는 방식을 모색해야 할 때라는 것이다. 공동체가 너무나도 중요하지만 만나기 어려운 상황에서는 다른 방법으로 공동체성을 유지하면 좋기 때문이다.

같은 기사에서 기독교계의 존경받는 어른인 손봉호 교수도 대면 예배만 예배라는 주장은 성경에 근거가 없고 그런 전통도 없다고 단호하게 강조하면서, 성경에 나온 정신을 예로 들었다. 예수님은 제단에 예물을 드리려고 하다가 형제에게 원망 받을 일을 한 것이 생각나면, 예배를 드리기 전에 가서 화해를 먼저 한 후에 다시 와서 제물을 드리라고 가르치셨다는 것이다. 코로나바이러스 때문에 이웃의 생명이 위협받는 상황이라면 더욱더 조심해야 하고, 대면 예배 때문에 천하보다 귀한 생명이 만약에 단 하나라도 희생된다면 결과적으로 살인죄를 짓는 것이 된다는 것이다. 단호하다 못해 무서움이 느껴지는 메시지이지만 정말 맞는 말씀으로 느껴진다.

기사에 같이 인용된 가톨릭 안봉환 신부와의 인터뷰에 의하면, 가톨릭교회에서의 예배는 신앙공동체가 모여서 드리는 공적인 예식이기 때문에 혼자서는 할 수 없는 상황인 것은 사실이고 주일 의무는 잘 지켜야 하지만, 지금과 같은 특정한 상황에서 종교의 의무가 "공동선(共同善)과 연관된 경우에 모든 사람의 공통된 이익을 생각하는 차원에서 국가의 방역 지침을 따라야 하는 것이 우선"이라는 입장이었다(연합뉴스, 2020. 8. 30.). 또한 기독교인으로서의 신앙의 의무도 중요하지만, 우리 사회에 종교가 다르거나 믿지 않는 사람도 많은데 그 사람들의 이익도 중요하다는 점도 강조했다. 공동선에 근거한 결정은 개신교와 가톨릭이 함께 공유하고 있는 가치관이고, 다수의 개신교 지도자와 기독교인들도 같은 의견을 가지고 있을 것으로 믿는다. 교회가 '신앙하는 공동체'로서 지도자와 구성원들의 역동적인 대화와 상호작용을 통해서 이와 같은 성찰을 모으고 함께 따른다면 더 성숙한 공동체로 거듭날 수 있을 것으로 보인다. 또한 한국 사회와 종교 간의 평화를 이루는 데에도 귀한 역할을 할 수 있으리라 생각한다.

신앙하는 공동체의 정체성

신앙하는 공동체와 더불어서 또 다른 중요한 주제는 정체성에 관한 질문이다. 신앙공동체의 지도자와 구성원들은 신앙공동체에 대한 의미, 정체성에 대한 질문뿐만이 아니라, 자기 자신에 대한 질문도 해 보아야 한다. 지도자의 경우에는 자신의 신앙공동체 지도자의 역할을 소명(calling 또는 vocation)으로 수행하고 있는지 아니면 직업(job 또는 career)으로 일하고 있는지 심각하게 성찰해 보아야 하며, 구성원들의 경우에는 자신들의 공동체가 진정한 신앙공동체로 모였는지, 친교 모임으로 모였는지, 자신의 비즈니스를 위한 인간관계의 네트워크를 만들기 위해 모였는지, 스스로 비평적으로 솔직하게 직면하고 돌아보는 것이 꼭 필요하다. 신앙공동체 내에서 갈등하고 분쟁하는 구성원들 역시 같은 신앙공동체 안에서 구성원이 된다는 것은 어떤 의미인지, 다양성의 갈등 속에서 공통의 비전을 유지하는 것에 대해서도 깊이 생각해 보아야 하고, "신앙공동체가 모든 면에서 모든 사람을 다 만족하게 할 수는 없다."라는 현실에 대해서도 인지하도록 해야 한다(Marshall, 1995, p. 174). 같은 신앙공동체 안에서 다른 사람의 의견과 경험을 무시하지 않고 경청하는 것, 다른 의견과 생각의 가치를 인정하는 것, 다른 구성원 혹은 지도자의 존재 자체를 존중하는 것 등도 매우 중요한 태도이다.

신앙공동체가 진정한 신앙공동체로서의 목적, 정체성, 비전 등이 분명하게 이해되거나 표현되지 않으면 공동체 내의 분열과 양극화는 점점 더 증가할 수밖에 없다. 이런 상황에서 신앙공동체 내의 긴장, 갈등, 분쟁을 무의미한 것이 아닌 의미 있는 것으로 전환하고, 지도자와 구성원, 구성원 간의 수직적 · 폭력적 · 학대적인 모습을 없애고 정의를 추구하기 위해서, 지도자와 구성원들이 서로를 '솔직하게 직면(honestly confront)'하고 정체성에 대해서 치열하게 질문하는 과정이 필요하다(Marshall, 1995, p. 176). 이 과정은 지도자에게는 자신의 권위와 위치를 내려놓고 연약해지는 과정이고, 지도자와 구성원 모두에게는 고통을 견뎌야만 하는 뼈를 깎는 과정이 될 수 있다. 그동안 지도자가 신앙공동체를 이끌고 대표하는 것으로 생각해 왔지만, 현실은 신앙공동체의 구성원들에게도 서로 돌보고 성숙시킬 수 있는 충분한 자원과 능력이 존재하고 있기에 함께 노력해 가는 과정이 큰 결과를 맺게 될 것이다. 물론 지도자는 갈등과 분쟁이 있는 신앙공동체를 성숙시키기 위해서 때로는 지도자로서의 최소한의 권위와 힘을 조심스럽게 사용하는 것이 필요하기도 하다.

정리해 보면, 자기애 성향의 지도자, 경계선 성향의 구성원, 심리적으로는 비교적 건강하게 기능하지만 영성발달이 부족한 구성원, 신앙공동체 전체의 평화와 성숙을 위해서 지도자와 구성원 간의 수평적이고 상호협력적인 대화 관계 속에서 신학적 성찰을 할 수 있도록 상담 혹은 교육을 통해 돕는 것이 매우 중요하다. 현재의 영성발달이 종합적-전통적 신앙인지, 개별적-성찰적 신앙인지, 결합적 신앙방식인지에 관해서 각자 자신의 모습과 영성발달에 대해서 고민하고 돌아보는 것과 신앙하는 공동체의 의미에 대한 지속적이고 치열한 고민과 질문을 하는 것이 성숙을 촉진하고 돕는 데에 도움이 될 것이다.

조금 더 구체적으로 살펴보면, 종합적-전통적 신앙방식을 가진 지도자와 구성원들은 신학적으로 생각하는 인지적 · 지적 능력은 이미 발달했기 때문에, 자신이 속한 신앙공동체의 신학, 전통, 역사 등에 대해 더 배우고 생각할 수 있는 시간을 주는 것이 도움이 될 수 있다. 이들이 일상에서 끊임없이 '왜(Why)?'라는 질문을 하도록 격려하고 돕는 것도 중요하다. '왜 자기가 신앙적으로 그렇게 말하고 행동하고 결정하는가?' '왜 자기가 지도자와 공동체의 가르침과 결정에 대해서 비평적인 생각을 하지 못하고 주로 순응적인 반응을 보이는가?' 등을 스스로 질문하고 직면하도록 하는 것도 도움이 될 것이다. 그런 질문을 통해서 자기 자신에 귀 기울이고 자기에 대해 생각하고 자율적인 결정을 할 수 있도록 돕는 것이 매우 중요하다. 또한 자신이 속한 신앙공동체 이외에 다른 신앙공동체, 다른 교파, 다른 종교와 문화 등과 직접 접촉을 통해서 다양성에 대해 인식하도록 조언하는 것도 도움이 될 수 있다.

이미 개별적-성찰적 신앙방식을 경험하고 발달한 지도자와 구성원들의 성숙과 신앙공동체의 평화를 위해서도 상담 혹은 교육을 통해서 다양한 측면에서 도움을 줄 수 있다. 이들에게는 신앙공동체와 구성원들과의 진정한 대화에 머물도록 조언하고, 이것이냐 저것이냐(either-or)의 이분법적인 생각과 배타적인 판단을 하는 것은 현실을 인식하고 공동체의 평화를 이루는 데 너무 단순하고 문제가 될 수도 있다는 사실을 알도록 하는 것이 필요하다. 또한 자기가 속한 공동체에 대해서 무비판적인 관점을 고수하는 대신에 비평적 신앙을 가지도록 격려해서, 자신의 신앙공동체의 약점과 한계를 늘 객관적으로 직시할 수 있도록 돕는 것이 중요하다. 특히 '우리' 공동체 이외의 다른 교파, 종교, 전통 등이 말하는 진리에 대해서 경청하고 존중하는 자세를 가지도록 격려하는 것도 필요할 것으로 보인다.

더 나아가서 평화의 중요성과 기독교인으로서 평화를 추구해야 하는 이유와 목적에 대해서 지속해서 인지하고 관심을 가질 수 있도록 하는 것이 필요하다. 한국 사회에서 성장한 기독교인들의 경우에는 신앙공동체 내에서도 타인 혹은 타 공동체와 평화롭게 공존하는 모습보다는 경쟁, 성취, 성공만을 강조하는 가르침의 영향을 계속 받아 왔기 때문에 배타성, 공격성, 이분법적 성향의 모습이 당연하고 자연스러운 모습으로 정당성을 부여받아 왔다. 그렇기에 신앙공동체 내에서도 평화로운 방식으로 대화하고, 감수성을 키우고, 노력하는 훈련이 꼭 필요할 것으로 보인다.

요약 및 맺음말

최근 개신교 신앙공동체 내부의 갈등과 분쟁 문제, 배타성, 비판성, 공격성, 이분법적 성향과 같은 미성숙한 신앙의 문제로 인해, 개신교 내부의 문제를 넘어서 교회가 세상을 걱정하는 모습이 아닌 거꾸로 세상이 교회를 걱정해야 하는 지경에 이르렀다. 특히 신앙공동체의 분쟁에 대한 언론매체의 보도와 법정 다툼을 통해서 그런 상황이 사회의 많은 구성원에게 알려지고, 분쟁과정에서 많은 기독교인이 상처받고 교회를 등지는 현상도 벌어지고 있으며, 교회가 교인들의 삶과 신앙 성숙의 디딤돌이 아니라 걸림돌이 되는 처참한 현실에 이르렀다. 이런 어려운 상황을 되돌리고 상처를 치유하기에는 이미 너무 늦었다는 생각이 들 수도 있지만, 아직은 신앙공동체의 평화와 성숙을 위해서 할 수 있는 일이 있다는 희망을 품어 본다. 또한 개신교 신앙공동체 내부의 분쟁이 조금이라도 줄어들고, 그로 인해서 배타성, 공격성, 이분법적 성향이 조금이라도 유연해진다면, 다문화, 다종교 사회인 한국에서 이웃과 사회의 평화를 가져오는 데도 직접적인 도움이 되리라 생각한다.

이 장에서 신앙공동체의 분쟁, 미성숙의 문제를 심리적인 문제와 신학적인 문제가 상호결합된 것으로 보았다. 이러한 문제의 원인을 신앙공동체 지도자와 구성원 각각의 개인적인 성격적이고 심리적인 결함문제 혹은 영성발달과 성숙의 문제로도 볼 수 있지만, 더 근본적으로는 그렇게 될 수밖에 없었던 신앙공동체의 구조적 문제임도 지적했다. 분쟁과 미성숙의 문제가 발생하는 신앙공동체는 대체로 수직적인 상하관계와 지도자 중심의 권력 구조, 일방적이고 소통과 대화가 부족한 의사소통체계와 의사결정과정 등의 문제를 가지고 있다. 그러한 신앙공동체가 지도자와 구성원들이 각고의 노력을 함으로써 수평적이고 소통적이며 상호 존중하는 배움의 관계로 변하지 않으면 신앙공동체의 평화와 성숙은 매우 어렵게 된다.

신앙공동체가 평화와 성숙을 경험하기 위한 조금 더 구체적 방안으로 상담적 접근으로는 직면을, 영성발달의 접근으로는 신앙발달단계이론을 통한 신앙방식에 대한 점검과 신앙공동체의 목적, 존재 이유, 비전, 방향 등에 대한 신학적 성찰을 제시했다. 직면과 신학적 성찰은 자기애 성향의 공동체 지도자, 경계선 성향의 공동체 구성원뿐만 아니라 비교적 심리적 · 영적으로 건강한 지도자와 구성원들도 자신을 반성해 보고, 자신의 심리적 문제와 신앙적 성숙이 지연된 문제를 확인하며, 신앙인으로서의 정체성을 재확인하는 좋은 기회가 되리라 생각한다.

이미 강조한 것처럼, 무엇보다도 신앙공동체의 진정한 평화와 성숙은 신앙공동체의 의미와 정체성에 대한 끊임없는 질문을 통한 과정을 통해서 이루어질 수 있다. 수평적이고 소통적인 분위기로 전환된 신앙공동체에서 지도자와 구성원들이 함께 종합적-전통적 신앙, 개별적-성찰적 신앙, 결합적 신앙의 특징과 한계 등을 자세히 나누고, 성숙도를 확인하고 성찰하는 것이 효과적이라고 볼 수 있다. 그 과정이 쉬운 과정은 아니지만, 지도자와 구성원들이 함께 노력한다면 더 깊은 신앙, 공동체에 대한 헌신, 타인과 타 공동체에 대해서 개방성과 수용성을 가진 성숙한 모습으로 바뀌게 될 것이며, 본질적인 것에는 통일성을, 비본질적인 것에는 다양성을 허락하는 유연한 모습으로 성숙하게 될 것이다. 또한 '신앙하는 공동체란 어떤 의미가 있는가?' '신앙공동체로서 우리는 누구인가?'라는 질문을 하면서 공동체 구성원 간의 지속적 · 역동적 과정을 경험해 가는 과정이 매우 의미 있는 과정이 될 것이다.

제7장

인류학 관점으로 본 심리영성발달: 커뮤니타스, 하비투스, 헥시스

2000년대 중반부터 2020년 현재까지 한국 사회에서 개신교의 영향력이 감소하고 교세가 급격히 줄어들면서 개신교계는 깊은 고민과 성찰의 시간을 보내 왔다. 그런 상황에서 한국 개신교회들과 신학자들은 그 원인을 파악하기 위한 연구와 토론을 활발하게 수행했는데, 그중 가장 초기의 논의는 종교사회학자 정재영과 조성돈의 연구였다. 2006년 11월 23일『오마이뉴스』에 보도되었던 이 연구를 통해서 개신교 내부의 심각한 어려움을 확인해 볼 수 있다. 이 연구는 특히 개신교에서 가톨릭으로 이동 현상에 대해서 집중적으로 논의했는데, 30~70세 여성 14명에 대한 심층 인터뷰와 질적 연구를 담고 있다. 연구 참여자들이 받은 질문은 '왜 개신교를 떠났는가?' '왜 가톨릭에 매력을 느꼈는가?'였는데, 참여자들은 개신교 신앙공동체가 가진 문제들에 염증을 느꼈음을 언급했다.

인터뷰의 주요 내용은 교회의 세속화, 물질화, 양적 성장에 몰두하는 모습과 지나친 헌금 강조, 종교로서의 거룩한 모습의 상실, 공격적 전도, 타 종교에 대한 배타성과 타 종교인과의 갈등, 개신교 신앙공동체의 배타적이고 폐쇄적인 특징, 목회자들의 물질, 성적인 문제, 성직자, 평신도 지도자들과 교인들 간의 수직적 관계, 교인들 간의 갈등 등의 문제를 공통으로 꼽았다. 연구 참여자들이 언급했던 배타적 · 폐쇄적 특징이나, 지도자와 교인들 간의 힘의 불균형, 신앙공동체 내의 갈등의 문제 등의 내용은 제6장에서 이미 다루었던 논의와 신앙공동체 사례와 일맥상통하고 있음을 알 수 있다. 반면, 가톨릭의 매력으로는 깊은 영성을 핵심 이유로 언급했는데, 영적 성장과 정체성 형성 과정, 묵상, 침묵, 제의와 상징의 풍부함, 사제들과 수녀들의 검소하고 거룩한 삶, 가톨릭교회의 유연성과 관용, 온화한 방식의 선교 등을 언급했다. 가톨릭의 매력에 관한 연구 참여자들의 언급은 개신교에 대한 실망과 반대되는 측면으로 보이는데, 이는 사실인 부분도 있지만, 연구 참여자들의 주관적 경험에 근거한 것으로 보이는 부분도 있다.

연구 참여자들이 개신교에서 가톨릭으로 개종하는 과정에서 심각한 심리 내면적 갈등을 경험하지는 않았는데, 그 이유는 개신교인으로서 신앙정체성이 약했던 것, 개신교와 가톨릭의 핵심 신앙의 공통점 때문이었다. 또한 가족 구성원들 사이에 문화적 · 종교적 문제로 갈등이 있는 경우 가톨릭으로 쉽게 개종하는 성향을 보였는데, 한국 문화의 제사와 같은 전통적 제의에 대한 가톨릭의 유연하고 개방적인 태도와 허용이 개종의 중요한 요인이 되었다. 개신교와 가톨릭의 경우 같은 기독교 내에 속하는 신교와 구교로서의 관계와 큰 틀에서 보면 신앙과 교리의 유사성 때문에 개종을 경험한 사람들이 개종 과정에서 내면적 갈등 혹은 실존적 고민이 크지는 않았던 것으로 보인다.

이 연구를 요약해 보면, 한국 개신교는 몇 가지 영역에서 다음과 같은 심각한 어려움을 겪고 있다. 교인들의 신앙정체성의 부족, 깊고 풍부한 영성의 부족, 신앙과 실천의 불일치, 성직자와 평신도 리더의 문제, 신앙공동체 내부의 대인관계적 갈등문제 등이다. 여기에 더하여 추가적인 어려움은 개신교 교파, 총회, 교회가 남성 지도자, 연장자, 직분자 중심의 위계 구조로 되어 있고, 교회 내에서 여성, 청년, 청소년, 아동이 적극적 참여를 통해서 의견을 내는 과정이 어려운 상황과 그로 인한 소통의 부족이 개신교의 지속적인 자기 성찰과 변혁이 어려운 이유로 보인다.

이 장은 이러한 지적에 대한 고민으로 시작하게 되었고, 이러한 어려움은 좀 더 근본적으로는 생애 초기와 전 생애에 걸친 개인의 심리발달 과정의 문제와 심리발달과 영성발달의 상관관계와 연관이 있는 것으로 볼 수 있다. 좀 더 자세히 보면, 자기 형성과 자기애의 문제, 신앙정체성 형성의 문제, 신앙의 체화와 삶에서의 실천의 문제인데, 이 세 가지 주제는 밀접하게 상호 연관된 관계로 볼 수 있다. 이 장에서는 앞서 언급된 어려움에 대처할 수 있는 인류학의 관점을 소개하고 상세하게 논의함으로써 인류학의 관점과 주요 개념이 심리영성발달에 주는 통찰을 설명하려고 한다.

인류학의 주요 개념 중에서 커뮤니타스(communitas)와 하비투스(habitus)는 라틴어 단어인데, 커뮤니타스는 구성원들 간의 친밀감, 역동적 상호작용이 있고 의미 있는 변화를 경험할 수 있는 공동체 경험을 의미하고, 하비투스는 이상, 신앙이 체화되어서 몸에 자연스럽게 밴 습성, 자세, 태도, 체질 등의 의미가 있다. 희랍어 단어인 헥시스(hexis)는 인간의 몸과 관련된 단어로서 하비투스와 유사한 본질을 담고 있지만, 하비투스의 정신을 일상의 삶에서 몸이 자연스럽게 기억하고 몸을 통해서 움직이고 실천하는 기능이라고 볼 수 있다.

이 장은 제4장에서 코헛(Kohut)이 강조했던 마치 경계가 없는 것 같고 서로 어느 정도 융합된 관계에서 자기대상으로부터 자기에게로 심리적 효소가 전달되는 변이적 내면화 과정을 통해서 심리발달이 일어난다고 보았던 관점을, 두 개인의 관계가 아닌 공동체에 속한 사람들 사이의 관계와 역동의 관점으로 확장하는 논의를 포함하고 있다. 즉, 자기와 자기대상의 관계를 지칭하는 '자기대상 모판(selfobject matrix)'을 자기와 자기대상의 관계보다는 더 확장된 다수의 사람이 속해 있는 인간 공동체의 역동에서 가능하다고 보는 인류학자들의 통찰과 제안을 담고 있다고 볼 수 있다. 또한 그동안 사람들이 주로 생각해 왔던 수직적이고, 위계적이며, 분리된 인간관계보다는 코헛의 자기-자기대상 개념이 보여 주는 것처럼 수평적이고 어느 정도는 융합적이며 역동적인 인간관계에 관한 모델이 인류학이 보는 인간 사회에 대한 통찰과 같은 관심을 보여 주고 있음을 확인할 수 있다.

또한 이 장은 제6장의 신앙공동체 사례에서 논의된 내용을 좀 더 구체적으로 어떻게 공동체의 구성원들이 어떤 역동과 상호작용을 통해서 서로를 변화시키면서 공동체의 구조를 변형하고 성숙시켜 갈 수 있을지에 대한 고민을 담고 있다. 제6장에서는 코헛의 수평적이고 역동적인 관계를 통한 심리발달을 한국 개신교 신앙공동체에 적용하였을 때, 신앙공동체가 가지고 있는 목사, 장로, 구성원 간의 수직적이고 권위적인 관계에 대한 관점을 바꿀 가능성이 있음을 볼 수 있었다. 특히 지도자에게 문제가 있는 경우 공동체의 구성원들이 수평적인 관계에서 솔직하게 직면함으로써 지도자의 문제점을 수정하려고 시도하거나, 문제가 심각해서 필요할 경우는 지도자가 공동체를 떠나도록 할 수도 있음을 논의하였는데, 이 장에서는 공동체나 지도자보다 훨씬 힘이 약한 것으로 보이는 공동체의 구성원들에게 어떤 힘과 자원이 있는지, 어떻게 함께 대처하고 공동체의 변화를 이끌어 갈 수 있는지에 관한 인류학 개념의 깊은 통찰이 우리 모두에게 큰 도움이 되리라고 생각한다.

이 책의 제목과 여러 장에 걸쳐서 '심리영성발달'이라는 용어를 사용하였는데, 이 장에서 주요한 주제로 다루려고 하는 한국 사회에서 자기 형성의 어려움, 정체성 형성의 어려움, 신앙의 체화와 실천의 어려움 또한 근본적으로는 전 생애에 걸친 심리발달과 영성발달의 조화와 통합의 관점으로 보는 것이 중요하다. 앞서 언급한 것처럼, 한 개인의 심리발달과 영성발달의 시기와 영역을 구분하기 어렵고, 심리영성발달은 심리발달이 먼저 일어나고 영성발달이 이후에 형성된다는 시간적 순서 개념이기보다는 심리발달과 영성발달이 전 생애에 걸쳐 유기적이고 통합적인 역동을 통해서 일어난다는 점을 강조하는 의미로 보는 것이 중요하다.

자기 형성의 어려움

심리발달 과정에 대한 가장 근본적인 논의는 자기의 형성과 관련된 부분이다. 미국의 문화비평가인 래쉬(Lasch)는 미국 사회에 만연했던 자기애가 현대 사회의 일상생활과 밀접하게 연관이 되었음을 강조하면서, 사람들이 일상에서 느끼는 만성적 불안, 긴장, 생존 심리, 미래에 대한 희망의 부재, 그리고 이전에 자기 형성의 주요한 역할을 해 오던 가족의 역기능을 주요한 원인으로 보았다(Lasch, 1979, pp. 34-41).

비슷한 관점에서 사회학자 김의철 등(Kim et al., 2006)은 한국 사회에서 약한 자기감과 자기구조의 주요한 원인으로 한국 사회의 가족 구성과 역동의 급격한 변화와 연관성을 지적했다. 지난 30년 동안 산업화, 도시화, 세계화는 한국 사회의 전통적 대가족의 급격한 소멸을 초래했고, 3세대 이상이 있는 대가족으로 구성된 한국 가족이 10% 미만이 되었으며, 가족 구성원 숫자가 1970년대에 평균 5명에서 2000년대에는 평균 3명으로 감소하였다(Kim et al., 2006, p. 428). 이러한 급격한 사회적 · 가족적 변화가 자기 형성에 영향을 미치고 있는 이유는, 과거에 전통적 대가족 안에서의 상호작용이 '자기 발달의 기초'가 되었었는데, 현재는 젊은 부모들이 가족과 일을 병행하느라 아이들과 보내는 시간과 에너지가 부족하기 때문으로 보았다(Kim et al., 2006, p. 424).

빠르게 변화해 가는 현대 사회에서 반드시 전통적 대가족의 구조를 이어가야 하는 것은 아니지만, 가족구조의 변화가 자녀 양육환경의 변화를 가져오고, 결과적으로 양육을 도울 수 있는 주변 인적 자원의 부족, 시간의 부족, 공동체의 부재가 어려움을 주는 상황을 초래하게 된다. 유영권이 지적한 것처럼, '한국인들이 태어난 세상은 공동체적인 환경인데, 그들이 생존하기 위해서 노력하는 세상은 개인주의적 사회'이고, '전통적 치유 공동체'가 사라진 상황 속에서 '상담에 대한 오해, 체면을 잃는 것에 대한 불안, 충분한 자원의 부족'이 결과적으로 볼 때 자기애적인 성향의 청소년과 성인을 만드는 것은 불가피한 일이 되어 가고 있다(You, 2001, p. 87). 전통적 치유 공동체가 사라져 가는 상황에서 자기 형성에 도움을 줄 수 있는 전문적인 도움을 받는다면 자기 형성의 어려움을 겪은 사람들이 의미 있는 변화와 성장을 경험할 수 있는데, 현재 한국 사회의 상황은 그렇지 못한 과도기적 상황이라고 볼 수 있다는 것이다.

선행 연구자들이 자기의 형성에 있어서 공동체, 대가족의 상실을 공통으로 지적하는 이유는 서구 사회든 동양 사회든 한 사람으로 성장해 나가는 데 있어서 한 마을이 필요할 만큼, 주변 인물들과의 대인관계 역동이 필요하기 때문이다. 선행 연구자들의 관점은, 최근에는 많이 달라졌다고 하지만 아시아 문화는 여전히 관계에 좀 더 중점을 두는 환경이라는 점이다. 동양 문화에서 공통적인 단어인 인간의 직접적 의미는 '사람 사이'이고, 그런 의미에서 자기는 항상 관계적이라고 볼 수 있다. 또한 자기의 형성도 개인의 심리 내적으로만 일어나는 현상이 아닌 오히려 개인들 사이에서 일어나는 것으로 그 과정을 통해 자기가 만들어지는 과정이라고 볼 수 있다(Kim et al., 2006, pp. 38-39). 한국인의 한(恨)의 경험에 관해 연구했던 미국 유나이티드신학대학원의 앤드루 박(Park)도 '우리의 진정한 자기는 두 부모님이 속한 두 대가족, 부족의 공동체적 통합으로부터 출현하는 것'으로 보았고, '나는 우리와 밀접하게 짜여 있지만, 반면에 나 자신의 정체성은 우리와의 결속을 통해서 지속해서 발달하는 것'으로 보았다(Park, 2003, pp. 34-35).

정체성 형성의 어려움

자기 형성과 정체성 형성은 같은 의미는 아니지만 서로 밀접하게 연결된 관계라고 볼 수 있다. 심리발달 과정을 보면 자기 형성이 정체성 형성보다 더 초기에 이루어지는데, 자기는 마치 그릇과 같아서 그릇이 잘 만들어지지 못하면, 그 그릇에 음식이나 음료수, 즉 정체성을 담기 어렵다. 건강하고 응집력 있는 자기가 없을 때 정체성 형성도 어렵고, 더 나아가서 신앙정체성 형성은 굉장히 어렵다. 정체성 형성의 과정에 건강한 자기가 필요하고, 주요한 대상과 가족이 필요하며, 신앙공동체의 존재와 환경적 지지가 필수적이기 때문이다. 마찬가지로 자기 형성, 정체성 형성이 어려울 때 나타나는 현상인 자기애와 정체성 혼란(confusion)도 같은 개념은 아니지만, 굉장히 유사한 교집합 부분이 존재하는데 그 둘의 공통된 경험은 파편화(fragmentation)된 자기의 경험이다(Browning & Cooper, 2004, p. 185). 즉, 자기구조의 단단함의 부족, 자기의 응집력이 약한 상태, 그 결과로 감각, 지각, 감정 등의 잘 뭉쳐지지 않아서 혼란스럽고, 생생하게 느끼지 못하며, 멍한 상태를 경험할 수 있고 공허감, 우울감, 건강염려증 등의 임상적 증상이 나타나는 공통점이 있다고 볼 수 있다.

제4장에서 논의한 코헛은 자기심리학 이론발달의 초기에 유아-부모, 내담자-상담사 사이의 자기와 자기대상의 관계에서 친밀감 경험과 변이적 내면화 과정을 강조했지만, 유아의 필요에 대한 공감적 반응을 하는 부모의 실패에 심각한 영향을 주는 문화적·사회적 힘에 대한 직접적인 강조를 하지는 않았다. 반면, 자기보다는 정체성이라는 용어를 사용하면서 정체성 형성의 중요성을 강조했던 에릭슨의 접근은 코헛의 접근보다 좀 더 포괄적이고 종합적이었다. 에릭슨은 원초적 형성으로 된 자기와 함께 사회학적 정의로서의 자기를 아우르기에 충분히 큰 개념인 정체성을 사용했고, 정체성이 잘 형성되지 못하면서 경험하는 정체성 혼란을 청소년기의 발달 위기라고 볼 수도 있지만, 진지하고 심각한 임상적 개입이 필요한 병리적 현상으로 간주했다. 에릭슨은 정체성 혼란을 발생시키는 사회적·문화적 요인들에 대해서 코헛보다는 더 직접적이고 구체적으로 언급했는데, 그는 급속한 사회적 변화와 가족의 빈번한 이주와 정착의 혼란을 주요한 원인으로 지적했다.

또한 브라우닝에 의하면, 에릭슨은 청소년과 성인 초기 청년들이 현대 사회에서 '성, 직업, 정체성, 이데올로기 등을 선택하고 종합하며 헌신하는 등 복잡한 과제를 수행해야만 하는 심리적인 부담과 압박감'에 대해서도 지적했다(Browning & Cooper, 2004, p. 185). 에릭슨은 그들을 인도할 수 있는 이데올로기적 틀이 없이 미성숙한 상태에서 정체성을 구성하는 조각들을 선택, 종합, 헌신하도록 강요한다면, 복잡한 사회에서 비교적 건강한 청년들조차도 심각한 정서적 트라우마를 경험할 수 있고 심지어는 심각한 병리적 현상을 경험할 수도 있다는 점을 명확히 했다(Browning & Cooper, 2004, p. 186).

에모리대학교의 목회상담학 교수였던 걸킨(Gerkin)도 미국 사회의 구성원들이 함께 따를 수 있는 규범의 파편화로 인해 사회 전체가 갈등하고 있고, 다양한 종교적 · 세속적 가치관과 믿음이 공존하고 있는 상황에서 혼란과 논쟁이 일어나고 있어서, 미국인들의 공동체적인 삶을 인도해 줄 수 있는 명확한 비전을 공유하기에 매우 어렵다는 점을 지적했다(Gerkin, 1991, p. 29). 이러한 학자들이 언급했던 같은 맥락의 통찰은 포스트모던 시대 이후 이전 세대와는 다르게 젊은 세대가 가치를 추구하고, 비전을 세우며, 중요한 삶의 선택을 하며 살아가는 과정이 훨씬 더 어렵고 고통스러운 상황임을 강조한 내용으로 볼 수 있다. 이러한 상황은 포스트 코로나 시대에는 더 가속화되고 심각해질 것으로 보인다.

한국 문화와 사회에도 걸킨이 지적한 부분과 유사한 문제가 있고, 신앙정체성 형성, 즉 영성발달의 측면으로 볼 때 더 어려운 점도 있다. 한국 사회는 오랜 역사 속에서 다양하면서도 갈등 관계에 있는 종교적 전통과 가르침들이 공존하고 있고 혼란과 논쟁을 유발해 왔다. 박(Park)에 의하면, 한국 문화의 다종교 배경을 고려할 때 한국인의 정체성은 다양한 종교의 가르침과 가치관이 의식적 · 무의식적으로 공존하는 경향이 있다고 강조하였다(Park, 2003, pp. 40-41). 예를 들면, 종교적 이해와 헌신에서는 기독교인, 윤리적 삶의 방식에서는 유교인, 내세관에서는 불교인, 삶의 철학에서는 역설적이고 신비적인 도교인 혹은 샤머니즘적이라고 볼 수 있다는 것이다. 각 개인의 자기 형성은 실제 각 개인이 믿고 고백하는 종교전통은 단 하나라고 하더라도, 심지어는 나면서부터 특정 종교를 가진 가족의 일원으로서 신앙을 가지고 자란다고 하더라도, 한국 문화의 환경에서 자라는 경험 자체가 불가피하게 다양한 종교적 이상과 가치에 노출되고, 다양한 종교전통의 종합적이고 강력한 영향 아래 있다는 것이다.

미국 드루대학교의 이정용 교수도 샤머니즘을 한국 문화의 기초로 언급하면서 한국인들의 에토스와 삶을 깊이 관통하는 종교로 강조하였다(Lee, 1997, p. 29). 이정용은 불교(4세기), 유교(14세기), 기독교(19세기)가 각기 다른 시점에 외국으로부터 수입된 종교이지만, 무속은 많은 전통 종교의 선입견과 무시에도 불구하고 한국인의 가슴에 여전히 의식적·무의식적으로 강력하게 작동하고 있다고 지적하였다. 그는 무속의 정체성이 현대 사회에서 다른 형태로 재등장할 것으로 보았고, 무속을 거부하는 것은 한국인의 정체성의 중요한 부분을 거부하는 것이라고 지적하기까지 했다(Lee, 1997, p. 35). 무속과 더불어 지난 1,000년 동안 통일신라와 고려의 국교였던 불교와 600년 동안 종교적 이상과 가치의 시스템으로 조선 시대 한국 사회의 사회적·도덕적 규범으로 작동해 온 유교도 의식적·무의식적으로 한국인의 종교 정체성의 중요한 조각들이라는 것이다.

지금까지 논의에서 본 것처럼 앤드루 박과 이정용은 자기 형성과 정체성 형성에 있어서 다양한 종교전통이 조화롭게 공존할 수 있는 것처럼 보이는 종교적·심리적 현상에 대해서 언급한 것으로 보인다. 하지만 그들이 그런 현상에 관해서 긍정적으로 서술한 것과는 다르게, 포스트모던, 포스트 코로나 시대의 한국 사회를 살아가는 사람들이 큰 혼란이나 심리적인 갈등이 없이 응집력 있는 정체성 형성과 조화를 이루는 경험은 굉장히 어려울 것으로 보인다. 에릭슨과 걸킨이 현대 미국 사회에서 청소년과 성인 초기 청년들이 선택, 종합, 헌신을 통한 정체성 형성의 어려움을 강조한 것처럼, 현대 한국 사회에서의 종교 문화적 정체성 형성은 굉장히 복잡하고 어려운 과정으로 예상해 볼 수 있다.

신앙의 체화와 실천의 어려움

김의철은 사람들이 흔히 생각하는 것처럼, 특정 종교전통에 있는 사람들이 그들의 일상의 생각과 행동에서 그 종교의 가르침을 따르고 실천하는 것으로 당연하게 생각하는 일은 사실과 다르다는 점을 지적했다. 실제로 보면 극소수의 사람만이 종교의 가르침을 일상의 삶에서 따르고 실천하기 때문에 특정 종교의 전통이나 경전의 가르침은 그 종교에 속한 사람들의 삶과 행동을 이해하는 출발점이 될 수는 있지만, 종착점은 되기 어렵다는 점을 강조하였다(Kim et al., 2006, p. 40). 이 지적은 코로나 상황에서 한국인들이 개신교인들에 대한 실망과 분노를 느끼는 현상을 정확하게 설명할 수 있는 내용이다. 성서와 개신교의 가르침이 개신교인들이 어떤 이상과 가치를 따르려고 하는지, 그들이 어떤 내용을 배우고 듣는지에 대한 대략적인 이해를 제공할 수는 있지만, 신앙이 그들의 삶에 체화되고 실천된다고 섣불리 기대하는 것은 맞지 않는다고 볼 수 있다.

이 장의 서두에서 언급했던 한국 사회에서 개신교에서 가톨릭으로 개종하는 주요한 원인 중에서 거룩한 모습의 상실, 공격적 전도, 타 종교인들과 갈등, 개신교 신앙공동체의 배타적 · 폐쇄적 특징, 성직자들의 돈, 성적 문제, 교회 내부 구성원들 사이의 갈등 등의 지적들을 보면, 주로 신앙인들의 삶의 모습과 태도에서 타인에 대한 배려나 자기 자신을 돌아보고 자제하는 행동 등이 보이지 않는 신앙과 삶의 불일치 문제에 대한 지적이다. 인지적으로 교리를 배우고, 정서적으로 깊이 감동해서 헌신하려는 마음이 있더라도, 실제로 행동으로 연결되어서 일치된 모습으로 나타나는 경우는 아주 소수의 사람만이 보일 수 있다. 결국 성숙한 신앙정체성의 형성, 영성발달은 인지적 수준에서 교리와 가르침을 알고 정서적 수준에서 공감하고 따르고자 하는 마음이 있는 것에서 끝나는 것이 아니라, 실제로 몸을 통해서 작동되고 실천되는 과정이 동반되어야만 이루어진다고 보아야 한다. 즉, 신앙의 내용이 몸에 소화되고 영양분이 되는 과정, 신앙이 몸에 습득되고 체화되는 과정, 그리고 그 체화된 신앙이 몸의 움직임을 통해서 실천되는 과정 전반을 영성발달의 핵심으로 보아야만 한다.

이러한 종교적 신앙의 체화와 실천이 어려운 점은 앞에서 서술한 자기 형성의 어려움, 정체성 형성의 어려움과 불가분의 관계에 있다. 건강하고 응집력 있는 자기 형성이 없이는 신앙정체성 형성도 어렵고, 일상의 삶에서 신앙의 체화를 통한 실천은 거의 불가능하다. 그렇다면 자기 형성의 어려움, 정체성 형성의 어려움, 신앙의 체화와 실천의 어려움에 포괄적인 대처를 위해서 적용 가능한 관점이 필요하다. 코헛은 자기와 자기대상 간의 공감과 같은 특정 심리적 효소의 역동적인 내면화 과정에 대해서 합리적이고 매력적인 설명을 제공했고 심리영성발달 과정에 대한 암시적인 통찰을 주었지만, 그의 자기심리학 이론에서 정체성 형성의 중요한 원동력인 역사, 문화, 전통에 관한 강조점이 적다고 평가할 수 있다.

그에 비해 에릭슨은 정체성 혼란을 발생시키는 사회적 · 문화적 요인들을 지적하면서 정체성 형성기에 있는 청소년과 초기 성인들을 이끌어 줄 수 있는 틀과 구체적인 사회화 과정을 제공하려고 노력했지만, 정체성 형성을 촉진할 수 있는 구체적이고 역동적인 공동체 구성원들의 역동 과정에 대한 명확한 설명이 부족한 아쉬움이 있다. 이러한 이유로, 현재 한국 사회와 문화에서 자기 형성, 신앙정체성 형성, 신앙의 체화와 실천을 위한 좀 더 보완적인 개념의 함의와 적용이 필요할 것으로 보인다. 특히 신앙정체성 형성은 공동체 내 참여자들 사이의 지속적 대인관계 역동이 필요한데, 그런 면에서 인류학의 주요 개념인 커뮤니타스, 하비투스, 헥시스가 집단, 공동체에서의 정체성 형성 과정과 신앙의 체화와 실천에 대한 좀 더 구체적인 대안과 설명을 제공할 수 있기에 이 개념들을 자세히 살펴보는 의미가 있을 것으로 보인다.

사회구조와 구성원의 역동적 관계

나는 박사학위 과정의 부전공이었던 인류학의 이론을 자세히 살펴보던 중에 인류학의 주요 개념이 신앙공동체 내부의 집단 역동을 통한 자기 형성, 정체성 형성 등 심리영성발달 과정에 관한 중요한 통찰과 제안을 제공할 수 있음을 발견하게 되었다. 즉, 공동체 내에서 구성원들의 상호작용이 어떻게 구성원과 사회구조에 영향을 주고 변화를 줄 수 있는지에 대한 상세한 설명을 제공할 수 있음을 확인했다. 인류학의 주요 개념들에 관한 자세한 논의를 하기 이전에, 독자들이 읽기에 좀 지루할 수도 있겠지만 인류학의 두 가지 큰 관점에 관해서 간략하게나마 설명하는 것이 필요할 것 같다. 그 이유는, 사회와 구성원 간의 관계를 보는 두 가지 관점이 인류학 내에서 긴장 관계에 있는데, 그 긴장의 이유가 지금까지 이 책에서 논의한 신앙공동체의 지도자와 구성원의 갈등, 수직적이고 권위적인 관계 등과 놀라울 정도로 연관되어 있기 때문이다.

두 가지 관점이라고 표현한 이유는 각 관점이 한 학파로 이루어져 있지 않기 때문인데, 한 관점은 사회구조가 사회 구성원을 강력하게 형성하고 통제하는 강력한 구조적 힘이 있다는 점을 강조하는 반면, 다른 관점은 사회 구성원들에게도 충분한 힘과 자원이 있어서 그들이 힘을 합친다면 견고한 구조인 사회까지도 변혁할 힘을 가지고 있음을 강조하고 있다. 개신교 신앙공동체에 적용해 보면, 한 관점은 교회의 구조와 성직자가 권위적이고 위계적 관계를 통해서 신도들을 강력하게 형성하고 통제할 힘이 있음을 강조하고, 다른 관점은 제6장의 논의에서 마샬(Marshall)이 강조한 것처럼 신앙공동체의 구성원들이 함께 '신앙하는' 공동체로서 구성원 간의 역동적 과정을 통해서 신학적 성찰을 하고 직면을 한다면 지도자와 교회의 구조까지도 충분히 바꿀 수 있다는 관점으로 볼 수 있다.

인류학의 한 관점은 구조주의라고 볼 수 있는데, 이 관점에는 프랑스 구조주의 학파와 영국 구조기능주의 학파가 속해 있다. 이 관점에 속한 인류학자들은 사회와 공동체를 강력한 구조(structure)로 보면서, 공동체에 속한 구성원은 공동체의 구조적 전체를 유지하는 역할만 제한적으로 하는 수동적 존재들로 이해했다. 그들은 대체로 공동체가 의미, 질서, 안정적인 구조를 달성하는 데 주요 관심을 두면서 공동체가 극적인 변화나 갈등 없이 하모니를 유지하는 데 가치를 두었다. 이 관점은 사회, 정치, 경제 전반에 대해서 좀 더 보수적인 관점으로 볼 수 있다.

반면, 구조주의와 다른 관점을 가진 두 학파는 상징적 해석학파와 실천이론 학파이다. 상징적 해석학파의 주요 인물은 한국 독자들에게도 비교적 잘 알려진 인류학자인 터너(Turner)와 기어츠(Geertz)인데, 그들은 사회를 불변하는 구조로 보지 않았고, 사회의 구성원을 수동적이고 힘없는 존재가 아니라 능동적이고 사회구조를 깨뜨릴 수도 있는 엄청난 잠재력과 힘을 가진 존재로 보았다. 또한 엄격한 과학주의, 객관주의를 목표로 통계적 분석을 주로 했던 기존의 구조주의 관점을 강력하게 비판했다. 개인적으로는 두 번째 관점을 더 공감하고 좋아하지만, 이 두 관점을 볼 때 어느 한쪽은 항상 옳고 어느 한쪽은 항상 그르다고 보기보다는 서로 공존하고 보완할 수 있는 관계로 보는 것이 더 좋을 것 같다.

특히 터너는 구조주의적 관점이 사회의 역동적 과정에 대해서 '오직 제한적인 통찰'만을 제공했고, 정서적이고 의미 있는 사회적 사건들에 참여한 '인간 실행자들(human actors)의 동기와 특징에 대해서는 단지 최소한의 이해'만을 보여 주었다고 비판했다(Turner, 1982, p. 12). 터너는 인간을 '인간 실행자'라고 표현했는데, 현실에서는 강력한 통제가 가능한 국가와 사회와 같은 구조 안에 살아가고 있는 구성원들을 수동적이고 통제받는 구성원이 아닌 능동적이고 역동적인 존재로 매우 긍정적으로 평가했다. 이 관점의 인간 이해는 특히 제6장에 논의된 신앙공동체의 심리영성발달과 구조적 변혁과 관련해서 생각할 때 굉장히 의미심장하다. 터너와 기어츠 두 학자 모두 사회구조 안에 살아가는 인간 실행자들의 주관적이고 내면적인 경험을 중요시했고,

구성원들이 사회구조와 적극적으로 맺는 역동적이고 변혁적인 과정을 더 강조했다.

그들은 창조하고 변혁시키는 창의적 인간 실행자로서의 개인의 가능성과 능력을 높이 평가했고, 종교제의와 제의 상징이 사람과 구조를 변혁시키는 힘에 관해 관심을 가지고 긍정적인 평가를 했다. 인류학 개념에서 말하는 제의는 기독교의 예배로 볼 수 있고 상징은 교회 건물의 십자가, 스테인드글라스 등에서 볼 수 있는데, 제의와 상징은 신앙공동체의 구성원들을 인지적으로 교육하고, 정서적으로 공감하고 위로하며, 행동과 삶의 변화를 촉진하는 측면을 다 가지고 있지만, 특히 참여자의 내면에 지속적인 정서와 분위기를 촉진하는 창조자의 역할을 한다고 보았다.

터너와 기어츠는 인간 실행자들의 변화를 위한 가장 중요한 것으로 종교제의를 강조했고, 제의는 공동체의 구성원들이 '서로 만나고 강화되는' 장소로 보았으며, 구성원들이 세상을 지각하고, 감각을 경험하고, 생각하는 과정을 촉진하는 데 제의 상징들이 어떻게 역할을 하는지에 대해 특별한 관심을 가졌다(Geertz, 1973, p. 112). 기어츠에 의하면, 종교제의의 참석자들은 공유된 시간과 공간으로 들어가서 변화를 경험하고, 더 강화된 공통의 인지와 정서를 가지고 현실의 삶으로 돌아와서 살아가게 된다는 것이다.

커뮤니타스와 신앙하는 공동체

터너는 공동체의 제의, 즉 예배는 여기도 아니고 저기도 아닌, 현실도 아니고 일상으로부터 완전한 벗어남이나 초월도 아닌, 일시적인 '경계적 상태'를 발생시키고, 구조와 반(反)구조인 커뮤니타스 사이의 역동적 상호작용을 만들어 낸다고 강조했다(Turner, 1995, p. 96). 터너의 관점은 유아기 심리발달 과정의 재접근기에서 대상항상성이 형성되는 과정에서 꼭 필요한 경험으로 강조되는 중간 상태의 경험과 유사하다. 즉, 완전히 분리된 자기도 아니고 완전히 분리된 대상도 아닌 두 사람 사이의 중간 영역, 공유된 영역에서의 심리적 경험이 자기의 성장과 대상과 건강한 상호작용을 위해서 중요하다는 것인데, 터너의 관점은 그 개념을 공동체로 확장해서 설명한 것이다.

터너의 설명에 의하면, 공동체 예배에 참석하는 사람들은 엄격하고 통제적인 사회구조, 권위적인 관계와 시스템으로부터 비구조적이고 차별받지 않는 동등한 사람들의 공동체적 교제인 커뮤니타스에서 순간적인 변화를 경험하게 된다. 즉, 커뮤니타스에서는 사회적 신분, 나이, 힘의 불균형에 의해 벌어지는 불평등한 인간관계가 일시적으로 정지되고, 동등한 인간의 진정하고 깊은 교제가 있는 공동체의 장이 펼쳐진다는 의미이다. 커뮤니타스의 참석자들은 유대인 철학자 마틴 부버(Buber)가 제시한 개념처럼 사람과 사람 사이의 전인적인 존재 경험인 나와 당신(Thou)의 관계를 경험하게 된다.

터너는 참석자들이 구조의 통제와 지배로부터 자유로워지고 비구조인 커뮤니타스의 시간과 공간에서 새로운 경험을 한 후 더 강화되어서 다시 구조로 돌아가는, 구조-커뮤니타스-구조의 진행 과정을 설명했고, 이러한 커뮤니타스로의 일시적 전환과 변화를 경험한 후 구조로 다시 돌아오는 과정을 통해서 '연약한 자들의 힘' '대중의 힘'이 중요한 역할을 하게 되어서 고정되고 절대로 변하지 않을 것 같은 바위와 같이 견고한 사회구조에 점진적인 변화를 가져올 수 있다고 강조하였다(Turner, 1995, p. 129). 터너가 활동할 당시에 구조주의가 인류학 학계에 막강한 힘을 과시하던 때였음을 고려해 볼 때 터너가 인간의 공동체를 관찰한 연구를 통해 개념을 제시한 것은 놀랍고, 특히 연약해 보이는 구성원의 힘과 능력을 높이 평가하고 구조의 변혁을 격려했던 관점은 한국 사회와 개신교 신앙공동체의 앞으로의 변화의 가능성을 예측하는 데 큰 도움이 된다.

그런데 터너의 이론을 보면서 한 가지 의문이 든다. 터너의 이론은 분명히 인류학자로서의 자기의 오랜 관찰에 근거해서 다양한 공동체의 역동에 적용해 보고 정교화한 이론이라 보편적인 타당성이 있을 것으로 예상되는데, 실제로는 이 이론이 모든 사회, 모든 공동체에서 잘 작동하지는 않는다는 점이다. 특히 한국 개신교 신앙공동체에 적용해 보면, 목사와 평신도 지도자가 성도들을 지도하는 비교적 견고한 구조를 가진 신앙공동체에서 성도들이 공동체 예배의 참석을 통해서 분명히 인지적 배움과 정서적 경험을 하기는 하지만, 예배의 시간과 공간이 지난 후에 일상으로 돌아오는 과정에서 공동체 구성원들의 변화된 힘이 강력한 구조인 교회를 변혁하는 데 제대로 작동하지는 않는 상황이다. 그 이유는 아마도 많은 신앙공동체가 제6장에서 강조한 '신앙하는' 공동체로서 기능하지 못하고 있기 때문일 것이다.

모든 개신교 신앙공동체가 그렇지는 않지만, 만약에 공적인 예배, 상징, 설교, 찬양, 교육 등이 종합적-전통적 신앙방식을 가진 목사에 의해서 인도되고 참여자들은 커뮤니타스에 참여하는 경험을 통해서 비구조를 경험하는 것이 아니라 오히려 자기가 가진 종합적-전통적 신앙방식을 다시금 확인하고 안심하는 과정으로만 주로 작용한다면, 개별적-성찰적 신앙방식을 새로이 경험하거나 새로운 경험을 통해서 참여자들뿐만 아니라 공동체의 구조와 삶이 크게 변화하기는 굉장히 어려울 것으로 보인다. 터너는 분명히 커뮤니타스에 참여한 연약한 자들의 힘, 대중의 힘이 사회구조의 변화를 가져온다고 강조했는데, 인간공동체의 그런 보편적인 원리가 작동하지 않는 신앙공동체가 있다는 점이 안타까운 생각이 든다. 물론 신앙공동체는 일반 인간공동체와 다를 수는 있지만, 신앙공동체도 사람들이 모인 인간공동체이기에 신앙공동체라고 항상 예외여야 하는 것은 아니다. 그런데 터너가 커뮤니타스를 지칭할 때 일시적인 반(反)구조 경험이라고 했고, 커뮤니타스는 공동체와 예배에 참여하는 사람들의 생각, 감정, 행동이 일시적이지만 역동적인 변화를 경험하는 장으로 본다면, 제6장에서 마샬이 언급했던 '신앙하는 공동체'의 의미와도 같은 의미로 보인다. 신앙하는 공동체와 구성원들이 현재 진행형으로 끊임없이 신학적 성찰을 함으로써 새로운 깨달음을 얻으며 서로 솔직한 직면을 통해서 성숙해 나가는 과정이 필요한데, 그 과정이 힘들 수는 있지만, 공동체 구조와 공동체 지도자에 대한 변혁을 이루어 나가야 하는 권리와 책임과 힘이 공동체 구성원들에게 있다고 볼 수 있다.

하비투스와 헥시스

터너가 종교제의와 커뮤니타스 개념을 통해서 인간 실행자들의 변화 경험에 대해서 강조한 반면에, 실천이론 학파의 인류학자인 부르디외(Bourdieu)는 라틴어 단어인 하비투스와 희랍어 단어인 헥시스의 개념을 사용해서 종교제의가 아닌 일상생활에서의 인간 실행자들의 실천과 변화 과정에 관해서 설명하였다. 두 인류학자 모두 인간 실행자 사이의 역동적인 상호작용을 통해서 공동창조와 변혁이 일어나는 관점과 인간을 형성하는 데 있어서 공동체, 역사, 문화, 전통의 힘을 인식했을 뿐만 아니라, 반대로 공동체, 역사, 문화, 전통을 변화시킬 수 있는 인간의 무한한 능력과 창의성의 힘에 대해서도 인식했다. 그런데 터너는 참여자들을 변화시키는 종교제의의 중요성에 대해 강조한 반면, 부르디외는 일상생활에서 인간 행위자들 사이의 역동적 상호작용을 통한 정체성 형성과 몸의 실천을 통한 변화에 강조점을 두었다.

부르디외는 기본적으로 인간 실행자들의 창의성, 힘, 적극적 참여를 사회 변혁 과정의 중심에 놓았고, 그들에게는 기본적으로 두 가지 측면이 공존한다고 보았다. 한편으로 인간은 연약한 존재들이기 때문에 타인에 의해서 이미 만들어지고 사람들을 통제하는 사회구조의 절대적 지배하에 수동적으로 존재하게 된다. 하지만 또 다른 한편으로는 개인으로 혹은 집단으로 충분히 강력한 존재들이기 때문에 통치하고 질서를 유지하는 원리들에 적극적으로 대응하면서 새로운 원리를 발생시킬 수 있는 능동적 존재이기도 하다. 즉, 인간 실행자들은 다른 사람들에 의해 결정된 사회구조를 완전히 극복하거나 탈출할 수 없는 존재일 수도 있지만, 또한 사회적 과정의 강력한 운영자, 변혁의 주체로서 사회구조를 바꿀 수 있는 충분한 힘이 있다는 것이다.

부르디외는 인간 실행자들이 항상 다른 사람들과 상호적 관계에 존재하며, 사회구조를 기계와 같이 고정된 구조가 아니라, 오히려 유연한 관계의 망(web) 혹은 네트워크와 같은 구조로 설명하면서 이를 필드(field)로 명명하였다(Erikson & Murphy, 1998, p. 143). 부르디외가 강조했던 필드는 열려 있고 액체와 같이 유연하게 변화되고 흐를 수 있는 네트워크로서 다양한 지위에 속한 인간 실행자들 사이의 상호작용의 장이다(Erikson & Murphy, 1998, p. 143). 부르디외는 사회구조와 인간 실행자 사이의 경계는 선명하게 구분되어 있지 않고 유동적이며 열려 있다고 보았다.

그에 의하면, 사회구조는 인간 실행자 관점에서 보면 완전히 분리된 대상이 아니라 자기의 일부이고, 인간 실행자 역시 사회구조에서 완전히 분리된 대상이 아니라 사회구조의 일부로 볼 수 있다. 또한 인간과 사회의 변화와 성장을 위한 지속적이고 역동적인 과정에서 인간 실행자들과 사회구조의 관계를 상하수직적 관계가 아니라 수평적·상호의존적 관계로 설명하면서, 사회구조와 인간 실행자들은 필드에서 상호작용하고 경쟁하고 서로에게 영향을 준다고 강조했다. 부르디외의 사회구조와 인간의 관계 역동에 관한 설명은, 코헛의 자기-자기대상 모델에서 서로 공유된 공간을 통해서 변이적 내면화 과정이 일어나는 것을 더 확장한 공동체적인 개념으로 이해할 수 있다.

자기와 정체성 형성을 위한 하비투스

앞서 살펴본 터너의 커뮤니타스 개념은 참여자의 변화와 성숙을 위해서 종교제의를 강조했는데, 제의를 통한 변화는 제의에 참석한 인간 실행자들에게만 가능한 변화로 볼 수 있다. 그에 반해서 부르디외의 강조점은 인간 실행자의 일상의 삶에서 일상적으로 하는 일, 잠, 식사와 같은 평범한 실천들을 강조하고, 사회의 모든 구성원이 일상의 삶에서 실천을 통한 정체성 형성과 변화를 추구한다는 점에서 다르다(Ortner, 1993, p. 398). 부르디외는 인간 실행자들과 사회 시스템의 상호적 영향이 사람들이 매일의 삶에서 하는 작은 행동들의 누적된 총합으로 이루어진다고 보았다. 이 장의 앞에서 지적했던 한국 문화, 사회에서 심리영성발달의 어려움을 세 가지 측면, 즉 자기 형성, 정체성 형성, 신앙의 체화와 실천의 어려움의 관점에서 보았을 때, 부르디외의 실천이론은 자기와 정체성 형성을 위한 하비투스 개념, 신앙의 체화와 실천을 위한 헥시스 개념을 통해서 심리영성발달 과정을 이해하고 촉진하는 데 중요한 통찰과 원리를 제공할 수 있다.

부르디외가 제안한 하비투스는 라틴어 단어로서 단순한 하나의 의미로 정의하기는 어려운 개념이다. 하비투스는 인간 실행자의 일상의 삶에서 구체적인 몸의 실천을 촉진하고 생산하는 습관, 태도, 동기, 에너지이고, 개인의 그동안의 삶의 역사가 그 개인의 고유한 '본성, 성품, 기질이 된 것'(Bourdieu, 1977, p. 82)으로 그 개인의 행동과 삶에 직접 영향을 주는 것이다. 즉, 하비투스는 각 개인의 내면에 존재하는 어떤 본성, 기질, 성격과 같은 것이고, 그 성격은 개인의 삶의 역사 속에서 전해져 내려오는 것을 개인의 몸 안에 소화시키고 체화시켜 이제는 그 개인의 일부가 되어서 일상의 삶에서 자연스럽게 작동하는 정신, 구조와 같은 것을 의미한다. 또한 하비투스는 단단한 건물 구조와 같은 고정된 구조는 아니지만, 인간 실행자 내부에서 작동하는 '인지적이고 동기를 불러일으키는 심리 내적 구조'이기도 하다(Bourdieu, 1977, p. 83).

그런데 부르디외가 강조하는 하비투스는 역사, 문화, 전통, 과거 등 전해받은 유산이 일방적으로 한 개인의 자기와 정체성으로 입력되어서 인간 실행자 내면에서 로봇처럼 작동하게 하는 인위적 프로그램이 아니다. 오히려 인간 실행자의 내면에 고유하게 소화되어 받아들여진, 인간 실행자 고유의 기질, 성격과도 만나서 통합된 정신으로 볼 수 있다. 즉, 각 개인이 가진 고유의 자기와 정체성을 완전히 지우고 새로운 정신을 주입하는 의미가 아니라, 원래 있던 정체성에 새로운 내용이 조화를 이루고 통합되는 과정이다. 마치 자기대상의 좋은 정신적 기능이 변이적 내면화 과정을 통해서 자기구조를 재형성하는 과정을 거치더라도 자기의 고유한 특징을 지우기보다는 기존에 가지고 있지 않은 좋은 심리적 효소를 받아들이고 통합하여 자기를 강화하는 과정과도 같은 원리로 이해할 수 있다.

중요한 점은 각 개인의 하비투스는 현재 외부의 상황이나 결정 요인으로부터 상대적 자율성과 독립성을 가지고 있는데, 그 이유는 인간 행위자들 내부에 지속해서 존재하는 고유한 기질이 있고, 과거로부터 형성되어 체화된 내적인 원리들이 현재 시점에서 인간 실행자에 의해서 능동적으로 작동하기 때문에 인간 행위자의 실천에 자율성이 있기 때문이다. 인간 실행자들의 행동을 발생시키고 이끌어 주는 원리를 제공하는 지속적인 기질이 없다면, 훨씬 강력하고 지배적인 사회구조와의 관계에서 더 수동적이고 힘이 없는 관계를 맺게 될 것이고, 결국 사회를 변혁시키는 것은 불가능할 것이다. 부르디외는 인간 실행자들을 간단한 기계만 배워서 작동하는 수동적 실행자가 아니라, 과거의 경험으로부터 원리들을 전수해서 자기만의 색채로 잘 가꾸고 준비해서 작동시키는 능동적 · 자율적 실행자로 보았다.

부르디외에 의하면 하비투스는 두 가지 중요한 특징을 가지고 있다. 하나는 하비투스가 단수 개념뿐만 아니라 복수 개념으로서 다양한 조각의 하비투스가 인간 내면에 '내재화된 모음'으로 모여서 조화롭게 작동하는 특징이 있다는 것이고, 또 다른 하나는 개인 하비투스뿐만 아니라 집단 하비투스도 존재한다는 점이다(Bourdieu, 1990, p. 59). 부르디외는 하비투스를 '지휘자 없는 오케스트라 연주' '하비투스들의 하모니' 등의 표현을 사용해서 한 개인 안의 다양한 기질들이 큰 모순이나 충돌 없이 응집력을 가지고 지휘자 없이도 성공적으로 화음을 내는 오케스트라 연주와 같은 모습으로 묘사했다(Bourdieu, 1977, pp. 80-82). 여기서 '지휘자 없는'이라는 의미는 인간 실행자의 의식적 조정 혹은 의도적 규제 없이 인간 내면의 다양한 하비투스들이 자연스럽게 응집력 있는 조화를 발휘한다는 의미이다. 또한 부르디외는 개인 하비투스뿐만 아니라 집단 하비투스도 존재한다고 보았는데, 집단 하비투스는 심층심리학자 융(Jung)이 강조했던 개념인 집단 무의식처럼 같은 문화, 집단, 계층에 속한 사람들의 선대의 부모로부터 물려받은 의식적 · 무의식적 삶의 경험이 유사하기에 자연스럽게 공유하게 되는 하비투스이다. 집단 하비투스는 결국 동일 종교, 문화에 속한 사람들이 역사 속에서 공유하는 정체성과 유사한 개념으로 볼 수 있다.

부르디외는 하비투스와 사회구조 간의 관계를 설명하면서, 하비투스는 사회구조와 끊임없는 상호작용을 하게 되는데, 강력한 힘을 발휘하는 사회구조가 약한 하비투스를 통제하고 억압하는 수직적인 관계가 아니라 오히려 두 개의 다른 구조 혹은 시스템 사이의 수평적이며 역동적인 관계로 보았다. 또한 사회를 '객관적 구조'로 정의하고 하비투스를 인간의 '인지적 · 동기적 구조'로 정의하면서, 이 두 구조가 수평적이고 동등한 관계로 끊임없이 상호작용한다고 보았다(Bourdieu, 1977, p. 83). 시각적 이미지로 표현하면, 벤 다이어그램에서 수평적으로 놓인 두 원을 하나는 하비투스, 다른 하나는 사회구조로 보았을 때, 이 두 원의 상호작용에 따라서 두 원이 서로 만나지 않고 떨어져 있기도 하지만, 때로는 만나서 교집합 부분을 이루는 이미지로 볼 수 있다. 두 원의 접촉과 상호작용에 따라서 때로는 교집합 부분이 점점 더 커지기도 하다가 두 원이 마침내 하나의 원으로 완전히 겹치는 순간도 있고, 때로는 점점 더 작아져서 두 원 사이의 교집합 부분이 거의 존재하지 않거나 접촉점을 잃고 완전히 분리된 순간이 있기도 하다.

이 두 원이 나란히 존재하는 장소, 환경이 부르디외가 강조한 필드(field)이다. 필드는 두 구조 사이에 끊임없는 변증법적 상호작용이 일어나는 장소로서, 인간 실행자들의 하비투스와 사회구조가 서로 만나서 소통하고, 경쟁하고, 갈등하고, 힘겨루기하면서 서로 영향을 주고받으며 변화되어 가는 과정을 경험하게 된다. 필드는 선의의 경쟁을 하는 장소이기도 하지만, 긴장과 갈등의 장소이고, 힘과 통제력을 추구하는 전쟁터이기도 하다. 필드는 마치 축구 경기장처럼 경기 규칙과 심판의 통제가 있어서 하비투스와 사회구조 두 팀의 축구 선수들이 규칙에 따라 경기하고, 각각의 경기는 각 팀 선수들 간의 패스, 공 점유하기, 태클, 압박, 팀워크, 슈팅, 골에 따라 각기 다른 역동, 에피소드, 내용, 결과가 나오는 것과 유사하다고 볼 수 있다.

부르디외는 필드에서 벌어지는 하비투스와 사회구조 사이의 상호작용이 정점에 오르는 순간을 독사(doxa) 혹은 독사적 경험(doxic experience)으로 보았다. 이 순간은 벤 다이어그램에서 하비투스와 사회구조 두 원의 교집합 부분이 완전히 겹치면서 하나의 원으로 완벽하게 융합되는 순간을 의미한다. 이때 사회의 '객관적 질서'와 개인 하비투스의 '주관적 원리' 사이의 '거의 완전한 교류 혹은 소통'이 일어나게 되고 이 절정 경험을 통해서 두 구조 사이에 합일, 융합이 경험되고 상호 영향을 주고받음으로 변화가 일어나는 계기가 발생하게 된다(Bourdieu, 1977, p. 169).

부르디외는 여기서 이 두 구조 사이에 역동적 경쟁과 갈등이 점점 더 심하게 가열되는 경우 지배적 힘을 가진 사회구조가 이 상호작용을 기존의 사회구조, 사회적 질서, 즉 보수적인 방향으로 이동시키려고 시도하는 경우를 '바를 정(正)'을 의미하는 접두어 'ortho'와 의견을 의미하는 'doxa'를 써서 'orthodoxy', 즉 정통 혹은 바른 방향으로 끌어감으로써 구조를 한층 더 강화하는 과정으로 보았다. 반대로 하비투스가 이 상호작용을 이전과는 새로운 방향, 질서로 이동시키려고 시도하는 경우 다를 이(異)를 의미하는 접두어 'hetero'에 의견, 가능성을 의미하는 'doxa'를 써서 'heterodoxy', 즉 다른 의견, 새로운 의견, 혹은 경쟁하는 가능성을 추구하는 운동(movement)이 된다고 보았다(Bourdieu, 1977, p. 169).

새로운 방향으로의 변화 가능성을 의미하는 의미로 부르디외가 강조했던 개념의 영어 단어는 heterodoxy인데, 이를 한국말로 직역하면 이설, 이단으로 되어서 한국 개신교회가 트라우마 반응을 하는 의미가 될 수는 있다. 하지만 부르디외가 사용한 의미처럼 새로운 의견, 경쟁하는 가능성으로 보면, 개신교 신앙공동체와 구성원들이 신학적 성찰과 새로운 관점의 이해를 통해서 '신앙하는' 공동체를 새로운 방향으로 이동하는 운동이 될 수도 있다. 마치 2,000년 전 팔레스타인 유대교인들의 신앙과 사회구조를 완전히 갱신하고 변혁했던 예수 운동(Jesus movement)처럼, 신앙공동체의 구조를 완전히 변혁하는 것이 가능하리라고 기대해 본다. 하지만 예수님과 제자들의 변혁 운동도 유대교 지도자들과 바리새인들의 완강한 거부와 저항에 마주하며 결국 유대교의 핵심인 예루살렘에서는 굉장히 고전했던 역사가 있는 것처럼, 이 과정에도 많은 어려움과 난관이 있을 것으로 예상이 된다.

믿음의 체화와 실천을 위한 헥시스

부르디외는 믿음은 근본적으로 실천적 믿음이라는 점과 마음과 몸을 통합하는 중요성에 대해서 강조하면서 '실천적 믿음'은 결국 '마음의 상태'가 아니라 '몸의 상태'라고 강조하였다(Bourdieu, 1990, p. 68). 마치 현대의 많은 사람이 경험하는 트라우마가 마음이 기억하기보다는 몸이 기억하는 고통스러운 정서인 것처럼, 믿음도 머리로 기억하고 믿기만 하는 것이 아니라, 몸이 기억하고 실천하는 것이 본질적인 믿음이라는 의미가 된다. 부르디외가 몸의 역할을 강조하면서 사용하는 희랍어 단어 헥시스는, 앞서 살펴본 라틴어 단어 하비투스와 유사한 본질을 담고 있다. 하지만 하비투스를 기질, 성격, 정신으로서 인간의 일상의 삶에서 구체적인 삶의 실천을 촉진하고 생산하는 동기와 에너지로 본다면, 헥시스는 하비투스를 몸이 기억하는 것, 하비투스를 몸을 통해서 수행하고 실천하는 운동 기능이라고 볼 수 있다.

부르디외의 정의에 의하면, 헥시스는 '영구적 기질, 지속적인 태도가 몸 안에 체화된 것'(Bourdieu, 1977, p. 93), '하비투스가 몸을 통해 수행되는 측면' '몸이 기억하는 형태' '몸의 운동 기능' 등으로 볼 수 있다(Bourdieu, 1977, p. 87). 결국 인간의 몸은 종이 혹은 보드처럼 하비투스가 각인되고 부호화된 장치라는 의미이다(Jenkins, 1992, pp. 75-76). 부르디외가 하비투스를 몸과 관련해서 특별하게 강조한 이유는, 인간 실행자의 하비투스가 일상에서 구체화되고 실행되어서 변화를 일으키고 영향을 주려면 반드시 몸의 실천을 통해야만 가능하기 때문이다.

부르디외가 강조했던 인간 실행자의 몸의 헥시스는 세 가지 특징을 가지고 있다. 첫째, 헥시스는 '의식적 이해를 넘어서는' 특징을 가진다(Bourdieu, 1977, p. 94). 어떤 상황을 마주했을 때 인간 실행자의 특정 행동들은 주로 의식적 사고 과정을 통한 결정의 결과물이라고 볼 수 있지만, 또한 의식적 사고 없이 외부의 상황에 대한 자동적인 신체 반응이기도 하다. 마치 신체적 ·

정신적 트라우마를 입은 사람이 그 외상의 경험과 순간을 몸이 기억해서 유사한 상황을 경험할 때 무의식적인 행동 반응으로 순간적으로 나타나는 것처럼, 헥시스 또한 의식을 넘어서는 자동적 · 신체적 반응이기도 하다.

둘째, 헥시스는 자기의 직접적 경험을 통해서뿐만 아니라, 부모님, 선생님, 멘토 등의 중요한 타인의 명시적 가르침을 통해서도 형성된다. 예를 들면, 유아의 부모님과의 첫 관계 경험은 실제적으로는 엄마의 몸, 아빠의 몸과의 상호작용을 통해서 가능하고, 이 몸의 관계가 '가장 극적인 경험의 기회'를 제공한다(Bourdieu, 1977, p. 93). 실제로 대상관계 이론에서도 유아가 경험하는 오감을 사용한 감각과 지각을 통합하고 몸에 체화시키는 과정은 엄마가 유아의 몸을 무수히 접촉하고 꼭 안아 주는 과정을 통해서 몸에 착상된다고 설명하는데, 헥시스의 개념이 이와 같은 의미를 담고 있다고 보면 된다.

셋째, 헥시스의 특징은 몸을 통한 행동으로 드러나지만 '느끼는 것과 생각하는 것'을 포함하기 때문에, 결국 인지, 정서, 행동을 포괄하는 특징을 가지고 있다(Bourdieu, 1977, pp. 93-94). 그러므로 하비투스와 헥시스를 통한 심리영성발달은 결국 인지와 정서의 변화 경험뿐만 아니라, 일상생활에서 행동과 삶의 구체적인 변화를 통해서 경험되고 열매를 맺는 개념으로 보아야만 한다. 이 점이 자기와 정체성 형성, 종교 정체성 형성, 신앙의 체화와 실천과 관련된 이 장의 논의를 잘 뒷받침해 줄 수 있는 핵심 개념의 특징이라고 볼 수 있고, 결국 심리영성발달은 인지, 정서, 행동의 변화를 추구하는 통전적이고 유기적인 과정이라고 볼 수 있다.

하비투스와 헥시스의 심리영성발달을 위한 함의

지금까지 인류학에서 기존의 강력한 두 학파인 구조주의, 구조기능주의의 관점에 대한 대응으로 나타난 새로운 두 학파인 터너를 중심으로 하는 상징적 해석학파와 부르디외를 중심으로 하는 실천이론 학파의 관점이 기존의 주도적인 인류학 이론과는 다른 강조점을 살펴보았다. 구조주의는 사회구조, 시스템의 강력함을 강조하였고, 거대한 기계와 같은 사회에서 인간의 힘이 나약하고 수동적일 수밖에 없기에, 영향을 주고받는 과정은 주로 사회구조에서 개인으로의 일방통행임을 확인하였다. 반대로 상징적 해석학파와 실천이론 학파는 대항하기 어려운 강력한 사회구조, 시스템, 문화는 인간 사회에 항상 존재하는 것이 사실이지만, 그 안에 살아가고 참여하는 인간 실행자들도 충분히 강력하고 능동적이고 역동적인 존재들임을 강조하였다. 그들은 상호작용의 장인 필드에서 자신들이 가진 무기인 하비투스와 헥시스의 강력한 원동력을 가지고 기존의 사회구조, 시스템, 문화와의 수평적이고 역동적인 상호작용을 통해서 자신들뿐만 아니라 사회도 변화시키는 가능성이 존재한다는 통찰을 우리에게 남겨 주었다.

이러한 인류학 이론의 두 가지 큰 흐름과 줄기에 관해서 관심을 둔 이유는 두 가지이다. 하나는 인류학 이론이 인간 내면뿐만 아니라 공동체 역동에 대한 순수하고 객관적인 관찰자적 관점과 통찰이 있어서 동서양 문화와 사회를 막론하고 보편적으로 적용할 가능성이 있기 때문이다. 또 다른 하나는 기존의 강력한 관점에 대응하는 새로운 관점을 통해서 한국 사회, 개신교회, 교단의 현재의 어려운 위기 상황을 냉정하게 평가해 볼 수 있고, 한국 개신교의 미래와 새로운 도약을 위해서 인류학에서 제공하는 통찰을 적용해서 구성원들의 역동적인 힘을 통해서 신앙공동체와 교회 구조를 변혁하려는 관심이 있기 때문이다.

이 장의 서두에서 개신교에서 가톨릭으로의 이동 현상에 관한 연구를 언급했다. 그동안의 개인적 고민에 근거해 도출된 한국의 개신교회와 교인들이 가진 어려움과 문제점을 정리하면, 신앙정체성 부족, 신앙과 실천의 불일치, 경직되고 상하수직적인 신앙공동체 구조, 목회자의 물질과 성적인 문제, 남성, 연장자 중심의 의사결정 및 지배구조, 여성, 젊은 세대의 소외로 인한 참여의 어려움, 신앙공동체 내부의 구성원들 사이의 관계 갈등 등이었다. 또한 개신교인으로서의 정체성 형성이 어려운 원인으로 사회의 급속한 변화와 다양한 종교적 · 세속적 가치관들과 관점들이 공존하는 포스트모던 사회, 다문화 사회에서 청소년뿐만이 아니라 성인들도 정체성을 성립해 가는 과정이 어려운 상황이기 때문이다.

이러한 상황과 현실에 대해서 지금까지 살펴본 인류학의 사회구조와 인간 실행자들 사이의 관계와 역동적 상호작용에 대한 설명, 커뮤니타스, 하비투스, 헥시스 개념이 제시하는 통찰을 한국 사회와 개신교 신앙공동체에 적용한다면 많은 도움이 되리라 생각한다. 한국의 개신교 신앙공동체들의 상태를 일반화하는 것과 이분법적인 개념으로 구별해서 비교하는 방법은 좋지 않은 방법으로 볼 수 있으나, 현재 한국 개신교회의 전반적인 경향성을 생각해 보고, 현재의 문제점과 나아가야 할 방향을 선명하게 비교하고 정리하기 위해서 다음과 같이 정리해 보면 도움이 될 것으로 보인다.

수직적 vs. 수평적

주지하다시피 한국 사회와 교회는 둘 다 상하수직적이고 위계질서를 가진 잘 변하지 않는 강력한 구조와 시스템을 가지고 있고, 의사소통과 의사결정도 수직적인 방식을 가진 경우가 많다. 앞에서 요약한 문제점 중에서 상하수직적인 신앙공동체 구조, 목회자의 물질과 성적인 타락, 남성과 연장자 중심의 의사결정 및 지배구조, 여성과 젊은 세대의 소외 및 의사소통 과정 참여의 어려움, 신앙공동체 내부 구성원들 사이의 갈등 등 대부분의 어려움과 문제점이 이 문제와 직접적 · 간접적으로 연관이 되어 있다.

터너와 부르디외는 대상관계 이론가들이나 코헛의 의견과 유사하게 수평적 관계, 비구조적이고 동등한 인간관계의 역동, 일방적으로 영향을 끼치는 관계보다는 상호 영향을 끼치고 변화를 경험하는 것의 중요성을 강조하였다. 터너는 구조에서 벗어나서 커뮤니타스 경험의 필요성과 커뮤니타스의 참여자들은 반드시 수평적 상호작용의 역동 경험을 해야 함을 강조하였고,

부르디외는 필드에서 사회구조, 시스템과 인간 실행자들의 하비투스가 만나는 관계에는 마치 축구 경기의 두 팀처럼 수평적이고 동등한 상황에서 경기 규정에 따라 경쟁하고 역동적 상호작용을 통해서 성장과 변화의 가능성이 있음을 강조하였다.

부르디외의 필드 모델을 신앙정체성 형성에 적용해 보면, 정체성 형성은 종교, 문화로부터 구성원들에게로 일방적인 교육이나 형성이 아니고, 양방향 통행, 토론으로 되어야 한다는 점에서 중요한 통찰을 제공하고 있다. 또한 종교와 문화는 구성원들의 정체성 형성을 전반적으로 돕지만, 구성원 각자의 원래 프로그램, 즉 타고난 성격, 자기, 정체성을 완전히 새롭게 창조하거나 완전히 변화시킬 수 없다는 점을 강조하는데, 이 점도 신앙공동체에 주는 의미가 중요하다.

구조 vs. 비구조

수직적 관계와 더불어서 개신교 교단과 교회가 좀처럼 변하지 않는 완고한 구조가 되는 것은 개신교의 본질과 정신과도 일치하지 않는다. 개신교, 즉 프로테스탄티즘의 정신은 기존 가톨릭교회 구조의 문제점에 대한 저항, 변혁, 끊임없는 갱신, 평신도를 위한 모국어 성경 사용 및 모국어 설교였고, 사실 개신교 정신은 경직된 구조(structure)보다는 운동(movement)에 더 가까운데, 개신교 교파들의 구조와 조직은 시간이 지날수록 프로테스탄트 운동이 변혁의 대상으로 삼았던 가톨릭교회의 모습에 점점 더 가까워지고 있다.

또한 개신교의 중심이자 본질인 예배, 설교, 성경공부, 신앙공동체 내의 구성원들의 관계 역동도 목회자 중심, 평신도 지도자 중심의 가르침, 조언, 양육의 일방적으로 구조화된 방식으로 행해지고 있는 경우가 많다. 터너가 제안했던 종교제의를 통한 구조-커뮤니타스-구조로 돌아오는 집단역동적 진행 과정은 참석자가 경직된 구조로부터 자유로워지고, 커뮤니타스 경험으로 새로운 정서적 체험과 변화를 경험한 후, 다시 일상으로 돌아가는 과정을 설명했다. 신앙공동체와 예배의 참석자들이 구별된 시간과 공간에서 영적인 경험을 하는 것을 커뮤니타스 경험으로 보았을 때, 그 경험이 개인으로 그리고 집단으로 새로운 체험을 통한 변화의 가능성을 기대해 볼 수 있다.

하지만 한국 개신교 신앙공동체의 구조, 목회자, 평신도 지도자와 교인 관계의 특징을 고려해 보았을 때 커뮤니타스 경험을 충분히 경험하기에는 어려운 부분이 있다. 가장 중요한 차이점은 커뮤니타스 경험은 참석자들이 경직된 사회구조에서 벗어나서 비구조적이고 차별이 없는 동등한 사람들의 역동적인 교제를 경험하는 것을 의미한다는 점이다. 그러려면 개신교 신앙공동체의 구성원들은 종합적-전통적 신앙방식에 매여 있는 것보다는 개별적-성찰적 신앙방식을 경험하는 것이 매우 중요한데, 현재 개신교 신앙공동체의 상황은 그렇지 않다. 커뮤니타스의 시간과 공간에서는 나이, 성별, 사회적 지위, 신앙공동체 내의 직분 등에 의한 불평등한 인간관계가 일시적으로 정지되고 동등한 인간들의 자유롭고 능동적인 교제를 통한 경험이 중요한데, 현재 한국 개신교회의 대부분 예배와 교제에서는 이런 관계가 어려운 것이 사실이다.

하지만 지금 현재 신앙공동체 내의 수직적인 구조, 목회자와 평신도 지도자 중심의 조언과 설교를 통한 양육, 성별 및 직분에 따라 주어지는 고정된 역할로 인한 구조 때문에 발생하는 커뮤니타스 경험의 부재를 극복하기 위해 노력할 수 있다면, 커뮤니타스의 구별된 시간과 공간을 통한 경험이 신앙 정체성 형성, 참여자들의 변화, 참여자들이 속한 신앙공동체를 변혁시키는 힘이 되리라 기대해 볼 수 있다.

통일성 vs. 다양성

부르디외의 하비투스 개념은 개인 하비투스와 사회에 속한 사람들이 공유하는 집단 하비투스로 되어 있어서, 공동체에 속한 사람들의 집단 하비투스의 통일성도 강조되면서 동시에 각 개인의 고유한 개인 하비투스의 다양성도 중요시한다. 신약성서의 바울서신에 나타난 사도 바울의 신학을 보면 신앙공동체 안에서 기독교인들의 정체성에 통일성이 있으면서도 동시에 다양성도 인정되는 관점이 담겨 있다. 유대인과 이방인으로서 각기 다른 문화와 배경에서 자라고 형성된 사람들이 신앙공동체에 모여서 한 형제자매로 정체성을 형성해 가는 과정에서 통일성이 매우 중요하지만, 또한 각 개인의 고유한 다양성도 인정해야 함을 강조한 것이다.

제2장에 소개된 심리학자 제임스(James)가 출판한 저서 『종교적 경험의 다양성(The varieties of religious experience: A study in human nature)』(1902/2000)에서 강조한 점도 인류학자 부르디외의 통찰과 바울 신학의 정신과도 맥을 같이한다. 제임스의 가장 중요한 강조점은 종교적 경험의 개인적 특성과 정서의 중요성, 그리고 각 개인의 종교적 경험의 고유성, 다양성에 관한 것이었다. 제임스가 보기에 종교적 경험의 개인적 차이점이 드러나는 중요한 이유는 각 개인의 정서적 경험이 다르기 때문이었다. 그래서 제임스는 교리적 가르침을 인지적으로 습득하는 통일성보다는 정서적 경험의 차이에서 기인하는 신앙적 다양성에 더 많은 관심을 두었다.

한국 개신교의 신앙정체성 형성은 그동안 교회 내에서 널리 알려진 양육 프로그램을 통해서 기독교인들을 새로운 관점을 격려하기보다는 통일된 정체성을 가진 사람들로 형성하는 과정으로 이해되어 온 경향이 있다. 이런 양육 과정에는 개인의 기질, 성격, 정서적 경험의 차이, 종교적 배경의 차이, 종교적 체험의 차이 등에 의한 다양성을 주의 깊게 확인하기보다는 통일된 프로그램, 통일된 목표, 인도자 주도적 학습, 성경 구절 암송 등을 통한 인지적인 이해와 암기에 집중해 온 경향이 있다. 또한 개종을 통해서 기독교 신앙을 가지게 되는 과정에서 그동안의 문화, 종교적 배경을 배격하고 완전히 떠나는 결단의 중요성이 강조되다 보니, 개인이 가진 기존의 하비투스를 신앙정체성을 가진 하비투스로 통합해 나가는 경험을 의미 있게 할 수 있도록 유연성을 발휘하거나 적절한 기회를 제공해 주지 못한 것으로 보인다.

부르디외의 하비투스 개념이 주는 통찰은 신앙공동체를 통해서 새로운 정체성을 형성하는 과정에서 개인의 기질, 성격을 완전히 부정하거나 없애고 새로운 가르침에 근거한 정체성을 강제로 입력하는 것이 아니라, 고유의 기질과 성격이 새로운 종교적 가르침과 만남을 통해서 통합된 하비투스를 이루어 가는 과정을 경험하는 것이다. 또한 하비투스는 하나의 균일한 자기나 정체성이 아니라 다양한 하비투스가 공존할 수 있고 하모니를 이루어 아름다운 화음을 내면서도 응집력을 발휘할 수 있다는 점이다.

앞서 앤드루 박과 이정용이 공통으로 지적한 것처럼 한국인들의 경우에는 한국 땅과 문화에서 오랜 기간 존재했던 다양한 종교적 이상과 가르침에 의해서 직접적·간접적으로 영향을 받는 경우가 종종 있는데, 그러한 다양한 퍼즐 조각들이 서로 맞추어지고 전체적인 그림을 만들어 가는 것처럼, 다양한 하비투스의 조각들이 전체적인 그림을 맞추어 가는 과정을 통해서 잘 통합된 자기와 정체성을 이루어 나갈 수가 있다. 이 관점은 개신교 신앙공동체에서 선호하는 관점은 아닐 수 있지만, 오히려 더 깊은 차원으로 숙성되고 단단해진 신앙정체성으로 통합해 나가는 기회가 필요하다.

객관적 질서 vs. 주관적 원리

기독교 신앙과 교회는 오랜 시간 교부들과 신학자들에 의해서 발달하고 체계화된 신학과 교리(dogma)를 가지고 있고, 이러한 것들이 개신교에 속한 신도들에게는 불변하고 의문을 제기할 수 없는 정통 진리로 인정받고 있고 기독교의 표준 가르침으로의 기능을 담당하고 있다. 성서, 사도신경, 주기도문 등 기독교의 오랜 역사에 걸쳐서 사도들과 교회 지도자들의 열띤 논쟁, 고민, 정교화 작업, 종교회의를 통한 결의 과정을 거쳐서 기독교의 표준 신앙고백으로 가르쳐 온 것들이, 현대를 살아가는 기독교인들에게도 신앙고백과 신앙정체성 형성의 표준이 될 수 있다.

하지만 현대 사회를 함께 살아가며 삶의 고민과 신앙적 갈등을 공유하는 신앙공동체의 구성원들이 객관적 구조인 정통 진리와의 대화, 토론, 열띤 고민, 신학적 성찰을 통해서 더 깊이 이해하고 소화하는 과정도 꼭 필요하다. 하지만 한국 개신교는 전통적이고 표준화된 교리가 매우 중요하고, 각 개인의 주관적인 신앙 이해나 신앙적 고백들이 지닐 수도 있는 위험성에 대한 두려움이 매우 크기 때문에, 현대를 살아가는 기독교인들의 이러한 노력에 대한 기회가 주어지거나 받아들여지는 수용성이 매우 낮은 편이다. 안타깝게도 조금이라도 다른 관점이나 이해를 하게 되면 쉽게 이단으로 간주가 되고 정죄를 받는 상황이 발생한다.

부르디외가 제안한 필드는 '객관적 질서'인 사회구조와 시스템이 '주관적 원리'인 개인 하비투스와 수평적이고 역동적인 대화의 관계로 만나서 마치 축구 경기장의 양 팀 선수들처럼 만나고, 소통하고, 경쟁하고, 시합하는 장이다(Bourdieu, 1977, p. 169). 어떻게 보면 강한 힘을 가진 객관적 질서인 기독교 전통, 교단, 교회와 주관적 원리인 개인들이 만나서 상호작용을 하고, 서로에게 영향을 주고, 관점을 바꾸고, 변화시킬 수 있다는 생각 자체가 불가능한 과정으로 무기력하게 느껴질 수도 있다. 하지만 객관적 질서가 영원히 존재할 만큼 마냥 강하기만 한 것도 아니고, 주관적 원리가 마냥 약하기만 한 것도 아니기에, 신앙공동체의 성숙과 변혁, 신도들의 신앙 성숙을 위해서 과감하게 시도해 볼 필요는 있다.

특히 개신교 신앙공동체 내의 수직적, 남성 중심, 목회자, 직분자 중심의 구조에서 그동안 목소리를 내지 못했던 여성, 청년, 평신도들이 적극적으로 참여해서 신앙공동체의 전체 구성원들이 함께 소통하고 토론하고 고민하는 과정이 필요하다. 기존의 객관적 질서가 양쪽 그룹의 상호작용을 원래 질서의 방향으로 끌어가려고 시도하는 경우(정통, orthodoxy)가 많겠지만, 반대로 신앙공동체 구성원들의 하비투스가 상호작용을 반대편으로 끌어가는 노력을 하게 되면, 새로운 관점, 새로운 이해로 신앙정체성을 형성해 나가고 교회의 변혁을 추구하는 새로운 운동(heterodoxy)이 될 가능성도 충분히 있다. 그러한 방향으로 나아가는 것이 진정한 영성발달 과정이라고 볼 수 있다.

지식적 믿음 vs. 실천적 믿음

부르디외 모델의 가장 중요한 공헌은 하비투스와 헥시스의 관계, 신앙의 체화와 몸의 실천에 대한 통찰이다. 오랜 신앙생활을 통해서 신앙정체성이 비교적 잘 형성되었다고 평가되는 경우에도, 신앙이 체화되고 일상의 삶에서 구체적인 몸의 실천으로 이어지지 않는 경우가 대부분이다. 바로 이 점이 이 장의 서두에 언급한 연구에서 목회자와 개신교인에 대한 비판의 핵심이었다. 다수 개신교인은 신앙정체성이 있어도 몸의 실천으로 항상 연결되기는 어렵다는 합리화를 많이 하고 있는데, 부르디외의 설명을 잘 연결해 보면 그의 관점은 일반적인 생각과는 다르게 보인다. 우선, 부르디외는 믿음은 근본적으로 실천적 믿음이라는 점, 마음과 몸은 통합되어 작용한다는 점, 실천적 믿음은 마음의 상태가 아니라 몸의 상태라는 점을 강조하였다.

또한 개인의 정체성인 하비투스는 운동 기능인 헥시스와 필연적으로 동반하게 되고, 헥시스는 하비투스가 몸에 각인이 되고 부호화된 정체성이기 때문에, 의식적 사고 없이도 몸에 밴 하비투스가 자연스럽게 일상의 삶에서 행동으로, 실천으로 나타난다. 즉, 신앙정체성은 몸이 기억하고 움직이는 것이기 때문에, 어려운 이웃을 돕는 사랑의 실천과 같은 기독교적 신앙의 실천도 자연스럽게 연결되어 나타날 수밖에 없는 인과관계에 있다.

그런데 하비투스를 통한 헥시스의 형성은 자신의 직접적인 경험 혹은 중요한 타인의 명시적 가르침을 통해서 형성되는데, 가르침을 통한 경우에도 몸의 실천을 통한 가르침, 몸과 몸이 직접 상호작용을 하면서 전달되는 생생한 가르침의 경험이 있어야만 한다. 그렇게 되면 헥시스는 느끼는 것과 생각하는 것을 포함하기 때문에 결국 인지, 정서, 행동을 포괄하는 변화의 경험이 가능하다. 이러한 부르디외의 실천적 믿음과 몸의 실천에 대한 설명이 한국 개신교 신앙공동체 내의 목회자, 평신도 지도자, 신도들에게 주는 통찰이 매우 큰 것으로 보인다.

요약 및 맺음말

이 장의 서두에서 한국 개신교의 심각한 문제점 중에 개신교 교단, 총회, 교회가 남성 지도자, 연장자, 직분자 중심의 위계 구조로 되어 있고, 교회 구조 내에서 여성, 청년, 청소년, 아동이 목소리를 내거나 적극적으로 참여하면서 의견을 냄으로써 구조를 바꾸어 나가기 어려운 점을 언급했다. 또한 신앙과 실천의 불일치 문제와 성직자와 평신도 지도자들의 문제, 타 종교에 대한 배타성과 개신교의 폐쇄성, 신앙공동체 내의 소통의 부재 등의 문제도 심각함을 강조했다.

이런 상황에서 객관적 질서인 사회구조, 교회 구조와 주관적 원리인 개인 하비투스가 필드에서 만나서 소통하고, 영향을 주고, 관점을 바꾸고 변화시킬 수 있는 과정이 꼭 필요해 보인다. 구조 안에서 힘없는 개인들이 약해서 불가능하다고 무기력하게 느낄 수도 있지만 과감하게 시도할 필요가 있고 특히 구조 내에서 약자의 위치에 있던 청년이나 여성 그룹이 교회 구조와 변화와 신앙공동체의 성숙을 위해서 새로운 관점, 새로운 이해로 방향을 트는 새로운 운동이 필요하다.

그동안 개신교의 묵혀 왔던 문제들이 2020년 9월 코로나바이러스 상황으로 하나씩 다 터지고 있다. 이제는 더는 회복되거나 변화가 일어날 것 같지 않고 존망의 기로에 서 있는 것처럼 보인다. 이런 상황에서, 제6장에서 신앙공동체의 심리영성발달 사례로 논의했던 신앙하는 공동체의 구성원들이 신학적 성찰과 적극적이고 주체적인 참여를 했던 사례, 이 장에서 강조한 하비투스와 헥시스, 수평적 구조, 다양성, 커뮤니타스 경험과 역동, 실천적 믿음의 중요성을 직접 실천한 굉장히 의미 있는 최근 사례를 소개함으로써 이 장을 마무리하려고 한다.

2020년 9월 4일 개신교계 뉴스매체인 『뉴스앤조이』의 보도를 보면, 비교적 진보적 관점을 가진 개신교 교파에 속한 기독 청년 단체들이 '한국 교회는 청년들의 목소리를 듣고 응답하라'는 호소문을 발표했다. 개신교 청년 단체들이 공통으로 '우리의 호소는 예수를 닮고자 몸부림쳤던 앞선 신앙인들의 역사가 부정당하는 것을 바라보며 흐느끼는 절박한 울음'이라는 심정으로 호소문을 발표했다. 청년들이 호소문에 구구절절 정확한 신학적 통찰과 예리한 분석을 담고 있어서 전체를 그대로 소개하면서 이 장을 마무리하려고 한다. 다음은『뉴스앤조이』(2020. 9. 4.)에 실린 호소문의 전문이다.

"우리는 존망(存亡)의 기로에 서 있다."

세상 모든 사람이 한국 교회의 현실을 보았다. 전광훈 말이다. 코로나19 재확산의 주범들 말이다. 광복절 집회를 강행하고 말도 안 되는 음모론을 퍼뜨리며 순교를 각오한 채 검사를 거부하는 그 사람들 말이다. 모두가 보았다. 덕분에 이제 '개신교인'이라는 이름 자체가 비난을 받을 이유가 되었다.

사실 우리 모두의 잘못이다. 그들의 몰상식함을 비웃으며 무시했던 우리의 잘못이다. 그들이 차곡차곡 힘을 모으고 세력 키우는 것을 지켜만 보았던 우리 잘못이다. 그들이 끈 풀린 망아지처럼 날뛰는 동안 '우리는 다르다.'며 선을 그었던 한국 교회 모두의 잘못이다. 이제 하나님도 협박할 수 있게 된 그들이 한국 교회를 대표한다. 덕분에 우리도 비이성적이며 거리를 두고 싶은 극우 사기꾼 집단이 되었다.

무책임한 선 긋기를 멈추자. '우리는 다르다.'라는 비겁한 구호를 당장 멈추자. '교회가 죄송합니다.'라는 성급한 불 끄기는 집어치우자. 정말 죄송하다면 '전광훈과 극우 기독교 세력'을 만들어 낸 묵은땅을 갈아엎자. 회초리 맞는 것 말고, 지게 지고 나와서 '머슴처럼' 섬기겠다는 쇼 말고, 평양 대부흥 100주년 회개 집회 같은 것 말고. 그런 일회용 퍼포먼스 말고, '개교회 중심주의'와 '중년, 남성, 목사 중심의 의사결정 구조'를 개혁하자.

사실 한국 교회는 이미 오래전부터 위기였다. 개교회 중심주의와 폐쇄적 의사결정 구조가 쌓아 온 불안 요소들 위로 코로나19라는 방아쇠가 당겨졌을 뿐이다. '내 교회, 내 성도'만 생각하게 하는 개교회 중심주의는 '내 성공, 내 구원'만 생각하는 신앙인을 양산했다. 덕분에 교회는 사회적 책임과는 거리가 먼 이기적인 집단이 되었다. 소수의 집단이 독점한 의사결정 구조는 교회와 교단의 부패와 고착화를 낳았다. 덕분에 교회와 교단은 각종 성추행과 세습 같은 도덕적 타락을 걸러 내지 못하는 비상식적 시스템으로 전락했다.

우리는 존망(存亡)의 기로에 서 있다. 교회가 한국 사회의 도마 위에 오른 지금, 우리는 결정해야 한다. 이대로 외면받으며 도태된 채 사그라질 것인지, 아니면 '우리의 잘못'을 인정하고 새롭게 시작할 것인지 결정해야 한다.

이에 기독 청년들은 한국 교회에 호소한다.

하나, 전광훈 같은 극우 개신교 세력과 결별하라.

하나, 성급한 선 긋기를 멈추고, 이들을 만들어 낸 원죄가 한국 교회에 있음을 인정하라.

하나, 급한 불 끄는 식의 반성이 아니라, 실질적이고 구체적인 대안을 내놓아라.

하나, 소수의 권력 집단이 교회와 교단의 의사결정 구조를 독점하게 하지 말고, 다양한 세대와 성별의 성도들이 참여할 수 있는 길을 모색하라.

우리의 호소는 생존을 위한 호소가 아니다. 또 두려워서 외치는 호소도 아니다. 우리의 호소는 훼손당한 채 전시된 예수 그리스도의 사랑을 바라보며 터지는 비명이다. 우리의 호소는 예수를 닮고자 몸부림쳤던 앞선 신앙인들의 역사가 부정당하는 것으로 바라보며 흐느끼는 절박한 울음이다. 한국 교회는 기독 청년들의 목소리를 들으라. 이 호소에 응답하라.

"한국 교회는 존망(存亡)의 기로에 서 있다."

2020년 9월 2일

한국기독청년협의회(EYCK) / 한국기독교장로회청년회전국연합회 /
기독교대한감리회청년회전국연합회 / 대한예수교장로회청년회전국연합회 /
기독교한국루터회청년회

제8장

심리영성발달을 위한 집단모델: 집단상담과 영성훈련의 조화

이 장은 이 책의 마지막 장으로서, 지금까지 논의해 온 내용을 한국 개신교 신앙공동체와 구성원들이 심리영성발달을 경험하고 성숙해 나갈 수 있도록 촉진하고 도울 방법이 없을까 하는 고민에서 시작되었다. 사실, 전 생애적인 심리영성발달 과정은 평생 끊임없이 성장하고 성숙해 가는 과정인데 어떤 인위적인 방법, 모델을 그대로 따라 할 수 있는 설명서를 제공함으로써 도울 수 있다는 생각 자체가 모순이고 말이 되지 않는다는 생각이 든다. 하지만 심리영성발달에 관한 이론적 논의만 열심히 하고 나서, 잘 훈련되고 정서적으로 안정된 상담사에 의해서 심리영성발달에 어려움을 겪는 사람들을 개인상담으로 도울 수 있다고 쉽게 결론짓고 마무리하는 것이 더 무책임하다는 생각도 든다. 그래서 이 장에서는 우선 이 책의 전반적인 논의를 간략하게나마 정리하고 심리영성발달 과정을 돕고 촉진하는 방법으로 집단상담과 영성훈련을 통합한 심리영성 집단모델을 제안함으로써 책을 마무리하려고 한다.

지금까지의 논의에서 고민하고 강조했던 내용은 우선 넓게 보면 한국인 전체, 좁게 보면 한국 개신교인의 심리발달 과정에 관한 고민이었다. 생애 초기 3년 동안의 심리적 탄생을 완성해 가는 시기의 마지막 단계를 대상항상성 형성으로 보고 그 시기를 생후 24~36개월 '이후'라고 보고 있는 점에 주목할 필요가 있다. 자기를 돌보고 함께하는 대상이 눈에 보이든 보이지 않든 그 대상에 대한 안정감과 신뢰를 유지할 수 있는 정서적 능력이 대상항상성인데, 그 능력을 처음 경험하고 발달하는 시기는 유아기인 24~36개월이고, 그 '이후'에도 그 능력이 일생 유지되는 것이 중요하다는 것이다.

얼마 전, 인기 방송 프로그램인 〈미운 우리 새끼〉라는 프로그램을 몇 번 눈여겨보며 시청했었다. 그 프로그램에는 중년기 연예인 중에 현재 싱글인 분들이 출연했는데, 더 재미있는 점은 그 연예인들의 어머니들이 같이 출연을 했다는 점이었다. 중년의 자녀와 노년의 어머니가 마치 유아와 엄마의 쌍과 같은 느낌으로 그들의 관계와 상호작용을 보여 준다는 점이 흥미로웠다. 마치 프로그램의 담당 PD가 심리발달 과정을 아는 것처럼, 이미 중년이 되었는데도 아직 품 안의 내 새끼 같은 자녀들을 바라보는 어머니들의 관점을 생생하게 묘사한 점이 흥미로웠다. 특히 나이를 연수로 계산하지 않고 개월 수로 계산한 것이 아주 재미있다는 생각이 들었다. 출연자의 나이를 너무 직설적으로 표현하는 것보다는 개월 수로 하면 시청자들이 한참 생각하고 계산해 보아야 하는 이유도 있었겠지만, '혹시 PD가 초기 심리적 탄생의 중요성을 아는 것이 아닐까?'라는 생각도 들었다. 여기서 우리가 생각해 보아야 할 것은, 예를 들면 만 50세 생일을 맞은 중년기 성인은 개월 수로 계산해 보면 생후 600개월인데, 생후 600개월도 생후 24~36개월 '이후'에 해당한다. 그렇다면 우리 모두 다 대상항상성을 경험하고 유지해야 하는 시기에 있는 것으로 보아야만 한다.

사실 정서적 대상항상성은 유아기에 기초가 놓이지만, 청년기에도, 중년기에도, 노년기에도 우리를 끊임없이 찾아와서 다시 돌아보게 함으로써 재정립하고 유지하도록 요구한다는 점이 중요하다. 우리에게 희망은 인생의 어느 시점이든 대상항상성을 형성하고 심리발달과 영성발달을 경험할 기회는 주어진다는 것이다. 예전에는 발달심리학에서도 인간의 신체, 인지, 성격, 사회성 발달을 이야기할 때, 정해진 시기에 특정 영역의 발달이 안 되면 이후의 발달은 어렵다는 생각을 하는 사람들이 많았는데, 요즘은 특정 영역의 발달이 주로 이루어지는 민감한 시기는 있지만 정확한 그 시점이 아니어도 발달은 가능하다고 보는 관점이 더 주류를 이룬다.

그런데 문제는 발달 과정을 재경험하고 대상항상성을 형성할 수 있는 조건이 어렵다는 점이다. 두 가지 조건이 있는데, 무엇보다도 자기 스스로 문제를 느끼고 전문적인 상담의 도움을 청하고 정기적으로 찾아가야 한다는 것과, 찾아간 내담자를 일정 기간 정서적으로 안정적이고 일관되게 견뎌 줄 수 있는 잘 훈련된 상담사가 있어야 한다는 점이다. 이 두 조건이 충족되고, 자기와 대상 사이의 정서적인 관계와 상호작용이 가능하다면, 20대이든 40대이든 60대이든 인생의 어느 시점에서도 의미 있는 정서적 성숙이 가능하다는 것이고, 영성발달도 가능하다는 것이다.

특히 대상항상성 형성의 문제가 여러 가지 이유로 생애 초기 안정적인 정서적 관계를 경험하지 못한 많은 한국 사람의 심리영성발달 과정의 발목을 잡는 문제가 되었고, 특히 현재 중년기와 노년기에 속하는 사람뿐만 아니라, 성인 초기에 속하는 사람들도 이 문제로 어려움을 겪는 사람들이 많다. 인과관계가 명확하거나 일반화하기는 어렵지만, 대상항상성 형성의 문제를 겪었거나 생애 초기에 부정적인 정서적 관계 경험이 있는 사람은 영성발달 측면에서도 말로는 '하나님은 사랑의 하나님이다.'라고 의식적으로 말하지만 '하나님은 나를 벌하시는 분이다.'와 같은 하나님에 대한 부정적인 작용적 신학을 형성하게 되어서 의식적 · 무의식적으로 불안, 두려움, 공포를 느끼는 정서적 경험을 하게 된다.

마치 유아기 심리적 탄생과정의 재접근기에서 대상항상성 형성으로 가는 허들을 넘기에 두렵고 힘겨운 것처럼, 부정적인 작용적 신학은 종합적-전통적 신앙방식에서 개별적-성찰적 신앙방식으로 허들을 넘어서 새로운 경험을 하는 데 마음의 갈등, 불안, 두려움을 느끼게 할 수 있다. 어떻게 보면, 생애 초기에 돌봄 대상에 대한 신뢰, 확신, 편안함, 친밀감을 느끼는 안정적 정서적 경험을 했다면, 그 이후에도 큰 불안이나 두려움 없이 일생을 살아갈 힘이 되고, 하나님과의 관계도 안정적으로 편안하게 맺을 수 있는데, 많은 사람이 그런 경험을 하지 못했다는 점이 굉장히 안타깝고 속상한 마음이 들기도 한다. 결국 대상관계에 기초해서 형성된 부정적이고 역기능적인 작용적 신학이 개별적-성찰적 신앙을 경험하려고 나아가는 과정에서 커다란 방해물이 된다는 것이다.

제2장에서는 종교적 경험, 신앙에 교리적인 통일성이 중요하지만, 심리학자 제임스와 올포트가 강조한 것처럼 각 개인의 심리발달 상태에 따라서 종교적 경험, 영성발달의 다양성도 있다는 점을 언급했고, 한국 개신교 신앙공동체와 구성원들이 제도적 종교, 외재적 · 비본질적 종교를 추구하기보다는 개인적 종교, 내재적 · 본질적 종교를 추구하고 정서적 성숙을 경험하는 것이 필요하다는 점도 강조했다. 이렇게 구분하는 것도 어떻게 보면 구시대적이고 이분법적으로 보일 수도 있지만, 내재적 · 본질적 종교를 추구하는 것의 중요성을 강조하는 의미로 이해하면 좋을 것 같다. 신앙생활을 사업이나 인간관계 네트워크, 삶의 복을 추구하는 등의 목적을 성취하는 수단으로 이용하거나, 우리 교회와 다른 교회, 기독교인과 타 종교인 등을 구분하여 이분법적이고 배타적인 태도를 보이는 것보다는, 신앙생활 자체에서 깊은 내면적 성찰과 깨달음이 가능함으로써 꾸준히 영성발달을 경험하는 것이 더 본질적이다.

제3장과 제4장에서는 우리 내면의 중요한 내용물을 담는 마치 그릇과 같은 자기 형성의 문제와 그릇에 담길 내용물인 정체성 형성의 문제, 자기와 정체성이 약할 때 자기의 권위와 승인과 관련된 불안감으로 인해서 개별적-성찰적 신앙의 경험이 어려운 점, 심리발달과 영성발달 과정을 방해하는 수치심에 관해서도 논의했다. 이렇게 서로 상호 연관되고 분리하기 어려운 심리발달과 영성발달의 통합적인 과정을 위해서 코헛의 자기-자기대상 모델,

명확한 경계를 가지고 구분되지 않은 자기와 자기대상 사이에 융합 경험, 공감, 좌절을 통해서 변이적 내면화 과정이 일어나고 자기구조를 재구성하고 강화하는 과정에 관해서도 설명했다. 특히 코헛은 심리발달을 위한 종교의 본질적인 기능과 역할을 높이 평가했고 그 과정에서 건강한 자기애가 발달 가능함으로써 영성발달도 함께 경험할 수 있음을 미완성된 스케치이지만 설득력 있게 보여 주었다.

하지만 중요한 점은 지금까지 요약한 심리영성발달의 주요 주제들은 개인의 심리 내적 과정으로만 가능한 것은 아니고 신앙공동체의 존재와 공동체 구성원들 사이의 역동적인 상호작용과 성찰을 통해서 가능하다. 코로나바이러스로 인한 상황에서 한국 사회에 큰 부담을 주고 문제를 일으키는 존재는 개신교에 속한 일부 개인이나 교회로 특정해 볼 수도 있지만, 사실 미성숙한 개신교 신앙공동체의 전반적인 문제로 보아야 한다. 수직적이고 권위적인 교회 구조, 교회와 타 종교 간의 갈등과 분쟁 현상, 신앙공동체 내부의 분열, 자기애와 경계선 성향의 지도자와 구성원의 존재, 성적이고 재정적인 타락 등의 문제는 상담을 통한 직면과 신학적 성찰이 꼭 필요한 주제들이다.

특히 신앙공동체 내부의 평화와 성숙을 경험하고, 한국 사회의 일원으로서 건강한 구성원이 되려면 기독교의 본질, 신앙의 본질을 마음에만 담아 두고 생각하는 것이 아니라 몸에 체화하고 실천하는 노력이 동반되어야 한다. 즉, 신앙의 하비투스가 몸의 헥시스로 작동하여서 신앙과 삶의 일치가 이루어져야 가능할 것으로 보인다. 외부 대상으로부터 받은 메시지가 자기에게 충분히 소화되고 자기정체성 안에 통합이 되는 과정을 통해서 하비투스가 형성이 된다고 볼 수 있고, 그 하비투스가 개인의 내면에만 머물지 않고 실제로 몸이 기억하여 실천하는 과정도 필요하다.

이렇듯 개인의 심리영성발달은 신앙공동체의 심리영성발달과 동반해야 하고, 신앙이 몸에 체화되고 실천되는 과정을 위한 구체적인 메커니즘이 필요하기에, 이 장에서는 집단모델을 제안하고, 그 집단모델을 뒷받침할 수 있는 중요한 신학적 관점을 소개하려고 한다. 한국 개신교에서는 장로교의 칼뱅 신학이 주류 신학, 다수 신학으로 자리 잡았고 기독교인이 아닌 일반인들에게도 칼뱅과 장로교가 잘 알려졌지만, 개신교에는 사실 다양성이 존재하고 다양한 신학적 관점 중에서 전 생애적인 심리영성발달 과정을 더 중요하게 여기고 잘 설명할 수 있는 신학적 관점도 존재한다. 그런 면에서, 역사학자들에 의해 유럽의 마지막 종교개혁자로 평가받는 존 웨슬리(Wesley, 1703~1791)의 신학적 관점을 소개하는 것이 다양한 교파에 속한 한국 개신교인과 개신교인이 아닌 독자들에게도 낯설지만 새로운 심리영성발달 관점을 제공해 주리라고 믿는다.

마지막 장에서는 웨슬리의 심리영성발달 신학과 그의 신학이 녹아든 집단모델을 소개하고, 한국 개신교회와 신도들을 위해서 집단상담과 영성훈련이 조화된 효과적인 심리영성 집단모델을 제안하려고 한다. 이 장에서 제안하는 집단모델은 참여자들이 심리발달과 영성발달 측면의 도움을 동시에 받을 수 있도록 두 가지 요소가 조화를 이룬 모델이다. 잘 구성되고 준비된 집단을 통해서 리더와 구성원들과 장기간 집단역동적 경험을 한다면, 대상항상성 형성을 통하여 불안, 슬픔, 우울함, 두려움, 고통과 같은 심리발달의 중요한 측면이 성장할 수 있고, 개별적-성찰적 신앙과 결합적 신앙방식을 경험하고 신앙을 삶에서 몸으로 실천함으로써 영성발달의 측면도 동반성장이 가능할 것이다.

집단모델의 친숙함

웨슬리의 신학적 관점을 본격적으로 논의하기 이전에, 웨슬리가 심리영성발달을 위한 구체적인 방법으로 소그룹, 집단의 구조와 역동을 활용했기에, 집단에 대한 한국 개신교인들의 경험과 반응을 살펴볼 필요가 있다. 집단은 한국 교회와 개신교인들에게 매우 익숙한 구조와 과정을 가진 모임이다. 한국 교회에는 오래전부터 속회, 구역모임, 순모임, 셀 그룹, 목장, 제자훈련,

사역훈련 등의 다양한 이름으로 신앙공동체 내의 집단모임이 활성화되어 있어서 집단 역동을 이용한 삶의 나눔과 영성훈련에 익숙해져 있다. 특히 한국 교회가 한참 양적으로 팽창하던 시기인 1980년대와 1990년대에 개신교 개교회의 규모가 커 가고, 목회자나 평신도 지도자들이 교회에 속한 신도들과의 친밀하고 인격적인 만남과 신앙훈련이 힘들어지면서, 신앙공동체를 교구, 구역, 소그룹 등으로 나누어서 적은 수의 인원이 1주일 간격으로 함께 모여서 삶을 나누고, 영적 성찰을 하며, 공동체 구성원들 사이에 공감과 지지를 경험하는 형태가 점점 더 필요하게 되었다. 그런 상황에서 소그룹 모임은 아주 좋은 모델로 활용이 되었다.

또한 21세기에 들어오면서는 한국 사회와 개신교회 내에서 심리적인 어려움을 겪고 있는 사람들을 위한 심리상담에 관한 관심과 영적 성장을 갈망하는 구성원들을 위한 영성훈련에 관한 관심이 증가하고 있고 그에 따른 구체적인 요구와 수요도 점점 더 많아지고 있다. 상담과 영성 지도의 방법으로는 상담사가 내담자와 개인 만남의 형태로 진행하는 경우가 많지만, 최근에는 집단으로 구성하는 집단상담과 영성훈련에 관한 관심도 높아지고 있다. 그런데 그동안 한국 교회에서 제공되어 온 다양한 이름의 집단이 성경공부와 같은 신앙교육과 신앙상담의 측면에서는 효과적인 역할을 했지만, 삶에서 경험하는 다양한 심리적인 갈등과 고통을 나누고 효과적으로 다루어서 도움을 제공하는 측면이나, 더 깊은 영적인 성숙을 위한 장기적이고 체계적인 영성 형성적인 측면에서는 효과적으로 활용되지 못하는 아쉬움도 많이 있었다. 영적인 영역이 삶의 전반에서 중요한 부분을 차지하는 사람에게는 심리적인 갈등과 영적인 갈망을 정확하게 경계선을 그어서 구분하기는 어렵다. 그런 상황에서, 한국 교회와 구성원들에게 이미 익숙한 집단모델을 활용해서 심리적인 변화와 영적인 성숙을 동시에 촉진할 수 있는 집단모델을 제공할 수 있다면 현대 한국 사회와 기독교인들의 삶의 변화와 성숙을 위해서 도움이 될 것이다.

한국 사회와 개신교회의 경우에는 정확한 통계가 없어서 얼마나 많은 집단모임이 이루어지고 있는지 정확하게 알 수는 없지만, 한국보다 먼저 집단모델이 큰 반향과 영향력을 끼쳤던 미국의 통계를 보면 1990년대 초반에 이미 성인 인구의 약 40%가 매주 1회의 집단모임에 최소한 3년 이상 계속 참여를 하였으며, 미국 전역에 약 300만 개의 집단이 활발하게 활동을 했다(Yalom, 1995, p. 482). 이 통계에 의하면 미국 성인 인구의 집단모임의 참여비율과 참여빈도가 현저하게 높음을 알 수 있다. 통계에 포함된 다양한 집단 중에는 집단상담뿐만 아니라, 교회에서 진행하는 소그룹 성경공부, 성인 주일학교, 독서모임, 취미집단, 자조집단(self-help) 등이 포함되어 있고, 교회에서 제공하는 집단의 다양성과 선호도가 매우 높았다. 집단 역동을 통한 개인 내면과 대인관계에서 성숙함을 추구하는 방식은 사회와 교회 모두에서 인기가 높은데, 일반 자조 집단이나 교회 집단도 집단의 목적, 목표, 과정 등에서 유사함을 보였다.

일반집단, 교회 집단에 상관없이 다양한 집단의 참여자들은 자신의 삶에서 공통적인 심리적인 문제들, 즉 위기감, 불안감, 죄책감, 우울감, 무의미함 등을 가지고 참여했다. 흥미로운 점은, 교회에서 제공하는 집단 프로그램에 참여하는 사람들도 심리치료 측면의 도움을 원했다는 점이었다. 이러한 공통점에도 불구하고 정신건강의학과 의사이자 정신분석가인 얄롬(Yalom)의 연구에 의하면 일반집단과 교회 집단의 가장 중요한 차이점은 영적인 영역(spiritual domain), 즉 영성발달에 관한 관심과 강조의 차이였다. 일반집단 참여자들의 경우에는 15%가 영적인 관심이 있었던 반면, 교회 집단 참석자들은 68%가 자신들의 깊은 영적인 인식과 훈련을 위한 갈망 때문에 집단에 참여했음을 표현했다. 또한 일반집단 참석자들의 37%는 자신이 영적인 여정에 있다고 답을 했고, 교회 집단 참석자들은 60%가 자신이 영성 형성 과정에 있다고 대답했다(Yalom, 1995, p. 482). 중요한 점은, 집단 참여자들은 각 영역에서 정도의 차이는 있지만, 심리적 문제와 영적 문제를 명확하게 구분해서 생각하기보다는 불안, 우울, 죄책감 등의 심리발달 문제와 영적인 갈등과 영성발달 문제를 함께 경험하고 있다는 점이다.

미국의 교회 집단 참여자들의 경우처럼, 최근 들어서 한국 교회 안에도 집단모임에 참여하는 참석자 중에서 심리적 영역과 영적 영역 모두에서 변화와 성숙에 대한 열망이 강한 사람들이 점점 늘어 가고 있고, 이러한 상황에서 두 영역에 대해서 효과적으로 도움을 줄 수 있는 집단모델을 제시하는 것이 필요하다고 생각하게 되었다. 특히 한국 개신교회의 상황에서 집단모델을 제시하려면, 집단의 목적, 구성, 역동, 과정 등에 대해서 잘 정리된 신학적인 토대가 있어야 하고, 한국 교회의 상황과 교인들의 현실에 부합하는 모델을 제시하는 것이 매우 중요하다. 그런 관점에서 웨슬리의 신학과 집단모델을 중요한 신학적인 토대로 사용할 필요가 있다. 그 이유는 두 가지인데, 첫 번째 이유는 웨슬리의 신학에 반영된 심리발달과 영성발달에 관한 관심과 안목 때문이고, 또 다른 이유는 웨슬리가 실제로 집단모델을 개발하여 당시 감리교 운동에 동참한 신도들을 위해서 적극적으로 활용했다는 점 때문이다.

웨슬리의 관심: 심리발달과 영성발달

어쩌면 웨슬리의 삶과 그의 신학적 관점에 대해서 상세한 논의를 나누는 것은 독자들의 주된 관심과 거리가 먼 주제일 수 있다는 생각은 들지만, 그동안 거의 접해 보지 못했던 개신교 신학의 한 축을 알게 되고 그 신학에 근거한 심리영성발달 모델을 살펴보는 것도 유익도 있으리라고 생각한다. 웨슬리의 삶에서 특이한 점은 그가 국가와 교회가 합쳐진 하나의 견고한 구조(structure)였던 영국 국교회 내부의 변혁을 추구했다는 점이다. 그는 자기가 속한 조직을 빠져나와서 새로운 교파를 창설하려는 목적을 가졌다기보다는 자기가 속한 조직의 구조 내에서 어떻게 하면 변화를 가져올 수 있을지를 고민했던 사람이다. 당시 국교회의 원칙 중에는 국교회 신부는 교회 외의 장소에서는 설교하거나 성찬식과 세례식을 행할 수 없다는 것이 있었다. 그런데 영국 국교회인 성공회 신부였던 웨슬리는 그 규정을 따르지 않고 역시 국교회 신부였던 동생 찰스(Charles Wesley)와 함께 거리와 묘지 같은 일반 시민들이 많이 모이는 공공장소에서 사람들을 만나고 위로하며 설교하는 방식을 사용했다.

웨슬리의 눈에는 자신이 속한 성공회가 너무 고교회(高敎會, High Church) 전통에 빠져 있었기 때문이다. 고교회 전통은 초기 교회, 중세 가톨릭교회와의 연속성을 강조하고, 교회의 권위와 전통, 주교, 사제, 부제 등의 성직자 계급제도, 성례전을 중시하는 전통이었는데, 웨슬리가 보기에는 교회가 많이 변질되어서 평범한 일반 시민들이 편하게 접근할 수 없는 귀족 계급, 상류층만의 교회로 전락하게 된 것이었다. 그래서 그는 찰스와 성공회 내의 동료들과 함께 교회 내의 강력한 개혁 운동을 하게 되었다. 그렇게 웨슬리 그룹의 사제들이 집단으로 모여서 심리발달과 영성발달을 위한 성장 과정으로 했던 신앙방식을 보면서 사람들이 '규칙쟁이들' 또는 '방법론자들'이라는 조롱의 의미로 부르게 되면서 메토디스트(Methodist)라는 별칭이 생기게 되었다.

그런데 웨슬리의 교회 구조 변혁 운동은 제7장에서 논의했던 커뮤니타스 개념과도 일맥상통한다. 국가와 교회가 하나의 견고한 구조로 맺어진 국교회라는 견고한 교회 구조 내에서 비구조인 커뮤니타스의 시간과 공간을 경험할 수 있는 변혁 운동을 하고, 커뮤니타스에서 구성원들과 더 강화된 정체성과 힘을 모아서 견고한 구조에 저항하고 의미 있는 변화를 일으키는 구조-커뮤니타스-구조로 이어지는 과정을 끊임없이 시도한 것으로 볼 수 있다. 웨슬리는 자기가 속한 종교전통과 문화를 깨뜨리고 빠져나오는 방법을 쓰기보다는, 그 구조 안에 머물면서 그 구조에 속한 신앙공동체 구성원들의 심리발달과 영성발달을 위한 방법과 노력을 기울였고, 그것이 결국은 제6장에서 강조한 것처럼 신앙공동체를 '신앙하는' 공동체로의 변혁을 일으키는 결과를 낳게 되었다.

그런데 교회 구조 내의 이 운동은 교회 내에만 머물렀던 것이 아니라 18세기 영국 사회 전반에 긍정적인 영향을 끼치게 되어서, 일부 역사학자들은 영국이 프랑스 같은 유럽의 다른 나라와는 달리 비극적인 유혈혁명을 경험하지 않고 근대 사회로 넘어올 수 있었다고 평가하기까지 한다. 역사학자들은 웨슬리를 루터와 칼뱅과 같은 개신교 종교개혁가 그룹의 마지막 인물이자 영국 사회를 변혁시킨 사회운동가로 평가해 왔고, 웨슬리는 학자들에 의해서 상반되고 공존하기 힘든 것처럼 보이는 다른 특성의 하모니를 이루며 함께 가지고 있었던 사람으로 흥미롭게 평가되었다.

웨슬리에 대해서 미국 듀크대학교의 역사학 교수인 하이트젠레이터(Heitzenrater)는 '급진적 보수주의자' '낭만적 현실주의자' '조용한 혁명가'로 평가했고(Heitzenrater, 1989, p. 56), 듀크대학교의 사회윤리학 교수인 하우어워스(Hauerwas) 역시 웨슬리를 '합리적 열광주의자' '복음적 가톨릭'으로 평가했다(Hauerwas, 1998, p. 77). 또한 하이트젠레이터는 웨슬리를 '항상 쉽게 함께하거나 화해할 수 없는 이상과 특성을 조화롭게 체화하는 성격적 특성'을 가지고 있었던 인물로 묘사하기도 했다(Heitzenrater, 1989, p. 56). 두 학자가 웨슬리를 묘사하는 데 사용한 영어 형용사와 명사의 조합은 수식하는 단어와 수식을 받는 단어로 보기에는 서로 공존하기 힘든 특성들의 조합으로 보이지만, 양극의 조화와 균형을 이루며 살았던 웨슬리의 고유한 삶과 사상을 설명하는 데 매우 적절한 표현으로 보인다.

웨슬리는 루터(Luther)의 『로마서 강의(Lectures on Romans)』(1517), 『그리스도인의 자유(The Freedom of a Christian)』(1520), 칼뱅(Calvin)의 『기독교 강요(Institute of The Christian Religion)』(1559)와 같은 개신교 신학에 대한 종합적이고 체계적인 책을 서술하지는 않았지만, 설교자로서 순회 여정을 하며 주로 설교(sermon)와 일기(diary)의 형태로 자신의 신학적 사상과 변화의 과정을 단편적으로 서술해 왔기 때문에, 그의 고유한 심리영성발달 이론과 모델의 신학적 토대를 확인해 보기에는 사실 어려움이 많다. 특히 그의 초기 사상과 후기 사상의 차이, 다양한 글에서 나타나는 모순과 불일치 등이 많이 지적되고 있는데, 그 원인은 크게 두 가지 요인으로 볼 수 있다.

첫째는 다양한 자료를 창의적으로 융합하는 웨슬리의 개인적인 스타일 때문이고, 둘째는 웨슬리가 삶의 경험과 생각의 변화에 근거해서 전 생애 동안 자기의 관점을 수정하고 개선하는 지속적인 과정 때문이다. 영국 맨체스터대학교의 교회사학자인 랙(Rack)은 웨슬리 글에 종종 나타나는 모순과 불일치는 웨슬리가 중요한 신학적인 아이디어와 주제를 앞서 언급한 서방교회와 동방교회 등 기독교 전통의 다양한 분파와 전통으로부터 가져오면서 그 자료들을 '자신의 고유한 상상력을 통해서 해석'했기 때문이라고 설명했다(Rack, 1992, p. 381). 즉, 웨슬리는 영국 국교회인 성공회의 전통 안에서 종합적-전통적 신앙방식의 교육을 받았지만, 구조와 틀에 쉽게 얽매이지 않는 개별적-성찰적 신앙과 결합적 신앙을 하는 자유롭고 창의적인 인물이었다.

그동안 웨슬리의 사상이 루터나 칼뱅과 같은 종교개혁자들의 사상과 색채와 논지가 다른 이유를, 다른 종교개혁가들과 다르게 웨슬리는 과정적이고 발달의 초점을 가진 동방교회 관점의 영향을 받았기 때문이라고만 생각해왔다. 하지만 동방교회의 사상이 웨슬리에게 주목할 만한 영향을 주었다는 사실에 어느 정도 동의는 할 수 있지만, 웨슬리가 동방교회의 영향만 받은 것은 아니고 서방교회의 사상과 언어를 동방교회의 사상과 언어와 자연스럽게 융합했던 패턴이 있던 것으로 볼 필요가 있다. 예를 들면, 웨슬리는 죄로 인한 깊은 죄책감을 느끼는 사람을 하나님의 은혜에 의해서 심리적, 육체적, 영적으로 사면하고 해방하는 서방교회의 법률적 관심과 강조점을, 사람을 건강함의 상태로 복원하고 변화시키는 것을 목표로 하는 동방교회가 가진 심리치유의 관심으로 통합했다.

웨슬리는 하나님-인간의 상호적이고 역동적인 관계를 통한 인간의 변화와 성장의 가능성을 강조했는데, 하나님-인간의 관계는 하나님이 인간에게 은혜를 베풀어 주셔야만 하는 일방적이고 수직적인 관계를 강조하는 서방교회의 관점도 수용하면서 동시에 하나님-인간 사이의 수평적이고 상호의존적인 관계를 맺을 수 있는 능력이 인간에게도 존재한다는 동방교회적인 인간 본성의 이해도 동시에 가지고 있었다. 웨슬리는 서방교회에서 보는 것처럼 하나님의 은혜는 하나님이 창조하고 인간에게 하사한 '제품(product)'이기도 하지만, 동시에 동방교회에서 강조하는 것처럼 하나님과 인간의 수평적인 관계에서 작용하는 '에너지'와 '힘'으로도 이해했다(Maddox, 1994, p. 23).

그런데 정작 웨슬리는 자신의 신학적 성찰에서 서방교회, 동방교회의 주제와 사상을 구분하고 비교하는 것에 관심이 있기보다는, 양 전통에서 심리치유의 주제와 발달의 주제에 매료되었고, 그 주제를 일상의 삶에서 실용적으로 활용하는 데 훨씬 더 관심을 가졌었다. 웨슬리의 신학과 방법론은 오직 한 가지 실용적인 목표를 이루는 것에 있었는데, 바로 신도들의 마음을 치유하고, 건강한 성격과 신앙정체성의 형성을 통해서 건강한 영적인 인간으로서의 본성, 즉 호모 스피리투스로 복원시키고 끊임없이 호모 스피리투스가 되어 가는 과정에 머물도록 하는 것이었다. 즉, 웨슬리의 신학과 목표는 이 책에서 계속 강조해 온 심리영성발달의 핵심 목표와 같은 목표를 가지고 있었다.

웨슬리의 심리영성발달 신학

웨슬리의 관점은 초기와 후기로 나누어서 점진적인 변화의 과정을 거친 것을 볼 수 있는데, 그의 전기 사상은 신앙의 이성적인 측면과 인간의 이성적 · 인지적 변화에 집중되어 있다. 심리학 분야로 비교해서 생각해 보면, 초기 웨슬리는 인지주의자와 행동주의자였던 셈이다. 잘 알려진 것처럼, 이성(reason)과 경험(experience)을 강조했던 18세기 영국의 경험주의 철학 사조에서 볼 때 웨슬리의 이성 중심의 인간 이해와 신앙 이해는 그리 놀랄 만한 일은 아니다. 웨슬리가 22세 때 어머니에게 쓴 편지를 보면, "이성적인 기반이 없이는 믿음은 없고, 결과적으로 신앙도 없습니다. 신앙은 반드시 이성으로 해결되어야 합니다."라고 강조했다(Runyon, 1998, p. 44). 굉장히 인지적인 신앙 이해라고 볼 수 있다. 초기 웨슬리가 정의하는 신앙은 이성에 의해 검증

된 개인 내부적이고 인지적인 이해를 의미했고, 신앙의 중심에는 '개인의 내부에서 작동하는 이성적 동의'가 자리 잡고 있었다(Runyon, 1998, p. 44).

후기 웨슬리의 신앙과 인간발달에 대한 관점은 전기 웨슬리의 관점과 세 가지의 명확한 차이점을 보였다. 첫째, 개인적인 것에서 관계적인 것으로의 전환이고, 둘째, 인간의 이성적 동의보다는 하나님의 은혜의 능력을 통한 전인적 발달이며, 셋째, 인지 중심에서 인지, 정서, 행동의 전인적이고 종합적인 변화를 강조한 점이다. 후기 웨슬리에 의하면, 신앙의 선제조건은 하나님의 선행하시는 은혜이고, 신앙의 형성은 이성의 결과물이 아닌 하나님의 초대에 대한 응답이며, 신앙의 발달은 하나님의 은혜가 촉진하는 하나님-인간간의 역동적인 관계에 참여하는 경험을 통해서 인지, 정서, 행동의 종합적인 변화가 가능하다는 것이다.

후기 웨슬리가 이해한 것처럼 신앙이 개인적이고 인지적인 것만이 아닌 관계적이고 정서적인 경험이라면, 시간이 흐름에 따라 인간관계의 친밀도가 더 밀접해지거나 더 멀어지는 등의 정도가 있는 것처럼 신앙의 정도도 존재한다고 볼 수 있다. 웨슬리는 결국 '어린 회심자'와 '이미 완전한 신도'를 구분해서 생각하기 시작했다(Heitzenrater, 1989, p. 139). 웨슬리가 언급한 '이미 완전한 신도'라는 표현은 사람들에게 종종 오해, 논쟁, 반대를 불러일으켰는데, 감리교 콘퍼런스에서 웨슬리는 그 오해와 논쟁에 대한 답변을 통해서 "완전함은 다양한 종류의 연약함, 불완전함, 실수와 공존할 수 있다."라는 자세한 설명을 하면서 논쟁을 일단락하기도 했다(Rack, 1992, p. 336).

그런데 이 정의는 얼마 안 가서 다시 논쟁이 되었는데, 웨슬리는 자기가 강조한 완전함의 의미가 문자적인 의미로 신자의 완전한 상태를 의미하기보다는 은혜를 통해서 하나님과 이웃과의 관계에서 '지속해서 증가하는' 사랑과 친밀감이 깊어지는 관계임을 다시 한번 설명하고 강조하였다(Runyon, 1998, p. 89). 즉, 웨슬리에게 영성발달은 서방교회의 이해인 현재완료형의 '완성된 완전(perfectio; perfected perfection)'이 아닌, 동방교회의 이해인 현재진행형의 '진행 중인 완전(teleiotes; perfecting perfection)'을 의미하는 것이었다(Runyon, 1998, p. 89). 진행 중인 완전이란 이미 온전함을 경험했지만, 그 온전함은 완전히 마무리된 것이기보다는 항상 현재진행형인 과정 중에 있다는 의미이다. 제6장에서 강조했던 신앙공동체(faith community)가 아닌 '신앙하는' 공동체(faithing community)와도 같은 의미로 볼 수 있다.

웨슬리의 관점에서는 영적 성숙함을 향해 지속해서 나아가는 영성발달의 가장 중요한 토대는 역동적인 하나님과 인간의 관계이고, 그 관계 역동을 통해서 발달을 촉진하는 에너지원인 은혜가 인간에게로 서서히 지속해서 전달된다. 웨슬리의 설교에서 묘사되는 하나님-인간의 관계는 수직적이고 완전히 분리된 주체와 객체의 이분법적인 관계가 아니고, 수평적이고 친밀하며 상호의존적인 상생의 관계였다. 마치 코헛의 자기-자기대상 모델에서 보여주는 두 원이 수평으로 놓인 것과 같은 관계, 두 원의 상호작용을 통해서 두 원이 서서히 겹치고 교집합이 생기고, 그 교집합을 통해서 심리적 효소가 전달되는 관계와 같은 의미였다.

과정신학자 캅(Cobb)은 웨슬리의 설교에 나타난 웨슬리의 하나님과 인간 관계에 대한 이해의 몇 가지 중요한 특징을 정리했다. 첫째, 웨슬리는 다른 신학자들이 덜 강조했던 공급자(provider)로서의 하나님, 치료자(healer)로서의 하나님의 성품을 재발견했다. 둘째, 웨슬리는 수직적이고 이분법적인 주체와 객체의 관계가 아닌 수평적이고 친밀한 관계이기에 서로의 존재가 상대방의 안으로 들어가 있는 것과 같은 하나님과 인간의 관계 역동을 강조했다. 셋째, 웨슬리는 인간의 '자기성(personal selfhood)'을 유지하면서 동시에 역동적 관계를 통한 하나님과의 합일의 중요성을 강조했던 점이다(Cobb, 1995, p. 47).

하나님과 인간의 관계를 통한 심리영성발달 과정에서 하나님의 은혜가 하나님과 인간의 관계를 촉진하는 에너지원이 되고 그 은혜가 인간에게 전달이 되는데, 은혜는 인간에게 외부로부터 오는 선물처럼 주어지는 것이기보다는 하나님과 인간의 역동적 관계를 통해서 인간에게 일어나는 인지, 정서, 행동의 종합적인 경험으로 볼 수 있다. 웨슬리의 설교에 의하면 하나님-

인간관계에서 인간은 고유한 자기성을 잃지 않으면서도 역동적 관계를 통한 하나님과의 합일을 경험하며, 그 관계에서 전달되는 하나님의 은혜를 체험함으로 인지, 정서, 행동의 변화를 경험하게 된다. 웨슬리는 이러한 관계를 통한 영성발달의 과정을 '신이 되는 과정'이 아닌, 오히려 '더 충분히 인간이 되는 과정'으로 보았다(Runyon, 1998, p. 81). 즉, 궁극의 스피리투스인 하나님을 닮아 가는 호모 스피리투스가 되어 가는 과정으로 이해했다고 볼 수 있다.

웨슬리가 설교에서 묘사한 하나님과 인간관계의 역동과 그 역동을 통한 영성발달의 과정은 제4장에서 설명했던 코헛의 심리치료를 위한 인간관계 모델, 인간의 변화 과정과 같은 메커니즘의 과정으로 볼 수 있다. 인간과 하나님 사이의 관계를 자기와 자기대상의 관계로 볼 수 있고, 인간의 영성발달 과정을 변이적 내면화로 볼 수 있다. 코헛에 의하면, 변이적 내면화 과정은 심리 내적 흐름의 과정으로서 공감과 같은 인간의 변화와 성장을 위한 에너지원인 심리적 효소가 자기대상으로부터 자기로 조금씩 서서히 유입, 흡수, 체화되는 과정을 의미한다. 자기대상으로부터 심리적 영양분을 받아도 자기의 고유한 특성이나 프로그램은 파괴되지 않으면서 자기구조가 강화되기 때문에, 웨슬리가 설명한 자기성을 잃지 않으면서 하나님과의 합일을 통해 발달을 경험하는 것과 같은 이치로 볼 수 있다.

또한 코헛은 자기가 발달하는 과정이 의존에서 독립적인 능력을 얻게 되는 과정이 아니라 자기와 자기대상 간의 관계의 질적인 변화의 경험이고, 비교적 건강한 자기를 가지게 된 사람도 자기와 자기대상의 관계에서 지속적인 에너지 공급으로부터 평생 벗어날 수 없음을 강조했다. 웨슬리도 하나님과 인간의 친밀한 관계를 통해서 인간은 평생, 매 순간 힘을 공급하는 하나님의 은혜를 통해서 성숙할 수 있음을 강조했다. 웨슬리는 변화의 에너지원을 하나님의 은혜로 보았고, 코헛은 자기대상의 공감으로 보았다. 발달이 일어나기 위해서는 자기대상인 하나님으로부터 충분한 공감, 즉 은혜가 우선 공급되어야 하는데, 코헛이 기대했던 공감의 두 특성은 두 존재 사이의 '강력한 정서적 유대'이고 '진정한 구원의 힘'으로 작용하는 것이었다(Gorday, 2000, pp. 458-459).

은혜를 통한 인지, 정서, 행동의 전인적 영성발달

웨슬리는 인간이 신앙적으로 성숙하는 과정의 출발점에서 가장 중요한 점은 하나님의 은혜가 인간 본성의 잃어버리고 결핍된 부분을 채우고, 인간은 결핍된 부분이 채워지는 경험을 함으로써 지속적인 심리영성발달 과정에서 하나님의 파트너가 되는 경험을 하는 것으로 생각했다. 즉, 하나님과 인간관계의 필수조건은 하나님의 은혜의 힘으로 우선 인간의 깨어지고 잃어버린 본성과 능력을 회복시키고 강화하는 것이었다. 마치 자기대상이 약한 구조를 가진 자기를 강화하기 위해서 심리적 효소를 전달하고, 그 효소가 자기 안에 소화되고 체화되어서 자기를 강화되는 과정과 같은 메커니즘을 가지고 있는 것과 같다.

웨슬리에 의하면 인간의 결핍된 부분을 채울 수 있는 특성들은 '정확한 이해' '순수한 의지' '완전한 자유'였다(Outler & Heitzenrater, 1991, p. 15). 18세기 영국식 영어표현을 사용한 웨슬리 설교의 표현은 현대 영어 단어의 의미와는 다르겠지만, 이 세 가지 표현은 인지, 정서, 행동의 종합적인 변화를 의미하는 것이었다. 웨슬리의 표현 중에서 '정확한 이해'는 인지적인 부분을 의미했고, '순수한 의지(will)'는 마음(heart), 정서(affection), 특히 의지를 가진 사랑의 정서와 동일시하는 표현으로 사용을 했으며, '완전한 자유'는 '자기의 모든 행동에 대해서 온전한 주인이며 절대적인 재판관이 될 수 있는 자유', 즉 자기의 개인적인 판단에 근거한 자기 행동의 자유로 설명을 했다(Outler & Heitzenrater, 1991, p. 15). 웨슬리의 이 표현은 개별적-성찰적 신앙을 할 수 있는 능력과 자유로도 볼 수 있다. 웨슬리는 하나님의 은혜에 의해서 회복된 특성들을 가진 사람들은 하나님의 동반자가 될 수 있는 능력과 자유를 회복했다고 보았고, 하나님의 은혜는 하나님의 영에 의해서 전달된다고 보았다.

웨슬리는 영성발달의 과정을 은혜의 경험을 통한 사랑의 습성, 태도(habitus)를 가지는 것으로 이해했고, 행동의 변화, 즉, 사랑의 실천을 촉진하는 에너지원은 단순히 외부에서부터 들어와서 작동하는 '수동적 정서'가 아니라 주체적이고 능동적으로 '동기를 부여하는 기질(dispositions)'로 보았다(Maddox, 1994, p. 69). 영성발달의 핵심을 순간적으로 감동하고 잠시 충동적으로 느끼는 감정이 아닌 몸 안에 자리 잡고 안정적으로 작동하는 태도와 기질로 본 것이다. 웨슬리가 강조했던 사랑의 습성, 태도인 하비투스는 인류학자 부르디외의 주요 개념인 하비투스와 헥시스와 일치하는 내용인데, 한 개인에게 체화된 정신이자 태도인 하비투스가 능동적으로 동기를 부여하고, 몸의 운동 기능인 헥시스가 작동함으로써 몸을 움직여서 실제로 행동하고 실현하는 것과 같은 원리로 이해할 수 있다.

그런데 웨슬리는 이러한 영성발달의 과정을 경험하기 위해서는 인간에게 '은혜의 수단(means)'이 필요함을 강조했다. 은혜의 수단은 하나님의 은혜를 인간의 영혼으로 전달하는 구체적이고 필수적인 통로일 뿐만 아니라, 그리스도인들이 하나님 사랑, 이웃 사랑의 지속적인 실천을 촉진하는 에너지원을 의미했다. 웨슬리는 은혜의 수단을 은혜가 전달되는 구체적인 통로로 설명하고, 그 수단을 통해서 은혜가 전달되고 서서히 체화됨으로써 그리스도인들의 인지, 정서의 변화를 통한 신앙정체성과 인격을 형성한다고 보았다. 또한 실제로 자신의 소유를 타인들과 나눔으로 사랑의 실천을 할 수 있도록 지지하는 수단으로 보았다.

웨슬리는 은혜의 수단과 관련하여 세 가지 중요한 요소를 강조했는데, 개인기도 혹은 공동기도로 하나님과 소통하기, 성경 묵상하기, 빵과 포도주를 나누는 성만찬에 참여하기이다. 이 세 가지 요소를 자세히 보면 자기대상과 정서적으로 접촉하고 소통함으로써 심리적 효소를 흡수하고 소화하는 과정으로 볼 수 있고, 종교제의에 몸으로 직접 참여함으로써 몸의 변화까지 체험하는 과정으로도 볼 수 있다. 웨슬리가 강조한 은혜의 수단은 인간 신체의 오감과 영감을 포함하여, 마음, 가슴, 영혼, 몸의 전체적인 변화를 추구하였다. 이러한 요소들은 그리스도인의 정체성과 성품을 형성하여 행동을 바꾸고 삶을 전반적으로 변화시키는 주요한 수단이었다. 웨슬리는 인류학자 터너처럼 종교제의적 요소도 강조하였는데, 특히 성만찬 제의는 은혜를 전달하고 체화시키는 '최고의 수단(grand channel)'으로서 참여자들에게 '생명을 주는 음식'으로서 '용서와 성장을 위한 에너지'를 준다고 강조했다 (Maddox, 1994, pp. 202-203).

경제적 나눔을 통한 사랑의 실천

웨슬리는 은혜의 수단을 통해서 심리 내면과 영성이 강화된 사람들에 의한 사랑의 실천은 실제로 행동을 통해서 표현된다고 강조했는데, 그가 생각한 이상적인 모델은 초기 기독교 신앙공동체의 모습처럼 물질과 음식을 나누는 사랑의 실천이었다. 빈곤 문제는 18세기 영국의 가장 심각하고 만연한 현상이었고, 21세기 코로나 시대에도 여전히 심각하고 만연한 문제이다. 특히 코로나로 인해서 갑자기 직장을 잃거나 많은 소상공인이 재정적으로 극심한 고통을 당하는 현재 상황에서 꼭 생각해 보아야만 하는 주제이다. 심리영성발달과 경제적 나눔을 통한 사랑의 실천 사이에 어떤 상관관계가 있는지 의문이 들 수도 있지만, 웨슬리는 그 둘의 관계를 굉장히 중요하게 생각했다. 특히 빈곤 문제와 연관해서 웨슬리를 가장 불편하게 한 것은 무엇보다도 돈을 잘못 사용하는 것과 부의 축적의 문제였다. 웨슬리의 설교 중에서 물질에 대한 경고와 훈계를 담은 설교가 많았는데, 예를 들면, '재물의 사용(The Use of Money)'(1760), '부유함의 위험(The Dangers of Riches)'(1781), '부유함에 관하여(On Riches)'(1788), '증가하는 재물의 위험(The Dangers of Increasing Risk)'(1790) 등이 있다(Yrigoyen, 1996, p. 44).

웨슬리는 재물을 전 생애에 걸쳐 지속해서 경험해야 하는 영성발달의 심각한 걸림돌로 보았다. 웨슬리의 관점에서 과도한 재물 축적은 결국 소유에 대한 과도한 사랑을 촉진하기 때문에 더 궁극의 존재인 하나님에 대한 사랑의 관계와 깊은 영성을 형성하는 것을 방해하고, 하나님과의 친밀함을 재물과의 친밀함으로써 대체함으로 일종의 우상숭배를 촉진한다고 보았다. 그리고 무엇보다도 자기의 부를 유지하거나 더 증가시키기 위해서 이웃을 과도하게 착취하려는 유혹을 느낌으로써 이웃 사랑을 좌절시키는 것임을 강조했다.

그런데 웨슬리의 주장의 흥미로운 점은 '재물의 사용'이라는 설교에서 '벌 수 있을 만큼 벌라.' '모을 수 있을 만큼 모으라.' '남에게 나누어 줄 수 있을 만큼 주라.'의 정신을 강조했다는 것이다(Yrigoyen, 1996, p. 44). 웨슬리가 강조한 내용을 보면, 웨슬리는 남에게 피해를 주지 않고, 자기의 몸과 마음을 해치지 않는 정직한 노동을 통해서 돈을 벌고 모으는 것에 대해 반대한 것은 아니었다. 또한 하나님이 인간에게 벌어서 생활을 영위할 수 있는 능력을 주었음도 분명히 인식하였다. 다만, 부의 축적을 위해서 다른 사람을 착취하는 것을 반대했고, 자기에게 꼭 필요한 재물 이상의 잉여자금을 가난한 사람들과 나누도록 강력하게 요청했다. 한 사람이 너무 과도하게 벌면 그 과도한 이득은 결국 다른 사람의 손해와 피해를 통해서 이루는 것이라는 생각이었고, 많이 번 사람이 자발적으로 나누게 되면 결국 결핍이 없이 다 함께 잘살 수 있다는 관점이었다.

미국 밴더빌트대학교의 믹스(Meeks)는 웨슬리의 사상과 철학에서 경제문제는 매우 중요한 주제임을 강조했다. 웨슬리에게 경제문제는 그리스도인이 제자로서의 삶을 살아가는 것의 중심이고, 영성발달의 본질이었다고 보았다(Maddox, 1998, pp. 85-86). 특히 믹스는 현대 개신교 신학에서 경제문제에 관한 관심이 거의 없는 상황에서, 웨슬리가 영성발달을 경제문제에 접목하는 부분이 그의 고유한 공헌이고 독특한 영적 지혜였음을 강조했다. 믹스의 설명에 의하면, 경제(economy)의 영어 어원은 고대 희랍어의 oikonomia인데, 이는 oikos와 nomos의 합성어이다. Oikos는 영어단어의 household, 즉 가족이라는 의미이고, nomos는 경영 혹은 법이라는 의미이다. 직역하면, 가족을 경영하는 것, 가족을 운영하는 방식이라는 의미로 볼 수 있다.

이 희랍어 단어는 신약성서의 'oikonomia tou theou', 번역하면 '하나님의 경제'라는 중요한 개념을 설명하는 데 사용되었다(Maddox, 1998, p. 84). 믹스에 의하면, 현대 사회의 경제 개념이 발달하기 이전인 17세기까지의 경제의 의미는 생존을 위해서 모든 사람이 꼭 필요한 음식과 물질을 얻을 수 있도록, 공동체와 가족 내에서의 올바른 나눔이 되도록 잘 처리하는 방법으로 이해되었다. 그런데 안타깝게도 현대 자본주의와 소비자 사회에서는 그러한 경제의 본질적 의미가 없어지면서 개신교도 시장경제 논리에 영향을 받게 되었고, 20세기 전반에 걸쳐서 미국 개신교회에도 성장원리가 막강한 영향을 주었고, 한국 개신교회도 양적 성장과 신도의 숫자를 늘리는 일에 몰입하고 집착하는 모습을 보이게 되었다.

웨슬리는 하나님은 하나님의 경제의 원리를 통해서, 사회를 구성하고 있는 모든 사람이 하나님의 가족의 구성원으로서 매일의 필요한 양식, 물질을 나누기를 원하신다고 생각했다. 그러기 위해서 하나님은 하나님 가족의 살림 원칙을 주셨고, 하나님이 이 세상의 모든 것의 근본적인 소유주이시고, 인간은 삶의 필요를 따라 하나님에게서 재물을 받아서 관리하는 스튜어드(steward)임을 강조하였다. 스튜어드는 요즘은 항공기 승무원을 부를 때 남성과 여성을 구별해서 쓰이지만, 원래 의미로는 호텔에서 식기와 식품을 저장, 운반, 조달하는 담당자를 의미하는 말인데, 기독교에서는 '청지기'로 부르고 하나님이 맡기신 물건을 잘 관리하고 다루는 시종과 같은 사람이라는 겸손한 의미로 쓰인다.

청지기 정신은 자기가 경제활동을 통해 직접 부를 축적했어도 그 소유가 자기 것이라는 의미보다는, 근본적으로는 하나님이 일시적으로 자기에게 허락하신 것, 다른 사람을 위해서 나누어야 하는 재물을 관리하는 종이라는 의미이다. 그런데 현대 사회에서 많은 개신교인은 그런 의미와 태도로 물질을 대하고 있지 못하고, 마치 자기가 영원히 소유할 것으로 생각하는 경우가 많다. 개신교인으로서 하나님의 경제를 성실하게 실천하기보다는, 안타깝게도 남에게 과도한 피해를 주면서까지 더 많은 것을 소유하기 위한 탐욕 속에서 살아가고 있다고 볼 수 있다.

웨슬리는 자신의 설교 '부유함의 위험'에서 매일의 삶의 '필수적인 것과 편의적인 것' 이상을 소유하는 것을 부유함으로 정의했고, 삶의 필요 이상의 것은 이미 하나님의 소유임을 강조했다(Maddox, 1998, p. 91). 부유함을 누리는 것은 하나님의 경제, 하나님 가족의 원리를 위반하는 것인데, 그 이유는 하나님과 인간관계뿐만 아니라, 인간관계와 사회 공동체도 깨뜨리기 때문이라는 것이다. 한 사람 혹은 어떤 집단이 필요 이상의 재물을 소유할 때 다른 사람 혹은 다른 집단은 빈곤 혹은 빚으로 고통을 받게 되기 때문이다. 지금 상황을 보아도, 한 국가가 과도하게 부를 축적하면, 대부분의 개발도상국은 경제적으로 궁핍한 상황에 마주하는 것을 보면 알 수 있다.

특히 빈곤 문제가 아동이 있는 가족을 위협하게 될 때 심각한 문제를 유발할 수 있는데, 전 세계적으로 빈곤계층의 많은 아동은 필수적인 매일의 영양분을 공급받지 못하고 죽음에 이르기까지 굶게 되는 일이 수없이 많이 벌어지고 있다. 믹스(Meeks)가 강조한 것처럼, 이러한 전 세계의 아동들은 '선물 받음을 통해 생존'할 수 있다(Meeks, 2000, p. 19). 선물을 주는 것은 웨슬리의 표현으로는 자기가 받은 하나님의 은혜를 값없이 나누는 것을 의미한다. 우리가 선물을 값없이 받았기 때문에, 어려운 사람들에게도 그 선물을 흘려보내야 한다는 점을 알려 준다. 믹스는 가난한 사람들과 아동들은 '은혜의 논리'가 있는 '선물 나눔의 공동체' 안에서 살 때만 생존할 수 있다는 점을 강조했다(Meeks, 2000, p. 19). 이러한 나눔을 통한 은혜, 사랑, 정, 물질이 수혜자들에게 전달되어 흡수되고 소화될 때 그들은 마음과 몸의 생명을 누릴 수 있게 될 것이다.

웨슬리의 집단모델: 상호책임의 원리

이러한 웨슬리의 정신을 실제 삶에서 구현하는 방법은 무엇일까? 웨슬리는 영성발달을 추구하는 데 있어서 각 개인의 부족함과 의지가 약함을 잘 인식하고 있었기 때문에, 자신이 주도했던 운동에 참여하는 신도들의 인지, 정서, 행동의 변화를 이끌어 줄 구체적인 방법을 생각했다. 즉, '규칙쟁이들' '방법론자들'이라는 별칭으로 놀림받았던 감리교도(Methodists)를 위한 구체적인 방법을 제시한 것이다. 웨슬리가 설교에서 강조했던 것처럼 공동체 안에서 서로 물질과 음식을 나누며 하나님의 가족으로서 하나님의 경제를 실천하며 살아가도록 하기 위해서는, 의지가 약한 사람들을 서로 돌아보고 격려하고 책임지며 실천해 나갈 방법이 필요했다.

웨슬리가 제시했던 효과적인 방법론은 클래스(class) 혹은 밴드(band)로 불렸던 집단모델이었고, 집단 내에서 구성원들이 상호책임(accountability)에 근거한 지지와 권면을 통해서 각 구성원의 인지, 정서적인 변화뿐 아니라 행동의 변화까지 촉진하는 것이었다. 클래스는 우리나라 학교에서 사용하는 '반'인데, 한국 감리교회에서는 우리말로 번역해서 '속회'로 불리고 있다. 밴드는 한국에 네이버 밴드라는 스마트폰 앱이 있어서 그 앱 안에서 여러 사람이 소그룹을 구성해서 서로 소통하고 나눌 수 있는 것처럼, 소그룹의 사람들이 모여서 소통하고 나눌 수 있는 시간과 공간으로 이해할 수 있다.

웨슬리가 조직했던 18세기 영국 사회의 클래스 모임(class meeting)은 신앙의 질적인 성숙과 삶의 변화, 즉 심리영성발달을 위한 집단으로서 최대 12명의 구성원이 상호 돌봄과 삶의 변화를 위해서 모이는 실용적인 공동체였다. 모임에서는 클래스의 리더가 기도를 하고 지난 1주일 동안 자신의 영혼의 상태와 삶을 나눈 후에, 구성원들 각자에게 지난 1주일 동안의 자신의 삶과 영혼의 상태를 나누도록 요청을 했다. 이 나눔은 부담이나 압박을 통한 강제적 나눔이 아니라 자기 스스로 자발적으로 자기의 삶을 같은 클래스의 구성원들에게 나누는 시간이었다.

영혼의 상태에 대한 질문은 각 구성원의 심리적인 상태와 영적인 상태를 종합적으로 돌아보게 하는 질문이었는데, 각 구성원의 이야기를 들은 후에, 각자의 심리적 · 영적 상태에 맞게 서로 위로와 격려를 하거나, 필요한 경우에는 권면이나 충고를 했다. 이후에는 출석확인과 어려운 이웃을 위해서 사랑의 실천을 위한 헌금을 하는 것으로 마무리가 되었다. 클래스의 핵심은 구성원 간의 상호책임을 위한 질문이었고, 이 질문은 각자의 영혼의 상태와 선한 행동의 실천에 대한 구체적인 문답 형식이었기 때문에 함께 서로를 세워 가는 과정이었다. 상호책임의 의미는 서로 지지가 되어 주고 직면을 해 줌으로써 영적으로 연약한 구성원에 대한 연대책임을 짐으로써 함께 영성발달의 과정을 해 나가는 의미이다.

웨슬리가 영국에서 시행했던 집단모델은 미국에서는 영국에서만큼 잘 활용되지는 못했다. 그런데 1970년대에 미국 듀크대학교에 박사과정으로 유학 중이던 영국인 대학원생 데이비드 왓슨(Watson)이 박사학위 논문으로 웨슬리의 클래스 모임의 집단모델과 역동을 연구하고 재조명함으로써 웨슬리의 원조 클래스 모임을 현대식으로 변모시키고 활용하게 되었다. 왓슨은 듀크대학교 인근 지역에 있는 개신교 신앙공동체에서 신도들과 함께 웨슬리 집단모델을 직접 실험하면서 박사학위 논문을 완성하게 되었는데, 그 이름은 클래스 모임이 아닌 언약 제자 집단(Covenant Discipleship group: 이하 CD 집단)이라고 불렀다.

다소 생소한 이름의 이 집단은 예수님의 제자로서의 지속적인 심리영성발달을 경험하기 위해 집단의 구성원들끼리 언약(covenant)을 만들고, 그 약속을 매주 만나서 확인하면서 지키는 집단이라는 의미로 이해하면 될 것 같다. 나는 박사과정 학생으로 공부하던 시절, 마침 그때 은퇴한 후 내슈빌에 살면서 밴더빌트대학교의 강사로 가르쳤던 왓슨의 지도 아래에서 같은 학교 학생이었던 친구들과 함께 매주 CD 집단모임에 참석했던 경험이 있다. 이 모임은 영국인 교수님 한 분, 미국인 학생 두 명, 한국인 유학생 두 명, 총 다섯

명이 함께 만든 약속을 한 주간 잘 지킬 수 있었는지, 내 영혼의 상태는 어땠는지, 매주 모여서 나누고 확인하는 따뜻하고 즐거운 분위기의 모임이었다.

웨슬리의 원조 클래스 모임이 최대 12명의 집단원이 있었던 반면에, 왓슨의 집단모델은 참석 인원을 줄여서 최대 7명을 집단원으로 하고 매주 1시간 만남으로 삶을 보고하고 상호책임을 경험하면서 심리적으로 영적으로 서로 격려하기 위한 모임이다. 왓슨의 모델은 20세기 후반 소그룹 운동이 활발하던 미국 문화와 심리학의 직접적인 영향을 받으면서 집단상담 모델의 특성도 가미되었고, 1990년대와 2000년대 미국 연합감리교회(UMC)의 공식 집단모델로 채택되어서 널리 활용되기도 했다. 왓슨의 제자로서 CD 집단모델의 보급에 주력했던 맨스카(Manskar)는 이 모델에 대해서 18세기 영국에서 사용되었던 클래스 모델을 단순히 복제하는 것이 아니라 시대와 문화의 변화에 맞추어서 적절하게 사용하는 것으로 평가했고, 웨슬리의 집단 영성발달 모델에서 가장 중요한 핵심 요소들을 사용해서 현대인들에게 가장 필요한 핵심적인 것들을 제공하기 위한 목적임을 강조했다(Manskar, 2000, p. 16).

맨스카가 강조했던 웨슬리 집단모델의 핵심 메커니즘은 서로의 삶을 집단원들에게 서로 보고하는 상호책임의 원리였는데, 집단 처음 집단을 구성할 때 집단원들이 같이 작성했던 약속에 근거해서 지난 1주일 동안의 자기의 영적인 상태는 어땠고 어떻게 살아왔는지를 단순하게 서로 물어보고 답하는 방식이다. 이 질문과 응답은 집단의 구성원들이 함께 맺은 언약에 근거해서 지난 한 주간 '나는 어떤 것을 했고(what I have done)' '나는 어떤 것을 하지 못했는지(what I have not done)'를 간략하게 나누기 위함이었다(Manskar, 2000, p. 17).

이런 보고는 다른 구성원을 정죄하거나 행위를 통한 의를 강조하는 것이 아니고, 집단의 구성원들과 함께 확인, 격려, 조언, 권면 등을 통해서 모두의 삶의 전반적인 변화를 추구하기 위한 목적이 있다. 어떻게 들으면 사람들 앞에서 자아비판하고 혼나는 모임이 아닌가 하고 오해할 수도 있는데, 전혀 그런 분위기는 아니고 자기가 집단원들과 약속했던 것에 근거해서 내가 어떤 부분은 실천이 잘 되었고, 어떤 부분은 잘 안 되었다는 식으로 편안한 마음으로 평이하게 나누면 되는 방법이다. 물론 한 주간 살아가면서, 그리고 이 모임에 참석할 때마다 지난 한 주간 내가 약속했던 것 중에 내가 무엇을 했고, 무엇을 못했는지를 생각하기 때문에 부담이 되는 것은 사실이지만, 다른 사람의 평가를 신경 쓰게 되는 분위기는 아니다.

이 모임은 마치 미국에서 시작된 알코올 중독자들을 위한 '익명의 알코올 중독자(Alcoholics Anonymous: AA)' 모임과 비슷한 분위기와 느낌을 주는데, 강력한 통제나 심리적 압박의 분위기는 아니고 오히려 격려하고 돕는 분위기가 주를 이룬다. 잘 알려진 것처럼, AA 모임은 1930년대 뉴욕에 살던 두 명의 알코올 중독자가 만나서 이야기를 나누다가 세 번째 사람이 가담하게 된 계기로 성장하게 되었는데, 그 사람들이 술을 끊겠다고 서로 약속한 것에 근거해서 서로 지난 1주일 동안 금주를 했는지 못했는지에 대해서 간단하게 이야기를 하면 되는 것이었다.

AA 모임은 명시적인 종교적 배경은 없지만, 12개의 단계와 원칙을 만드는 과정에서 종교적인 메시지가 포함되었고 이후에 많은 기독교 성직자들과 의사들도 참여해서 전 세계적인 자발적 참여 운동이 되었다. 나는 보스턴에서 공부하던 시절 교과목의 과제로 AA 모임에 한 학기 동안 수요일 저녁마다 매주 참석했던 경험이 있는데, 그 모임에 참석한 사람들이 나와서 이야기하고 들을 때마다 자아비판하는 분위기나 다른 참석자들에게 질책을 당하는 것 같은 느낌은 전혀 없었다. 마찬가지로 CD 집단도 압박이 없이 매우 자발적이고 편안한 분위기의 모임이었다.

집단의 구성과 방법

왓슨이 제안했던 CD 집단은 7명의 집단원을 모음으로써 집단이 구성되고 시작이 되면 집단원들이 함께 고민하고, 토의해서 언약, 즉 서로 간의 약속을 만든다. CD 집단은 AA 모임과는 달리 기독교적인 메시지와 색채가 명시적인 것이 중요한 차이점이다. 기독교에서 말하는 언약은 하나님과 인간 사이에서 하나님이 인간에게 해 주시는 약속을 의미하는데, CD 집단은 그러한 하나님의 은혜에 근거해서 만드는 앞서 믹스가 강조했던 '하나님의 가족 규칙'의 개념으로서 편협한 신학적 관점이나 인간의 선택과 자유를 억압하는 율법적인 형태를 가지는 것은 아니다.

왓슨이 현대적으로 정리한 웨슬리의 규칙은 경건(piety)의 실천과 긍휼(mercy)의 실천, 개인의 측면과 공공의 측면이 균형을 이루는 접근방법이다. 경건의 실천은 각 개인이 하나님과 인격적이고 친밀한 역동과 만남을 위해서 중요하고, 긍휼의 실천은 사회를 살아가는 다른 사람들과의 친밀한 개인적 관계를 위해서 중요하다. 경건의 실천은 함께 드리는 예배와 같은 공공적 경건의 실천과 묵상과 기도 같은 개인적 경건의 실천이 조화를 이루고, 긍휼의 실천은 사회정의를 구현하기 위한 노력 같은 공공적 긍휼의 실천과 어려운 사람들을 직접 돕는 것과 같은 개인적 긍휼의 실천이 균형을 이루는 내용이다.

코로나 시대에 이 원칙을 적용해 보면, 신앙공동체의 구성원들이 모여서 대면 예배를 드리는 것은 경건의 실천의 공적인 측면이다. 그런데 이 원칙이 다른 영역과 충돌을 일으키거나 상충하는 것은 바람직하지 않다. 예를 들면, 개신교인들이 신앙공동체에 모여서 대면 예배를 드리는 것이 긍휼의 실천의 공적인 측면, 즉 같은 한국 사회를 살아가는 다른 사람들과의 관계에서 전염병을 감염시키는 피해를 주고, 방역을 위한 막대한 비용을 지출하도록 초래하는 것이기 때문에 공적인 긍휼의 측면에는 맞지 않는 방법이다. 그렇다면 두 영역이 갈등과 충돌이 있을 때는 대면 예배로 모이지 않는 방법이 균형 잡힌 신앙이라고 볼 수 있다.

정리하면, 집단원들이 함께 만드는 약속의 네 영역은 경건(devotion), 예배(worship), 긍휼(compassion), 정의(justice)의 실천의 균형으로 볼 수 있는데, 집단원들은 이 네 가지 영역에 각각 해당하는 약속문을 영역별로 한두 개 정도씩, 전체적으로 네 문장에서 여덟 문장 정도로 정리해서 작성한다. 예를 들면, '나는 도움이 필요한 사람을 보면 그들을 돕기 위해 내가 할 수 있는 일을 하겠다.'(긍휼의 실천), '나는 살면서 사회 부정의를 목격하게 될 때는 침묵하지 않겠다.'(정의의 실천), '나는 신앙공동체 내부의 옳지 않은 문제를 보게 될 때 이기적 침묵으로 방관하지 않겠다.'(정의의 실천), '나는 매일 조금이라도 성경 읽기와 기도하는 시간을 가지겠다.'(경건의 실천), '나는 온라인 주일예배에 참석하는 사람들이 함께 모이지 못하더라도 하나님의 은혜를 경험할 수 있도록 기도하겠다.'(예배의 실천) 등이다. 이처럼 집단원들 전체가 동의하고 삶의 가이드로 흔쾌히 받아들이고 너무 어렵지 않게 실천할 수 있는 내용으로 정한다.

CD 집단의 구조, 역동, 과정은 집단상담과 유사하다. 직장이나 학교에서 점심시간이나 여유가 있는 시간을 이용해서 매주 1시간 만나고, 7명의 집단원이 각자의 마음을 열고 하나님의 도움과 은혜를 경험할 수 있도록 짧은 묵상 혹은 기도로 시작한다. 약속된 시간 정시에 시작해서 예정된 시간에 정확하게 마치고, 일부 구성원이 나눔과 대화를 더 하기 원하면 공식적인 1시간의 모임을 마친 후에 가능하다. 규칙이 엄하고 건조하다고 느껴질 수 있지만, CD 집단의 가장 중요한 목표는 친교가 아니라, 서로의 삶을 보고하고 상호책임을 통한 행동의 변화인 점을 기억할 필요가 있다.

집단모임의 시간은 구조화되어 있지만 친밀한 느낌으로 진행이 되고, 집단원들 모두에게 집단상담의 참여자들에게 요구하는 것처럼 비밀보장(confidentiality)의 준수 책임도 있다. CD 집단은 지도자와 연장자가 있어서 수직적 · 권위적 집단모델이 아니라, 코헛이 강조했던 것처럼 수평적이고 평등하며 친밀한 모델로서, 리더 혹은 촉진자(facilitator)가 존재하는데 대개 리더가 고정되는 것이 아니라 집단원들이 매주 돌아가면서 리더의 역할을 맡는다. 리더가 권위를 사용하지는 않더라도 그날의 리더는 언약의 각 문장을 읽고 먼저 자기 영혼의 상태와 1주일간 삶에서 어떤 부분은 했고, 어떤 부분은 하지 못했는지 간략하게 보고하는 것으로 시작하고, 이후에 다른 집단원들도 자신들이 함께 만든 약속에 비추어서 1주일간의 삶을 회상하고 보고하도록 초대하고 격려한다.

앞서 언급한 것처럼, 어떻게 살아왔는지, 어떤 것을 실천했고, 어떤 것을 실천하지 못했는지 집단 구성원들에게 사실에 근거해서 간략하게 나눈다. 집단의 분위기는 판단, 정죄, 처벌의 목적이 아니라 1주일 동안의 삶의 여정을 함께 나누는 장이기 때문에, 구성원들은 동정 어린 경청, 이해, 공감, 따뜻한 조언 등을 경험할 수 있다. 리더는 시간, 대화의 흐름, 속도, 각 구성원의 균형 잡힌 참여 등을 확인하여야 하고, 수평적 관계 안에서도 책임 있는 역할을 감당해야 한다. CD 집단은 기도 혹은 간단한 명상 등의 제의로 마치게 된다.

집단모델: 집단상담과 영성훈련의 만남

지금까지 설명한 것처럼, CD 집단의 구조와 과정은 다소 공식적이고 기계적으로 보인다. '규칙쟁이들' '방법론자들'이 만든 아주 구체적인 방법(method)으로 볼 수 있다. 7명 정도의 집단 구성원들이 1주일 간격으로 1시간 동안 만나는 형식을 가지고 있는데, 집단의 구성원들이 자신이 어떻게 느꼈는지, 자신의 감정이나 내면의 갈등을 나누기보다는, 자신들이 만든 언약에 비추어서 1주일간 자신이 한 일, 하지 못한 일에 대한 일종의 보고를 하고, 서로 격려하고 지지해서 행동의 변화를 촉진하거나 변화된 행동을 지속시키려는 목적이 있다. AA 모임에서 알코올 중독에 빠진 행위를 멈추고, 그 멈춘 행위가 안정적으로 유지되도록 돕는 메커니즘과 같다고 볼 수 있다.

하지만 실제로 CD 집단에 참여한 경험이 있는 사람들의 경험담과 박사과정 중 개인적인 참여 경험에 의하면 시간이 지날수록 마치 잘 준비된 집단상담처럼 집단의 대화는 더 깊어지고, 구성원들의 깊은 내면의 감정과 상처가 나오기도 하며, 집단의 역동이 꽤 활발해지기도 한다. CD 집단을 재조명한 왓슨과 함께 미국 내에서 CD 집단모델 보급에 나섰던 그의 아내 게일에 의하면, CD 집단이 "잘 훈련된 상담 전문가의 손에 의해 다루어진다면, 구성원들의 연약함은 엄청난 심리치료 효과로 나타날 수 있고, 실제로 그런 일들이 많이 일어난다."라고 지적하였다(Watson, 2000, p. 46).

CD 집단모델이 구성원들의 생각, 감정, 행동의 성숙과 변화를 목표로 하고 실제로 집단 역동을 통해서 경험하는 변화의 폭은 상당히 큰 편이다. 특히 상담학적인 관점에서 볼 때 한 사람의 변화된 행동을 일정 기간 유지하는 일이 매우 어려운데, 1주일 간격으로 삶의 실천을 보고하는 과정을 통해서 자신의 행동 변화를 지속해서 유지하려는 구성원 자신의 개인적인 노력과 다른 구성원으로부터의 격려, 지지, 자극이 큰 도움이 된다. 그런데 CD 집단모델이 효율적인 모델이기는 하지만, 이미 개발되고 보급된 지 시간이 꽤 지난 모델이 되었고, 집단상담의 구조와 과정에 의해서 보완된다면 심리발달과 영성발달을 종합적으로 함께 아우를 수 있는 더 효과적인 모델을 만들 수 있다는 생각이 든다. 사실 개인적인 참여 경험에 의하면 CD 집단은 집단원과의 관계 안에서 개인의 감정과 갈등을 충분히 표현하거나 지금-여기에서의 정서적 체험 부분이 부족했고, 그런 영역을 모임을 통해서 조금씩 나누기는 하지만 1시간 안에 만나서 모임을 경험하고 마무리하기에는 충분한 시간, 공간, 기회 제공에는 실제로 어려움이 있었다.

보스턴칼리지의 종교심리학자인 존 맥다르(McDargh)는 자신의 논문인 「영성훈련으로서의 집단상담」에서, 의식적으로 의도하지는 않았지만 우연하게도 집단에 참여하는 것이 자연스럽게 집단상담과 영성훈련의 효과를 경험할 수 있는 장이 될 수 있다는 것을 상세하게 묘사했다(McDargh, 1994, pp. 290-299). 맥다르는 본인이 5년간 이끌었던 집단상담이 종교적 배경이 없는 일반 세속적 배경의 집단상담이었지만, 의도하지 않게 심리적 치료와 영적인 지지가 함께 만나는 교차적인 장소의 역할을 했음을 강조했다. 그의 집단원들은 높은 교육수준과 재능을 가진 중산층, 중년, 백인 남성들로서 회사의 중역, 공무원, 도시계획가, 대학행정가 등으로 근무를 했다. 하지만 그들의 공통점은 폭력적이고 역기능적인 가정, 특히 알코올중독자 가정에서 자라서 혼란스러운 아동기를 보낸 경험이 있었고, 정체성의 혼란을 경험하고 있었다. 집단원들은 정서적 공허감, 나르시시즘으로 인해서 인간관계에서 지치고 탈진하는 경험을 했고, 그런 이유로 생생하고 진정한 감정을 인식하지 못하고 경험하지도 못하는 어려움을 공통으로 가지고 있었다.

맥다르에 의하면 이러한 내담자들이 경험해야 하는 가장 중요한 첫 번째 목표는 '자기가 감정이 있음'을 느끼는 것이었는데, 그 경험 자체가 결코 쉬운 일이 아니었다(McDargh, 1994, p. 292). 집단상담의 치료사였던 그의 구체적인 관찰과 묘사에 의하면, 집단원들이 자기의 감정의 흐름을 인식하는 능력에 심각한 장애가 있었다. 집단원들 모두 아동기에 경험한 신체적 · 정서적 학대의 패턴, 예측할 수 없는 부모, 폭력적이고 정서적으로 혼란스러운 가정 등의 이유로 자기감정은 생각하거나 느낄 겨를도 없이 부모나 다른 가족구성원의 눈치를 살피고 그들의 기분을 알아차리는 일에 집중해야 하는 힘들고도 불가능한 과제를 수행해야만 했기 때문이다(McDargh, 1994, p. 292). 그들은 과거 어린 시절부터 지금까지 자기 부모와 형제자매에 대한 깊은 책임감 때문에 평생 희생적인 돌봄을 제공해 왔고, 그 결과로 자기의 감정을 확인하고 돌보는 것이 거의 불가능한 상태가 되어 버렸다. 즉, 자기가 무엇을 욕망하는지, 무엇을 느끼는지, 무엇을 원하는지에 대해서 잘 모르는 상태였다. 그래서 맥다르가 이끄는 집단상담의 중요한 과제 중의 하나가 지금-여기에서 자기의 감정의 흐름을 느끼고, 명명하고, 말로 표현하는 훈련이었다.

맥다르의 집단상담의 또 다른 중요한 목표는 집단원들이 각자 자기의 신앙적, 문화적 정체성에 대해서 강력한 확신과 감정을 경험하는 것이었다. 상담사인 맥다르는 집단 안에서 자신의 역할을 상담사가 아닌 수평적인 관계에서 '집단상담 과정의 섬김이'로 규정하고, 상담사와 집단원의 관계 역동도 평등하고 상호 배움의 기회로 규정을 하였다(McDargh, 1994, p. 291). 맥다르는 상담사인 자기정체성에 대한 인식과 집단원들 각각의 정체성에 대해 인식하면서, 자신들을 교육을 많이 받고 다양한 재능을 가진 가톨릭 신자, 중산층, 백인 남성으로서의 공통된 정체성을 경험하고 확인했다. 상담사를 포함한 모든 집단원에게 있어서 집단상담은 심리적인 갈등, 불안, 두려움을 나눌 뿐 아니라, '이 여정에서 나는 누구인가?'를 질문함으로써 영적인 질문과 깨달음의 기회를 제공하였다. 집단상담의 상담사를 포함한 집단원들은 이 과정을 통해서 상대방에 대한 무조건적 수용, 사랑, 은혜를 경험하였고, 어떤 해결책을 제공하거나 격려의 말을 직접 하는 것은 아니더라도 서로에 대한 돌봄과 용기를 보여 주었으며, 서로를 정죄하거나 판단하지 않는 태도를 보여 주었다. 집단상담에서 집단원들이 특정 집단원을 위해서 직접 해 준 것이라고는 그 집단원의 삶에 대해서 다른 집단원들이 그동안 보아 온 것, 그가 그동안 어떻게 잘 견뎌 왔고 승리해 왔는지에 대해서 알아차려 주고 말로 표현해 주는 것이었다.

무엇보다도, 맥다르는 집단원들이 '심리적인 성취와 은혜의 선물'을 경험했음을 강조했다(McDargh, 1994, p. 297). 즉, 심리발달과 영성발달을 함께 경험한 것이다. 집단상담의 회기들은 맥다르가 "은혜는 어디에나 존재한다. 하나님의 은혜는 얼마나 아늑하고 따뜻하고 친절한가!"라는 표현에서 묘사한 것처럼 집단원들이 하나님의 깊은 은혜를 체험하는 자리가 되었고, 하나님-인간, 인간-인간 간의 상호의존적인 깊은 사랑과 정의 관계를 경험하는 기회가 되었다. 맥다르의 표현처럼 '나는 당신의 일부이고 당신은 나의 일부가 되는 경험, 결국 우리는 그리스도에 속하고 그리스도는 하나님께 속하는 깨달음'을 얻게 되는 계기가 되었다(McDargh, 1994, p. 297).

즉, 대상관계이론에서 강조하는 것처럼 나와 대상의 분명한 경계가 없는 일시적인 융합 경험, 공감받는 경험을 하고 난 후에 다시 더 강화되고 건강해진 모습으로 일상으로 돌아가는 경험을 반복해서 하게 된 것이다. 그런 의미에서, 집단상담은 집단원들에게는 자연스럽게 영성훈련의 기회가 된 것이다. 결국 집단상담의 원래 목표는 심리적인 변화였지만, 상담사인 맥다르와 집단원들 모두는 심리치료와 동시에 영성발달을 경험했다. 그 집단은 참가자들 모두에게 안전함, 소속감, 유사가족의 경험을 제공했고, 무엇보다도 은혜의 선물, 무조건적 수용, 신뢰, 돌봄, 사랑, 정을 경험하는 기회가 되었다.

요약 및 심리영성 집단모델 제안

지금까지 살펴본 것처럼, 웨슬리가 18세기에 영국 사회에서 새로운 운동을 이끌면서 신도들의 인지, 정서, 행동의 변화와 성숙을 위해 제공했던 집단모델인 클래스 모임은 왓슨에 의해서 CD 집단이라는 이름으로 현대화되어서 1980년대부터 2000년대에 들어오기까지 은혜의 통로로서 매우 중요한 역할을 하였다. 사실 CD 집단의 구조와 과정은 행동과 삶의 변화라는 최종 목표를 위해서 인지적인 이해와 생각과 행동 변화에 초점을 맞춘 인지행동 초점의 집단모델이었다. CD 집단은 효과적인 모델임에도 불구하고 정서를 강조하고 다루는 부분이 부족했고, 집단원들이 1주일간의 삶을 나누는 과정을 통해서 느끼는 감정의 표현을 적절하게 다루어 주거나 상담적 개입을 하기에는 아쉬움이 있었다. 그런 점에서, 왓슨의 CD 집단모델의 효과적인 요소를 잘 활용하면서도, 집단 구성원들의 정서적인 부분을 표현하고 잘 다루는 기회를 제공함으로써 집단상담의 효과까지 같이 활용하게 된다면, 웨슬리가 강조했던 인지, 정서, 행동의 포괄적이고 전인적인 변화를 이끌 수 있는 더 효과적인 모델을 만들 수 있고, 한국 개신교회와 구성원들에게 매우 효과적인 치료, 변화, 성숙의 기회를 제공할 수 있을 것이다.

이 책의 마무리에서 제안하는 심리영성 집단모델은 최소 1년 이상 장기적인 만남을 가지는 집단모델로서 집단상담과 CD 집단이 조합된 모델로 보면 좋을 것 같다. 집단은 심리발달이 일어나는 어린 시절의 가족처럼 유사가족과 같은 친밀한 정서적 환경을 제공하는 것이 가능할 만큼 충분히 작고, 그러면서도 큰 공동체나 사회에서처럼 대인 관계적 갈등과 문제가 되는 역동을 발견하고 교정하는 데 충분한 사회의 축소판의 모습을 가지고 있을 만큼 충분히 크다. 심리발달을 통해서 대상항상성이 형성되려면 생애 초기에는 적어도 3년의 기간이 필요하지만, 청소년이나 성인은 인지발달이 잘 이루어져 있고, 다양한 대인관계 혹은 사회생활 경험이 있기에, 그 기간보다는 짧은 기간으로도 심리발달이 가능하고, 작용적 신학의 교정, 개별적-성찰적 신앙방식의 발달 등 심리발달과 동반하는 영성발달도 가능하다. 상황이 된다면 1년보다는 2~3년 정도 같은 구성원으로 심리영성 집단을 진행하는 것이 더 좋을 것으로 보인다.

심리영성 집단모델 구성 및 방법

리더

집단원들에게 깊은 성찰과 교정적인 직면을 제공하기 위해서 상담훈련과 신학적 성찰훈련이 된 리더가 필요하다. 물론 집단은 리더 혼자서 모든 일을 하는 것은 아니지만, 리더는 우선 정서적 대상항상성이 안정적으로 형성된 경험, 자기의 작용적 신학에 대한 분명한 인식, 개별적-성찰적 신앙방식을 경험한 사람이면 좋을 것 같고, 가능하다면 결합적 신앙을 경험한 사람이면 더 좋을 것 같다. 리더는 집단 구성원들의 내면과 대인관계에서 일어나는 심리적인 문제와 영적인 문제를 다 잘 이해하고 다룰 수 있는 능력이 있어야 하고, 리더 자신이 경계선, 자기애적 성향과 심리적인 문제 때문에 집단원과의 관계에서 착취하거나 학대하지 않는 건강한 사람이 역할을 잘할 수 있을 것으로 보인다.

집단원

심리영성 집단은 친밀감의 경험과 충분한 나눔이 가능할 수 있도록 7명 이내로 구성하되, 집단원이 되기 위한 특별한 선제조건이 있는 것은 아니다. 하지만 나이나 인생 경험, 성별, 직업 등의 유사성보다는, 평등한 관계를 받아들이고 서로를 존중하는 마음으로 진지하게 관계를 맺을 수 있는 사람들이 좋은 후보자일 수 있다. 또한 집단의 목적이 심리발달과 영성발달의 통합적 과정임을 이해하고 동의하며 적극적인 참여 의사가 있는 사람들로 구성하는 것이 서로에게 도움이 될 것이다. 어떤 집단이든 비자발적 참여자가 있는 경우에는 집단의 원활한 흐름과 역동적 과정이 어렵기 때문이다.

모임구조

심리영성 집단모임은 1주일 간격으로 90분간 모이면 좋다. 왓슨의 CD 집단모델의 모임 시간인 1시간보다 30분이 더 긴 이유는, 함께 만든 언약에 비추어서 지난 1주일간의 삶에서 행동으로 한 것과 하지 못한 것을 나누는 시간의 확보가 필요하고, 정서적 어려움, 관계적 갈등 등이 수면 위로 올라오면 급하게 집단모임을 시간에 맞춰 끝내는 것보다는 충분한 감정적 표현을 나눌 수 있도록 하기 위함이다. 대략 모임의 첫 30분을 지난 1주일간의 삶의 나눔과 영혼의 상태를 보고하는 시간으로 삼고, 이후의 1시간을 자연스럽게 집단에서 관계 역동이 드러나고 심리적 문제를 다루는 시간으로 쓰면 좋을 것 같다. 리더는 1시간 30분이 넘지 않도록 시간을 확인하고, 집단의 흐름을 관찰하며, 모든 집단원이 균형 있게 참여할 수 있도록 역할을 해야 한다.

심리발달

심리영성 집단에 집단상담의 요소를 포함함으로써 정서적인 상처, 아픔, 어려움 등을 다룰 수 있다. 특히 재접근기 발달의 문제로 인한 유기불안과 유기공포, 자기애, 경계선 성격 성향이 있는 집단원들의 심리발달의 문제는 집단원들의 상호 공감과 직면을 통해서 다루어져야 할 필요가 있고, 이를 통해 서서히 대상항상성 형성을 도움으로써 일상생활의 관계에서 타인에게 수용받지 못하고 버려질 것에 대한 불안, 두려움을 다루는 과정이 필요하다. 집단원들로부터 정서적으로 수용받고 공감받는 경험이 충분히 축적되는 것이 도움이 될 것이다. 또한 자기 형성의 부족으로 인한 분리불안이나 자기존재(being)에 대한 수치심, 열등감 등의 주제도 집단에서 다루어야 할 심리발달의 핵심 주제로 볼 수 있다.

영성발달

심리영성 집단의 모임 과정에서 시작과 끝에 명상, 관상기도 등이 포함되면 좋다. 영성발달의 핵심은 하나님에 대한 부정적인 작용적 신학을 다루고, 종합적-전통적 신앙방식에만 머물지 않도록 돕는 것이다. 집단에서 집단원의 작용적 신학이 드러난다면 정서적 수용과 공감을 통해서 위로하고, 불안과 두려움을 느끼더라도 집단원들이 함께 있는 시간과 공간이기 때문에 서서히 개별적-성찰적 신앙을 경험할 수 있도록 지지와 격려를 해 주는 과정이 필요하다. 특히 심리발달이 어느 정도 잘 이루어졌어도 자기승인과 권위의 문제 때문에 두려움을 느끼고 종합적-전통적 신앙에 머무는 경우도 많아서 집단원들의 지지 속에서 자기 관점에 대한 확신을 느낄 수 있도록 경청하고, 수용하고, 확인해 주고, 격려하는 것이 큰 도움이 될 것이다. 신앙공동체에서 그동안 배운 의심 없이 당연하게 생각하는 교리, 전형적인 성경 해석, 가르침에 대해서 깊이 성찰하고 자기 고유의 관점을 서서히 형성하도록 집단의 대화를 통해서 돕는 것이 중요하고, 균형 잡히지 못한 성찰을 한다면 무조건 수용해 주는 것보다는 신중하게 직면하고 조언하는 것도 꼭 필요하다.

약속과 상호책임

경건, 예배, 긍휼, 정의의 네 영역을 실천할 수 있는 아주 간단한 한 문장 혹은 두 문장으로 약속을 정한다. 약속을 정하는 과정에서 가장 중요한 것은 집단원 모두가 큰 부담을 느끼지 않는 범위 내에서 동의하는 문장으로 약속을 정하는 것이다. 예를 들면, 요즘 같은 코로나 시대에는 "나는 신앙공동체의 구성원과 이웃 모두의 건강과 안전을 위해서 온라인 주일예배에 마음을 다해 참석할 것이다."라는 약속도 좋다. 이 약속은 예배의 실천이 될 수도 있고, 이웃을 배려하는 정의의 실천이 될 수도 있다. 그런데 집단원 중 한 명이라도 대면 예배를 꼭 참석해야겠다는 마음이 있다면, 이 약속 대신 다 같이 큰 부담이나 갈등 없이 실천할 수 있는 다른 약속을 정할 수 있다.

주의점

심리영성 집단모델 역시 완벽한 집단모델은 아니기에 실제로 신앙공동체 안에서 집단을 구성하고 실천하는 데 있어서 어려움이 있을 수 있다.

첫째, 한국 교회와 개신교인들에게 가장 어려울 수 있는 문제는 비밀보장(confidentiality)의 문제이다. 집단원들이 상담사와 같은 비밀보장 훈련을 받지 않았고, 한국 문화와 교회에서 비밀보장은 매우 보장하기 힘든 목표이기 때문에, 집단에서 나눈 구성원의 연약함, 심각한 개인적 문제 등이 전체 공동체에 퍼져 나가서 오히려 참여자들이 더 고통스러운 상황에 마주할 수도 있다.

둘째, 심리영성 집단이 참고로 삼은 CD 집단의 원래 취지는 부족한 다른 집단원을 정죄하거나 자기의 행위를 통한 의를 강조하는 것이 아니고, 서로의 부족함을 인정하고 수용하며 타인을 따뜻하게 지지, 조언, 권면하는 것인데, 실제로 행위를 통한 의로움의 추구와 같은 부작용이 발생할 가능성도 있다. 매주 모임에서 그동안 한 것과 하지 못한 것을 나누다 보면 약속을 잘 실천한 사람도 있고 그렇지 못한 사람도 있는데, 약속의 실천을 반복적으로 못하는 상황이 생긴다면 모임에 가는 상황도 불편할 수 있고, 다른 사람들에게 낙인찍힐 것에 대한 두려움을 경험할 수도 있다. 또한 행동과 삶의 변화를 추구하다 보면 집단 경험을 통한 정서의 변화, 인지의 변화, 행동의 변화가 유기적으로 경험되는 전인적인 심리영성발달 과정을 경험하기보다는 행동에만 과도하게 집중할 가능성도 있다. 심리영성 집단에서도 비슷한 상황이 발생하지 않도록 특별히 주의가 필요해 보인다.

이 외에도 심리영성 집단을 구성해서 진행하다 보면 실제적인 어려움이 추가될 수 있겠지만, 심리영성 집단의 구성원들이 신앙하는 공동체로서 함께 고민하고 해결해 나가면 될 것으로 보인다. 또한 미처 언급하지 못한 중요한 요소들이 있다면 심리영성 집단의 구성원들이 의견을 모아서 추가하면 좋을 것 같고, 독자들이 귀한 조언을 해 준다면 이 모델을 지속해서 업데이트하고 부족함을 메워 갈 수 있을 것으로 기대한다.

책을 마치며

책을 마무리하는 현재, 한국과 세계는 여전히 코로나바이러스의 강력한 영향 아래 있고, 한국 개신교회는 맥없이 생명력을 잃어 가고 있다. 너무나도 절망적이고 안타까운 상황이지만, 한국 개신교 신앙공동체에 작은 집단들이 자발적으로 구성되고, 그 집단에 참여하는 구성원들이 함께 약속을 만들어서 지키며 매주 만나서 보고하고 상호책임을 지는 심리영성 집단이 생기고 활발하게 활동한다면, 개신교의 개혁을 위한 첫걸음이 될 수 있다. 그 모임에서 개인의 비밀보장이 되는 가운데 각자의 심리발달 과정의 문제를 드러내고 교정 받는 경험을 할 수 있다면, 그 과정과 함께 자연스럽게 영성발달도 이루어지는 좋은 기회가 되리라고 기대한다. 만약 어린 시절 중요 대상에 대한 두려움과 부정적인 감정이 줄어들고 학대받은 경험이 치유된다면, 현재의 하나님과의 관계와 신앙공동체에서 다른 구성원들의 관계가 훨씬 편안하고 친밀함을 느끼는 기회가 될 것이다. 이런 경험을 통한 성장과 성숙이 일어난다면 한국 개신교회의 극적인 변화도 기대할 수 있다고 믿는다.

원래 개신교의 정신은 기존 교회의 잘못된 구조를 끊임없이 변혁하는 것이다. 그래서 개신교도들을 프로테스탄트, 즉 '저항하는 사람들'이라고 부른다. 중세 가톨릭교회는 초기 기독교에서 시작한 역사가 1,000년이 되어 가고, 서기 380년 로마제국의 국교가 된 지 700년이 되어 가던 상황에서 원래의 정신에서 많이 변질된 모습을 보였고, 그런 점들을 갱신하고 개혁하기 위한 운동이 개신교 운동이었다. 가톨릭교회의 문제가 오랜 세월 누적된 이유도 있었지만, 가톨릭 신부였던 루터의 95개 조의 반박문과 개신교 운동을 촉발했던 가장 직접적인 원인은 베드로 대성당의 건축비를 마련하기 위한 면죄부 판매였다. 즉, 이미 고인이 된 가족을 위해서 큰 헌금을 하고 면죄부를 사면, 천국도 지옥도 아닌 중간 상태인 연옥에 머무는 사랑하는 사람이 천국으로 갈 수 있다는 일종의 희망 고문이었다.

율법으로 물들고 하나님의 사랑과 공의의 정신이 사라진 유대교를 갱신하기 위한 운동이 예수 운동(Jesus movement)이었고, 예수와 제자들의 역동적인 변혁 운동이 오랜 세월이 지나서 다시 견고한 구조(structure)로 변질된 가톨릭교회를 근본적으로 갱신하기 운동이 프로테스탄트 운동(Protestant movement)이었다면, 국가와 종교가 결탁한 영국 국교회가 되었던 성공회를 개혁하기 위한 운동이 메토디스트 운동(Methodist movement)이었다. 귀족 중심의 고교회를 탈피하여 낮은 자를 향한 정신을 가지고 영혼과 마음의 치유에 앞장섰던 메토디스트 운동이 다시 감리교라는 견고하고 거대한 조직으로 변질되었을 때, 감리교 목사였던 윌리엄 부스(Booth)는 감리교 내의 개혁 운동을 하다가 세상을 살리는 군대가 되자는 의미의 구세군(Salvation Army)을 창설하고 구세군 자선냄비와 종을 들고 거리로 나서게 되었다.

기독교 역사와 전통이 2,000년이 넘은 2020년, 우리는 이전에 한 번도 경험해 보지 못한 세상을 경험하며, 프로테스탄트 교회의 급격한 몰락을 지켜보고 있다. 이제는 프로테스탄트 교회에 저항하는 새로운 갱신과 개혁 운동이 필요하다. 현재 모습의 개신교라면 예수님이 유대교 성전을 보시고 한탄하시면서 하신 말씀처럼 "돌 하나도 돌 위에 남지 않고 다 무너뜨려서"(마가복음 13장 2절) 처음부터 다시 시작하는 것이 나을 것 같다. 다시 시작하는 모습은, 사도 바울이 이방 지역에 처음 예수의 복음을 전할 때 신도의 집에서 소규모로 모였던 초기 교회의 모습을 원형으로 삼아야 할 것 같다. 바울은 소아시아 지역을 두루 다니며 각 도시와 지역에서 복음을 전했고, 믿는 사람들이 서로의 집에 모여서 예배하고 신앙을 배웠는데, 당시 보통 가족이 사는 집에서 모일 수 있는 인원이 20~30명 정도였다. 이 책에서 제시한 심리영성 집단처럼 서로 격려하고 권면하며 심리발달과 영성발달을 함께 체험할 수 있는 모습이었다.

이 땅에 허물어져 가는 프로테스탄트 교회를 변혁하고, 신음하는 한국 사회와 사람들을 살리며, 희망을 잃은 젊은이들과 소외된 사람들과 함께하는 한국 사회와 개신교회에 스피리투스 운동(Spiritus movement)이 일어나기를 간절히 소망하며, 이 책을 마무리한다.

참고문헌

가요한(2013). 제임스 W. 파울러의 신앙발달단계 이론의 기독(목회)상담적 적용. 한국기독교상담학회지, 24(4), 9-32.

가요한(2014). 집단상담과 영성훈련의 조화: 존 웨슬리 신학과 집단모델에 근거한 한국적 CD 집단모델 제안. 목회와 상담, 23, 9-57.

가요한(2015). 개신교 신앙공동체의 평화와 성숙을 위한 목회상담: 상담적 직면과 신학적 성찰의 필요성. 신학과 실천, 43, 337-376.

가요한(2017). 종교적 경험의 발달적 이해. 한국기독교상담학회지, 28(2), 9-43.

가요한(2019). 한국 기독교인들의 심리영성발달을 위한 인류학 개념의 적용 및 제안: Communitas, Habitus, and Hexis. 한국기독교상담학회지, 30(2), 9-38.

가요한(2020). Fowler의 신앙발달단계이론의 재평가 및 한국 기독교인의 심리영성발달을 위한 적용 가능성 재고. 한국기독교상담학회지, 31(3), 9-44.

권수영(2007). 기독[목회]상담 어떻게 다른가요: 심리학과 신학의 만남. 서울: 학지사.

김동기(2013). 종교행동의 심리학적 이해. 서울: 학지사.

김판임(2011). 바울파와 아볼로파, 고린도교회 분쟁의 실상에 관한 연구. 대학과 선교, 20, 181-208.

목회와신학 편집부 편(2007). 고린도전서: 어떻게 설교할 것인가. 서울: 두란노아카데미.

유영권(2008). 기독(목회)상담학: 영역 및 증상별 접근. 서울: 학지사.

이상희(2011). 평화교육을 지향하는 종교교육에 관한 연구: 한국의 다문화화를 중심으로. 연세대학교 교육대학원 석사학위논문.

장일조(1986). 평화의 기본 개념. 기독교사상, 336, 14-23.

장종철(1982). 파울러의 신앙발달과 기독교교육. 신학논단, 16, 349-372.
한국목회상담학회(2011). 현대목회상담학자연구. 서울: 도서출판 돌봄.

Allport, G. W. (1942). *The use of personal documents in psychological science.* New York, NY: Social Science Research Council.
Bourdieu, P. (1977). *Outline of a theory of practice.* New York: Cambridge University Press.
Bourdieu, P. (1990). *The logic of practice.* Stanford: Stanford University Press.
Browning, D. S., & Cooper, T. D. (2004). *Religious thought and modern psychologies.* Minneapolis: Fortress Press.
Cobb, J. B. Jr. (1995). *Grace and Responsibility: A Wesleyan Theology for Today.* Nashville: Abingdon press.
Corey, G. (2012). 심리상담과 치료의 이론과 실제(개정판) [*Theory and practice of counseling and psychotherapy* (8th ed.)]. (조현춘, 조현재, 문지혜, 이근배, 홍영근 공역). 서울: 센게이지러닝코리아. (원저는 2009년에 출판).
Erikson, E. H. (1968). *Identity: Youth and crisis.* New York: W. W. Norton & Company.
Erikson, E. H. (1998). *The life cycle completed.* New York: W. W. Norton & Company.
Erikson, P. A., & Murphy, L. D. (1998). *A history of anthropological theory.* Peterborough, Ontario, Canada: Broadview Press.
Fowler, J. W. (1974). Agenda toward a developmental perspective on faith. *Religious Education, LXIX*, 209-219.
Fowler, J. W. (1981). *Stages of faith: the psychology of human development and the quest for meaning.* New York, NY: HarperOne.
Fowler, J. W. (1987). *Faith development and pastoral care.* Philadelphia: Fortress Press.
Fowler, J. W. (1996). *Faithful change: The personal and public challenges of postmodern life.* Nashville: Abingdon Press.
Fowler, J. W. (1999). *Becoming adult, becoming Christian: adult development and Christian faith.* San Francisco, CA: Jossey-Bass Publishers.
Fowler, J. W. (2001). Faith development theory and the postmodern challenges. The International *Journal for the Psychology of Religion, 11*(3), 159-172.

doi:10.1207/S15327582IJPR1103_03

Fowler, J. W. (2004). Faith development at 30: Naming the challenges of faith in a new millenium. *Religious Education, 99*(4), 405-421. doi:10.1080/00344080490513036

Geertz, C. (1973). *The interpretation of cultures: Selected essays*. New York: Basic Books.

Gerkin, C. V. (1991). *Prophetic pastoral practice: A Christian vision of life together*. Nashville: Abingdon Press.

Gorday, P. (2000). The self psychology of Heinz Kohut: What's it all about theologically? *Pastoral Psychology, 48*, 445-467.

Graham, L. K. (1992). *Care of persons, care of worlds: A psychosystems approach to pastoral care and counseling*. Nashville: Abingdon Press.

Groome, T. H. (1984). 파울러의 신앙발달 단계이론과 신앙교육. 교육교회, 99, 114-131.

Hamilton, G. (2007). 대상관계 이론과 실제: 자기와 타자 (*Self and others: Object relations theory in practice*). (김진숙, 김창대, 이지연 공역). 서울: 학지사. (원저는 1990년에 출판).

Hauerwas, S. (1998). *Sanctify them in the exemplified*. Nashville: Abingdon Press.

Heitzenrater, R. P. (1989) *Mirror and memory: Reflections on early methodism*. Nashville: Kingswood Books.

James, W. (1902). *The varieties of religious experience: A study in human nature*. New York: Longmans, Green, & Co.

James, W. (2000). 종교적 경험의 다양성 (*Varieties of religious experience*). (김재영 역). 서울: 한길사. (원저는 1902년에 출판).

Jenkins, R. (1992). *Pierre Bourdieu*. New York: Routledge.

Jordan, M. (1986). *Taking on the Gods: The task of the pastoral counselor*. Nashville: Abingdon Press.

Ka, Y. (2010). Self psychology's implicit contribution to spiritual development: Empathy and grace. *Korean Journal of Christian Counseling, 20*, 11-28.

Karen, R. (1992). Shame. *The Atlantic Monthly, February*, 40-70.

Kim, U. et al. (Ed.). (2006). *Indigenous and cultural psychology: Understanding people in context*. New York: Springer.

Kohlberg, L. (1981). *The philosophy of moral development: Moral stages and the idea of justice.* New York: Harper & Row.

Kohlberg, L. (1984). *The psychology of moral development: The nature & validity of moral stages.* New York: Harper & Row.

Kohut, H. (1959). Forms and transformations of narcissism. In P. H. Ornstein (Ed.), *The Search for the Self: Selected writings of Heinz Kohut: 1950-1978* (Vol. 1, pp. 427-460). New York: International University Press.

Kohut, H. (1971). *The analysis of the self.* Madison, CT: International University Press.

Kohut, H. (1977). *The restoration of the self.* New York: International University Press.

Kohut, H. (1984). *How does analysis cure?* Chicago: University of Chicago Press.

Kohut, H., & Wolf, E. S. (1978). The disorders of the self and their treatment: An outline. *International Journal of Psychoanalysis, 59*, 413-425.

Lasch, C. (1979). *The culture of narcissism: American life in an age of diminishing expectations.* New York: W. W. Norton & Company

Lee, J. Y. (1997). *Korean preaching: An interpretation.* Nashville: Abingdon Press.

Lewis, M. (1995). *Shame: The exposed self.* New York: The Free Press.

Maddox, R. L. (1994). *Responsible grace: John Wesley's practical theology.* Nashville: Abingdon Press.

Maddox, R. L. (Ed.). (1998). *Rethinking Wesley's theology: For contemporary Methodism.* Nashville: Kingswood Books.

Manskar, S. W. (2000). *Accountable discipleship: Living in God's household.* Nashville: Discipleship Resources.

Marcia, J. E. (1966). Development and validation of ego-identity status. *Journal of Personality and Social Psychology, 3*(5), 551-558.

Marshall, J. L. (1995). Pastoral care with congregations in social stress. In P. D. Couture & R. J. Hunter (Eds.), *Pastoral care and social conflict.* (pp. 167-179). Nashville: Abingdon Press.

McDargh, H. J. (1994). Group Psychotherapy as Spiritual Discipline: From Oz to the Kingdom of God. *Journal of Psychology and Theology, 22*, 290-299.

McDargh, H. J. (2001). Faith development theory and the postmodern problem of foundations. *The International Journal for the Psychology of Religion, 11*(3), 185-199. doi:10.1207/S15327582IJPR1103_05

Meeks, D. (2000). *Trinity, community, and power: Mapping trajectories in Wesleyan theology*. Nashville: Kingswood Books.

Ortner, S. B. (1993). *Theory in anthropology since the sixties. Culture/power/ history: A reader in contemporary social theory* (pp. 372-411). Princeton: Princeton University Press.

Outler, A., & Heitzenrater, R. P. (Eds.). (1991). *John Wesley's sermons: An anthology*. Nashville: Abingdon Press.

Park, A. S. (2003). The formation of multicultural religious identity within persons in Korean-American experience. *Journal of Pastoral Theology, 13*(2), 34-50. doi:10.1179/jpt.2003.13.2.004

Park, Y. S., & Kim, U. (2006). Family, parent-child relationship, and academic achievement in Korea: Indigenous, cultural, and psychological analysis. In U. Kim, K. S. Yang, & K. K. Hwang (Eds.), *Indigenous and cultural psychology: Understanding people in context* (pp. 421-444). New York: Springer.

Rack, H. D. (1992). *Reasonable enthusiasts: John and the rise of Methodism*. London: Epworth Press.

Rizzuto, A-M. (2000). 살아있는 신의 탄생: 정신분석학적 연구 (*Birth of the living god*). (이재훈 외 공역). 서울: 한국심리치료연구소. (원저는 1979년에 출판).

Rizzuto, A-M. (2001). Religious development beyond the modern paradigm discussion: The psychoanalytic point of view. *The International Journal for the Psychology of Religion, 11*(3), 201-214. doi:10.1207/ S15327582IJPR1103_06

Runyon, T. (1998). *The new creation: John Wesley's theology today*. Nashville: Abingdon Press.

Schlauch, C. R. (1990). Empathy as the essence of pastoral psychotherapy. *Journal of Pastoral Care, 44*(1), 3-17.

Schlauch, C. R. (1995). *Faithful companioning: How pastoral counseling heals*. Minneapolis: Fortress Press.

Schlauch, C. R. (1999). Rethinking selfobject and self: Implications for understanding and studying religious matters. *Pastoral Psychology, 48*, 57-78.

Streib, H. (2001). The symposium on faith development theory and the modern paradigm. *The International Journal for the Psychology of Religion, 11*(3), 141-142. doi:10.1207/S15327582IJPR1103_01

Strozier, C. B. (2004). *Heinz Kohut: The making of a psychoanalyst*. New York: Other Press.

Turner, V. (1982). *From ritual to theater: The human seriousness of play*. New York: PAJ Publications.

Turner, V. (1995). *The ritual process: Structure and anti-structure*. New Jersey: Aldine Transaction.

Watson, G. T. (2000). *Guide for covenant discipleship groups*. Nashville: Discipleship Resources.

Wulff, D. M. (1997). *Psychology of religion: Classic & contemporary*. New York, NY: John Wiley & Sons, Inc.

Yalom, I. D. (1995). *The theory and practice psychotherapy*. New York: Basic Books.

You, Y. G. (2001). Seeking for authentic self in community. *Pastoral Psychology, 51*(1), 87-94. doi:10.1023/A:1019783608209

Yrigoyen, C. Jr. (1996). *John Wesley: Holiness of heart and life*. New York: General Board of Global Ministries.

뉴스앤조이(2014. 7. 10.). 개신교 신뢰도는 조사할 때마다 꼴찌. https://www.newsnjoy.or.kr/news/articleView.html?idxno=197092

뉴스앤조이(2020. 9. 4.). 기독 청년 단체들 "한국교회, 전광훈 세력과 결별하고 중년 · 남성 · 목사 중심 구조 바꿔야". http://www.newsnjoy.or.kr/news/articleView.html?idxno=301309

연합뉴스(2014. 7. 9.). "성인 50% '종교, 평화 기여보다는 갈등 유발'". https://www.yna.co.kr/view/AKR20140709151500005

연합뉴스(2020. 8. 29.). 천주교 · 불교인보다 개신교인 향한 부정 이미지 강해. https://n.news.naver.com/article/001/0011845934

연합뉴스(2020. 8. 30.). 전염병 창궐에도 '현장 예배'만 예배?... "성경에 근거 없다". https://news.v.daum.net/v/20200830143221340

오마이뉴스(2006. 11. 23.). 교회 떠나 성당으로 간 이유 봤더니. http://m.ohmynews.com/NWS_Web/Mobile/at_pg.aspx?CNTN_CD=A0000375074#cb

찾아보기

[인명]

권수영 28
김근주 240
김의철 120, 251, 256

박영신 120

손봉호 240

안봉환 240
유영권 215, 216, 251
이정용 255, 276

Adler, A. 137, 138
Allport, G. W. 48, 50, 51, 52, 53, 55, 56, 60, 62, 66, 84, 93, 134, 138, 140, 198, 286

Bourdieu, P. 108, 125, 263, 264, 265, 266, 267, 268, 269, 270, 272, 274, 275, 277, 278, 300
Browning, D. S. 133, 140, 253
Buber, M. 261

Calvin, J. 287, 288, 293, 294
Clinebell, H. 224, 227
Cobb, J. B. Jr. 297

Eichhorn, A. 142, 143, 144
Ericsson, A. 72
Erikson, E. H. 99, 105, 107, 111, 118, 119, 124, 136, 140, 186, 187, 195, 196, 253, 255, 257

Fowler, J. W. 55, 60, 65, 66, 68, 69, 84, 99, 102, 103, 104, 105, 106, 107, 108, 109, 110, 111, 112, 113, 118, 122, 123, 124, 125, 126, 127, 128, 129, 135, 138, 140, 153, 174, 188, 189, 190, 198
Freud, A. 142, 165

Freud, S. 91, 135, 137, 139, 141, 142, 143, 144, 165

Geertz, C. 259, 260
Gerkin, C. V. 255
Gilligan, C. 107
Gorday, P. 162
Graham, L. K. 229, 230

Hamilton, G. 77, 78, 79, 84, 87
Hauerwas, S. 293
Heitzenrater, R. P. 293

James, W. 48, 49, 50, 53, 55, 56, 60, 62, 84, 93, 134, 138, 140, 275, 286
Jordan, M. 28
Jung, C. 64, 65, 266

Karen, R. 119, 196
Kegan, R. 107
Klein, M. 112
Kohlberg, L. 55, 99, 101, 106, 107, 111
Kohut, H. 98, 99, 104, 110, 133, 134, 135, 136, 137, 138, 139, 140, 141, 142, 143, 144, 145, 146, 147, 148, 149, 150, 151, 152, 153, 154, 156, 157, 158, 159, 160, 161, 162, 163, 164, 165, 166, 167, 168, 169, 170, 174, 184, 250, 253, 257, 264, 272, 286, 287, 297, 298, 310

Lasch, C. 98, 251
Luther, M. 293, 294

Mahler, M. 91
Manskar, S. W. 307
Marcia, J. E. 186, 187
Marshall, J. L. 236, 258, 262
McDargh, H. J. 122, 123, 312, 313, 314
Meeks, D. 302, 304, 309
Miller-McLemore, B. J. 133

Niebuhr, R. 105, 107, 108, 109, 110, 111, 129

Park, A. S. 252, 255, 276
Piaget, J. 22, 55, 59, 61, 99, 106, 111

Rack, H. D. 294
Randall, R. L. 159
Rizzuto, A-M. 90, 91, 92, 122, 123
Rogers, C. 224

Schlauch, C. R. 133, 152, 157, 158
St. Augustine 162
St. Ignatius 106, 122
Streib, H. 122, 123
Strozier, C. B. 136, 148, 159

Tillich, P. 105, 107, 108, 109, 110, 111, 129
Turner, V. 162, 259, 260, 261, 262, 263, 264, 270, 272, 273, 301

Watson, G. T. 306, 307, 308, 309, 311
Wesley, J. 55, 104, 125, 288, 291, 292, 293, 294, 295, 296, 297, 299, 300,

301, 302, 303, 304, 305, 307, 309, 315
Wulff, D. M. 122
Yalom, I, D, 290

[내용]

3년의 법칙 70, 194
AA 모임 308, 311
CD 집단 306, 307, 308, 309, 310, 311, 312, 315, 319

가톨릭 55, 99, 132, 137, 138, 203, 248, 271, 273
갈등 201, 202, 204, 211, 217, 219, 221, 222, 227, 228, 229, 230, 231, 237
감리교 103, 104, 291
감정 313
개별적-성찰적 신앙 21, 22, 32, 33, 34, 36, 37, 54, 55, 57, 60, 62, 63, 64, 65, 67, 68, 75, 76, 78, 93, 101, 102, 107, 109, 112, 113, 114, 115, 116, 117, 118, 119, 121, 122, 127, 128, 129, 140, 174, 189, 192, 193, 195, 197, 198, 199, 206, 207, 211, 221, 222, 223, 231, 242, 243, 274, 285, 286, 288, 294, 299, 316
개신교 34, 40, 44, 45, 46, 49, 55, 62, 63, 66, 67, 99, 100, 132, 202, 204, 205, 207, 208, 211, 225, 227, 229, 236, 238, 244, 247, 248, 249, 256, 262, 268, 271, 273, 275, 276, 277, 279, 283, 284, 286, 288, 291, 293, 302, 303, 306
개인 하비투스 266
개인적 종교 50, 56, 62, 107, 109, 140, 174, 198, 286
개입 232
개종한 유대인 137
개혁 292
거울 반응 욕구 160
거짓 자기 30, 185, 190
건강한 자기애 134, 164, 287
결합적 신앙 54, 55, 57, 65, 66, 67, 68, 84, 93, 101, 102, 107, 109, 114, 140, 206, 207, 208, 221, 222, 223, 242, 294, 316
결합적 신앙방식 288
경계선 316
경계선 성격 성향 317
경계선 성격장애 73, 78, 79, 80, 214
경계선 성향 212, 214, 218, 219, 223, 227, 228, 229, 234, 235, 242, 245
경제문제 302
경험 295
고린도교회 208, 209
고백적 신학 21, 22, 28, 29, 30, 31, 32, 33, 40, 43, 47, 64, 89, 90, 156, 162
공감 82, 134, 135, 153, 154, 155, 156,

158, 162, 165, 166, 169, 173, 223, 224, 225, 287, 314, 317
공감 능력 217, 220, 222
공감적 조율 155
공격성 204, 205, 206, 208, 221, 222, 223, 234, 244
공격적 222
공동체 258
공생기 70
공허감 142, 175, 177, 178, 183, 184, 313
관계 109, 174
교리적 신학 28, 29, 33, 40, 64, 65, 156
구성원 94, 181, 188, 209, 210, 211, 212, 217, 218, 223, 227, 228, 229, 232, 235, 241, 242, 244, 249, 250, 260, 276, 277, 279, 286, 306
구세군 103
구약성서 53, 136, 240
구원 40, 41, 103
구조 122, 238, 250, 259, 263, 271, 272, 273, 291, 292
구조기능주의 259, 270
구조주의 258, 261, 270
구조주의적 259
구체적 조작기 59
국교회 291, 292, 294
권력다툼 220, 224
권위 78, 116, 117, 118, 121, 286
권위 인물 142, 143, 187, 191, 197
그릇 70, 252, 286
기도 49, 122
기본적 조율 154, 155, 156
기질 126, 129, 232, 265, 266, 275, 276, 300

나르시시즘 99, 164, 184, 185, 189, 199, 215, 216, 313
나치 144
낯선 사람 불안 73
내관(內觀) 154
내담자 154
내재적 종교 51
내재적 · 본질적 신앙 216
내재적 · 본질적 종교 52, 55, 62, 93, 107, 109, 140, 174, 198, 206, 286
내적 대상관계 87
네트워크 263
노년기 284
능동적 263
능동적 · 자율적 실행자 266

다양성 34, 46, 47, 48, 50, 55, 206, 221, 236, 274, 275
단계 112, 126
단백질 163
대리 내관 154
대면 240
대상 134, 149, 152, 260, 284
대상관계 22, 31, 58, 70, 78, 80, 86, 91, 110, 112, 118, 120, 134, 149, 150, 153, 190, 272, 314
대상관계 이론 69
대상영속성 22, 87
대상항상성 21, 22, 23, 24, 25, 26, 32, 34, 35, 37, 45, 53, 58, 62, 69, 76,

77, 78, 79, 82, 83, 84, 87, 88, 89, 93, 118, 119, 174, 190, 206, 215, 260, 284, 285, 288, 317
대상항상성 발달 70
대인관계 70, 97, 123, 182
도그마 50, 65, 140
도덕발달 99, 106
도덕발달이론 107
독립 157
독사 267
독사적 경험 267
돌봄제공자 31, 45, 70, 73, 86, 87, 109, 118, 195
동반의존 69, 74
동반자 124
동방교회 294, 295
동일시 82, 83, 84

루터교 108
리더 316
리비도 165, 166

마음 269
메토디스트 292
목사 212, 219
몸 66, 89, 249, 257, 263, 265, 269, 270, 278, 288, 300, 301
무의식 73, 86, 123
무의식적 146, 147, 152, 197, 213, 254, 255, 285
무의식적 역동 123
문자적-신화적 신앙 130
문화 292
미국심리학회 122
미분화된 신앙 57, 58, 129
미성숙 50, 51, 68, 204, 209, 222, 228, 234, 237, 244
믿음 56, 63, 109, 269, 295

바울 47, 208, 209, 210, 240, 275
바울 신학 275
바울서신 211, 275
받아들임 166
발달심리학 133, 285
방식 112, 127
배타성 204, 205, 206, 221, 222, 228, 234, 244
배타적 207, 222, 243, 286
벤 다이어그램 150, 267
변이적 내면화 134, 153, 154, 155, 156, 157, 158, 161, 162, 163, 168, 169, 173, 253, 287
변이적 내면화 과정 249
변혁 268, 271, 277, 291, 292
변화 44, 94, 95, 289, 294
보수 46
보편적 신앙 55, 57, 65
본성 265
본질적 종교 51
부화기 70, 72, 73, 75, 146
분리개별화 35, 37, 62, 68, 70, 72, 73, 74, 75, 78, 79, 80, 81, 86, 114, 117, 120, 122, 129, 146, 147
분리불안 73, 77, 146, 147, 174, 317
분산 187
분열 81, 94

분쟁 208, 211, 217, 219, 221, 222, 227, 228, 229, 230, 231, 244
불신 118, 119, 123
불안 120, 290
비구조 261, 273, 292
비대면 240
비밀보장 310, 319
비본질적 종교 51
비판성 208
비평적 성찰 114, 115
비평적 성찰 능력 54, 191

사회구조 258, 261, 263, 267, 268, 272, 273, 279
사후 돌봄 232
살아 있는 신의 탄생 92
상담사 154, 283, 313, 314, 319
상징적 해석학파 259, 270
상호의존 69
상호작용 22, 23, 45, 55, 70, 97, 109, 118, 123, 153, 173, 249, 250, 251, 260, 267, 268, 272, 273, 277, 284, 287
상호책임 305, 306, 307, 310, 318
생산성 125, 186
생애 초기 39, 118, 145, 173, 189, 249, 286
샬롬 205, 206, 209
서방교회 294, 295, 296
선물 304
성격 53, 55, 126, 129, 232, 265, 273, 275, 276, 295
성격심리학 48, 174
성격장애 78, 119
성공회 50, 103, 292, 294
성령 20, 94, 102, 103, 124, 126, 193
성례전 104, 292
성만찬 300, 301
성숙 48, 204, 205, 210, 212, 221, 223, 225, 228, 232, 234, 236, 237, 242, 243, 245, 277, 289
성숙한 자기애 168
성숙함 206
성인 252, 272, 316
성인 중기 145
성인 초기 114, 117, 145, 186, 187, 253
성인기 40, 60, 130, 145, 148
성장 72, 94, 294
성품 301
성화 40, 41, 94, 98, 100
세례 43, 44, 45
세례 요한 132
소그룹 289, 307
소명 71, 72, 105, 124, 126
소화 277
수동적 263
수치심 118, 119, 120, 121, 122, 123, 125, 126, 128, 147, 180, 190, 195, 196, 197, 199, 214, 286, 317
슈퍼비전 228
스튜어드 303
스피리투스 298
승인 78, 116, 117, 118, 121, 286
시각적 경험 119, 196
신경증 218
신앙 40, 48, 50, 56, 63, 105, 107, 108,

109, 110, 117, 118, 122, 127, 152, 153, 238, 256, 257, 270, 278
신앙공동체 33, 34, 35, 46, 55, 60, 63, 64, 75, 86, 94, 99, 118, 123, 124, 125, 126, 127, 130, 151, 152, 160, 162, 169, 174, 181, 188, 189, 190, 191, 192, 197, 198, 199, 201, 202, 203, 204, 205, 206, 207, 208, 210, 211, 213, 215, 216, 217, 218, 219, 221, 222, 223, 225, 227, 228, 229, 230, 232, 234, 235, 236, 237, 238, 240, 241, 242, 243, 244, 247, 248, 250, 256, 258, 260, 262, 268, 271, 272, 273, 274, 275, 276, 277, 279, 283, 286, 289, 292, 297, 301, 306, 309, 310, 318, 319
신앙공동체 구성원 219
신앙발달 56, 57, 113, 123
신앙발달단계 57, 94, 189, 199
신앙발달단계이론 55, 67, 68, 69, 84, 99, 100, 101, 102, 103, 104, 105, 106, 107, 110, 111, 121, 122, 123, 124, 126, 127, 134, 140, 173, 175, 189, 191, 223, 245
신앙정체성 113, 209, 249, 254, 257, 271, 273, 275, 277, 278, 295
신앙하는 공동체 237, 238, 241, 242, 260, 262, 279, 319
신약성서 47, 71, 72, 132, 192, 208, 209, 224, 240, 275
신정론 52
신체적 탄생 70
신학적 관점 103, 104
신학적 성찰 223, 234, 236, 238, 240, 242, 245, 262, 277
신학적 통찰 280
신화적-문자적 신앙 57, 59
실제 301
실존적 74, 137, 141, 142, 145, 165, 167, 248
실천 163, 256, 257, 263, 264, 265, 266, 269, 270, 278, 288, 301, 306, 308, 319
실천이론 259, 271
실천적 믿음 279
심리검사 177
심리기제 78, 81, 82, 213, 215
심리발달 19, 36, 39, 40, 42, 45, 49, 68, 71, 75, 78, 83, 90, 93, 94, 99, 100, 101, 107, 111, 127, 132, 133, 134, 136, 145, 148, 153, 156, 157, 158, 162, 165, 168, 173, 174, 175, 176, 177, 186, 189, 190, 192, 194, 195, 197, 204, 208, 212, 213, 215, 221, 222, 223, 225, 228, 229, 231, 232, 249, 260, 284, 285, 286, 287, 288, 290, 291, 292, 312, 316, 317
심리사회 발달단계 105
심리사회 발달이론 140
심리사회발달 118
심리사회발달이론 186
심리성적 발달 165
심리영성 집단 283, 315, 316, 317, 318, 319, 320
심리영성 집단모델 288
심리영성발달 19, 39, 61, 69, 99, 100,

104, 110, 126, 127, 129, 131, 134, 149, 153, 158, 159, 160, 162, 163, 164, 165, 168, 169, 174, 175, 199, 201, 204, 206, 230, 247, 249, 250, 258, 270, 279, 283, 287, 291, 293, 295, 297, 299, 301, 305, 319
심리적 탄생 57, 70, 72, 78, 87, 92, 146, 147, 194, 284
심리적 효소 155, 163, 169, 265, 297, 300
심리치료 95, 142, 175, 290, 298, 312
심리치유 294, 295
쌍둥이 욕구 160, 162

아동기 51, 53, 57, 70, 113, 129, 182, 313
압도적 좌절 35
압류 187
약속 318, 319
양가감정 58, 73, 75, 181, 190
언약 제자 집단 306
에너지 124, 126, 180, 213, 251, 269, 295, 301
에너지원 129, 297, 300
역전이 146
연습기 70, 73, 75, 77, 86, 146
열등감 118, 119, 147, 165, 175, 177, 178, 183, 184, 185, 197, 213, 317
영성 66, 106, 111, 122, 131, 132, 139, 140, 302
영성발달 19, 36, 39, 40, 43, 45, 46, 47, 68, 69, 71, 73, 75, 76, 78, 83, 86, 89, 90, 93, 94, 98, 99, 100, 101, 107, 111, 125, 126, 127, 131, 132, 133, 134, 136, 139, 141, 145, 149, 150, 152, 153, 156, 158, 165, 167, 168, 170, 173, 174, 175, 176, 189, 190, 192, 194, 195, 197, 199, 204, 208, 212, 213, 215, 221, 222, 223, 225, 228, 234, 242, 249, 254, 277, 285, 286, 287, 288, 290, 291, 292, 296, 297, 298, 299, 300, 301, 302, 305, 306, 307, 312, 314, 316, 317, 318
영성훈련 99, 283, 288, 289, 311, 312
영아기 146
영적 165
영혼 300, 301, 306, 307
예방 232
예수 운동 268
예수님 60, 65, 71, 72, 89, 151, 152, 153, 161, 192, 193, 231, 238, 306
온전한 대상관계 82, 83, 84
온전함 186
외로움 178, 183, 184
외재적 종교 51
외재적 · 비본질적 신앙 216
외재적 · 비본질적 종교 51, 93, 107, 138, 174, 198, 238, 286
욥기 53
용서 83
우울 290
우울감 175, 177, 178, 184
우울적 자리 112
우울증 119, 177, 179
우주적 나르시시즘 139

우주적 자기애 166
운동 238, 273, 277, 279
유기공포 23, 24, 34, 89, 214, 219, 220, 317
유기불안 23, 24, 25, 32, 34, 77, 89, 146, 147, 174, 214, 215, 223, 317
유대교 55, 103, 132, 140
유대인 133, 136, 137, 138, 139, 140, 144, 210, 211, 275
유대인 대학살 137, 141
유머 165, 167
유아기 70, 111, 145, 146, 147, 168, 260, 284
유아기 심리적 탄생과정 285
유아세례 42, 43
유예 187
율법 309
융합 120, 134, 145, 146, 151, 166, 173, 218, 249, 268, 287, 294, 314
은혜 40, 44, 123, 124, 126, 150, 157, 161, 163, 169, 294, 295, 296, 297, 299, 300, 304, 309, 310, 314
은혜의 수단 300, 301
의식적 146, 147, 197, 254, 255, 285
의식적 · 무의식적 39, 104, 121, 140
의지 299
이단 46, 101, 102, 117, 268, 277
이방인 72, 138, 210, 211, 275
이분법적 51, 56, 65, 68, 81, 93, 94, 134, 140, 204, 205, 206, 207, 208, 221, 222, 234, 243, 244, 286, 297
이상화 64, 81, 82, 138, 143, 151, 160, 165, 215, 219
이상화 욕구 160
이상화와 평가절하 94
이설 268
이성 103, 295, 296
이스라엘 23, 26
인간 103, 150, 156, 297, 298
인간 실행자 259, 260, 263, 265, 267, 272, 273
인류학 247, 249, 250, 258, 260, 261, 270, 271
인생무상 167
인지 44, 45, 53, 69, 122, 163, 270, 278, 296, 298, 299, 305, 315, 319
인지능력 75
인지발달 59, 61, 69, 87, 106, 113, 316
인지적 123, 126, 153, 198
임마누엘 88

자기 19, 48, 98, 99, 100, 102, 107, 113, 122, 134, 146, 148, 149, 150, 152, 154, 159, 162, 163, 165, 168, 175, 185, 189, 190, 199, 249, 250, 251, 252, 257, 260, 264, 270, 273, 284, 287, 298, 299
자기감 79, 111
자기구조 70, 79, 98, 99, 118, 119, 125, 147, 152, 155, 156, 157, 158, 161, 163, 184, 215, 251, 253, 287
자기대상 134, 146, 149, 150, 151, 152, 154, 155, 156, 157, 158, 160, 161, 162, 163, 169, 170, 173, 174, 249, 257, 287, 298, 300
자기대상 모판 157, 249

자기-대상관계 86
자기성 297, 298
자기승인 63, 114, 115, 116, 121
자기심리학 131, 133, 134, 135, 136, 140, 145, 153, 158, 159, 160, 163, 164, 168, 253
자기애 75, 165, 166, 167, 175, 249, 251, 317
자기애 성향 212, 213, 214, 215, 217, 218, 219, 220, 222, 223, 227, 228, 229, 231, 232, 234, 235, 242, 245
자기애적 179, 252
자기애적 성격 98, 120, 125, 183
자기애적 성격장애 73, 79, 80, 133, 177, 185, 212, 213
자기애적 성향 189, 316
자기와 자기대상 관계 145
자기-자기대상 151, 250
자기-자기대상 관계 134, 135, 148, 152, 157
자기-자기대상 모델 150, 153, 297
자기-자기대상 모판 152, 153, 168, 169
자기항상성 69, 77, 78, 79, 83, 93
자리 112, 127
자유 157, 299, 309
자유연상 154
자폐기 70
작용적 신학 21, 25, 27, 28, 29, 31, 32, 34, 86, 87, 89, 90, 92, 117, 156, 174, 230, 231, 286, 316, 318
장로 212, 219
장로교 103, 108, 288
재접근기 70, 73, 75, 77, 78, 79, 81, 82, 86, 146, 181, 260, 285, 317
전 생애 249
정 150, 163, 304, 314
정서 44, 45, 53, 69, 122, 123, 163, 270, 296, 298, 299, 305, 315, 319
정서발달 113
정서적 123
정서적 경험 47, 49, 57, 69, 275
정서적 능력 284
정서적 성숙 286
정신분석 135, 142, 159, 164
정신증 218
정신질환의 진단 및 통계 편람 5판 183, 212
정체감 혼란 118
정체성 19, 48, 71, 79, 84, 98, 99, 100, 102, 111, 113, 114, 116, 119, 122, 127, 132, 136, 139, 141, 145, 166, 175, 182, 185, 186, 189, 190, 199, 211, 221, 222, 223, 237, 241, 250, 252, 254, 255, 263, 264, 270, 272, 273, 275, 286, 301, 313
정체성 분산 188, 189
정체성 상태 186, 187
정체성 성취 187
정체성 압류 187, 188, 189
정체성 위기 187
정체성 유예 187
정체성 혼란 253
정통 46
제도적 종교 50, 53, 56, 62, 107, 114, 138, 140, 174, 198, 238, 286
제자 71, 193, 306

조종 220
존재 119
종교 56, 63, 109, 139, 168
종교 의례 162
종교 정체성 270
종교다원주의 64, 66, 101, 102
종교심리학 133, 174
종교의례 162
종교적 정서 46, 53, 54, 55, 62, 93
종교적 제도 140
종교적-전통적 신앙 140
종교전통 33, 60, 66, 254, 255, 256, 292
종교제의 162, 260, 263, 273, 300, 301
종합적-전통적 63, 116, 117, 128
종합적-전통적 신앙 33, 34, 36, 57, 60, 61, 62, 65, 66, 68, 76, 93, 101, 107, 112, 113, 114, 115, 119, 121, 122, 127, 129, 138, 188, 189, 191, 192, 193, 195, 198, 199, 206, 207, 221, 231, 234, 238, 242, 243, 274, 285, 294, 318
좌절 35, 36
죄책감 118, 119, 123, 145, 182, 196, 290, 294
중간 영역 260
중간대상 23, 26
중년기 65, 284
중독 74
지금-여기 226, 312, 313
지도자 181, 188, 209, 210, 211, 212, 213, 215, 216, 217, 218, 219, 220, 222, 223, 227, 228, 229, 232, 235, 241, 242, 244, 245, 250
지랄 총량 190
지랄 총량의 법칙 76
지혜 165
직관적-투사적 신앙 57, 58, 59, 129
직면 217, 223, 224, 225, 226, 227, 228, 229, 230, 231, 232, 243, 245, 250, 306, 316, 317
직접적 · 간접적 189
집단 288, 290, 292
집단 하비투스 266
집단모델 289, 291, 305, 306, 315
집단상담 283, 288, 289, 307, 310, 311, 312, 313, 314, 315

착취적인 대인관계 217
참 자기 185
창의성 263
창조성 165, 166
청각적 경험 119, 196
청년 253
청년기 284
청소년 53, 138, 187, 252, 253, 257, 272, 316
청소년기 40, 57, 60, 111, 113, 114, 117, 129, 130, 145, 148, 186, 253
청지기 303
체화 52, 54, 66, 89, 169, 173, 174, 193, 199, 249, 256, 257, 265, 269, 270, 278, 300
초기 성인 257
최적의 좌절 35, 36, 154, 155
친밀감 23, 26, 87, 153, 173, 178, 179, 186, 188, 190, 249, 253

칭의 40, 41, 94, 98

카리스마 218, 220, 230, 231
커뮤니타스 247, 249, 257, 260, 261, 272, 273, 274, 279, 292
코로나 21, 24, 34, 35, 117, 118, 126, 127, 201, 202, 203, 238, 254, 279, 301, 309, 318

태도 126
통일성 34, 46, 48, 50, 93, 206, 221, 236, 274, 275
통합적 자아 기능 79, 80
투사적 동일시 81, 82, 94
트라우마 25, 28, 31, 35, 40, 73, 80, 122, 137, 141, 143, 144, 145, 161, 174, 180, 189, 190, 196, 211, 231, 232, 254, 268, 269

파편화 253, 254
편집-분열적 자리 112
평가절하 81, 82, 165, 215, 219
평화 63, 66, 192, 201, 202, 204, 205, 206, 209, 221, 223, 228, 232, 236, 237, 242, 243, 245
포스트 코로나 255
포스트모던 123, 125, 127, 236, 254, 255, 272
프로테스탄티즘 273
피드백 101, 102, 228
필드 263, 267, 273, 277, 279

하나님 23, 29, 40, 44, 51, 59, 60, 89, 91, 108, 124, 126, 139, 141, 150, 153, 156, 157, 160, 161, 162, 163, 168, 181, 197, 206, 208, 218, 240, 285, 286, 294, 295, 296, 297, 298, 299, 300, 302, 303, 304, 309, 310, 314, 318
하나님 표상 90, 92, 123, 125
하나님의 경제 303, 304
하비투스 125, 129, 247, 249, 257, 264, 265, 266, 267, 270, 272, 273, 275, 277, 278, 279, 300
한 252
한국인 254, 255, 284
핵심 63
행동 45, 69, 163, 270, 296, 298, 299, 301, 305, 306, 315, 319
헥시스 247, 249, 257, 269, 270, 272, 278, 300
헬리콥터 부모 74
형식적 조작기 61
호모 스피리투스 19, 20, 295, 298
홀로코스트 137
환경 148
회개 103
회심 40, 43, 44, 98
훈련된 개방성 66, 67
힘 126, 250, 263

저자 소개

가요한(Ka Yohan)

미국 밴더빌트대학교 대학원에서 박사학위(Ph.D.)를 받았고, 감리교신학대학교, 연세대학교, 이화여자대학교에서 강의했다. 2011년부터 현재까지 한동대학교 상담심리사회복지학부 및 대학원 심리학과 교수로 재직 중이다. 심리발달과 영성발달의 관계와 상호작용에 관심을 두고 연구하고 있으며, 한국연구재단 등재지인 『한국기독교상담학회지』 편집위원장(2016~2022년)으로 활동하고 있다. 현재 한국청소년상담복지개발원 청소년 상담사 교육과정의 대상관계이론 강사로 강의하고 있고, 현대정신분석연구소(KICP) 정신분석가 과정과 보스턴정신분석대학원(BGSP) 교육분석 중이다. 최근 스피리투스(SPIRITUS) 심리분석연구소를 설립하여 상담, 임상 훈련, 교육에도 힘쓰고 있다. 대표 저서 및 역서로 『종교적 경험과 심리』(공저, 학지사, 2018), 『실존치료』(공역, 학지사, 2014), 『나르시시스트와 직장생활하기: 기업 리더들의 성격장애』(공역, 한국코칭수퍼비전아카데미, 2020) 등이 있다.

심리영성발달의 이해

호모 스피리투스 되어 가기

Understanding Psychospiritual Development:
Becoming Homo Spiritus

2021년 3월 20일 1판 1쇄 인쇄
2021년 3월 30일 1판 1쇄 발행

지은이 • 가요한
펴낸이 • 김진환
펴낸곳 • (주) 학지사
04031 서울특별시 마포구 양화로 15길 20 마인드월드빌딩
대표전화 • 02)330-5114 팩스 • 02)324-2345
등록번호 • 제313-2006-000265호

홈페이지 • http://www.hakjisa.co.kr
페이스북 • https://www.facebook.com/hakjisa

ISBN 978-89-997-2360-5 93180

정가 17,000원